HEYNE BÜCHER

ESOTERISCHES WISSEN

Herausgeber dieser Reihe Michael Görden

MICHIO KUSHI
in Zusammenarbeit mit Alex Jack

FRIEDEN UND HARMONIE DURCH MAKROBIOTIK

Die Philosophie einer friedvollen Ernährung

WILHELM HEYNE VERLAG
MÜNCHEN

HEYNE ESOTERISCHES WISSEN
08/9597

Aus dem Amerikanischen übertragen
von Ursula Gaïl

Titel der Originalausgabe:
ONE PEACEFUL WORLD

Genehmigte Taschenbuchausgabe
erschienen im Wilhelm Heyne Verlag GmbH & Co. KG, München
Printed in Germany 1991
Umschlaggestaltung: Atelier Adolf Bachmann, Reischach
Umschlagillustration: Elmar Kohn, Landshut
Satz: Kort Satz GmbH, München
Druck und Bindung: Presse-Druck Augsburg

ISBN 3-453-05243-9

Zum Gedenken an Teru und Keizo Kushi, meine Eltern, die mich die Friedensliebe lehrten.

Für Homer und Esther, Alex' Eltern, die ihr Leben der Versöhnung und der Verwirklichung einer Welt ohne Krieg geweiht haben.

Für Ann Purvis und zum Gedenken an ihre Eltern Harry und Virginia, wahre Weltbürger.

Zum Gedenken an Reverend Dana McLean Greeley, einen unermüdlichen Friedenshelfer und Vertreter der Gerechtigkeit in der religiösen Weltgemeinschaft.

Für alle Menschen, die auf einem der Schlachtfelder seit Anbeginn der Zeiten gefallen sind, und für all jene, die in Vergangenheit, Gegenwart und Zukunft ihr Leben der Verwirklichung einer gesünderen, friedlichen Welt gewidmet haben.

Inhalt

Vorbemerkung

Der Leser, der den in diesem Buch beschriebenen Weg einschlagen möchte, um seine Gesundheit zu erhalten bzw. wiederherzustellen, sollte dies möglichst unter Anleitung eines Arztes oder eines erfahrenen Ernährungsberaters tun. Wenn ein Leser weiß oder vermutet, daß er an einer ernsten Krankheit leidet, sollte er umgehend einen Arzt aufsuchen. Weder dieses noch irgendein anderes Buch ist ein Ersatz für fachlich kompetente ärztliche Beratung oder Behandlung.

Vorwort

Wir alle teilen einen gemeinsamen Planeten, die Erde, und werden von ihm ernährt. Seit Tausenden von Generationen hat der größere Teil der menschlichen Familie in verhältnismäßiger Harmonie auf diesem kleinen Himmelskörper zusammengelebt, während dieser sich spiralförmig durch das All bewegte. Bei den heraufziehenden Strahlen der Morgendämmerung und unter dem kreisenden Baldachin des Nordhimmels haben Tausende von Eltern, Kindern und Großeltern die Ernte eingebracht und Samen aufbewahrt, um sie im nächsten Frühjahr wieder auszusäen. Von den ersten Lagerfeuern der Eiszeit bis zur Urbarmachung der Euphrat- und Tigrisebene, von den Karawanen, die die Seidenstraße nach China entlangzogen, bis zu den Schiffen der Pilgerväter, die am Cape Cod anlegten, hat die traditionelle Nahrung der Menschheit zum größten Teil aus wildem oder kultiviertem Ganzkorngetreide, Gemüse und Wurzeln, Saaten und Nüssen, regionalen, entsprechend der Jahreszeit geernteten Früchten und kleinen Mengen Fisch, Wild oder anderen tierischen Nahrungsmitteln bestanden. In Zeiten der Fülle und des Friedens und in Zeiten von Krieg und Not haben die Menschen gelernt, sich ihrer natürlichen Umgebung anzupassen, oder sind auf der Suche nach einer sicheren und besseren Zukunft weitergezogen. Erst seit dem letzten Jahrhundert gibt es kein neues Land mehr, um sich darauf niederzulassen und es zu bestellen. Erst in der letzten Generation haben wir Technologien entwickelt, die die Flamme des Lebens selbst auslöschen können.

Während wir auf das einundzwanzigste Jahrhundert zugehen, haben wir immer mehr das Gefühl, daß bald alles zusammenbrechen wird. Krebs, Aids und andere Degenerations- und Immunschwächekrankheiten vermehren sich. Terrorismus, regionale

Konflikte sowie das Fehlen von ernstgemeinter Rüstungskontrolle und von Abrüstungsabkommen haben zu allgemeinem Pessimismus und Hoffnungslosigkeit geführt. Umweltverschmutzung und verschiedenste Technologien stellen eine ernsthafte Bedrohung der Fortdauer vieler Arten dar, auch der unseren.

Vor Jahren prophezeiten die Ältesten des Hopi-Stammes, daß eine ›Kürbisflasche voll Asche‹ vom Himmel fallen und den nordamerikanischen Kontinent zerstören würde, wenn wir nicht lernten, in Harmonie mit der Natur zu leben. Aus der Bibel und den Schriften von Nostradamus und anderen Propheten lesen manche Zeichen für eine bevorstehende Apokalypse heraus. Doch jede Ahnung von Verhängnis und Zerstörung wird von der Möglichkeit zu Versöhnung und Wiedergeburt begleitet. Prophezeiungen von Krieg und Streit sind Warnungen an die Menschheit zu erwachen, ehe es zu spät ist. Sie sind nicht unwiderruflich. Sie werden sich erfüllen, wenn wir weiter einer natürlichen Lebensweise ausweichen, vor allem einer natürlichen Ernährungsweise, die die Basis der menschlichen Kultur und Zivilisation ist.

Für die Makrobiotik – den Weg zum Frieden durch biologische und spirituelle Evolution – sind keine Gesetze, Verträge, Demonstrationen, Gewaltanwendung, Machtpolitik oder ideologische Auseinandersetzungen notwendig. Der Friede beginnt nicht mit irgendeiner Partei, religiösen Bewegung oder sozialen Grundsatzerklärung. Der Friede beginnt in der Küche, in Gärten und Hinterhöfen, wo die materielle Quelle unseres Lebens – die Nahrung, das tägliche Brot – angebaut und zubereitet wird. Von den Herzen und Heimen der einzelnen Menschen strahlt der Friede aus auf Freunde und Nachbarn, Gemeinden und Nationen.

Wer für das Kochen verantwortlich ist, ist unser General, unser Pilot. Wir brauchen keine Waffen, keinen Schutzschild, keine offensiven und defensiven Mächte, nur Willen und Selbstprüfung. Brauner Reis, Misosuppe, Vollkornbrot, frisches Gemüse – dies und andere ganz belassene, unbehandelte Nahrungsmittel sind unsere ›Waffen‹, um die ganze Welt zu verändern. Die

Energien der Natur und des unendlichen Universums werden durch die Nahrung, die wir essen, von uns aufgenommen und dann in Gedanken und Handlungen umgesetzt. Indem wir eins werden mit unserer Umwelt und die universellen Gesetze des Wandels und der Harmonie befolgen, sind wir sehr wohl in der Lage, Gleichgewicht und Ordnung auf unserem Planeten wiederherzustellen.

Michio Kushi

Becket, Massachusetts, 17. Mai 1986

Erster Teil

Auf dem Weg zu Gesundheit und Frieden

Gewinnen, ohne zu kämpfen.
Überzeugen, ohne zu sprechen.
Rufen, ohne zu rufen.
Das ist der Pfad dessen, der
Die Ordnung des unendlichen Universums lebt.

Laotse

1

Erinnerungen an Hiroshima und Nagasaki

Vorfahren und frühe Jugend

Meine Vorfahren stammen aus der Präfektur von Wakayama im südlichsten Teil von Honshu, Japans Hauptinsel. Es ist ein irdisches Paradies. Vor der Küste fließt der Strom des Schwarzmeers, Heimat vieler Fische und Wale. Orangen und Mandarinen gedeihen in den Obstgärten, und das Land badet in klaren Wassern und kristallenen Wasserfällen, zu denen die Nachi-Fälle gehören, die höchsten in Japan. Viele Schreine und Tempel liegen in der vorwiegend bergigen Gegend verstreut. Seit alten Zeiten ist dieses Gebiet von Kumano im südlichen Wakayama bekannt als der heilige Ort Japans.

Die Legende erzählt, daß die Vorfahren meiner Familie vom Himmel stiegen und sich im Gebiet von Kumano niederließen, lange ehe Japan als Land existierte. Der Kushi-Stamm war auch verwandt mit den Kushianern im alten Pakistan und den Kushiten am oberen Nil im alten Afrika.

In den letzten zwölfhundert Jahren waren meine Vorfahren Bauern und Bootshändler, ihr Stammhaus lag in Ohtamura. Der Familientempel in diesem Ort heißt Dai Taiji, ›Tempel des Großen Friedens‹. Seit der Buddhismus in Japan Fuß gefaßt hat, ist das Hauptsymbol des Tempels Ya-Kushi-Nyorai gewesen, der ›Buddha der Medizin und Erlösung‹.

Mein Großvater Jisaburo Kushi und seine Frau Kiku hatten fünf Kinder. Mein Vater, das fünfte und letzte Kind, war der Intellektuelle der Familie. Von seinen älteren Brüdern finanziell unterstützt, besuchte er zunächst das Lehrer-College und danach die Pädagogische Universität von Tokio. Nachdem er eine kurze Zeit am Lehrer-College von Wakayama unterrichtet hatte, schrieb er sich an der Kaiserlichen Universität von Kyoto ein und machte dann sein Examen in westlicher Geschichte, mit dem Schwerpunkt Renaissance. Ehe er auf die Universität von Kyoto ging, arrangierte er seine Heirat mit Teru Toji, die auch aus Ohtamura stammte und die Tochter des Bankiers und Unternehmers Shunzo Toji war. Damals war es noch sehr selten, daß eine Frau aus einem so kleinen ländlichen Ort eine höhere Bildung genoß. Terus Leistungen waren jedoch so hervorragend, daß sie sogar auf die Lehrerinnen-Universität von Tokio gehen konnte.

1923 wurde dem jungen Paar ein Sohn geboren. Sein Name war Toshio, was ›Mann der Disziplin‹ oder ›Mann des Landes von Wakayama‹ bedeutet. Drei Jahre später kam ich zur Welt. Man gab mir den Namen Michio – ›Mann des Tao‹ oder ›Mann der Rechtschaffenheit‹ oder ›Mann der Ordnung des Universums‹.

Nachdem mein Vater sein Examen abgelegt hatte, wurde er zum außerordentlichen Professor für westliche Geschichte an der Universität von Hiroshima ernannt. Unsere Familie zog nach Hiroshima und wohnte dort in einem Haus in der Nähe der Mädchenoberschule, an der meine Mutter unterrichtete. Meine Eltern schenkten meinem Bruder und mir sehr viel Liebe und Aufmerksamkeit, doch erzogen sie uns zu einem sehr einfachen Leben.

Als ich fünf Jahre alt war, verließ unsere Familie Hiroshima, weil mein Vater an das Lehrer-College der Provinz Ishikawa – die am Japanischen Meer liegt – versetzt wurde, und wir zogen erst nach Tsubata, später nach Kanazawa und schließlich nach Akita. Das Mädchen, das in der fünften und sechsten Klasse der Grundschule neben mir auf der Bank saß, hieß ›Japans gesündestes Mädchen‹. Wir wurden in der Grundschule, die zum Lehrerinnen-College von Akita gehörte, vom selben Lehrer erzogen, von Kenzo Sasamura, der unsere ganze Klasse durch seinen lebhaften Verstand, seine freundliche Strenge und Fairneß begeisterte.

Den stärksten Einfluß auf meine frühe Entwicklung hatte jedoch meine Mutter. Sie war kräftig und hochgewachsen und besaß einen klaren Geist und großen Scharfblick. Sie sprach immer wieder davon, daß wir Menschen der Welt werden sollten, nicht Menschen einer Stadt, einer Provinz oder eines Landes. Sie ermunterte uns, davon zu träumen, ohne Zögern hinaus in die Welt zu ziehen: in die USA, nach Südamerika, Europa. Und neben ihrem Geschichts- und Sozialkundeunterricht an der Katholischen Mädchenoberschule zum Heiligen Geist fand sie Zeit, ihre Söhne zu lehren, wie man putzt, näht, kocht und Gäste empfängt und bedient.

1936 – ich war gerade zehn Jahre alt – bekam Teru in Akita ihren dritten Sohn. Er wurde Masao genannt – ›Mann der Aufrichtigkeit‹. In Akita sollte unsere Familie bleiben bis nach dem Zweiten Weltkrieg. Dann zogen meine Eltern nach Tokio, wo meine Mutter Richterin am Familiengericht wurde.

In dieser Zeit, etwa von meinem vierzehnten Lebensjahr an, fühlte ich mich sehr von der unsichtbaren Welt des Geistes angezogen und fing an, regelmäßig einen bestimmten Schrein der Stadt zu besuchen. Dort saß ich dann ungefähr eine halbe Stunde jeden Tag und meditierte und betete – manchmal am Morgen, manchmal nach der Schule, manchmal am Abend. Eines Tages, ich war mittlerweile sechzehn, erlebte ich während der Meditation vor dem Schrein, wie mich ein goldenes und silbernes Licht einhüllte. Es glänzte und schimmerte in vielen strahlenden Spiralen. Erstaunt blickte ich um mich und fühlte mich in dieser leuchtenden Atmosphäre eins mit dem ganzen Universum. Allmählich verblaßte der Glanz wieder. Ich stand auf, ging die Stufen hinab und trat ins Freie. Da kehrte das Licht zurück, und ich erfuhr alle Bäume, Felsen, Steine und Wolken um mich als Teil eines universellen Geistes. In jenem Augenblick begriff ich, daß alles lebt und eine Manifestation Gottes oder eines ewigen unendlichen Wesens ist.

Von diesem Tag an verbrachte ich die meiste Zeit damit, über das Universum nachzudenken und zu staunen. Meine Schulnoten wurden immer schlechter, und meine Eltern machten sich Sorgen. Da erzählte ich ihnen eines Abends von meinem Erlebnis im Tempel. »Alles ist Geist, alles ist Gott, das muß ich lehren.« Sie waren sehr erstaunt, erhoben aber keine Einwände. Allmählich begann ich dann wieder ordentlich zu lernen, doch die Erfahrung des einen leuchtenden Lichts erfüllte mich weiterhin und leitete mich.

College und Universität

Nach der vierten Klasse der Mittelschule von Akita kam ich auf das College von Yamagata und studierte im Hauptfach Literatur und Philosophie. Ich begann mich intensiv mit Englisch, Deutsch und Französisch zu beschäftigen. Gedichte, Romane, Theaterstücke und die schönen Künste hatten mich immer mehr angezogen als Naturwissenschaften und Mathematik. Es war für mich selbstverständlich, daß ich auf dem College den Schwerpunkt auf die freien Künste legte, um mich darauf vorzubereiten, der Gesellschaft in Zukunft in dieser Richtung zu dienen.

Damals wurde das Leben beherrscht vom Krieg in Ostasien, der durch die Bombardierung von Pearl Harbor noch schrecklicher geworden war. Schon seit meiner Kindheit, bereits als wir noch in Hiroshima lebten, war Japan im Krieg gewesen, zuerst mit der Mandschurei, dann mit China. Als Folge davon war die schulische Erziehung stark auf die Entwicklung der Selbstdisziplin ausgerichtet. Zusätzlich zum obligatorischen Unterricht in Literatur, Naturwissenschaften, Mathematik, Physik, Chemie, Geschichte, Fremdsprachen, Kunst und Musik wurden wir auf der Grundschule noch in Kriegskunst unterwiesen und auf der Mittelschule militärisch ausgebildet. Nachdem der Konflikt mit den Vereinigten Staaten ausgebrochen war, beschäftigten sich alle noch verstärkt mit den Nachrichten und Ereignissen des Krieges. Da wir jederzeit eingezogen werden konnten, standen wir bei unseren täglichen Studien unter großem psychischem Druck.

Im College wohnte ich mit sechshundert Studenten zusammen. Im zweiten Jahr wurde ich zum Sprecher des Wohnheims gewählt und war damit für die dort lebenden Studenten verantwortlich, mußte mich um sie kümmern und diente gleichzeitig als Verbindungsmann zur Schulverwaltung. Um meine Aufgabe zu erfüllen, mußte ich morgens der erste sein, der aufstand, und abends der letzte, der schlafen ging.

Als sich die Lage im Pazifik verschärfte, wurden mehr und mehr Studenten zu den Waffen gerufen. Einer nach dem anderen wurden die Studenten des dritten Semesters eingezogen und dann auch einige aus dem zweiten Semester, dem meinen. Sie kamen häufig zu mir und sagten: »Du bist jung, Michio. Vielleicht sterbe ich auf irgendeinem unbekannten Schlachtfeld. Wenn du überlebst, bitte, arbeite für den Weltfrieden!« Viele wurden getötet, doch ihre Abschiedsworte vergaß ich niemals.

Der Krieg ging weiter, das Essen wurde knapp, die Rationierung begann. Jeden Morgen erwachten wir vom Klang der Trommeln und gingen vor dem Frühstück auf das Übungs- und Exerzierfeld hinaus. Dann, nach dem Säubern der Schlafräume, betraten wir den Eßsaal und verbeugten uns nach dem Klingeln von Glocken vor einem kleinen Altar, der den im Krieg gefallenen Soldaten geweiht war. Das Essen bestand aus Getreide und Gemüse, und wir kauten jeden Bissen sehr, sehr gründlich, weil die Portionen sehr klein waren. Einmal im Monat marschierten wir auch zu einem Schrein und gedachten der im Kampf Gefallenen.

Im März 1945 wurde ich von der Kaiserlichen Universität in Tokio angenommen. Ich zog nach Tokio und richtete es so ein, daß ich bei einem meiner Onkel wohnen konnte. Im April begann ich politische Wissenschaften zu studieren, die zur juristischen Fakultät der Universität gehörten, einer Abteilung, aus der traditionsgemäß politische und gesellschaftliche Führer und Regierungsmitglieder hervorgehen. Ich fuhr mit öffentlichen Verkehrsmitteln zur Universität, doch wegen der Luftangriffe mußte ich mich manchmal unterwegs zusammen mit vielen hundert Menschen in einen nahen Luftschutzkeller flüchten. Außer meinen Büchern hatte ich immer gerösteten Reis, Umeboshipflaumen und Meersalz dabei – für den Notfall. Auch während der Vorlesungen heulten manchmal die Sirenen los. Dann verließen wir den Raum und suchten unter einem Torbogen oder im

Keller Schutz, bis die Entwarnung kam. Manchmal konnten die öffentlichen Verkehrsmittel wegen Bombenschäden nicht fahren, und ich mußte wie viele andere Studenten meilenweit laufen und kam oft erst nach Mitternacht ins Haus meines Onkels zurück.

In jenem Frühling wurden große Gebiete von Tokio durch schwere Luftangriffe zerstört. Wellen von B-29-Flugzeugen griffen am 10. März an, und noch einmal im April. Der größere Teil der Stadt wurde durch Bombenteppiche verwüstet, und in vielen Vierteln wütete mehrere Tage lang das Feuer, das nicht unter Kontrolle gebracht werden konnte. Wie alle Leute schlief ich mit dem Helm auf dem Kopf, und neben meinem Futon lagen Tüten mit geröstetem Reis, zusammen mit meinen Büchern, Notizen und Bleistiften, falls ich in einen Keller flüchten mußte, wenn die Bomber zurückkehrten.

Mitte Mai zwang die Regierung die Universität, die Mehrzahl der Studenten in Fabriken zu schicken, um Kriegshilfe zu leisten. Die Universität wollte für eine kleine Zahl von Studenten weiter Vorlesungen abhalten, um auch in Notzeiten Tradition, Erziehung und Wissen zu pflegen. Ohne vorherige Ankündigung wurden Prüfungen abgehalten, um herauszufinden, welche Studenten bleiben und welche in die Fabriken geschickt werden sollten. Zu meiner Erleichterung gehörte ich zu den dreißig jungen Leuten meines Semesters, die bestanden. Aber ironischerweise erhielt ich einen Monat später von der Wehrdienstbehörde meiner Heimatprovinz Wakayama die Nachricht, daß ich mich zum Wehrdienst melden sollte. Ich war neunzehn Jahre alt.

Militärische Ausbildung und Wehrdienst

Ich kehrte sofort nach Akita zurück, um meine Angelegenheiten zu ordnen und mich von meinen Eltern und Freunden zu verabschieden. Weniger als vierundzwanzig Stunden später war ich am Bahnhof, um meine Heimatstadt in Richtung Osaka zu verlassen. Ungefähr dreihundert Menschen kamen, um uns zum Abschied zuzuwinken. Mehr als zweihundert waren junge Frauen und Mädchen von der Katholischen Mädchenoberschule zum Heiligen Geist. Auf dem Platz vor dem Bahnhof brachten sie uns ein Ständchen. Sie sangen ein paar Marschlieder, ein paar schöne Volkslieder und ein Friedenslied. Als wir abfuhren, winkten alle und schwenkten Fähnchen, und ich winkte mit meiner Studentenmütze, bis der Bahnhof in der Ferne verschwand.

Am nächsten Tag erreichte ich Osaka und schloß mich ein paar hundert jungen Männern an, die aus verschiedenen Provinzen eingezogen worden waren. Im Keller des Bahnhofs versammelten sich dann alle Rekruten, auch aus anderen Teilen Japans, und wir erhielten unseren Einsatzbefehl. Bald waren wir wieder in einem Zug und fuhren nach Westen, doch niemand kannte unseren endgültigen Bestimmungsort. Alle Zugfenster waren abgedunkelt. Bei der Junihitze und in der künstlichen Dunkelheit war die Luft zum Ersticken. Dicht gedrängt nebeneinandersitzend, verbrachten wir die Zeit mit Schlafen und Unterhalten. Nach vielen Stunden wurden Reisbälle und Wasser verteilt. Weitere Stunden später hielt der Zug plötzlich, und wir durften die Fenster kurz öffnen, um frische Luft hereinzulassen.

Ich war aus einem leichten Schlaf erwacht und sah nun, daß der Zug im Bahnhof von Hiroshima hielt. Ich konnte viele Gebäude sehen und eine Menge Menschen – Geschäftsleute, Familien, Schulkinder, Soldaten –, die ihren täglichen Aufgaben nachgingen. Nach kurzer Zeit wurden die Rouleaus wieder heruntergelassen, der Zug fuhr weiter Richtung Westen. Ich spähte durch einen Spalt und beobachtete, wie die Vororte von Hiroshima und der Ujiyama, ein kleiner Berg in einem der Vororte, in der Ferne verschwanden. Freundliche Erinnerungen an meine Kindheit in Hiroshima stiegen in mir auf.

Die Nacht brach herein, der Zug fuhr weiter nach Westen. Inzwischen wußten fast alle, daß wir nach Kyushu gebracht würden. Wieder wurden Reisbälle und Wasser ausgegeben. Am nächsten Morgen trafen wir in der Stadt Kurume ein, im nördlichen Teil von Kyushu, wo ein großer Militärstützpunkt war. Dort wurden wir einem Infanterieregiment zugeteilt und erhielten Uniformen. Wie die anderen Ankömmlinge hatte auch ich den niedrigsten militärischen Grad. Am Nachmittag begann das

Exerzieren. Mehrere Sergeanten und Offiziere überwachten die Ausbildung der Neuen. Jeden Tag gruben wir Löcher, bauten Schutzgräben und hörten eine einstündige Vorlesung über Disziplin. Wir säuberten auch die Baracken, versorgten Bettzeug und Decken und hielten die Ausrüstung in Ordnung, die jeder von uns bekommen hatte, und auch die, die uns allen zusammen gehörte. Unsere Hauptnahrung war rote Hirse aus der Mandschurei, dazu gab es Misosuppe, salzige Pickles, gekochtes Gemüse (manchmal) und einmal in der Woche salzigen gekochten Fisch. Viele Soldaten hatten am Anfang wegen der groben harten Hirse ein paar Tage lang Durchfall. Am Abend waren wir fast alle immer völlig erschöpft. Die Disziplin war streng. Wenn irgendeine Kleinigkeit entdeckt wurde, die nicht in Ordnung war, wie zum Beispiel Staubpartikel auf einem Tisch oder noch ein Fleck auf einer geputzten Waffe, schlugen die Sergeanten alle Soldaten. Es gab kräftige Schläge auf eine Wange oder beide.

Nach vielen Tagen und Nächten harter Ausbildung war mein Selbstvertrauen so gewachsen, daß ich es wagte, die Vorschriften zu verletzen und zu lesen, nachdem alle anderen eingeschlafen waren. Tief in meiner Tasche verborgen lagen zwei Bücher, die ich in den Stützpunkt eingeschmuggelt hatte: die Bibel und ein japanisches Standardwerk über Strategie. Meine Gedanken beschäftigten sich nicht mit dem Ausgang des Krieges, sondern drehten sich um die Frage, wie ich sterben würde und ob mein Tod wirklich der Sache des Weltfriedens dienen würde. Wie gering mein Beitrag auch sein mochte, so hatte ich doch, wie viele Soldaten, im tiefsten Innern meines Herzens das Gefühl, daß die Welt nach diesem Krieg friedlicher werden könnte.

Nach einer einmonatigen Ausbildung in Kurume wurde meine Abteilung zum Tosu-Bahnhof verlegt. Der Tosu-Bahnhof war ein Knotenpunkt zwischen der Hauptbahnlinie von Kyushu, die von Norden nach Süden führte, und der östlichen Linie, die nach Nagasaki abzweigte. Wir waren ungefähr dreißig Soldaten, die den Auftrag hatten, den Bahnhof zu bewachen. Tagsüber patrouillierten wir bewaffnet auf den Bahnsteigen, kontrollierten den Verkehr, sammelten Informationen und fuhren von Zeit zu Zeit in die Stadt, um zu tanken. Nachts schliefen wir in nahe gelegenen Gebäuden und Warenhäusern. Jeden Tag sahen wir hoch am Himmel amerikanische Bomber, die nach Norden flogen, ins Industriegebiet von Kyushu. Ab und zu stiegen japanische Jäger auf, um die Bomber anzugreifen. Doch meistens waren die kleinen Jagdflugzeuge den ›Fliegenden Festungen‹ unterlegen und wurden abgeschossen.

Einmal griffen etwa vierzig Flugzeuge, Bomber und Jäger, von einem Flugzeugträger im Pazifik aus den Tosu-Bahnhof an. Die Flakgeschütze um den Bahnhof waren im Nu zerstört, riesige Feuer- und Rauchbälle stiegen zum Himmel. Dann kamen die Jäger und griffen im Tiefflug die Bahnsteige an. Das Maschinengewehrfeuer war wie ein Gewitter. Ich hatte mich gerade mit ein paar anderen zum Dienst auf den Bahnsteigen gemeldet. In der Nähe riefen und schrien zwei Soldaten. Ihre leblosen Körper stürzten vom Bahnsteig, während die Maschinengewehre in verschiedene Richtungen schossen. Instinktiv sprang ich vom Bahnsteig hinunter, während die Kugeln vorbeisausten. Die Maschinengewehrsalven verfehlten meinen Körper, der sich eng an die Seite des Bahnsteigs drückte, nur knapp. Als ich dann versuchte zurückzuschießen, hatte der Jäger bereits abgedreht. Kurz darauf erschien ein zweites Flugzeug, und wieder sprang ich in Dekkung, während mir die Kugeln um die Ohren pfiffen. Ein paar Minuten später begannen sich die amerikanischen Flugzeuge am südöstlichen Himmel zu sammeln und flogen zum Meer zurück. Ich sprang auf den Bahnsteig. Ein paar Soldaten waren verletzt, andere tot. Ich lief weiter zur Treppe, die zu einer Zubringerstraße führte. Dort hinunter waren viele Passagiere – Zivilisten – geflüchtet, um sich vor dem Angriff in Sicherheit zu bringen. »Es besteht keine Gefahr mehr für Sie!« rief ich. »Sie können herauskommen. Der Luftangriff ist vorüber.« Alle sahen mich erleichtert an und atmeten auf.

Einige Tage später wurde der Bahnhof wieder angegriffen. Die Gleise wurden beschädigt, und ein paar Warenhäuser und Bürogebäude in der Nähe wurden zerstört. Ich verlor noch ein paar Kameraden. Auf den Gesichtern der Überlebenden lag eine ungeheure Spannung. Niemand wußte, wie lange er leben, ja ob er morgen noch am Leben sein würde.

Die Bombardierung von Hiroshima und Nagasaki

Im Wachgebäude empfingen wir Nachrichten vom militärischen Hauptquartier. Auf einem kleinen Tisch an der Wand stand ein Funkgerät, mit dem man empfangen und senden konnte. Abwechselnd saßen Soldaten unserer Einheit am Tisch, die Kopfhörer über den Ohren, und lauschten, ob vom militärischen Hauptquartier eine Information durchgegeben wurde. Einmal hörten wir, daß das Industriegebiet im nördlichen Kyushu zu einem großen Teil zerstört worden war. An einem anderen Tag kam die Mitteilung, daß die US-Flotte mit mehreren Flugzeugträgern auf Kyushu zusteuerte. Dann, eines Morgens – das Datum wird mir unvergeßlich bleiben: es war der 6. August 1945 –, wurde vom Hauptquartier plötzlich eine offizielle Bekanntmachung an alle militärischen Stützpunkte durchgegeben. Mit höchst beunruhigter Stimme meldete der Sprecher: »Hiroshima wurde bombardiert. Wir wissen nicht, was für eine Bombe es war, aber sie hat entsetzliche Verheerungen angerichtet. Alle Verbindungen mit Hiroshima sind unterbrochen.«

Ein paar Stunden später erreichte uns eine weitere Mitteilung. »Wenn Sie ein feindliches Flugzeug sehen, gehen Sie sofort in Deckung. Auch wenn es nur ein einziges Flugzeug ist, bringen Sie sich sofort in Sicherheit, flüchten Sie in Bunker, in Gebäude oder Keller, hinter feste, solide Mauern.« Wenn bisher eine feindliche Maschine am Himmel erschien, hatten wir den Befehl, hinauszugehen und auf sie zu feuern. Jetzt lautete der Befehl plötzlich ganz anders!

Am nächsten Tag wurde unter den Soldaten darüber geflüstert, daß Hiroshima von einer Atombombe getroffen worden sein könnte. Und ein paar Tage später stand fest, daß es tatsächlich eine Atombombe gewesen war – die erste auf der Welt.

Allmählich wurden Einzelheiten über die Folgen des Bombenabwurfs bekannt, obwohl das volle Ausmaß der Tragödie viele Tage, Wochen, Monate, ja sogar Jahre lang nicht völlig erkannt wurde. Die Atombombe explodierte am Morgen des 6. August gegen 8 Uhr 15 über Hiroshima. Damals betrug die Gesamtbevölkerung der Stadt etwa eine halbe Million, die Bewohner der

Vororte eingeschlossen. Der Luftdruck und der Feuersturm töteten und verletzten ungefähr dreihunderttausend Menschen sofort. Weitere dreißigtausend Leute starben in den nächsten Tagen durch die radioaktive Strahlung. Heute, mehrere Jahrzehnte später, sterben in und um Hiroshima noch immer Menschen, die die Bombe überlebten, an Leukämie und anderen Arten von Krebs.

Bald rückten Augenzeugenberichte die Größe und den Schrekken von Hiroshimas Vernichtung in den Blickpunkt. An jenem Morgen stand zum Beispiel eine Gruppe von zweihundert Soldaten in einer militärischen Marschkolonne auf dem Hof der Infanteriekaserne von Hiroshima. Als der Blitz kam, wurden sie alle augenblicklich in Asche verwandelt – in aufrecht stehende Asche. Ein paar Menschen standen gerade vor einer Betonwand. Als die Bombe detonierte, verschwanden sie völlig – nur ihre Schatten blieben eingebrannt in die Wand. Viele Leute sahen den Blitz, der als ›heller als zehntausend Sonnen‹ beschrieben wurde. Ihre Vorderseite explodierte und das Fleisch und die Organe verwandelten sich in Blut, das aus ihnen herauslief, während ihre Rückseite noch intakt war. In diesem Zustand taumelten sie noch zehn oder zwanzig Meter weiter, ehe sie starben. Viele Einwohner, die überlebten, verspürten brennenden Durst. Hiroshima hat viele Flüsse, und sie liefen zu ihnen. Doch sobald sie von dem Wasser tranken, starben sie. An den Ufern der Flüsse lagen Tausende von leblosen Körpern, und Tausende von Leichen schwammen im Wasser. Neunzig Prozent aller Gebäude stürzten ein, da das in der Stadt wütende Feuer nicht unter Kontrolle gebracht werden konnte. Die Skelette von ein paar Betongebäuden blieben übrig, ihre Eisen- und Stahlgerüste zusammengeknickt wie Streichhölzer. Dazu kam weiterer radioaktiver Niederschlag, und Rettungsmannschaften von außerhalb konnten erst nach etwa drei Tagen in die Stadt vordringen.

Am 9. August fiel die zweite Atombombe, auf Nagasaki. Wieder wurden mehrere hunderttausend Menschen getötet oder verletzt. Die Stadt selbst wurde allerdings nur teilweise zerstört. Auf meinem Bahnhof, der auch halb kaputt war, trafen viele Züge direkt aus Nagasaki ein, das auf der Westseite von Kyushu liegt. Tag für Tag brachten die Züge Abertausende von Überlebenden.

Viele von ihnen lagen auf den Dächern der Waggons. Fast alle waren schwer verletzt. Viele starben im Zug, zahllose andere erreichten unseren Bahnhof bereits halb tot. Natürlich waren Familien, Kinder, Eltern getrennt worden und wußten nicht, was mit ihren Angehörigen geschehen war. Viele Personen blieben in Nagasaki und suchten nach ihren Lieben. Aber der radioaktive Niederschlag war dort sehr stark, und ein großer Teil von ihnen starb. Gemeinsam mit Kameraden und Zivilisten half ich Überlebenden aus Nagasaki aus dem Zug und brachte sie ins Krankenhaus oder in Häuser der Umgebung, damit sie sich ausruhen konnten. Wir organisierten den Transport zu anderen Orten, da Karume nicht alle Überlebenden aufnehmen konnte. Während ich half, blickte ich hin und wieder zum Himmel empor, in Richtung Nordosten, wo Hiroshima lag, und wandte dann den Kopf nach Westen, in Richtung Nagasaki. Ich fragte mich, wieso der menschliche Geist, die menschliche Gesellschaft unter einem solchen klaren, blauen Himmel zu derartigen entsetzlichen Dingen fähig sein konnte.

Der Krieg ist zu Ende

Nach dem Abkommen von Potsdam trat die Sowjetunion in den Krieg in Asien ein und griff am 8. August in der Mandschurei die japanischen Streitkräfte an. Am Morgen des 15. August erhielten alle Soldaten den Befehl, sich beim Radio einzufinden, weil der Kaiser selbst eine wichtige Erklärung abgeben wolle. Wir versammelten uns im Wachgebäude, salutierten vor einem kleinen Radio und standen schweigend da. Nach der Stimme des Ansagers erklang eine sehr tiefe, feierliche und sehr traurige Stimme. Manchmal konnte man sie kaum hören, und hin und wieder waren Worte völlig unverständlich. Der Kaiser erklärte der Nation, daß Japan sich ergeben habe. Die Erklärung von Potsdam war angenommen worden. Der Krieg war vorbei.

Wir waren völlig niedergeschmettert. Eine Stunde lang brachte niemand ein Wort heraus. Wir standen oder saßen nur da und starrten uns an. Vielen Soldaten kamen die Tränen, während sie sich gegenseitig hilflos fragten, ob es wirklich wahr sei, daß der Krieg zu Ende war. Plötzlich sahen wir durchs Fenster einige japanische Flugzeuge, die Blätter abwarfen. Ein Soldat stürzte hinaus und kehrte kurz darauf mit einem Flugblatt zurück. Darin hieß es: »Wir werden uns niemals ergeben! Wir werden weiterkämpfen! Glaubt nicht, daß Japan sich ergeben hat!« Inzwischen kam im Funkgerät die Nachricht durch, daß japanische Piloten mit Bomben in Richtung Saipan flögen, um einen letzten Angriff auf die US-Flotte zu unternehmen. Sie kamen niemals zurück.

Trotz vereinzelter Fälle von Gehorsamsverweigerung herrschte bei allen Streitkräften im allgemeinen Ordnung und Disziplin. Das militärische Hauptquartier in Karume befahl uns, auf dem Tosu-Bahnhof noch für zehn Tage für die Sicherheit zu sorgen und dann zu unserem Infanterieregiment im Stützpunkt zurückzukehren. Dort machten wir eine Bestandsaufnahme der Waffen, lagerten die Ausrüstung ein, warteten die Geräte und räumten überall auf. Nebenbei gingen wir in den Nachbarstädten auf Patrouille, um für Ruhe und Ordnung zu sorgen, bis weitere Befehle vom nationalen Hauptquartier kämen. Dort bereitete man sich auf den Empfang der amerikanischen Besatzungsmacht vor.

Die Nachbarregimenter wurden eines nach dem anderen aufgelöst, doch meine Einheit blieb weiter im Einsatz, um Verwaltungsaufgaben zu übernehmen. Ich fand allmählich, daß es völlig überflüssig war, in der Armee zu bleiben. Ich mußte mich darauf vorbereiten, sobald wie möglich etwas zur Zukunft Japans und der Welt beizutragen. Aus diesem Grund war es notwendig, daß ich an die Universität zurückkehrte und meine Studien wieder aufnahm. Ich wußte aber, daß ich mich nun auf internationale politische Wissenschaften und internationales Recht zu konzentrieren hatte – statt nur auf politische Wissenschaften und allgemeines Recht –, um für den Weltfrieden arbeiten zu können. Ich wartete ungeduldig auf den Tag meiner Entlassung, doch der Befehl kam nicht. Schließlich begann ich eine Gruppe von Soldaten zu organisieren mit dem Ziel, zu fliehen. Zusammen mit meinem besten Freund Kohei Yamanoi, der an der Universität von Kyoto studierte und zur gleichen Zeit wie ich eingezogen worden war, entwarfen wir einen Plan zur Massenflucht. Sergeanten und sogar ein paar Offiziere wollten sich beteiligen. Als der Tag unseres Ausbruchs herankam, wurde jedoch ein Drittel unseres Regiments entlassen. Darunter waren auch ich und all die andern, die nach Hause wollten.

Inzwischen war es Oktober geworden, schon zwei Monate nach Kriegsende. Ich packte meine Tasche, die auch mehrere Tagesrationen Proviant, einige Paar Socken und meine beiden Bücher aus Ost und West enthielt – die Bibel und das klassische Werk der Strategie. Ich nahm den Zug nach Akita, wo, wie ich wußte, meine Eltern mich schon ungeduldig erwarteten. Der Zug war überfüllt mit müden, mißmutigen Leuten, aber diesmal standen die Fenster offen. Schließlich erreichten wir den Bahnhof von Hiroshima.

Von dem leeren, hölzernen Bahnsteig aus konnte man das Explosionsgebiet der Atombombe überblicken. Soweit das Auge reichte, nichts als verbrannte Asche und geschmolzener Stahl, vom Epizentrum meilenweit nach Norden, zu den fernen Bergen und auch nach Osten und Westen. Ich konnte Felder verbrannter Asche, verbogene Stahlkonstruktionen erkennen und Gräber mit unzähligen Seelen und Geistern. Die öde Landschaft wurde manchmal von einem verbrannten Baum unterbrochen, doch es gab keine Häuser, kein Gebäude stand mehr. Es gab auch kein Zeichen von Leben: keine Menschen, keine Tiere, kein Vogel sang. Nichts als Schweigen.

Aus meinem tiefsten Innern stiegen Tränen und Zorn in mir auf. Tränen wegen der Geister und Seelen Hunderttausender von Toten, die dieser unerwartete Schicksalsschlag getroffen hatte. Zorn über die sinnlose menschliche Gier und Gewalttätigkeit, die tief in uns allen steckt, auch in mir. Trauer darüber, daß es der Menschheit nicht gelang, die strahlenden geistigen Welten zu erkennen, die mir während meiner Meditation im Schrein gezeigt worden waren. Irgendwo in meinem innersten Herzen beschloß ich, ohne zu wissen, wie ich es anstellen sollte, mein Leben der Verwirklichung des Friedens zu widmen – Frieden für die Welt, Frieden für alle Völker, Frieden für die ganze Menschheit, Frieden für alle Tiere, Frieden für alle Lebewesen. Wie schwierig dieses Unternehmen auch sein mochte, wieviel Opfer es auch kostete, wie lange es auch dauerte – vielleicht mehr als zehn oder hundert Generationen –, ich beschloß, mein Leben dem universalen Verständnis und der Erschaffung einer einzigen friedlichen Welt, einer Welt des Friedens zu widmen.

2

Die geheime Melodie des Friedens

Traurige Heimkehr

Als ich nach Akita zurückkehrte, begrüßten mich meine Eltern mit einem Lächeln – glücklich über meine Heimkehr. Doch zu meiner Bestürzung mußte ich erfahren, daß mein älterer Bruder Toshio auf dem Sterbebett lag. Er hatte Tuberkulose. Er hatte in einer Chemiefabrik in der Nähe von Tokio gearbeitet, und die Kriegsverhältnisse hatten seiner schlechten Gesundheit noch mehr geschadet. Ein paar Tage nach meiner Ankunft begann ich, an der Katholischen Mädchenoberschule zum Heiligen Geist zu unterrichten, als Aushilfe für meine Mutter, die jeden Tag ins Krankenhaus ging, um für Toshio zu sorgen. Er lag im Bett und wartete auf den Tod. Ich besuchte ihn und mußte dabei einen Gesichtsschutz tragen. Man glaubte, daß die Krankheit durch das Einatmen von verunreinigter Luft übertragen würde. Mein Bruder blickte zu mir auf, und ein schwaches Lächeln lag auf seinem blassen, durchsichtigen Gesicht. Ich drückte seine Hand, und lange hielt er die meine fest. Ich spielte den Fröhlichen und versuchte, ihn aufzuheitern, doch er reagierte kaum darauf. Nur sein Lächeln blieb.

Ein paar Tage später erhielt ich während des Unterrichts in der Schule einen Anruf von meiner Mutter.

»Dein Bruder ist eben hinübergegangen.« Ihre Stimme zitterte, sie konnte kein weiteres Wort mehr sagen.

»Ich komme sofort«, antwortete ich.

Da erwiderte sie unsicher und leise: »Nein, nicht jetzt. Erst wenn du mit dem Unterricht fertig bist.«

Ich behielt die Nachricht für mich, doch sobald die Schule aus war, erzählte ich es ein paar Kollegen und rannte zum Krankenhaus. Meine Mutter saß neben dem Toten und sprach kein Wort. Sie war so leblos wie ein Geist. Sobald mein Vater an jenem Abend mit seiner Arbeit fertig war, kam er aus Honjo herüber, wo er die Oberschule leitete.

Ein paar Tage half ich ihm bei den Vorbereitungen zur Verbrennungszeremonie in einem buddhistischen Tempel in Akita. Etwa zehn Lehrer der Katholischen Oberschule und mehrere Nachbarn versammelten sich zu der Feier. Wegen der chaotischen gesellschaftlichen Verhältnisse nach Kriegsende konnten viele Freunde meines Bruders nicht teilnehmen. Während seine Asche in einem kleinen Holzkasten zum Tempel getragen wurde, blickte ich meine Mutter an, als könne mein Blick sie davor bewahren zusammenzubrechen. An jenem Abend sah ich zum ersten Mal im Leben diese starke, disziplinierte Frau, die meine Mutter war, weinen.

Während mein Vater sie tröstete, dachte ich über die Bedeutung des Todes nach. In den letzten Jahren waren so viele meiner Kameraden gestorben. Hunderte und Tausende von Menschen waren in Hiroshima und Nagasaki umgekommen. Millionen starben im Pazifik, in China, der Mandschurei und Europa – überall auf der Welt –, und jetzt hatte der Tod durch eine ansteckende Krankheit, ständige Begleiterin des Krieges, auch meine Familie getroffen. Ich dachte über die Wahrheit nach, daß jeder Mensch geboren wird und jeder Mensch vergeht. Damals erkannte ich, daß das Leben nur ein Traum ist und wir durch diese Welt ziehen wie Reisende, die von einer Szene zur nächsten wandern.

Studien über die Weltregierung

Ich unterrichtete noch sechs Wochen länger an der Katholischen Oberschule. Als meine Mutter ihre Trauer so weit überwunden hatte, daß sie wieder selbst unterrichten konnte, kehrte ich an die Universität von Tokio zurück, um weiterzustudieren. Mein

Hauptinteresse galt dem Frieden und der Zukunft der Menschheit. Doch diese Themen gehörten nicht zum üblichen Lehrplan der politischen Wissenschaften und der juristischen Fakultät. Zum zweiten Mal wurde ich zum Sprecher des Studentenwohnheims gemacht, und immer mehr verfolgte ich bei meinem Studium meine eigenen Pläne. Genau wie damals auf der Oberschule fing ich an, nahe gelegene Tempel und Schreine zu besuchen, sooft ich Zeit hatte, und meditierte und betete dort. Mein Verstand suchte nach einer praktischen und dauerhaften Möglichkeit, den Weltfrieden zu verwirklichen, und es wurde mir klar, daß es für mich sinnlos war, eine akademische Laufbahn einzuschlagen. Obwohl ich durch den Krieg Vorlesungen versäumt hatte, nahm ich mir vor, innerhalb von drei Jahren alle nötigen Examina zu machen.

Im Winter 1945 und im Frühjahr darauf begann man langsam damit, Tokio wiederaufzubauen. Die Lebensmittel waren überall knapp, und der schwarze Markt blühte. Die Besatzungsarmee der Alliierten unter General MacArthur übernahm das Kommando im Land, und über der Stadt wehte die Fahne der Vereinigten Staaten. Hunger herrschte vielerorts, und die soziale Lage blieb angespannt. Die kommunistische Bewegung wurde sehr aktiv, und Streiks brachen aus. Es wurde sogar ein Generalstreik geplant, der dann auf Befehl der Alliierten abgesagt werden mußte. Bald nahm das Kriegsverbrechergericht in Tokio seine Arbeit auf. Der frühere Ministerpräsident und Führer des geschlagenen japanischen militärischen Oberkommandos wurde als Kriegsverbrecher verurteilt. Ich besuchte mehrmals die Verhandlungen und verfolgte das Verfahren, wobei ich mich immer wieder fragte, ob diese Art Drama für die Verwirklichung des Weltfriedens notwendig war. Das Gericht hatte sich im Namen der Gerechtigkeit und der Zivilisation versammelt, aber nach einer weltweiten Tragödie solchen Ausmaßes – was hieß da Gerechtigkeit, was hieß da Zivilisation?

Eines Tages beobachtete ich eine riesige Demonstration von Menschen, die die politische Linke vor dem Kaiserpalast organisiert hatte. Ich war nicht gekommen, um daran teilzunehmen, sondern um festzustellen, warum die Leute sich versammelten und was für eine Bedeutung oder was für einen Wert ihre Versammlung hatte. Ich beobachtete die aufgeregten Gesichter und blitzenden Augen von Tausenden von Menschen, doch ich teilte ihre Begeisterung nicht, noch konnte ich erkennen, wie diese Aufregung dauerhaften Frieden herbeiführen sollte.

Nachdem ich mein Examen an der Universität von Tokio bestanden hatte, überlegte ich, was ich tun sollte. Einer meiner besten Freunde, Keichu Moriai, und viele meiner Kommilitonen hatten vor, bestimmte Prüfungen abzulegen, um Rechtsanwalt, Richter, Regierungsbeamter oder Diplomat zu werden. Doch diese sichere, behördlich geplante Zukunft hatte für mich keinen Reiz. Mein Onkel riet mir, Geschäftsmann zu werden, und sprach mit verschiedenen Firmen, mit denen er geschäftliche Beziehungen unterhielt. Doch die Vorstellung, mein Leben als Firmenangestellter zu verbringen, war mir ebenfalls unerträglich.

Ich kehrte an die Universität zurück und begann, mich für die Weltbundesregierung zu interessieren. Abgesehen von verschiedenen Versuchen, Frieden zu erreichen und ein nukleares Wettrüsten zu verhindern, wurden auch Anstrengungen unternommen, um eine Weltbundesregierung zu konstituieren, entweder indem man die gerade angenommene Charta der Vereinten Nationen abänderte oder indem ein Weltparlament gebildet würde von Leuten, die die Bevölkerung der verschiedenen Gebiete repräsentierten. In dieser Beziehung erhielt ich an der Universität von Professor Toyohiko Hori, einem sehr ehrbaren, disziplinierten, ernsthaften Menschen, wertvolle Ratschläge; auch Professor Shigeru Nanbara, ein gottesfürchtiger Christ, politischer Wissenschaftler und Dekan der Universität und viele meiner Professoren an der Fakultät für juristische und politische Wissenschaften gaben mir wichtige Hinweise.

Ich begann hier und dort Leute zu besuchen, die den gleichen Traum hatten wie ich. Ich bemühte mich, Bücher und Literatur aus Vergangenheit und Gegenwart zu diesem Thema zu finden. Ich fing auch einen brieflichen Gedankenaustausch mit Weltföderalisten in anderen Ländern an, einschließlich der Vereinigten Staaten. Zwar blieb ich weiter Sprecher des Studentenwohnheims und ging regelmäßig in die Vorlesungen, doch zwischen den Gebeten und Meditationen vor Schreinen, die in der Nähe der Universität lagen, war mein Geist erfüllt von Visionen, wie ich den Weltfrieden durch irgendeine Art von Weltverfassung verwirklichen könnte. Unter den Menschen, denen ich in Japan auf meiner geistigen Suche begegnete, waren Reverend Toyohiko Kagawa, der christliche Prediger, Morikatsu Inagaki, der Weltföderalist, und andere Friedenssucher, zu denen auch Mitglieder des japanischen Parlaments gehörten.

Begegnung mit George Ohsawa

Der Mensch, dessen Ansichten über die menschliche Gesellschaft mich jedoch am meisten beeinflußt haben, war weder ein Professor noch ein Wissenschaftler, weder ein frommer Mann noch ein Heiliger. Ich kann ihn nur als einen freien Menschen beschreiben. Wir lernten uns auf eine seltsame Weise kennen.

Eine der Gruppen, mit denen ich nach dem Krieg in Kontakt kam, waren die Vereinigten Weltföderalisten von Nordamerika. Eines Tages traf aus New York ein Brief ein, in dem man mich auf den Studentenverband der Weltregierung in Japan hinwies. Diese kleine Organisation hatte ihren Sitz in Okurayama bei Yokohama, gerade außerhalb Tokios, und wurde von Yukikazu Sakurazawa geleitet, einem Dichter, Geschäftsmann, Philosophen und Autor von ein paar hundert Büchern und Artikeln. Er war weitgereist und hatte Ende der zwanziger und Anfang der dreißiger Jahre in Europa gelebt, wo er die Lehren aus Ost und West auf eine gemeinsame Basis zurückzuführen versuchte. Der Einfachheit halber benützte er im Französischen und Englischen das Pseudonym George Ohsawa.

An einem Wochenende beschloß ich, nach Okurayama zu fahren. Die Adresse stellte sich als ein kleiner Raum in einem großen Gebäude heraus. Es gab praktisch keinen Platz, doch ich wurde von mehreren Studenten herzlich empfangen und gebeten, mich zu ihnen zu setzen. Sie boten mir seltsam aussehenden Tee an, dunkles, seltsam schmeckendes Brot und Tekka, ein ascheähnliches schwarzes Pulver aus einem Wurzelgemüse.

»Findest du nicht, daß es köstlich schmeckt?« fragten sie mich.

Das Brot war widerlich, der Tee fade. Doch schließlich hatte ich politische Wissenschaften studiert, und so antwortete ich diplomatisch: »Ja, köstlich.«

Die Studenten sprachen nur übers Essen. Ich stellte ihnen Fragen über die Weltregierung und wie die weitere Verbreitung der Atomwaffen zu verhindern sei, doch sie konnten mir keine guten Antworten geben, weil sie in politischen Wissenschaften nicht sonderlich beschlagen waren. Da fragte ich sie, wer ihr Leiter sei, und sie erklärten, das sei George Ohsawa. Ich sagte, ich würde ihn gern kennenlernen, und sie meinten, ich solle am nächsten Wochenende wiederkommen.

In der nächsten Woche fuhr ich zu George Ohsawas kleinem Haus in Hiyoshi, zwischen Tokio und Yokohama. Auf dem Dach war ein großes Schild mit der Aufschrift ›Studentenverband der Weltregierung‹. Ich dachte, daß er entweder verrückt oder ein Genie sein mußte.

Vor der Tür standen viele Schuhe, die ich automatisch in eine ordentliche Reihe brachte. Lima, Ohsawas Frau, kam heraus und begrüßte mich. Im Zimmer saßen etwa zwanzig junge Leute um einen kleinen Tisch und aßen. Mir fiel ein merkwürdiger alter Mann mit einem seltsamen Gesicht auf. Er sah aus wie eine Mischung aus Gangster und Dichter, ein schwieriger Mensch mit einem starken und doch zarten Geist. Ich verbeugte mich vor ihm. Sobald er mich bemerkte, sagte Ohsawa zu den anderen, sie sollten ihre Schüsseln nehmen und ins Nebenzimmer gehen. Sie waren darüber sehr erstaunt. Dann bat er mich, Platz zu nehmen und etwas zu essen. Lima brachte Misosuppe und schloß die Tür.

»Was tun Sie?« fragte mich George Ohsawa.

»Ich studiere weltpolitische Probleme – wie Weltregierung und Weltfrieden«, antwortete ich.

»Haben Sie jemals die dialektische Anwendung der Ernährungsprinzipien auf das Problem des Weltfriedens in Betracht gezogen?« fragte er weiter.

Ich war verblüfft. Ich war ein sehr fleißiger Student, doch daran hatte ich noch nie gedacht. Außer bei gewissen esoterischen kulturgeschichtlichen und anthropologischen Studien kamen bei den politischen Wissenschaften und auch bei den Sozialwissenschaften im allgemeinen die Ernährungsgewohnheiten des Homo sapiens nicht zur Sprache. Was für eine Verbindung zwischen Nahrung und Frieden konnte denn schon bestehen?

»Ich habe nie an so etwas gedacht«, gab ich zu.

»Sie müssen die Beziehungen zwischen dem Essen und dem Schicksal des Menschen studieren«, sagte er und lächelte. »Eines Tages werden Sie feststellen, daß dies der Schlüssel zum Weltfrieden ist. Bitte, kommen Sie jede Woche her und essen Sie mit uns.«

Ich aß mit ihnen zu Abend. Es schmeckte scheußlich. Während des Essens herrschte Schweigen, niemand sprach. Dann fuhr ich nach Hause.

Wieder in Tokio, sprach ich über meinen Besuch bei Ohsawa mit einigen meiner Professoren, stieß aber nur auf Desinteresse. Sie waren einhellig der Überzeugung, daß der Frieden ein internationales Problem sei. Sie sagten, daß Ohsawa nur ein Gesundheitsapostel sei und seine Vorstellungen von Frieden keiner großen Aufmerksamkeit wert. Während der nächsten acht Monate vergaß ich meinen Besuch völlig. Dann erhielt ich eines Tages von Ohsawa ein Telegramm: »Heute abend Versammlung wegen Weltregierung. Bitte kommen.« Ich hatte kein Telefon und konnte daher die Einladung nicht absagen. Ich fand, daß ich hingehen müßte. So machte ich mich wieder auf den Weg nach Yokohama. Eine Gruppe von Studenten hatte sich versammelt, und diesmal sprach man tatsächlich über eine Weltregierung, nicht über Ernährung, und ich fühlte mich nicht mehr so verloren.

Von da an besuchte ich den Studentenverband der Weltregierung jede Woche oder doch zumindest jede zweite Woche. Jedesmal, wenn ich hinkam, boten sie mir etwas zu essen an, seltsame Dinge wie dunkles Brot oder Reisbälle aus braunem (geschältem, aber unpoliertem) Reis. Die Wichtigkeit der Nahrung hatte ich noch immer nicht erkannt. Aber Ohsawa malte Spiralen an die Wandtafel und sprach über die Ordnung des Universums, die alles bestimmte – vom subatomaren Teilchen bis zu den Sternensystemen, von Krankheits- und Gesundheitsmustern bis zum

Aufstieg und Fall von Zivilisationen. Das faszinierte mich. Er redete überhaupt nicht von Essen und Krankheit, nur von Yin und Yang, den sich ergänzenden gegensätzlichen Kräften, die in allen Phänomenen wirksam sind. Während ich seinen Worten lauschte, begann ich immer mehr zu glauben, daß seine Philosophie wirklich großartig sei. Doch mochte sie auch das ganze Universum erklären – wie man sie mit einer Weltregierung oder einer Welt des Friedens in Zusammenhang bringen konnte, begriff ich immer noch nicht.

Als ein Mensch, der in einem Land des Fernen Ostens geboren worden war, kannte ich natürlich seit meiner Kindheit die Ausdrücke Yin und Yang, die für die zwei grundlegenden Energien stehen, welche Tag und Nacht bewirken, Sommer und Winter, Mann und Frau erschaffen, Ursachen sind von weich und hart, klein und groß und anderen Paaren gegensätzlicher Eigenschaften. Doch ich wußte nicht, wie man Yin und Yang im täglichen Leben gebrauchte. George Ohsawa unterhielt sich mit mir nicht über die Nahrung. Er sprach immer nur über Kosmologie.

Eines Tages lud er mich ein, mit ihm ins Kino zu gehen. Obwohl ich in vieler Hinsicht sehr modern eingestellt war, besuchte ich doch nie ein Kino. Ich studierte mit Eifer und Hingabe, hielt so etwas für Zeitverschwendung und befürchtete, es könnte meine Selbstdisziplin erschüttern. Zu meinem Erstaunen schlief Ohsawa während des ganzen Films. Ich überlegte, ob ich ihn wecken sollte. Genau als der Film zu Ende war, erwachte er. Das beeindruckte mich.

Bei einer anderen Gelegenheit, an einem Sonntag, unternahmen wir einen Spaziergang in einem Wäldchen. Ohsawa beschloß zu prüfen, was ich aus seinen Vorlesungen über Yin und Yang gelernt hatte.

»Bitte, teil alles in zwei Hälften«, sagte Ohsawa und deutete auf ein paar Blumen und Blätter.

»Das ist ganz leicht. Ich werd's versuchen«, sagte ich. Doch es gelang mir nicht. Es fehlten mir die Worte.

»Warum zögerst du, Michio?« fragte Ohsawa. »Du weißt, was rechts und links ist, hell und dunkel, Tag und Nacht. Versuch es!«

»Ah, ich verstehe. Alles sehr einfach.« Aber wieder saß ich fest. Ich konnte es nicht.

Zum ersten Mal erkannte ich, wie sehr ich vom modernen Erziehungssystem beeinflußt war. Mein Verstand konnte mit praktischen Dingen nicht umgehen. Ich war entsetzt. Ich konnte keine einfachen, ganz gewöhnlichen Worte benutzen. Ich konnte nicht in lebendigen Ausdrücken denken wie glatt und rauh, rund und gerade, hell und dunkel, oben und unten, vorne und hinten, drinnen und draußen, Zentrum und Peripherie oder in anderen Elementarbegriffen. Obwohl es so einfach war, konnte ich Yin und Yang nicht erkennen, das vereinigende Prinzip, die Ordnung des Universums. Ich brauchte später noch zehn Jahre, die ich in den Vereinigten Staaten lebte, bis ich vom begrifflichen Denken völlig loskam und lernte, mich einfach auszudrücken. Bis dahin hatte ich kein Vertrauen in das Leben.

Ohsawa faszinierte mich, doch während unserer Begegnungen in Japan war ich eigentlich nie richtig in der Lage zu verstehen, was er sagte. Ich respektierte seinen Mut und seine Begeisterung für den Frieden, aber manche seiner Taten fand ich tollkühn. 1944, gegen Ende des Zweiten Weltkriegs, unternahm er zum Beispiel einen Ein-Mann-Friedensmarsch durch die Mandschurei mit dem Ziel, Moskau zu erreichen und Stalin zu überreden, zwischen den Vereinigten Staaten und Japan als Friedensvermittler aufzutreten. Während des Winters wurde er in der Mandschurei verhaftet, was vermutlich noch das Beste war, denn die Tundra Richtung Sibirien war gefroren, und es hatte vierzig Grad unter Null. Außerdem hatte er noch nie auf einem Pferd gesessen.

Wegen dieser Aktion und wegen seiner Schmähschriften gegen die japanischen Militaristen kam Ohsawa schließlich ins Gefängnis, wurde gefoltert und zum Tode verurteilt. Er überlebte nur dank der Tapferkeit und Energie seiner Frau Lima, die ihm jeden Tag Reisbälle ins Gefängnis brachte und ihn mit dem Notwendigsten versorgte. Kurz vor dem bereits feststehenden Hinrichtungstermin war der Krieg vorbei, und er wurde von den Amerikanern befreit. Ohsawa beklagte sich nie über seine Schwierigkeiten. Er hatte Vertrauen in die absolute Gerechtigkeit der Ordnung des Universums und behauptete immer, daß, wenn man richtig aß, man intuitiv zur rechten Zeit am rechten Ort sein würde. Ich war mir da nicht so sicher.

Reise in die Vereinigten Staaten

Während dieser Zeit traf ich immer wieder Studenten und Gelehrte, die für eine Weltregierung eintraten, und korrespondierte mit Weltföderalisten in den Vereinigten Staaten und anderen Ländern. Norman Cousins, der Herausgeber der *Saturday Review*, der damals Vizepräsident der Vereinigten Weltföderalisten war, kam nach Japan, um Hiroshima und die Überlebenden des Atombombenabwurfs zu besuchen. Während seines Aufenthaltes besuchte er auch den Studentenverband der Weltregierung in George Ohsawas Haus und aß Misosuppe und braunen Reis. Damals war ich gerade anderweitig sehr beschäftigt und konnte an dem Treffen nicht teilnehmen, doch später begegnete ich ihm im Imperial Hotel, wo er in Tokio wohnte.

Durch meine Verbindung zu den Weltföderalisten erhielt ich eine Einladung in die Vereinigten Staaten. Doch damals war es für einen Japaner sehr schwierig, ins Ausland zu reisen. Es war die Zeit der Besatzung, und Japan war sehr arm. Norman Cousins unterstützte freundlicherweise meinen Reisewunsch, so daß ich einen Paß und ein Visum erhielt. Natürlich freute sich George Ohsawa sehr darüber, ermutigte mich und half mir sehr. Die Weltföderalisten von Japan waren auch begeistert und dachten, daß ich ihre Bewegung in der Welt draußen repräsentieren könnte.

Im Spätherbst 1949 traf ich an der Westküste ein, aber ich besaß nicht viel Geld und mußte erst mal arbeiten, in Los Angeles und in San Francisco. Nachdem ich ein wenig Kapital angesammelt hatte, brach ich zur Ostküste auf und machte in Salt Lake City, Denver und Chicago halt, um über die Probleme einer Weltregierung Vorträge zu halten. Im Sommer besuchte ich ein Studienzentrum der Quäker in New Hampshire. Ich ging zum Swarthmore College und besuchte die Friedensbibliothek und fuhr zur ›Friends' Community‹ in Pendle Hill, wo Fragen des Friedens erforscht werden. Ich besuchte auch die Universität von Chicago und sprach mit Robert M. Hutchins, dem Dekan, sowie mit Sozialwissenschaftlern und Atomphysikern, die Friedenshelfer waren.

Nachdem ich diese ersten Kontakte geknüpft hatte, beschloß ich, mich in New York häuslich einzurichten und mein Studium an der Columbia University aufzunehmen. Reverend Toyohiko Kagawa hatte mich dazu ermutigt, und der inzwischen verstorbene Herr Tsukada, ein japanischer Restaurantbesitzer, unterstützte mich finanziell. Als ich jedoch meine erste Vorlesung hörte, war ich völlig frustriert. Ich konnte nicht verstehen, was der Professor sagte, weil ich die gesprochenen englischen Worte nicht erfaßte. Es gelang mir, einige allgemeine Gedanken zu begreifen, doch nach ein paar weiteren Vorlesungen beschloß ich, nicht mehr hinzugehen und allein weiterzustudieren. Ich ging in die Universitätsbibliothek, Abteilung politische Wissenschaften, und sah Hunderte von Papieren durch und mehr als sechzig Entwürfe zu Vorschlägen für eine Weltverfassung, die während des zwanzigsten Jahrhunderts veröffentlicht worden waren, und zusätzlich dazu die Aufzeichnungen vieler Debatten, Diskussionen und Berichte über die Bildung des Völkerbundes, der Vereinten Nationen und einer Weltbundesregierung.

Beim Vergleichen all dieses Materials entdeckte ich, daß es innerhalb der internationalen Gemeinschaft viel Konfliktstoff gab: kulturelle Unterschiede, rassische Unterschiede, religiöse Unterschiede, sprachliche Unterschiede, Unterschiede im Bildungsniveau, soziale und wirtschaftliche Unterschiede, ideologische Unterschiede. Wie sollte da die ganze Welt vereinigt werden? Wie sollten die Abgeordneten des Weltkongresses oder des Weltparlaments in den verschiedenen Gebieten gewählt werden? Es gab den Vorschlag, für jede Million Menschen einen Abgeordneten zu wählen, doch es gab auch Stimmen gegen diesen Entwurf, bei dem Afrikaner, Chinesen und andere industriell weniger entwickelte Nationen gleichberechtigt vertreten sein würden. Ich kam ins Grübeln. Ganz entschieden brauchten wir eine Weltregierung, um eine nukleare Katastrophe zu verhindern. Doch die Arroganz jedes Volkes oder jedes Landes würde weiterbestehen. Die Menschen würden trotzdem krank, Familien trotzdem unglücklich sein. Verbrechen würden weiter geschehen. Ich begann daran zu zweifeln, daß allein die strukturelle Veränderung der Gesellschaft den Weltfrieden herbeiführen konnte. Es mochte dann vielleicht eine gewisse Kontrolle über Atombomben und andere zerstörerische Maßnahmen geben, aber es schien schwierig zu sein, Haß, Angst, Vorurteile und Diskriminierung aufzuheben, die so tief im Menschen verwurzelt sind. Solange wir nicht unsere Menschlichkeit neu entdeckten und entwickelten, würde es keine Möglichkeit geben, eine Weltföderation zu errichten, die auch etwas taugte. Vorübergehend würden vielleicht Übereinstimmungen erzielt werden, doch am Ende würde alles wieder zusammenbrechen.

Was war die Lösung? Ich beschloß, mich an verschiedene geistige und gesellschaftlich führende Persönlichkeiten zu wenden. Ich suchte Albert Einstein auf, Harold Urey, Thomas Mann, Upton Sinclair und weitere prominente Wissenschaftler, Schriftsteller und Staatsmänner. Ich schrieb Briefe an den indischen Premierminister Nehru und andere führende Männer, die sich der Sache des Weltfriedens und einer allgemeinen Weltordnung verschrieben hatten.

Alle sagten: Ja, Michio, wir brauchen eine Weltregierung, doch ist das keine endgültige Lösung. Wir brauchen etwas, das die Menschheit wirklich friedlich macht. Nur wissen wir nicht, was das ist.

Der Kontakt zu diesen Männern – moralische und intellektuelle Giganten – überzeugte mich noch mehr, daß die Bildung einer Weltföderation, zur Vermeidung künftiger Kriege unbedingt notwendig, nicht die letzte Antwort auf dem Weg, eine bessere Welt zu schaffen, war. Sie würde die Menschheit nicht dazu befähigen, ihre physischen, geistigen und spirituellen Möglichkeiten zu verwirklichen. Mir wurde klar, daß es notwendig war, die Spezies Mensch zu physischer Gesundheit, klarem Geist und immer größerem spirituellem Verständnis zu erheben, wenn ein universeller Friede und ein universelles Glück verwirklicht werden sollten. Solange die Entwicklung der menschlichen Art auf der augenblicklichen Stufe stehenblieb, würde es ständig Streit, Auseinandersetzungen, Verbrechen und Konflikte geben. Sie würden jede Weltordnung wieder zerstören, selbst wenn diese mit gesetzlichen und politischen Mitteln aufgebaut worden wäre.

Im Verlauf meiner Studien erkannte ich, daß der Traum vom Weltfrieden keine neue Idee war und auch nicht erst angesichts der Drohung eines Atomkriegs geboren wurde. Platon, Sir Thomas More und viele religiöse Führer haben bereits das Bild einer harmonischen Weltordnung entworfen. Bedeutende militärische Führer wie Alexander der Große, Cäsar und Napoleon bemühten sich ebenfalls, eine geeinte Welt zu schaffen. Bis heute sind jedoch alle entsprechenden Versuche fehlgeschlagen. Irgend etwas fehlte. Ich fragte mich: Wo ist die praktische Lösung dieses grundlegenden Problems zu finden? Bei den Religionen? Sie bieten seit mehreren tausend Jahren Lösungen. In der modernen Erziehung? In rechtlichen, wirtschaftlichen und politischen Systemen? Sie alle scheinen keine endgültigen Antworten geben zu können. Bei den Friedensbewegungen? Ihre Anstrengungen enden gewöhnlich damit, daß sie sich untereinander bekriegen. In Naturwissenschaft und Technologie? Ich hoffte, daß mir die Medizin ein Mittel für die Heilung des menschlichen Geistes und Verhaltens liefern würde. Doch die großen Männer, mit denen ich mich in Verbindung setzte, stimmten alle darin überein, daß es kein College, keine Universität, keinen Lehrer, kein Buch gab, welche dieses Thema behandelten. Sie erklärten mir, daß auch die moderne Medizin die Art und Weise, wie Menschen denken und sich verhalten, nicht grundlegend verändern könne. Ich mußte weitersuchen, immer weiter.

Eine meiner denkwürdigsten Begegnungen hatte ich mit Pitirim A. Sorokin, einem großartigen Denker und Autor des Buches *Reconstruction of Humanity*. In Rußland geboren, war er Anfang der zwanziger Jahre in die Vereinigten Staaten gekommen und hatte viele Jahre an der Universität von Minnesota und in Harvard Soziologie gelehrt. Er war schließlich zu der Erkenntnis gekommen, daß internationale gesetzliche Maßnahmen – wie etwa die Stärkung der Vereinten Nationen – letztlich nichts bewirken würden. Er war der Überzeugung, daß wir Liebe für unseren Nächsten entwickeln müssen, um den Frieden zu verwirklichen. Er schuf ein Forschungszentrum für Nächstenliebe und sammelte Daten über katholische Heilige und andere selbstlose Menschen. Er wollte herausfinden, warum sie selbstlos waren bzw. wurden und ob in ihrem Leben und Denken ein Schlüssel zu entdecken war, wie man das Bewußtsein und das Mitgefühl gewöhnlicher Menschen entwickeln konnte.

Eines Tages im Jahre 1951 rief ich ihn an. Er war damals bereits ein älterer Mann von zweiundsechzig Jahren, kurz vor der Pensionierung, und ich ein junger Mensch von fünfundzwanzig, für den alles gerade erst anfing. Ich berichtete ihm von meinen Nachforschungen und fragte ihn, was seine eigene Suche nach dem Frieden ergeben habe.

»Mein Leben ist dafür zu kurz«, sagte er. »Bis jetzt waren meine Bemühungen vergebens. Ich weiß nicht, warum der Mensch so gewalttätig ist. Ich weiß nicht, wie wir selbstlose Liebe entwickeln und Frieden bekommen können. Ich werde alt. Für meine Studien besteht keine Hoffnung. Ich warte auf den Tod.«

Seine Stimme zitterte.

Während wir uns unterhielten, kamen mir blitzartig die Worte in den Sinn: »die dialektische Anwendung der Ernährungsprinzipien auf das Problem des Weltfriedens«.

Vielleicht hatte Ohsawa recht, dachte ich. Konnte das tägliche Essen tatsächlich der wichtigste Faktor sein, der unsere Gesundheit und unser Wohlbefinden bestimmte? War das menschliche Schicksal tatsächlich eine Frage dessen, was wir aßen?

Ich erinnerte mich an ein Gespräch mit Ohsawa, ehe ich nach Amerika reiste. Er hatte gelächelt und mir Glück gewünscht bei der Suche nach dem, was er ›die geheime Melodie des Friedens‹ nannte. Eines stand fest: Wonach ich suchte, konnte man in keinem Klassenzimmer oder Buch finden, an keiner Kultstätte und in keinem internationalen Forum. Es gab niemanden, der es mich lehren konnte. Ich beschloß, auf eigene Faust die geheime Melodie des Friedens zu entdecken.

3

Ein Heilmittel für die Menschheit

Mit meiner Suche nach einer Methode, den Frieden zu verwirklichen, mußte ich irgendwo anfangen, und so gab ich meine Studien in der Bibliothek auf und begann, auf der Fifth Avenue und am Times Square von New York herumzustehen. Ich saß auch auf den Steinstufen vor der St. Patrick's Cathedral beim Rockefeller Center und beobachtete die Tausende von Menschen, die da vorbeikamen, einen nach dem anderen. Ich beobachtete ihr Verhalten und ihre Eigenheiten, ihre Haltung und ihre Gestalt, ihre Art sich auszudrücken und ihre Gewohnheiten. Jeden Tag beobachtete ich die Leute und suchte dabei nach Anzeichen von Selbstlosigkeit und Friedfertigkeit oder aggressivem und gewalttätigem Benehmen; doch ich gab es bald wieder auf. Es war zu verwirrend.

Dann beschloß ich, in der nächsten Woche nur die Augen zu betrachten. In der Woche darauf würde ich mich nur auf die Nasen konzentrieren. Also beschäftigte ich mich eine Woche lang nur mit Augen – ich beobachtete die Augen Tausender und Abertausender von Menschen, die hierhin und dorthin strebten. In der Woche darauf würde ich mir Tausende von Nasen ansehen, dann Tausende von Mündern und Tausende von Arten zu gehen.

Tage und Wochen vergingen. Nachts träumte ich von unzähligen Augen oder Nasen. Ich ernährte mich von Reisbällen aus braunem Reis, die in Nori-Algen gewickelt waren und in der Mitte ein wenig Umeboshipaste enthielten. Ungefähr zwei Monate später begann ich zu begreifen: Alle Menschen sind verschieden. Alle Augen sind verschieden, alle Nasen verschieden. Jeder Gesichtsausdruck ist anders. Diese Verschiedenheit muß man respektieren. Doch wieso entsteht sie? Ich entdeckte, daß sie von zwei Hauptfaktoren bestimmt wird: 1. den Umweltbedingungen und 2. der Nahrung.

Zu den Umweltbedingungen gehören die verschiedenen Klimazonen, die Jahreszeiten und das Wetter sowie die natürliche, soziale und kulturelle Umgebung, in der eine Person aufwächst und lebt, und der Lebenslauf der Eltern und Vorfahren. Unter Nahrungsbedingungen verstand ich alles, was ein Mensch gegenwärtig ißt, während seiner Kindheit und im Mutterleib gegessen hat, und außerdem das, was die Mutter aß, was die Großeltern aßen und was die Vorfahren gegessen hatten. Ich entdeckte, daß alle diese Einflüsse unsere heutige Konstitution und Denkweise bestimmen. Diese Faktoren machen jeden Menschen einzigartig und tragen außerdem zu jenen Eigenschaften bei, die wir mit allen menschlichen Wesen teilen. Zu dieser Zeit hatte man noch keine Vorstellung von der DNS, obwohl Chromosomen und verschiedene Erbfaktoren bereits bekannt waren. Erbfaktoren sind nichts anderes als der konstitutionelle und genetische Einfluß der vergangenen und gegenwärtigen Umgebung und der Ernährungsweise früherer Generationen.

Durch diese Entdeckungen konnte ich zum ersten Mal die Beziehung zwischen Nahrung und Weltfrieden wirklich verstehen, von der Ohsawa gesprochen hatte. Wir erschaffen die Zukunft auf dem Fundament unseres Alltagslebens von heute, und dazu gehört auch, wie wir essen. Wenn sich die Umgebung verändert, ändern wir uns. Wenn das Essen sich ändert, ändern wir uns. Ich gab das Studium der politischen Wissenschaften und des internationalen Rechts auf und begann Biologie, Chemie und Landwirtschaft zu studieren, beschäftigte mich mit Geschichte, Religion, Philosophie und Kultur, Kunst, Literatur, Musik und noch anderen Gebieten, um die Beziehungen zwischen Menschheit, Umwelt und Nahrung noch besser zu verstehen. Ich tat dies nicht mit der Absicht, ein Experte, ein Fachmann zu werden. Ich forschte vielmehr nach einem allgemeinen Prinzip, das unsere modernen bruchstückhaften Erkenntnisse vereinen konnte.

Ich beobachtete auch die Menschen um mich herum weiter, vor allem das unterschiedliche, umweltbedingte Verhalten und die Eßgewohnheiten. Um die Art zu verstehen, wie die Menschen Tag für Tag aßen, ging ich in Cafeterias und Automatenrestaurants von Manhattan. Ich war sehr arm und aß deshalb selten auswärts. Doch ich sah den anderen beim Essen zu. Manche Leute aßen sehr schnell, andere sehr langsam. Manche schlangen alles hinunter, andere kauten jeden Bissen gründlich. Manche Menschen waren heiter und fröhlich, andere wieder deprimiert. Manche waren energisch und gesund, andere lustlos und krank. Immer besser verstand ich ihre Gesichter, ihre körperliche Konstitution, ihre geistige und physische Verfassung, ihre zwischenmenschlichen Beziehungen. Mir wurde immer klarer, wie all dies mit dem zu tun hatte, was sie aßen. Und so fing ich an, die Ordnung des Universums wirklich zu verstehen und wie man Yin und Yang in der Praxis anwendet.

Biologische Degeneration

Meine Beobachtungen ließen mich erkennen, daß die degenerative physische, geistige und soziale Unordnung der modernen Gesellschaft rasch zunahm. Viele Menschen waren herzkrank, andere litten an Krebs. Fast alle alten Leute hatten Arthritis. Unter den jungen nahmen Aggressivität, Ziellosigkeit und Geisteskrankheiten zu. Mir wurde die Umweltverschmutzung bewußter und wie die Verunreinigung von Wasser und Luft unsere Gesundheit und unser tägliches Leben beeinflußte. Mit den chronischen Krankheiten ging ein Verfall der Nahrungsqualität einher. Unser Essen unterschied sich grundlegend von dem unserer Eltern und fast völlig von dem unserer Großeltern und Vorfahren. Durch Raffinieren, Massenproduktion, chemische Behandlung, Denaturalisierung und andere, hochindustrialisierte Verfahren veränderte sich die Nahrungsqualität sehr schnell, und kaum jemand war sich über die entsprechenden Auswirkungen auf unser Bewußtsein und unser Benehmen im klaren.

Als ich die Grundursache unserer modernen Krankheiten erkannte, stimmten mich die Aussichten für die Menschheit traurig. Nicht nur ein Atomkrieg, sondern auch eine biologische Katastrophe konnte zu Verfall und Vernichtung unserer Art, des Homo sapiens, führen. Wenn die biologische Degeneration unkontrolliert weiterging, würden wir Mitte des einundzwanzigsten Jahrhunderts am Ende sein, auch wenn es uns gelang, einen Atomkrieg zu vermeiden. Bis dahin würden sich Herzkrankheiten, Krebs, Diabetes, Arthritis, Störungen der Sexual- und Fortpflanzungsorgane, Allergien und viele andere Krankheiten epidemieartig verbreitet haben. Psychische Krankheiten – Schizophrenie, Paranoia, Angst und Depressionen eingeschlossen – würden in unserem Leben etwas Alltägliches sein. Streit, Verbrechen und Auseinandersetzungen innerhalb der Familie und der Gemeinschaft würden zunehmen. Religiöse und erzieherische Maßstäbe würden mißachtet. Wirtschaftliche und politische Systeme würden im Chaos enden. Armut, Krankheit, Elend und Wahnsinn würden sich auf der ganzen Welt ausbreiten – mit oder ohne einen neuen Weltkrieg.

Da dachte ich, daß es eine Arznei für die Menschheit geben müßte, die Gesundheit, Glück und Frieden bewirken könnte. Meine Beobachtungen und meine Studien hatten ergeben, daß alle angebotenen Heilmittel dazu bestimmt waren, Schmerzen zu lindern oder für das Verschwinden von Symptomen zu sorgen. Sie waren jedoch meist nicht dafür gedacht, Krankheiten zu verhindern oder die zugrundeliegenden umwelt- und nahrungsbedingten Ursachen zu beseitigen. Ich suchte nach ›Arznei für die Menschheit‹ und ähnlichen Ausdrücken im Katalog der Bibliothek der Columbia University und der Widener Bibliothek von Harvard, konnte aber nichts dergleichen finden.

Um das Voranschreiten der biologischen Degeneration zu stoppen und das Fundament für eine neue Zeit der Weiterentwicklung des menschlichen Lebens auf diesem Planeten zu legen, war es, wie ich erkannte, wesentlich, wieder unverfälschte Nahrung zu bekommen, möglichst von natürlicher, organischer Qualität, und sie allen Familien zu einem vernünftigen Preis zugänglich zu machen. Nur dann konnte das Bewußtsein umgewandelt und der Weltfrieden gesichert werden.

Mein Leben in New York

Inzwischen war ich damit beschäftigt, mein Englisch zu verbessern, meine Ausdrucksweise zu verfeinern und mir meinen Lebensunterhalt zu verdienen. Ich spülte Geschirr in New Yorker Restaurants und arbeitete als Botenjunge. 1954 gründete ich mit ein paar Freunden ein kleines Import-Export-Geschäft, das wir R.H. Brothers nannten – Resurrection of Humanity by Brothers (›Brüder für das Wiedererwachen der Menschlichkeit‹) –, und richtete in der 9. Straße West und dann in der 44. Straße West kleine japanische Geschenkläden ein. Um zwischen der östlichen und der westlichen Kultur eine Brücke des Verständnisses zu schlagen, entstand auf meine Anregung hin auch ein japanisches Warenhaus in der Fifth Avenue. Doch ein Geschäftsmann zu werden, war nicht meine Absicht. Diese Dinge dienten nur als Vorbereitung für meine spätere Lehrtätigkeit und halfen mir darüber hinaus, in der Geschäftswelt Erfahrungen zu sammeln. Und außerdem verdiente ich damit Geld. Meine Englischkenntnisse wuchsen allmählich, und ich konnte fließender sprechen, obwohl meine Ausdrucksweise bis heute immer noch etwas ungeschliffen geblieben ist.

Im November 1959 kam George Ohsawa zu Besuch nach New York. Seine Frau und er hatten das Zentrum in Yokohama schon vor Jahren aufgegeben und seitdem im Ausland gelebt und gelehrt. Sie waren zuerst ein Jahr lang in Indien gewesen und dann nach Afrika zu Albert Schweitzer gereist, der der einzige große weltbekannte moralische oder intellektuelle Führer gewesen war, der auf Ohsawas Weltregierungsvorschläge persönlich reagiert hatte. Schließlich waren sie nach Europa gegangen, wo sie viele Studenten um sich scharen konnten und in Belgien die Gründung einer wegbereitenden Firma für naturbelassene Nahrungsmittel anregten, Lima Foods, so genannt nach Frau Ohsawas Vornamen.

Anfang der fünfziger Jahre begannen auch andere Studenten von George und Lima Ohsawa in die Vereinigten Staaten zu kommen, darunter Tomoko Yokoyama, eine junge Lehrerin aus einem Bergdorf in Zentraljapan. Ohsawa war von ihrem Engagement für den Weltfrieden beeindruckt. Er gab ihr einen neuen Namen – Aveline – und sorgte dafür, daß sie an einer Pariser Weltregierungskonferenz teilnehmen konnte. Ich traf sie 1951 in New York am Greyhound-Bus-Bahnhof, und seitdem sind wir immer zusammengeblieben. Herman und Cornelia Aihara trafen auch in dieser Zeit ein. Sie organisierten später die makrobiotischen Aktivitäten an der Westküste. Während George Ohsawas Besuch in den frühen sechziger Jahren organisierten wir für ihn Seminare und Vorträge. Er kam jedes Jahr oder jedes zweite Jahr von Frankreich oder Belgien in die Vereinigten Staaten und blieb dann entweder eine Woche oder einen Monat. Er wohnte oft bei uns in Queens, einem Stadtteil von New York, und später in Cambridge in Massachusetts, und immer wieder sprachen wir über den Weltfrieden – und wie wir ein Heilmittel für die Menschheit herstellen könnten. Das war der Beginn unserer pädagogischen Bewegung.

Während dieser Zeit verschärfte sich der kalte Krieg zwischen den Vereinigten Staaten und der Sowjetunion. Die anfängliche Begeisterung für eine Weltregierung in den späten vierziger Jahren war abgeflaut, es folgten der Koreakrieg, die Berlin-Krise, der Ungarnaufstand, der U-2-Zwischenfall, der Start des Sputniks und das Wettrennen im All, der Aufstand von Kuba mit all seinen Folgen. Die Vereinigten Staaten und Rußland veranstalteten ein mörderisches atomares Wettrüsten und entwickelten immer zerstörerischere Atom- und Wasserstoffwaffen, größere und wirksamere Interkontinentalraketen und immer noch kompliziertere Abschreckungs- und Abwehrtheorien. Inzwischen hatten die atomaren Testversuche ihren Höhepunkt erreicht, große Strahlungsmengen wurden freigesetzt, die über die Welt dahintrieben und auf die Felder und die Ernte fielen. In den Schulen übten die Kinder regelmäßig für einen eventuellen Bombenalarm, und manche Familien bauten Atombunker, die sie mit Waffen und Essensvorräten bestückten.

Zu dieser Zeit war die Friedensbewegung sehr klein. In England führte Bertrand Russell die Anti-Atombomben-Märsche an. In den Vereinigten Staaten forderten Einstein, Oppenheimer, Szilard und noch ein paar andere Atomwissenschaftler der ersten

Stunde die Beendigung des Wettrüstens. Bürgerinitiativen wie das Komitee für eine gesunde Nuklearpolitik organisierten Kampagnen gegen Atomwaffentests. *Das letzte Ufer*, ein Roman (und Film) über die Auswirkungen eines dritten Weltkriegs, hinterließ im Bewußtsein der Menschen einen sehr starken Eindruck, und es wurde darüber debattiert, ob überhaupt jemand den nächsten Weltkrieg überleben könnte, und wenn ja, wo der ideale, sicherste Ort dafür wäre.

Zur Zeit der Berlin-Krise im Frühjahr 1961 hatten die Spannung und die Angst vor einem möglichen Atomkrieg ihren Höhepunkt erreicht. Damals war George Ohsawa gerade in New York und riet in seinen Vorträgen, die Einwohner größerer Städte in sichere ländliche Gebiete zu evakuieren. Ähnliche Vorschläge machte er in Europa und Japan und auch anderswo in den Vereinigten Staaten. In New York wurde ein Komitee gegründet, und einschlägige Nachforschungen ergaben, daß das Sacramento Valley in Nordkalifornien im Fall eines Atomkriegs ein sicherer Ort sein könnte. Mehrere hundert Studenten Ohsawas versammelten sich, um über die Evakuierung zu diskutieren, und etwa zwanzig Familien entschlossen sich hinzufahren. Als Vorsitzender der Versammlung erklärte ich, daß ich so lange in New York bleiben würde, bis die internationale Lage tatsächlich bedroht wäre.

Die Leute, die sich zum Umzug entschlossen hatten, trafen sich sehr oft bei mir zu Hause, um zu besprechen, wie das Unternehmen abgewickelt werden sollte. An dem Tag, an dem ihre Karawane von zwanzig Wagen die Stadt verließ, veröffentlichte die *New York Times* darüber einen Artikel und zitierte Ohsawa, der ihre Abreise mit dem Auszug der Juden aus Ägypten verglichen hatte. Abends hielt die Kolonne, schlug Zelte auf, aß Misosuppe und braunen Reis, den man auf Kerosinöfen kochte. In Chico, in Kalifornien, wurden sie herzlich begrüßt. Obwohl die Leute überrascht – und erleichtert – waren, daß es keinen Krieg gab, blieben sie dort und begannen, sich eine neue Existenz aufzubauen. Herman Aihara, Robert Kennedy und ein paar andere Freunde gründeten eine Reiskuchenfabrik, aus der später Chico-San wurde, eine der führenden Naturkostfirmen.

Wie sollte man die Art zu leben, die zu einer harmonischen physischen, geistigen und spirituellen Entwicklung des modernen Menschen führen würde, nennen?

Im alten Griechenland vertrat Hippokrates, der Vater der westlichen Medizin, natürliche, vernünftige Ansichten über Gesundheit und langes Leben. Er betonte die Wichtigkeit der Umgebung und der Ernährung. Seine Philosophie faßte er zusammen in dem Grundsatz: »Das Essen sei deine Arznei, und deine Arznei das Essen.« Er führte auch den Ausdruck *makrobios* oder ›Makrobiotik‹ ein, gebildet aus den griechischen Wörtern für ›großes Leben‹ oder ›langes Leben‹. Damals wie heute steht ›Makrobiotik‹ im Westen für eine ›natürliche Art des Lebens‹, zu der auch eine einfache, natürliche Ernährung gehört, die zu Gesundheit, Glück und langem Leben führt. Der Ausdruck wurde von Herodot benutzt, dem Geschichtsschreiber der Antike, von Rabelais, dem großen französischen Humanisten der Renaissance, und von Christoph Wilhelm Hufeland, einem deutschen Philosophen und Arzt des achtzehnten Jahrhunderts, der auch Goethe behandelte. Sein wohl bekanntestes Buch heißt: *Makrobiotik oder die Kunst, sein Leben zu verlängern.* Bis ins frühe zwanzigste Jahrhundert wurden im Volksmund biblische Patriarchen wie Abraham, langlebige Menschen wie die alten Äthiopier und chinesische Weise respektvoll *Makrobioten* genannt.

Im Fernen Osten gab es ebenfalls kulturelle Verhaltensmuster, Überlieferungen und Weisheitsschulen, die auf einer vergleichbaren Lebensweise beruhten. Die traditionellen östlichen Vorstellungen von Gesundheit und Langlebigkeit, die auf den Prinzipien von Yin und Yang und den Lehren von Konfuzius und Laotse basieren, wurden 1959 von Professor Joseph Needham in seinem vielbändigen Geschichtswerk *Wissenschaft und Zivilisation in China* mit ›Makrobiotik‹ übersetzt.

In den frühen sechziger Jahren führte George Ohsawa im Zuge seiner Reisen durch Frankreich, Belgien und die Vereinigten Staaten den Ausdruck ›Zen-Makrobiotik‹ ein, um auf seine Lehren hinzuweisen. Bei den Zen-Buddhisten hatte die einfache

Ernährung Tradition, man aß nur eine Schale braunen Reis, Misosuppe, etwas Gemüse, Gepickeltes und trank Tee dazu. Da der Zen-Buddhismus zu jener Zeit im Westen populär war, hoffte Ohsawa, Aufmerksamkeit zu erregen, indem er seine Sichtweise mit der des Zen verband, obwohl seine eigenen Lehren sich nicht auf den Buddhismus beschränkten. Needhams Geschichtswerk, das den fernöstlichen Zweig der makrobiotischen Gedanken dokumentierte, erschien damals auch gerade.

Ich habe den Begriff ›Makrobiotik‹ in seiner ursprünglichen Bedeutung wieder aufgenommen: als universalen Weg zu Gesundheit und langem Leben, der die weitestmögliche Auffassung nicht nur von der Ernährung, sondern von allen Dimensionen des menschlichen Lebens einschließt – von der natürlichen Ordnung bis zur kosmischen Entwicklung. Makrobiotik umfaßt Verhalten, Denken, Atmung, Übungen, Beziehungen, Sitten, Kulturen, Ideen und Bewußtsein wie auch individuelle und kollektive Lebensstile überall auf der Welt.

In diesem Sinn ist Makrobiotik nicht nur oder hauptsächlich eine Ernährungsmethode. Makrobiotik ist eine universale Lebensart, durch die sich die Menschheit biologisch, psychisch und spirituell entwickelt hat und mit der wir unsere Gesundheit und Freiheit und unser Glück erhalten werden. Makrobiotik umfaßt auch eine bestimmte Ernährungslehre, aber ihr eigentlicher Sinn ist, das Überleben des Menschen und seine Weiterentwicklung auf diesem Planeten zu sichern. In der Makrobiotik – der natürlichen, intuitiven Weisheit von Ost und West, Nord und Süd – fand ich das Heilmittel für die Menschheit, nach dem ich gesucht hatte.

4

Wiedersehen mit Erewhon

Durch meine Beobachtungen der Menschen und ihrer Lebensweise in New York fing ich an zu verstehen, warum sie verschieden waren. Ich begriff, warum manche selbstloser waren als andere und manche gewalttätiger; warum manche chronisch krank waren, während andere gesund blieben. Unsere tägliche Nahrung verändert und formt uns, sie gibt uns Energie und Schwingung und verändert die Zusammensetzung unserer Zellen, auch unserer Gehirnzellen. Ich war erstaunt, daß Einstein, Sorokin, Thomas Mann und die anderen Geistesgrößen, mit denen ich Verbindung aufnahm, diese einfache Tatsache nicht erkannten. Auch die Milliarden von Menschen überall auf der Welt wußten es nicht.

Während mein Verständnis und meine praktischen Kenntnisse der Makrobiotik wuchsen, besserte sich meine eigene Gesundheit, und ich begann zu sehen, was für einen Einfluß die Nahrung auf meine eigene Entwicklung gehabt hatte. Ich wuchs mit halbpoliertem braunem Reis auf, der manchmal mit Gerste oder Bohnen gemischt war. Dazu gab es Gemüse, Bohnenprodukte, Algen und gelegentlich Nudeln, Fisch und Obst. Während meiner Jugendzeit verbreiteten sich die modernen Eßsitten sehr rasch, und auch unser Haushalt blieb davon nicht unberührt. Obwohl wir in der Hauptsache weiter traditionelle Gerichte aßen, gab es doch von Zeit zu Zeit Weißbrot, braunen Zucker, Milch und Butter. Allerdings kamen Milchprodukte nur gelegentlich auf den Speisezettel. Fleisch wurde bei uns zu Hause nur sehr selten gegessen, etwa einmal im Monat in kleiner

Menge, meistens zu einem besonderen Anlaß. Einmal in der Woche oder jede zweite Woche gab es Eier, und einmal zog meine Mutter ein paar Hühner auf, die schöne, organische Eier legten. Die tierische Nahrung bestand gewöhnlich aus Fisch oder Meerestieren, die mehrmals wöchentlich auf den Tisch kamen. Mein Vater aß Fisch besonders gern. Ich selbst machte mir nicht viel aus tierischer Nahrung und aß sie nicht oft. Dagegen liebte ich Nudeln und Algen; als ich mit dreizehn Jahren auf die Oberschule kam, entwickelte ich eine Vorliebe für Obst.

Vorher war ich körperlich und geistig sehr aktiv und aufgeschlossen gewesen. Obwohl ich sehr schlank war, trieb ich viel Sport, auch Kampfsport, und war beim Baseball, Hochsprung, Laufen, Skifahren und Radfahren immer unter den Besten. Nachdem ich anfing, mehr Obst zu essen, und weiße Nudeln immer lieber mochte, ließ meine körperliche Vitalität nach, ich wurde ruhiger und introspektiv. Geistig begann ich, mich von meinen Freunden und Klassenkameraden zu isolieren. Ich war gern allein, las Bücher, schrieb Gedichte, beschäftigte mich mit künstlerischen und ästhetischen Fragen, meditierte und betete.

Als ich ins College eintrat, zeigten sich die ersten Symptome von Tuberkulose, die ich später mit dem vielen Obst, das ich gegessen hatte, in Verbindung brachte. Ich mußte immer wieder ins Krankenhaus und erhielt regelmäßig Luftinjektionen, um die Lunge zu öffnen. Diese periodischen Krankenhausaufenthalte dauerten ungefähr ein Jahr, und ich schrieb während dieser Zeit eine Menge sentimentaler Gedichte. Noch auf dem College fing mein Rücken an zu schmerzen, und es bestand der Verdacht, daß ich irgendeine Knochenmarksgeschichte hätte, obwohl ich nicht sehr gründlich untersucht wurde. Bis zum Ende meiner Collegezeit, etwa eineinhalb Jahre lang, hielten die Schmerzen an, und ich mußte mich beim Lesen auf einen Kissenhaufen stützen. Trotz meines schlechten Gesundheitszustandes wurde ich zum Sprecher des Studentenheims gewählt und kümmerte mich mit Hilfe meines engsten Freundes und Stellvertreters Keichu Moriai aktiv um die Belange von sechshundert Studenten.

Während des Zweiten Weltkriegs kehrten die Japaner zu einer mehr traditionellen Eßweise zurück. Süßigkeiten, Obst, Fleisch,

Milchprodukte und andere üppige, luxuriöse Nahrung waren selten. Im Haus meines Onkels in Tokio, bei dem ich während meines Studiums an der Universität lebte, bestanden unsere Mahlzeiten entweder aus halbpoliertem Reis oder Gerste oder Brot aus dunklem Mehl, Misosuppe mit Gemüse, manchmal Wildgemüse, gelegentlich Obst und Fisch, häufiger jedoch aus Bohnen, Tofu und anderen Bohnenprodukten. Meine Rückenschmerzen verschwanden in dieser Zeit, doch ich wußte nicht warum und brachte es auch nicht mit dem anderen Essen in Verbindung. Später, als ich eingezogen wurde, war das Essen beim Militär ähnlich einfach, und meine frühere gute Gesundheit kehrte zurück und festigte sich.

Unmittelbar nach Kriegsende, 1945, verschlechterte sich in Japan die Ernährungslage, und sogar Reis und anderes Getreide waren schwierig zu bekommen. Im ganzen Land herrschte strenge Rationierung. Zusätzlich zu den Grundnahrungsmitteln verteilten die Besatzungsmächte manchmal braunen Zucker, Kartoffelpulver oder weißes Mehl. Diese Dinge wurden von den Leuten teils begeistert, teils mit Verwirrung aufgenommen. Wir konnten sie nicht als Hauptnahrung verwenden, doch sie lieferten hochwertige Energie. Während der restlichen Universitätszeit und auch noch danach, etwa während der nächsten vier oder fünf Jahre, aß ich weiterhin einfach und blieb relativ gesund. Natürlich war ich wie alle in diesen mageren Zeiten gezwungen, jeden Bissen gründlich zu kauen, um soviel Energie und Nährwert wie möglich aus ihm herauszuholen. Es wurde als große Sünde angesehen, auch nur ein Reiskorn oder ein Stück Brot zu vergeuden. In dieser Zeit der Entbehrung lernte ich George Ohsawa kennen. Er trat für ein einfaches, bewußtes Essen ein und lehrte auch darüber, doch da seine Ernährungshinweise so sehr dem entsprachen, was ich täglich zu mir nahm, fand ich nichts Besonderes daran und konnte mich nicht dafür begeistern.

Auf meiner Fahrt nach Amerika im Herbst 1949 begegnete ich zum ersten Mal Rindfleisch mit Kartoffelbrei und Schweinekotelett mit dicker, öliger Sauce, außerdem gebuttertem Weißbrot und unbegrenzten Mengen von Milch, Milchprodukten und Zucker. Auf der ›General Gordon‹ aß ich einige von diesen Dingen, doch ich stellte bald fest, daß mir dunkles Brot, Haferbrei und gekochtes Gemüse lieber waren, selbst wenn es aus Konserven stammte. Ich mochte auch Bohnen und Fisch mehr als Fleisch, obwohl sie oft aus der Tiefkühltruhe kamen. Am Anfang schwelgte ich in süßen Desserts und Eis, doch bereits als das Schiff an der Westküste anlegte, hatte ich eine Abneigung gegen sie entwickelt.

Nach meiner Ankunft in San Francisco an Thanksgiving fing ich an, das übliche amerikanische Frühstück, Mittag- und Abendessen mitzuessen, während ich in kirchlichen Wohnheimen oder Häusern von Freunden in San Francisco, Los Angeles und New York lebte. Dazu gehörten Dinge wie gebratene Eier, Omeletts, Weißbrot, Brathuhn, manchmal Rind- oder Schweinefleisch, Konservengemüse, eingemachte oder frische Früchte, Milch und Butter. Obwohl ich von all dem kostete, genoß ich aus Gewohnheit und weil es mir schmeckte die einfacheren Sachen mehr, wählte immer dunkles Brot und aß, wenn möglich, Haferbrei und viel Gemüse; eher Fisch als Rind- oder Schweinefleisch, die weniger gesüßten Nachspeisen und frisches Obst statt Konserven.

In New York fing ich dann an, für mich zu kochen. Ich kaufte im Laden an der Ecke ein, immer diese einfachen Lebensmittel. Ich freute mich besonders, als ich braunen Reis entdeckte, obwohl er nicht aus organischem Anbau stammte, und Pasta aus unbehandeltem Mehl und dunkles Brot. Während ich als Tellerwäscher in Restaurants und als Hoteldiener arbeitete, konnte ich nicht so essen, wie ich eigentlich wollte. Aber intuitiv bemühte ich mich, gut zu kauen. Außerdem trank ich keinen Alkohol, mochte keine Säfte und süßen Getränke und aß selten stark gesüßte Gerichte.

Während ich auf die Columbia University ging, hatte ich eine kleine Wohnung, in der ich kochen konnte. Ich machte entweder braunen Reis oder Gemüsesuppe oder Nudeln aus unbehandeltem Mehl, aber manchmal aß ich auch in einem Coffeeshop an der Ecke.

Ich kochte in New York ungefähr ein Jahr für mich, bis Aveline kam und wir zusammenlebten. Obwohl ich intellektuell und geistig George Ohsawas Lehren über Nahrung und Schicksal allmählich verstand, war es doch Aveline, die meine Gesundheit und mein Bewußtsein festigte. Sie fing an, braunen Reis zu kochen. Sie buk auch Brot aus ganzem Roggen oder ganzem Weizen, machte Nudeln aus unbehandeltem Mehl, salzige Kekse und kaufte in Chinatown frisches Gemüse. Wenn ich ausging, um eine ordentliche Portion Eis zu essen, begleitete sie mich, bestellte aber selbst nichts. Sie beobachtete mich nur nachdenklich, ohne ein Wort zu sagen oder zu versuchen, mich vom Eisessen abzubringen.

Dank ihrer Kochkünste und ihres Mutes konnte ich – nach so vielen Jahren – wieder eins werden mit der natürlichen Umgebung und schließlich damit anfangen, meinen ewigen Traum zu verwirklichen.

In New York besserte sich meine physische Gesundheit. Ich besaß unerschöpfliche Energien, um meine Arbeit zu tun, meine Studien zu betreiben und die Verantwortung als Vater einer größer werdenden Familie zu tragen. Es dauerte jedoch zehn Jahre, bis ich über eine einfache, klare Art zu denken und mich auszudrücken verfügte. Ich begann darüber nachzuforschen, was die Menschen aßen, als das Alte und das Neue Testament geschrieben wurden. Indem ich ihre Nahrung aß, konnte ich ihre Sicht verstehen, und ganze Teile der Bibel, über die ich mir lange den Kopf zerbrochen hatte, verstand ich plötzlich. Mit den traditionellen hinduistischen, buddhistischen, konfuzianischen und taoistischen Lehren war es das gleiche. Wenn wir die Nahrung zu uns nehmen, die Krishna, Buddha, Konfuzius oder Laotse aßen, können wir den Geist verstehen, aus dem die großen Kosmologien des Ostens geboren wurden. Ich fing an zu erkennen, wie die Ordnung des Universums in Menschen, Bergen, Sternen und Galaxien wirkt. Dieselben Prinzipien, die die Bewegung der subatomaren Teilchen und das Wachsen der Bäume und Blumen bestimmen, formen auch unser persönliches und soziales Schicksal. Während meine eigene Gesundheit sich besserte und mein Bewußtsein sich weitete und vertiefte, kamen die Lösungen der Probleme der modernen Gesellschaft eine nach der anderen zum Vorschein.

Lehrtätigkeit in Boston

Nachdem ich mich geändert hatte, wollte ich mein Verständnis der Ernährungsprinzipien sofort auf das Problem des Weltfriedens und der Weltordnung anwenden. Aber es gab in den Vereinigten Staaten buchstäblich keine natürlichen, organischen Lebensmittel. Gutes Getreide, Gemüse, Bohnen, Bohnenprodukte, Miso eingeschlossen, Tamarisojasauce und unraffiniertes Meersalz waren zu jener Zeit überhaupt nicht zu kaufen. Neunundneunzig Prozent der Lebensmittel, die in Einzelhandelsläden und Supermärkten angeboten wurden, waren chemisch verseucht. Selbstverständlich konnte ich nicht darauf bauen, daß die Nahrungsmittelindustrie beginnen würde, Lebensmittel für die menschliche Entwicklung herzustellen oder Heilmittel für die Menschheit, wie ich es nannte. Dort sah man genau in die andere Richtung: Die natürlichen Prozesse wurden durch chemische Verfahren beschleunigt, um größtmöglichen Gewinn herauszuholen. Damals existierte bereits eine kleine Naturkostbewegung, doch die beschäftigte sich hauptsächlich mit Vitaminversorgung und ergänzenden Lebensmitteln, nicht mit ganzheitlicher Nahrung. Es wurde uns klar, daß wir selbst durch Erziehung der Öffentlichkeit und dann durch die Produktion natürlicher Lebensmittel anfangen mußten, die Gesellschaft zu verändern.

1965 zog unsere Familie nach Boston. Ich hatte einige Seminare in Massachusetts abgehalten und festgestellt, daß viele junge Leute in New England für Makrobiotik empfänglich sein würden. Außerdem war es das spirituelle und intellektuelle Energiezentrum des Kontinents. Viele soziale und philosophische Bewegungen wie die Pilgerväter, der amerikanische Freiheitskrieg, die Bewegung zur Sklavenbefreiung, die Transzendentalisten, die Frauenbewegung, die Mormonen, die Adventisten, Christliche Wissenschaft und andere mehr, hatten ihren Ursprung in New England und verbreiteten sich von dort aus über das ganze Land. Dies entsprach der traditionellen östlichen Philosophie, nach der die nordöstliche Richtung oder Gegend über Gedanken und Bewußtsein herrscht.

Zusammen mit Aveline und unseren Kindern ließ ich mich in Cambridge nieder und begann eine Handvoll Freunde zu unterrichten, die mit mir gearbeitet hatten, wenn ich hin und wieder aus New York kam und einen Vortrag hielt. Zur gleichen Zeit fing ich an, an der Harvard University Workshops über östliche Philosophie zu veranstalten, doch ich stellte bald fest, daß ich einen großen Fehler gemacht hatte. Die dortigen Studenten und Fakultäten waren an der Ordnung des Universums überhaupt nicht interessiert. Alles, was sie wollten, war Wissen, feste Vorstellungen und Daten. Ich hatte das Gefühl, in einem Warenhaus zu stehen und Gott, Geist und die Unendlichkeit anzupreisen. Sie waren gekommen, um Unterwäsche, Socken oder billige Hemden zu kaufen, aber nicht das Leben selbst. Deshalb begann ich, zu Hause zu unterrichten, und nahm jeden auf, der kam.

Eines Tages sprach ich über die traditionelle östliche Medizin und zeigte ein paar Akupunkturnadeln. Kurz darauf erhielt ich Besuch von der Polizei. Sie behaupteten, daß ich mich als Arzt betätigen würde, ohne eine Erlaubnis dafür zu haben, und sagten, daß ich angezeigt werden würde, wenn ich nicht die Stadt verließe. Ich erzählte ihnen, was für eine lange Tradition die Akupunktur im Fernen Osten habe. Im übrigen hätte ich gar keine Akupunktur gemacht, sondern nur darüber gesprochen – als Beispiel für die symptomatische Behandlung einer Krankheit im Vergleich zur Änderung unserer Eßgewohnheiten. Doch damals war der kalte Krieg auf seinem Höhepunkt, und die Beziehungen zwischen China und den Vereinigten Staaten waren noch höchst frostig. Allein Akupunkturnadeln zu zeigen wurde als illegal betrachtet. Natürlich hätte ich gerichtliche Schritte unternehmen können und sicherlich auch gewonnen, doch ich wußte, daß dies die Gegensätze und das Mißverständnis nur verstärkt hätte. So teilte ich den Behörden mit, daß meine Familie und ich wegziehen würden.

Von Cambridge verlegten wir unsere erzieherischen Aktivitäten nach Wellesley, das auch viele Collegestudenten hatte. Wir wußten allerdings nicht, daß es sehr konservativ war, und bald gab es auch hier Schwierigkeiten. Unter dem Namen East West Institute hatten wir von einem pädagogischen Institut Räume gemietet, um Vorträge zu halten, makrobiotische Kochkurse zu veranstalten und Aikido zu praktizieren. Aber wir zogen so viele Studenten an – auch welche aus Boston, mit langen Haaren und Bärten –, daß die Stadtväter uns baten, unsere Aktivitäten einzustellen. Die Nachbarn beklagten sich über zuviel Verkehr und Unruhe.

Von Wellesley zogen wir nach Brookline. Wir luden weiterhin Studenten ein, eine Zeitlang in unserem Haus zu leben und mit uns zu studieren. Bald stellte sich heraus, daß wir größere und geeignetere Räumlichkeiten für Vorträge und Kochkurse brauchten. 1966 fing ich an, zweimal wöchentlich abends im Zentrum von Boston im Hinterzimmer der Arlington Street Church Vorträge zu halten. Die Kirche gehörte den unitarischen Universalisten, die während des Vietnamkriegs in der Friedensbewegung sehr aktiv waren. Zuerst kamen nur ein paar Studenten, doch allmählich wuchs ihre Zahl. Seit unserer Zeit in New York hatten Aveline und ich jedes Jahr eine kleine Menge von natürlichem, organischem Miso, Tamarisojasauce, Seegemüse und anderen traditionellen Nahrungsmitteln aus Japan für unseren Bedarf und den unserer Freunde und Studenten importiert. Viele Abende verbrachten wir damit, diese Dinge aus großen Behältern in kleinere Flaschen, Tüten und Dosen umzufüllen.

Während meiner Vorträge verteilte Aveline manchmal Reisbälle, die sie zu Hause gemacht hatte. Die Nachfrage nach solchen fertigen Nahrungsmitteln von guter Qualität wie auch nach den importierten Lebensmitteln wuchs, und sie zu Hause zu lagern war nicht mehr länger durchführbar. Ein kleiner Kellerladen wurde eröffnet, dem zwei kleine Restaurants folgten – ›Sanae‹, was auf japanisch ›Reisschößling‹ bedeutet, und das ›Seventh Inn‹. Wir hatten braunen Reis und anderes Getreide, Bohnen, Samen, Nüsse, frisches Gemüse, Miso, Tamarisojasauce und noch ein paar andere Dinge immer vorrätig. Den Ausdruck ›Naturkost‹ wählten wir, um uns von den modernen, raffinierten, chemisch behandelten und weiterverarbeiteten Lebensmitteln zu unterscheiden, aber auch von der ›Gesundheitskost‹, die vor allem aus Vitaminen, Säften, Flocken, Kleie und anderen Teilprodukten oder verarbeiteten Nahrungsmitteln besteht.

Aveline taufte unseren kleinen Laden ›Erewhon‹ – nach dem 1872 erschienenen utopischen Roman von Samuel Butler, einer Satire auf die moderne Zivilisation, die sich von der Natur abgewandt hat. In der Welt der Erewhonier wird Krankheit als Verbrechen angesehen und Verbrechen als Krankheit. Kranke Menschen kommen ins Gefängnis, weil sie die Ordnung der Natur gestört haben, denn sie haben nicht auf sich geachtet, während Gesetzesbrecher ins Krankenhaus gebracht werden, wo sie gesundes Essen erhalten, damit sich ihr unmoralisches Verhalten ändert. Die Einwohner von Erewhon führen ein einfaches, geordnetes Leben. Sie besitzen Maschinen, doch sie benützen sie nicht, weil die Maschinen sonst ihre Zeit und ihre kreative Energie verschlingen würden. Statt dessen werden sie im Museum aufbewahrt als Gebrauchsgegenstände einer vergangenen disharmonischen Kultur. Wie *Alice im Wunderland* und *Alice hinter den Spiegeln* hielt Butlers Buch der ›auf den Kopf gestellten‹ Welt der viktorianischen Gesellschaft und damit auch der modernen Gesellschaft überhaupt den Spiegel vor.

Anders als frühere utopische Gemeinschaften, die in einem bestimmten geographischen Gebiet gegründet wurden, wollten wir mitten in der modernen Gesellschaft eine gesunde, friedliche Gemeinde von Menschen schaffen. Anders als vergangene Utopien, die ein ideologisches Glaubenssystem und einen Philosophen als Führer hatten, gab es bei uns weder ein Dogma oder einen Glauben noch eine formale Mitgliedschaft oder eine leitende Elite. Jeder oder jede war für sein bzw. ihr eigenes Schicksal selbst verantwortlich.

Die Makrobiotik breitet sich aus

Bald zog Erewhon Trading Company in einen größeren Laden in der Newbury Street um, ein paar Blocks vom ›Sanae‹ und der Arlington Street Church entfernt. Innerhalb von zwei Jahren wurde der Großhandel in ein Warenhaus am Bostoner Hafen verlegt und belieferte regelmäßig eine wachsende Zahl von Naturkostläden in New England und den mittelatlantischen Staaten. Am Anfang waren nur sehr wenige organische Nahrungsmittel im Land zu haben, und die meiste Kraft verbrauchten wir mit Besuchen bei Farmern, die wir überredeten, unsere Methoden auszuprobieren. Zuerst waren sie sehr skeptisch. Mitte der sechziger Jahre war Energie immer noch billig, und die verheerenden Auswirkungen des Besprühens der Felder mit Chemikalien waren noch nicht überall zu erkennen. Indem wir uns auf alte Anbaumethoden beriefen, an den gesunden Menschenverstand appellierten und manchmal die Abnahme der ganzen Ernte garantierten, gelang es uns, Farmer in Kalifornien, Texas und Arkansas so weit zu bringen, daß sie einverstanden waren, Reis und andere Nahrungsmittel organisch anzubauen.

Bis dahin wurde in den Vereinigten Staaten der einzige im Handel befindliche braune Reis unseres Wissens unter Verwendung von Schädlingsbekämpfungsmitteln in Texas angebaut und unter dem Namen *River Rice* verkauft. Wir waren froh, daß es wenigstens diesen Reis gab. Doch ehe es nicht überall organisch angebauten braunen Reis zu kaufen gab, konnten wir nicht wirklich beginnen, die Gesundheit der modernen Gesellschaft zu sichern. Wir sprachen auch mit vielen Leuten aus der Nahrungsmittelherstellung und -verarbeitung, mit Exporteuren, Groß- und Kleinhändlern und Verbrauchern. Von Anfang an wußten wir, daß es wirtschaftlich und ökologisch ungesund war, ständig makrobiotische Spezialitäten aus Japan einzuführen. Doch wir waren auf die Produkte aus Japan, über die wir sehr gut Bescheid wußten, angewiesen, bis naturbelassene Nahrungsmittel von guter Qualität in den Vereinigten Staaten hergestellt wurden und eine einheimische Küche ganzheitlicher Nahrungsmittel in Nordamerika wieder eingeführt war.

Makrobiotische Erziehung

Aus diesem kleinen Samen entstand die Naturkostbewegung. Mit Erewhon an der Spitze belieferten Mitte der siebziger Jahre Verteiler von hochwertiger Naturkostnahrung in Nordamerika viele tausend Einzelhändler und Konsumvereine und Hunderte von Restaurants. Wenn auch nicht alle von ihnen nach makrobiotischen Prinzipien geführt wurden, so dienten sie doch ganz offensichtlich der Verbesserung der allgemeinen Gesundheit. Millionen von Menschen fingen an, braunen Reis zu konsumieren, Hirse, Gerste, ganzen Hafer, Vollweizenbrot, Getreideburgers, Tofu, Miso, Tempeh, Tamarisojasauce, Tahini, organisches Gemüse und Obst, Natursäfte, Algen, natürlich gesüßte Nachspeisen, Meersalz, unraffiniertes Pflanzenöl, Quellwasser und Nahrungsmittel, die unsere Bewegung eingeführt und bekanntgemacht hat. Inzwischen zeigten sich auch bei der Erziehung der Öffentlichkeit Fortschritte. Wir veranstalteten ständig Vorträge, Seminare und Studiengruppen, um Vertreter der Nahrungsmittelindustrie, der Verwaltung und gesellschaftlicher Organisationen, Ärzte und die Allgemeinheit überhaupt zu informieren. Die Naturkostindustrie begann sich auszubreiten, nicht nur in Nordamerika, sondern auch in Mittel- und Südamerika, Europa, Australien und dem Fernen Osten.

Zusammen mit der Sicherung der bestmöglichen natürlichen Qualität der Nahrungsmittel war es notwendig, dem einzelnen oder ganzen Familien den Weg zu einer gesünderen Ernährungsweise und gesünderen Kochmethoden für dieses natürliche Essen zu zeigen. Im Gebiet von Boston wurden mehrere Häuser eröffnet für Studierende, die aus anderen US-Staaten oder dem Ausland kamen. In diesen Studienhäusern konnte man Erfahrungen mit der makrobiotischen Lebensweise machen, es wurde ihre Philosophie gelehrt und deren praktische Anwendung im Alltag. Anfang der siebziger Jahre waren mehrere hundert Lehrzentren in den USA und rund um die Welt entstanden, durch Mitarbeiter, Freunde, Studenten und Leute, die denselben Traum träumten. Diese Zentren bieten makrobiotische Kochkurse an sowie Seminare in östlicher und westlicher Philosophie, traditioneller Medizin, Shiatsu-Massage, Handauflegen, Meditation, natürlicher Geburt und Familienfürsorge, Yoga und Kampfkünsten – alles in einem Geist von Liebe und Respekt für Eltern, Vorfahren und alle Mitmenschen.

Das *East West Journal*, eine Monatszeitschrift, wurde 1971 gegründet, um die Makrobiotik und eine neue Sichtweise der gegenwärtigen und künftigen Welt einem breiteren Publikum zugänglich zu machen. Bücher, Zeitschriften und Broschüren wurden und werden in vielen Sprachen veröffentlicht. 1973 wurde in Boston die East West Foundation ins Leben gerufen, um die erzieherischen Aktivitäten der Makrobiotik in den USA zu koordinieren und zu verwalten. Im Jahr darauf begannen Aveline und ich unter der Schirmherrschaft von Kushi International Seminars jedes Jahr in Europa, Lateinamerika und manchmal auch im Fernen Osten Vorträge vor Studenten, Ärzten und anderen, die beruflich mit Gesundheit zu tun haben, zu halten. 1977 wurde in Boston das Kushi Institute gegründet, in dem Makrobiotiklehrer, -berater und -köche ausgebildet werden und ein Examen ablegen können. Zweiginstitute entstanden später in London, Amsterdam, Antwerpen, Barcelona, Florenz, Lissabon und Tokio und in der Schweiz, von denen jährlich Hunderte von Absolventen ›ausschwärmen‹, um an ihrem Wohnort Kochkurse zu veranstalten, Lebensberatungen durchzuführen, kleine Unternehmen für die Verarbeitung natürlicher Nahrungsmittel zu gründen sowie in Schulen, Restaurants, Geschäften und Krankenhäusern zu arbeiten oder andere Aufgaben in der Gemeinschaft zu erfüllen. 1980 entstand die Kushi Foundation zur Förderung der wissenschaftlichen und medizinischen Forschung, die auch unsere pädagogischen Aktivitäten koordinieren sollte. 1983 eröffneten wir ein Lehrinstitut in einem ehemaligen Haus der Franziskaner in den Bergen von Berkshire im westlichen Massachusetts und begannen mit einem weiterführenden Unterricht; spirituelle Ausbildung wie auch Unterweisung in Kochen, Kultur und Lebenskunst standen auf dem Programm.

Durch diese Unternehmungen wandten sich Millionen von Menschen überall auf der Welt der richtigen Ernährungsweise zu, verwendeten bessere, natürliche Nahrungsmittel und begannen, ein gesünderes Leben zu führen. In den späten sechziger und den frühen siebziger Jahren hatten sich die Ansichten der modernen Gesellschaft über das Essen radikal gewandelt, und das ganze Ernährungsverhalten fing an, sich zu verändern. Da nun inzwischen naturbelassene organische Grundnahrungsmittel erhältlich waren, konnten wir uns jetzt gezielt um die biologische und psychische Krise der neuen Zeit kümmern. Wir fingen an, uns auf Krebs, Herzkrankheiten, Diabetes, Arthritis und andere degenerative Krankheiten zu konzentrieren. Mit den Jahren begannen die die moderne Medizin verblüffenden Erfolge der Makrobiotik bei der Verhütung von Krankheiten die Aufmerksamkeit verschiedener Forscher zu erregen. Mitte der siebziger Jahre starteten Ärzte der Harvard Medical School und das Framingham Heart Study eine Reihe von Untersuchungen an Menschen, die zur makrobiotischen Gemeinschaft von Boston gehörten. Sie stellten fest, daß Makrobioten den niedrigsten Cholesterinspiegel und den idealsten Blutdruck hatten, der je bei irgendeiner Gruppe der modernen Gesellschaft verzeichnet worden war. Diese Blutwerte glichen jenen von Angehörigen traditioneller Gesellschaften, wo Herzkrankheiten, Krebs, Arthritis und andere degenerative Erkrankungen unbekannt sind.

Diese vielversprechenden Befunde und andere Forschungsergebnisse über die Makrobiotik wurden im *New England Journal of Medicine*, im *Journal of the American Medical Association*, im *American Journal of Epidemiology* und anderen Fachblättern veröffentlicht und erregten großes Aufsehen, da sie die Gesellschaft über die Gefahren der modernen Ernährung mit ihren gesättigten Fettsäuren, ihrem Nahrungs-Cholesterin und raffiniertem Zucker aufklärten. Die medizinischen Forscher erklärten, daß die makrobiotische Gemeinschaft für den Rest der Gesellschaft ein fast utopisches Modell sei, weil sie sich aus allen sozialen Schichten zusammensetze und keine besonderen familiären, religiösen, rassischen oder ethnischen Bindungen oder Hintergründe verlange. J. P. Deslypere, Arzt und Leiter eines flämischen Forscherteams, der Blutwerte, Körpergewicht, Hormonspiegel und Nährwertversorgung von makrobiotisch lebenden Menschen untersuchte, stellte zum Beispiel fest: »Hinsichtlich der kardiovaskulären und Krebsrisikofaktoren ist diese Art von Blut äußerst vorteilhaft. Es ist ideal, wir könnten es nicht besser machen, genau davon träumen wir. Es ist wirklich phantastisch – wie bei Kindern, deren Blutgefäße noch völlig offen und ganz sind. Dies ist eine sehr wichtige Angelegenheit und verdient unsere volle Aufmerksamkeit.«

Von 1974 an wurden in Boston regelmäßig medizinische Seminare veranstaltet, die Hunderte von Ärzten, Schwestern und andere im Gesundheitswesen Tätige anzogen. Auch die East West Foundation berief einmal jährlich eine Zusammenkunft ein, um über die richtige Ernährungsweise bei Krebs zu informieren und viele ehemals Kranke (oder deren Angehörige), die durch makrobiotische Ernährung von einem Tumor oder einer bösartigen Geschwulst befreit worden waren, über ihre Erfahrungen erzählen zu lassen. Diese Berichte wurden regelmäßig im *East West Journal* und *Case History Reports* veröffentlicht, häufig zusammen mit den Bestrahlungsbefunden, den Bluttestwerten und der Beschreibung der medizinischen Diagnosetechniken.

Am Ende des ersten Jahrzehnts ihres Wirkens gelang es der Naturkost- und Gesundheitsbewegung, bis in die höchsten Ebenen der Gesellschaft vorzudringen. In Washington trafen sich meine Mitarbeiter und ich mit führenden Persönlichkeiten aus dem Weißen Haus und dem Kongreß. Wir sprachen über unsere Arbeit und überreichten Empfehlungen für die öffentliche Gesundheitsfürsorge, die nationale Ernährung und die Landwirtschaftspolitik. 1977 brachte der Senatsausschuß für Ernährung und menschliche Bedürfnisse einen Bericht heraus mit dem Titel ›Ernährungsziele für die Vereinigten Staaten‹. In diesem richtungweisenden Report wurden Fleisch, Zucker und andere Nahrungsmittel der modernen Eßweise mit sechs der zehn hauptsächlichsten Todesursachen in der modernen Gesellschaft in Verbindung gebracht und die Öffentlichkeit aufgefordert, mehr Vollkorngetreide, frisches Gemüse und Obst zu essen.

Anfang der achtziger Jahre begann die Medizin, unseren vorbeugenden diätetischen Ansatz zur Krebstherapie zu akzeptieren, und verschiedene medizinische Fakultäten fingen an, die Wirksamkeit der makrobiotischen Ernährung bei der Bekämpfung vorhandener Tumore zu erforschen. 1981 startete das Lemuel Shattuck Hospital von Boston in seiner Cafeteria ein Makrobiotik- und Naturkost-Lunchprogramm. Ein Doppel-Blindversuch mit langjährigen psychiatrischen und geriatrischen Patienten zeigte bei den Menschen, die makrobiotisch aßen, einen bedeutenden Rückgang von Psychosen und Erregungszuständen. In der Besserungsanstalt von Tidewater in Virginia verringerte sich die Quote antisozialen und aggressiven Verhaltens jugendlicher Täter um fünfundvierzig Prozent, als im Rahmen eines makrobiotischen Ernährungsversuchs der Konsum bestimmter Lebensmittel eingeschränkt wurde. 1985 begann eine Gruppe von Insassen des achtzehnhundert Mann starken Pohawtan-Staatsgefängnisses von Virginia im Rahmen eines staatlich geförderten Programms makrobiotisch zu essen. Mitte der achtziger Jahre fingen wir in New York an, mit Aids-Kranken zu arbeiten, und Fachleute haben die ersten Berichte über den Erfolg der makrobiotischen Ernährung bei der Stabilisierung der sonst oft rasch zum Tode führenden Krankheit geschrieben.

Obwohl sich unsere (Zusammen-)Arbeit auf wissenschaftlichem, medizinischem und sozialem Gebiet immer weiter ausdehnte, fing ich Ende der siebziger Jahre erneut an, mich auf das Problem eines internationalen Konflikts, der Waffenkontrolle und des Weltfriedens zu konzentrieren. 1979 fand der erste nordamerikanische makrobiotische Kongreß statt – mit Delegierten aus vielen Staaten und Provinzen –, um darüber zu diskutieren, wie unser Verständnis der natürlichen Ordnung zur Lösung der Probleme der modernen Gesellschaft, vor allem im Hinblick auf den Frieden, beitragen könnte. Es wurden fünf Arbeitskomitees gegründet – Landwirtschaft, Nahrungsmittelverarbeitung und -handel; Familie und Gemeinschaft; Erziehung; Medizin, Wissenschaft und Verwaltung; Publikationen –, die in den nächsten Jahren große Aktivität entfalteten. Das Motto ›Weltgesundheit – Weltfrieden‹ wurde geprägt, der Weltfriedenstag (8. August) in allen makrobiotischen Zentren im Land gefeiert und Ernährungs- und Umweltrichtlinien entworfen, um im Falle eines nuklearen Zwischenfalls wie Three Mile Island und Tschernobyl die Auswirkungen der Radioaktivität so gering wie möglich zu halten. Ähnliche makrobiotische Kongresse haben jährlich in Europa, dem Mittleren Osten und in der Karibik stattgefunden und Vertreter aus vielen Staaten und Nationen angezogen. In den nächsten Jahren wollen wir den ersten makrobiotischen Weltkongreß für eine friedliche Welt einberufen. Eines seiner Ziele wird es sein, einen Verfassungsentwurf für die neue Weltordnung auszuarbeiten, die mit Beginn des einundzwanzigsten Jahrhunderts in Erscheinung treten wird.

Verschiedene Gouverneure, Botschafter und Staatoberhäupter, die mich besuchten und die angefangen haben, makrobiotisch zu essen, haben ihr Interesse an diesem Entwurf ausgedrückt, und Mitarbeiter von uns haben bei den Vereinten Nationen in New York eine internationale makrobiotische Gesellschaft gegründet, mit einer Zweigstelle bei den Vereinten Nationen in Genf. 1986 riefen wir die One Peaceful World educational membership organization ins Leben. Wenn in den nächsten Jahrzehnten ein Atomkrieg verhindert werden kann, werden diese Gesellschaften und Gruppen den Kern einer künftigen Weltregierung bilden, die das Ende einer weltweiten Kriegsdrohung kennzeichnet.

5

Wir sind ewig eins

Obwohl ich, was die Zukunft betrifft, optimistisch bin, bedeutet dies nicht, daß ein Krieg oder eine biologische Degeneration automatisch verhütet werden kann. Unsere Bewegung und parallele holistische und Umweltschutz-Bewegungen gewinnen zwar tatsächlich an Stoßkraft, doch die negative Grundtendenz ist nach wie vor dominant. Wenn die biologische Degeneration – und damit der soziale Verfall – mit der augenblicklichen Geschwindigkeit weiter fortschreitet, könnte das Menschengeschlecht zugrunde gehen, ehe unsere Bewegung stark genug ist, die Gesundheit und Sicherheit der Welt wiederherzustellen und zu erhalten.

Denn obwohl sich die Gesellschaft als Ganze einer gesünderen Lebensweise zuzuwenden beginnt, liegt doch noch ein langer Weg vor uns. Die Bestrahlung der Lebensmittel droht die Verbreitung von degenerativen Krankheiten zu beschleunigen sowie die Zahl der Mißgeburten und Mutationen zu erhöhen. Und auch alternative Eßgewohnheiten bergen Risiken. Manche essen heute zum Beispiel statt Rindfleisch mehr Geflügel, vor allem Huhn. Der Verzehr von zuviel Hühnerfleisch ist jedoch meiner Erfahrung nach eine Hauptursache für Arthritis oder die Verhärtung von Gelenken und Knochen. Dazu kommt, daß diese Hühner aus der Massentierhaltung nicht gerade von bester Qualität sind.

Jedes Jahr kommen Tausende von Menschen zur Beratung in Ernährungs- und Lebensfragen zu mir. Eines Tages erschien ein älterer Mann, der an einer Art Muskelschwund litt. Die Muskeln an seinen Händen und Beinen waren immer dünner geworden, und er konnte nur noch mit großen Schwierigkeiten greifen und gehen. Da Muskeln hauptsächlich aus Proteinen bestehen, hatten ihm die Ärzte geraten, mehr Fleisch, Geflügel, Milchprodukte und andere tierische Nahrung zu essen. Doch es ging ihm nur immer noch schlechter. Am Ende würde er ein Krüppel sein oder auf dem Operationstisch landen.

Nachdem ich mir den Mann ein paar Minuten angesehen hatte, wandte ich mich an seine Frau und sagte: »Ihr Mann hat sich in ein Huhn verwandelt.«

Wie sich herausstellte, hatte sie ihm seit vielen Jahren täglich Hühnerfleisch und Eier vorgesetzt.

Ich erklärte ihnen, daß die moderne Ernährungswissenschaft zwar fähig sei, die Menge an Nährstoffen im Essen zu analysieren, aber von der Energie der Nahrung nichts verstünde. Pflanzliches Protein ist von tierischem Protein sehr verschieden, auch wenn unter dem Mikroskop die chemische Zusammensetzung dieselbe ist. Die Energie der verschiedenen Nahrungsmittel ist mit dem Verstand sehr leicht festzustellen, wenn man richtig ißt und in Vorstellungen von Yin und Yang denkt. Doch die meisten Menschen von heute essen so chaotisch, daß sie nicht auf diese einfache, fundamentale Art denken können.

Im Fall dieses Mannes war zuviel tierisches Protein die eigentliche Ursache seiner Krankheit. Seine Gliedmaßen waren spindeldürr geworden wie Hühnerbeine, und seine Schultern hatten sich zusammengezogen, als sollten ihm Flügel wachsen. Die Art, wie er ständig den Kopf auf und ab bewegte, und andere Unnatürlichkeiten in der Haltung erinnerten ebenfalls an ein Huhn. Nachdem er nur ein paar Monate lang vollwertiges, natürliches Gemüse gegessen hatte, konnte er wieder mit den Händen zugreifen und ging beinahe wieder wie ein Mensch.

Hühnerfleisch ist nur eines der zahlreichen Nahrungsmittel, die heute zuviel gegessen werden. Zuviel Schweinefleisch und Schinken bewirken ein schweinisches Verhalten – sehr dickköpfig und egozentrisch. Zuviel Fisch führt zu Gereiztheit, Streitlust und fischigem, das heißt zweifelhaftem Verhalten. Es werden auch zuviel Rindfleisch und zu viele Milchprodukte verzehrt. Das führt zu starken, kuhähnlichen Körpern mit kräftigem Knochenbau und geringer Intelligenz. Gewalttätige und aggressive Tendenzen kommen vom Rindfleischverzehr, Milchprodukte stumpfen die Gefühle ab und verursachen eine passive, leicht lenkbare Mentalität, die zufrieden ist, der Herde zu folgen. Ich persönlich liebe Nüsse und werde mich vielleicht eines Tages in ein Eichhörnchen verwandeln.

Die friedliche Revolution

Im Augenblick treten wir in eine Epoche der Bionisierung ein: Viele Menschen haben bis zu einem gewissen Grad schon an sich selbst erlebt, daß Körperorgane oder -funktionen durch künstliche Mittel ersetzt wurden (siehe Abb. 1). Wenn dieser Trend zur Mechanisierung des Körpers anhält, verliert der Mensch allmählich seine Unabhängigkeit und gerät immer mehr unter eine synthetische Kontrolle – physisch wie psychisch.

Ob wir uns in dieser Richtung fortbewegen oder nicht, hängt zum großen Teil davon ab, was in den nächsten fünf, zehn, fünfzehn oder höchstens zwanzig Jahren geschieht. Wenn die Menschen, statt nach immer mehr Künstlichkeit zu verlangen, anfangen, natürlichere Methoden zu wählen, um Krebs, Herzkrankheiten, Unfruchtbarkeit, Aids und andere degenerative und immunologische Krankheiten zu heilen oder Familienprobleme, Verbrechen und internationale Konflikte zu bewältigen, besteht eine gute Möglichkeit, den Lauf der Geschichte zu ändern. Wir können den Niedergang unserer Art verhindern, wenn die moderne Zivilisation ihre Richtung wechselt, Krankheit und Krieg an den Wurzeln ausrottet und sich nicht nur, wie es gegenwärtig der Fall ist, mit den Symptomen beschäftigt.

Was wir heute als Makrobiotik bezeichnen, ist eigentlich die natürlichste Methode, um diese Veränderung zu erreichen. Durch Verbesserung der Qualität unserer täglichen Nahrung beginnen wir, die Qualität unseres Blutes und unserer Körperflüssigkeiten zu verbessern. Wir können eine tadellose physische und psychische Gesundheit erreichen, ohne uns auf Medikamente, Operationen oder andere künstliche Behandlungsmethoden verlassen zu müssen. Diese Qualitätsverbesserung beginnt mit der eigenen physischen Kondition und erstreckt sich auf alle Aspekte des Lebens, einschließlich Beurteilungsvermögen, geistige Fähigkeiten und Spiritualität. Wenn wir wieder dazu übergehen zu essen, um uns menschlich weiterzuentwickeln, verfeinern und

Abb. 1
Bionisierung: Künstliche Entfernung und Ersatz von Körperteilen und -funktionen

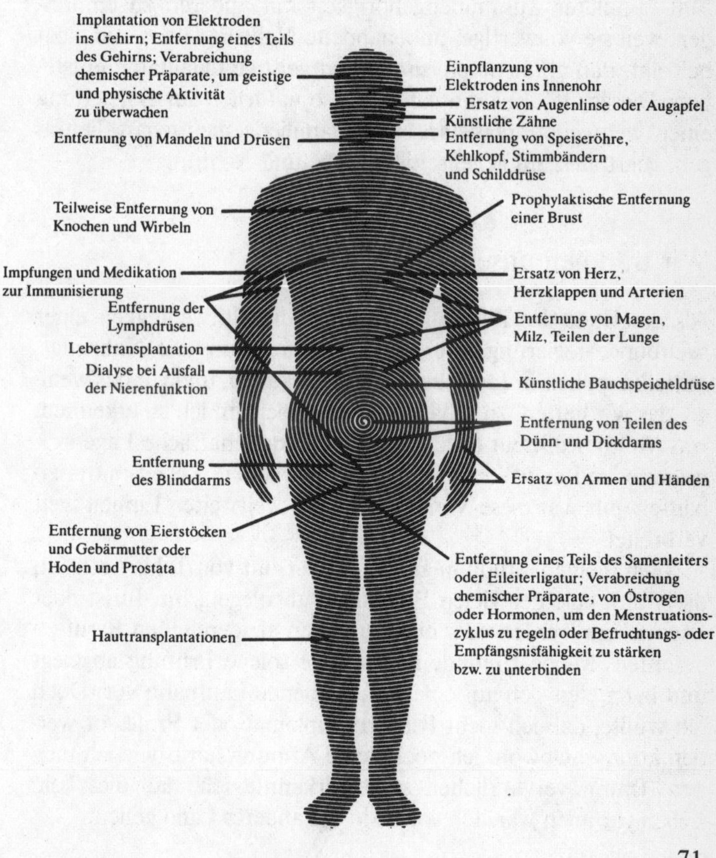

›normalisieren‹ sich unsere Gesichtszüge. Unsere Eier und unser Sperma werden wieder von sehr guter Qualität sein, und unsere Kinder und Enkel werden eine kräftigere Konstitution und Kondition erreichen als wir.

In gesellschaftlicher Hinsicht kann die Makrobiotik eine Zukunft bewirken, die auf der ständigen Weiterentwicklung der individuellen und gesellschaftlichen Gesundheit beruht, wobei alle Menschen an dem Ziel arbeiten, eine wahrhaft gesunde, produktive und friedliche Weltkultur aufzubauen. Die Menschen, die ein solches Leben leben, werden ganz natürlich beginnen, ein Gefühl familiärer Zusammengehörigkeit mit anderen zu empfinden, weil sie vollwertige, unbehandelte Nahrung essen, die dazu beiträgt, daß ähnliche physische und geistige Qualitäten entstehen. Dieses Gefühl kann dann ebenso natürlich zur Entstehung einer weltweiten planetarischen Familiengemeinschaft beitragen, gegründet auf gegenseitiger Liebe und Achtung.

Wir träumen unseren Traum

Als am Ende des Zweiten Weltkriegs die Notwendigkeit einer Weltbundesregierung offensichtlich wurde, uns die Nahrungsmittelknappheit in Japan zwang, gut zu kauen, und wir das wenige, das wir hatten, zu schätzen lernten, begann ich zu erkennen, was Weltbewußtsein bedeutet. Bis die wirtschaftliche Lage sich besserte und es wieder raffinierte, verarbeitete Lebensmittel zu kaufen gab, war diese Vorstellung einer weltweiten Einheit weit verbreitet.

Nach meinem Studium an der Universität von Tokio hatte ich die Wahl, eine der vielen Prüfungen abzulegen, um Jurist oder Beamter zu werden oder einen anderen akademischen Beruf zu ergreifen. Meine Freunde hatten eine solche Prüfung abgelegt und bereiteten sich auf eine entsprechende Laufbahn vor. Doch ich wußte, daß ich nicht Richter, Diplomat oder Professor werden konnte. Obwohl ich noch keine Ahnung hatte, wie ich meinen Traum verwirklichen sollte, erkannte ich, daß dies kein Leben für mich war. Ich würde in ein anderes Land gehen.

Kurz vor dem Abschlußexamen veranstalteten wir eine Party, und jeder von uns sprach über seinen Traum. Ein Kommilitone sagte, er wolle Politiker werden und die Regierung ändern. Alle hatten Großes vor. Als ich an die Reihe kam, sagte ich: »Ich bin mir über meine Zukunft nicht im klaren, aber mir scheint, daß mein Traum vom Weltfrieden und einer Weltregierung der größte Traum ist, vielleicht gar nicht realisierbar, aber ich werde ihn träumen, egal, wohin mich das führt.«

Meine Studienkollegen wünschten mir Glück und machten sich daran, angesehene Positionen in der Gesellschaft zu erobern. Ich kam nach Amerika, und während sie einen sicheren Beruf hatten, lebte ich von der Hand in den Mund und verdiente mir mein Geld als Hoteldiener und Tellerwäscher. Während sie sich in den höchsten Kreisen von Politik und Kunst bewegten, beobachtete ich die Menschen in Kirchen, Cafeterias und U-Bahnen und malte Spiralen in mein Notizbuch.

Nach zehn oder zwanzig Jahren wurden meine früheren Kommilitonen Leiter ihrer Abteilung oder eines Ministeriums und bekannte Anwälte, Regierungsbeamte und Diplomaten. Zusammen mit anderen Menschen unserer Nachkriegsgeneration waren sie für Japans raschen wirtschaftlichen Aufschwung und beispiellose technische Entwicklung verantwortlich. Wenn sie beruflich in die Vereinigten Staaten reisen mußten, besuchten sie mich häufig. Fast alle erklärten: »Du hast wirklich den richtigen Weg gewählt, Michio. Ich wußte nicht, daß mein Beruf mich kaputtmachen und mir meinen Traum nehmen würde.« Damals hatten wir über unsere Träume, wie wir die Welt verändern wollten, leidenschaftlich diskutiert, jetzt sagten sie: »Ich weiß, daß das Ende meines Lebens nicht mehr weit ist. Ich werde ein hoher Beamter oder Minister, dann gehe ich in Pension und aus. Bei dir ist das ganz anders. Du hast keinen Beruf und machst dir keine Sorgen um die Zukunft. Du bist gesund geblieben und glücklich. Selbst wenn du stirbst, wird dein Traum ewig weiterleben.«

»Siehst du?« sagte ich. »Deshalb meinte ich damals, daß mein Traum der größte und umfassendste sei.«

Jetzt, vier Jahrzehnte später, leiden viele meiner früheren Studienkollegen an zu hohem Blutdruck, hatten einen Schlaganfall, haben Magenkrebs oder andere Degenerationskrankheiten, die heutzutage in Japan und auf der ganzen Welt verbreitet sind. Andere sind pensioniert und warten auf ihren Tod. Nur ein paar sind aktiv geblieben. Einer von ihnen ist mein bester Freund Keichu (Yoshitada) Moriai. Seine Initialen sind zufällig die Umkehrung der meinen. Wir waren immer wie Brüder. Kürzlich nahm er in Washington an einer Konferenz teil und besuchte mich. Obwohl wir uns fünfunddreißig Jahre nicht mehr gesehen hatten, umarmten wir uns herzlich.

Wir waren erstaunt, was aus unserem Leben geworden war. Keichu erzählte, daß Japan in der Bionisierung die Führung übernommen habe. Während der letzten sieben Jahre war er Vorsitzender des japanischen Verbandes der Hersteller künstlicher Organe gewesen, ich dagegen hatte mich in pädagogische Aktivitäten gestürzt, um eine solche Entwicklung zu verhindern. Er berichtete, daß es jetzt theoretisch und technisch möglich sei, alle menschlichen Körperorgane und -systeme, einschließlich des Kopfes, zu ersetzen. Doch die Industrie habe noch nicht begonnen, Computerköpfe zu produzieren, da noch keine entsprechenden Aufträge eingegangen seien.

Unserem Gespräch konnte ich entnehmen, daß Investitions- und Bankkreise, Regierung und Industrie, Medizin und Recht und andere Teile der Gesellschaft von Japan, den Vereinigten Staaten, der Sowjetunion, den Staaten in Europa und anderswo auf der Welt Bionisierung, Roboter und Psychonisierung aus humanitären Gründen förderten. Angesichts der biologischen und psychischen Degeneration konnten sie sich keine natürlichen Alternativen vorstellen, um menschliches Leid und Unglück zu lindern.

Ich erklärte Keichu die Prinzipien der Makrobiotik und wie wir auf natürliche Weise Gesundheit, Glück und Frieden der Menschheit wiederherstellen wollten, ohne technische Einmischung in die grundlegenden Lebensprozesse. Damit er nicht Angst bekam, daß ich ärgerlich oder empört über ihn sei oder die Makrobiotik Proteste gegen seinen Industriezweig organisieren würde, versicherte ich ihm, daß unsere Philosophie und Lebensweise völlig friedlich seien.

Unsere Begegnung war symbolisch für das Ende der modernen Zivilisation, wie wir sie kennen. Die Wahl, die die Menschheit jetzt hat, ist eindeutig die, die in *Erewhon, Schöne neue Welt* und *1984* beschrieben wird – Herrschaft durch Manipulation bzw. Kontrolle der grundlegenden Lebensprozesse oder Herrschaft durch natürliche Erziehung und Selbstvertrauen. In gewisser Weise war unsere Unterhaltung wie ein Gipfeltreffen zwischen Vertretern der beiden künftigen Möglichkeiten für die Menschheit. Die menschliche Rasse wird entweder Gesundheit und Bewußtsein durch die Rückkehr zu einer natürlichen Lebensweise wiederherstellen und Krankheit und Krieg ein Ende machen oder einer künstlichen Lebensweise folgen, und eine künstliche Gattung Mensch wird ihr Erbe sein.

Dann wurde es Zeit, unser Zusammensein zu beenden. Und Keichu und ich hatten das Gefühl, daß wir in entgegengesetzte Richtungen gingen. Vom Standpunkt der unendlichen Ordnung des Universums aus sind wir jedoch immer zusammen in Harmonie. Der logarithmischen Spirale nach – der universalen geometrischen Form – gingen wir beide in dieselbe Richtung. Ich erklärte Keichu, daß die Menschen schließlich durch die Organverpflanzungen unglücklich und sich dann der Makrobiotik zuwenden würden. Es bestand kein Grund zur Sorge. Obwohl wir diametral entgegengesetzt zu sein scheinen, sind wir doch immer und ewig eins. Laßt uns einander lieben und helfen in der kurzen Zeit, die wir auf diesem schönen Planeten sind.

Beim Abschied schüttelten Keichu und ich uns die Hände und vereinbarten: »Laß uns zusammenarbeiten und eine friedliche Welt errichten!«

Zweiter Teil

Unser Ursprung und unser Schicksal

Das Schicksal der Völker
hängt davon ab,
was und wie sie essen.

Brillat-Savarin

6

Die Ordnung des Universums

Das unendliche Universum ist ein Paradies der Freude und des Friedens. Es ist ohne Anfang und ohne Ende. Es ist raum- und zeitlos. Da es sich jedoch in alle Richtungen mit unendlicher Geschwindigkeit fortbewegt, erschafft es Phänomene, die äußerst klein und sehr vergänglich sind. Diese Manifestationen haben einen Anfang und ein Ende, eine Vorder- und eine Rückseite, Maße und Dauer und können als Formen angesehen werden, die in einem Ozean kosmischer Energie erscheinen und verschwinden.

Das unendliche Universum, obwohl selbst unsichtbar und mit den Sinnen nicht zu erfassen, teilt sich in die zwei entgegengesetzten und sich ergänzenden Tendenzen der Zentrifugal- und Zentripetalkraft – Ausdehnung und Zusammenziehung, Raum und Zeit, Anfang und Ende, Yin und Yang. Am Schnittpunkt dieser beiden Kräfte entstehen zahlreiche Spiralen jeden Ausmaßes.

Alle Phänomene sind ihrer Natur nach spiralförmig, ob sie sichtbar sind oder unsichtbar, geistig oder physisch, energetisch oder materiell. Viele Spiralen, die im unendlichen Ozean des Seins entstehen, sind für unser Auge sichtbar. Das physikalische Universum, das sich in jeder Richtung über zehn Milliarden Lichtjahre ausdehnt und in seiner Struktur spiralig ist, enthält Milliarden von Galaxisspiralen mit einigen hunderttausend Lichtjahren Durchmesser, die periodisch erscheinen und verschwinden. Diese Galaxien wiederum enthalten Hunderte von Millionen spiralförmiger Sonnensysteme.

In jedem spiralförmigen Sonnensystem kreisen verschiedene Planeten zusammen mit Millionen von Kometen spiralförmig um die Spirale im Mittelpunkt, genannt Sonne. Jeder Planet empfängt eine Ladung hereinkommender Zentripetalkraft in Richtung seines Zentrums – eine spiralige Energie, die wir Schwerkraft nennen. Durch die Drehung um seine Achse entsteht inzwischen eine hinausgehende Zentrifugalkraft in Richtung Peripherie. Diese beiden Kräfte zusammen halten den Planeten in seiner Umlaufbahn um die Sonne.

Auf der Erde, einem kleinen Planeten in einem Sonnensystem, das zur Galaxisspirale der Milchstraße gehört, bringen die Zentripetal- und die Zentrifugalkraft unzählige Phänomene hervor, die erscheinen und verschwinden und sich ständig ändern. Diese planetarischen Phänomene umfassen unsichtbare winzige Spiralen wie Elektronen, Protonen und andere subatomare Teilchen, verschiedene Arten von Elementen, die zusammen organische und anorganische Verbindungen bilden, und sehr viele Arten von botanischem und zoologischem Leben, einschließlich des Menschen, der in der jüngsten Ära der biologischen Entwicklung auf diesem Planeten erschien.

Da alles Leben innerhalb von Welten vielfacher Spiralen besteht, ist auch das menschliche Leben spiralförmig beschaffen und regiert. Nicht nur das einzelne Menschenleben, sondern auch die menschliche Geschichte als Ganze ist den Gesetzen der spiralförmigen Bewegung und Veränderung unterworfen. Die beiden entgegengesetzten und sich ergänzenden Kräfte bestimmen die Entwicklung der menschlichen Angelegenheiten, die zugrundeliegenden Muster von Wachstum und Verfall, Gesundheit und Krankheit, Frieden und Krieg.

Im Fernen Osten wurde die natürliche Dynamik der Veränderung – das endlose Wechselspiel von Yin und Yang – traditionell *tao* genannt. Ein freier, gesunder, glücklicher, friedvoller Mensch war jemand, der diese Ordnung verstand und intuitiv mit ihr in Einklang sein konnte. Das japanische Wort für Tao ist *do*. Die Methode, Yin und Yang durch Teetrinken zu harmonisieren, heißt Sa-Do – Teezeremonie. Die Anwendung von Yin und Yang beim Schreiben mit dem Pinsel, der Kalligraphie, wird Sho-

Do genannt. Die Kampfsportarten sind als Bu-Do bekannt. Die Schwertkunst heißt Ken-Do, die Kunst der körperlichen Anpassung an den Gegner Ju-Do, die Kunst, die natürliche elektromagnetische Energie *(ki)* zu harmonisieren, ist Aiki-Do, und die Kunst des Bogenschießens – die Erreichung der Vereinigung des Selbsts mit dem Ziel – Kyu-Do. Die östliche Medizin ist als I-Do bekannt, die Kunst, Yin und Yang im täglichen Leben, in der Ernährung und im Hinblick auf die Umgebung, in Einklang zu bringen.

Im alten Indien herrschte eine gleiche Sichtweise. In der *Bhagavadgita*, der heiligsten Schrift des Hinduismus, belehrt Krishna den Kriegshelden Arjuna, der vor der entscheidenden Schlacht verzweifelt seine Waffen hingeworfen hat, daß das Geheimnis des Lebens darin bestehe zu lernen, die Gegensätze auszugleichen. »Denn, Arjuna, wer die Gegensätze hinter sich läßt, wird von jeder Knechtschaft befreit.« Alles im Universum, erklärt Krishna, ist das Ergebnis von zwei sich gegenseitig ergänzenden Prinzipien, Geist und Materie, die er mit verschiedenen Sanskritausdrücken bezeichnet, wie *purusha* und *prakriti*. Die relative Welt wiederum wird in drei *gunas* oder Grundeigenschaften eingeteilt: 1. *tamas*, die Kraft der Unwissenheit, Nicht-Erkenntnis und Trägheit; 2. *rajas*, die Kraft des Strebens, der Gier und Aktivität und 3. *sattva*, die Kraft der Klarheit, Freude und des Wissens. Tamas und Rajas entsprechen dem Yin und Yang in der fernöstlichen Philosophie, und Sattva ist der Ausgleich zwischen beiden. In der *Bhagavadgita* unterweist Krishna Arjuna in der zentralen Bedeutung einer ausgeglichenen Ernährung und zeigt ihm, wie er mit Hilfe dieser Prinzipien seine Nahrung im Gleichgewicht halten kann, um den inneren Krieg zu gewinnen und dauerhaften Frieden zu finden.

Im alten Mittleren Osten lehrte auch Jesus das dynamische Verständnis der sich ergänzenden Beziehung der Gegensätze. Das Neue Testament bringt dafür viele Beispiele, etwa die Speisung der Menge mit zwei kleinen Fischen und einigen Laiben Brot. Die zwei Fische kann man als ein Bild von Yin und Yang deuten oder der Prinzipien von Bewegung und Ruhe, wie Jesus es in einem der Evangelien ausdrückt. Es ist offensichtlich, daß er die Menschen nicht nur physisch speist. Er unterweist sie auch in der Ordnung des unendlichen Universums oder, wie er es nennt, in der Gerechtigkeit des Himmelreichs.

Das universelle Prinzip von Yang und Yin – oder Rajas und Tamas, Bewegung und Ruhe – ist die intuitive gemeinsame Grundlage aller großen Weltreligionen wie Konfuzianismus, Taoismus, Shintoismus, Hinduismus, Buddhismus, Mazdaismus, Judaismus, Christentum und Islam. Zusammen mit diesen religiösen Formen können wir dieselben Einsichten in alten astronomischen und kalendarischen Beobachtungen erkennen, in Architektur und öffentlichen Bauten und in vielen traditionellen Künsten und Handwerksarten. Von prähistorischen Zeiten bis zur Bauernrevolution, von der Entstehung der Zivilisation bis zum Anbruch der modernen Zeit (ungefähr im siebzehnten Jahrhundert) erkannte man die Ordnung des Universums intuitiv und drückte dieses Wissen aus – manchmal in größerem Maß wie etwa in Epochen des Friedens und des Wohlstands, manchmal in geringerem Maß wie etwa in Zeiten von Krieg und Niedergang –, und sie bestimmte das tägliche Leben zahlloser Familien und Einzelpersonen, Stämme und Gesellschaften, Kulturen und Zivilisationen.

Historisch betrachtet, hat das Bewußtsein von der Ordnung des Universums in den letzten paar tausend Jahren jedoch stetig abgenommen, und in den letzten vierhundert Jahren ist es fast ganz verschwunden. In unserer Zeit sind die Gesetze der Harmonie teilweise oder bruchstückhaft wiederentdeckt worden. Die moderne Naturwissenschaft arbeitet zum Beispiel mit gegensätzlichen Kräften wie zentripetaler und zentrifugaler Energie, positiver und negativer elektromagnetischer Kraft, anabolen und katabolen Vorgängen, Säuren und Laugen, Wellen und Partikeln – doch sie besitzt noch kein einendes Prinzip, um diese Gegensätze miteinander zu verbinden und das Leben als ein Ganzes zu verstehen.

Auf dieselbe Art benützen Geschichte, Literatur und Sozialwissenschaften zum Teil Kategorien wie weich und hart, statisch und dynamisch, sinnlich und geistig, dionysisch und apollinisch, um Ereignisse zu analysieren und zu deuten.

Ein moderner Denker, der begann, diese Prinzipien systematisch auf die Geschichte anzuwenden, war Arnold Toynbee, dessen Lebenswerk auf einem dynamischen Verständnis der wechselseitigen Bewegung zweier sich ergänzender Gegensätze beruht, die er Herausforderung und Erwiderung nannte. In der Einleitung zu seinem zwanzigbändigen *Gang der Weltgeschichte* erklärt er, daß diese Begriffe aus einer Studie über Yin und Yang stammten und sie unentbehrlich sind, wenn man die Entwicklung der Menschheitsgeschichte verstehen will:

»Von den vielfältigen Symbolen, mit denen verschiedene Beobachter in verschiedenen Gesellschaften den Wechsel zwischen einem statischen und einem dynamischen Zustand im Rhythmus des Universums ausgedrückt haben, sind Yin und Yang die geeignetsten, weil sie das Maß des Rhythmus direkt ausdrücken und nicht mit einer Metapher aus der Psychologie oder der Mechanik. Deshalb werden wir in dieser Untersuchung von nun an diese chinesischen Symbole benützen.«

Die Spirale der Schöpfung

Ausgehend von Gott oder dem Unendlichen Einen hat alles Leben sieben spiralförmige Stadien wachsender Bewußtheit und Komplexität durchschritten (siehe Abb. 2):

1. Die Welt des Absoluten, Undifferenzierten.
2. Die Welt der Polarisation.
3. Die Welt der Energie oder Schwingung (Licht).
4. Die präatomare Welt.
5. Die Welt der Elemente.
6. Das Reich der Pflanzen und Tiere.
7. Die Menschheit.

Mit der Erschaffung des Menschen, der höchstentwickelten Art von biologischem Leben, erreicht der universale Prozeß der Materialisation den Mittelpunkt der Spirale. Die nach innen gerichtete Bewegung der physikalischen Manifestation beginnt jedoch in ihrem Zentrum in die Gegenrichtung umzuschlagen, durch-

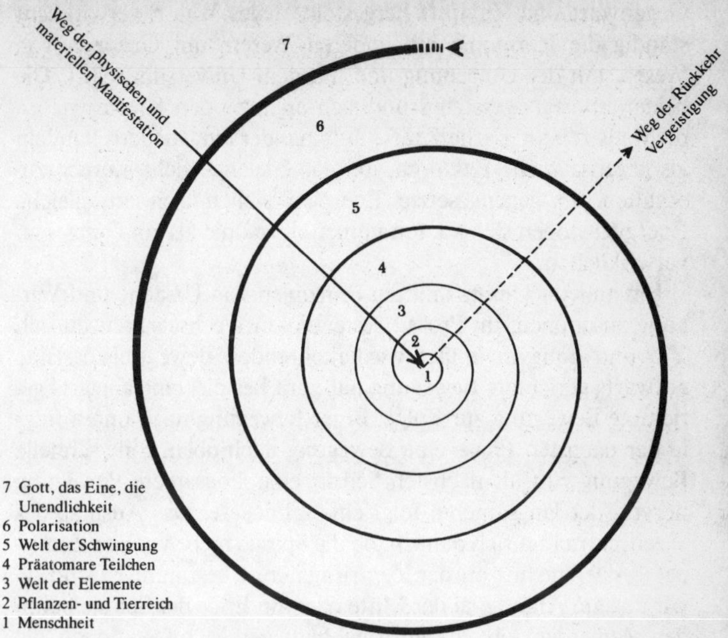

Abb. 2
Die Spirale der Schöpfung

läuft wieder die vorangegangenen Ebenen und verschmilzt schließlich mit Gott oder dem Unendlichen Einen, dem Ursprung von allem. Dieser Prozeß der Rückkehr ist eine Vergeistigung, unsere menschliche Entwicklung, unser Verständnis und Geist werden immer mehr verfeinert, bis wir das universelle Bewußtsein erreichen.

Eines der Hauptgesetze der Natur ist das Gesetz der Harmonie. Nach diesem Gesetz gleichen sich Yin und Yang immer aus, um in jedem Augenblick auf jeder Stufe des Veränderungsprozesses Harmonie zu bewahren. So verwirklicht jedes Wesen ständig Harmonie in sich selbst wie auch mit den äußeren Verhältnissen. Harmonie wird fortwährend zwischen Vergangenheit und

Gegenwart und Zukunft hergestellt. Jedes Wesen verwirklicht ständig die Harmonie mit anderen Wesen, mit Gruppen von Wesen, mit der Umgebung und mit dem Universum selbst. Die beiden entgegengesetzten und sich ergänzenden Kräfte wirken nicht als zerstörerische Kräfte aufeinander ein, sondern handeln als gegensätzliche Faktoren, um das Gleichgewicht aufrechtzuerhalten. Entgegengesetzte Energien ziehen sich an, gleiche Energien stoßen sich ab, um immer Harmonie als ein Ganzes zu verwirklichen.

Ein anderes Gesetz faßt die Prinzipien von Ursache und Wirkung zusammen. Im Prozeß des endlosen Wechsels kreuzen sich Yin und Yang in immer wiederkehrenden Bewegungen. Eine aufwärts gerichtete Bewegung hat zum Beispiel eine abwärts gerichtete Bewegung zur Folge. Einer Bewegung nach unten folgt in der nächsten Phase eine Bewegung nach oben. Eine schnelle Bewegung ruft als nächsten Schritt eine langsamere Bewegung hervor, der langsameren folgt eine schnellere. Das Ausmaß des Wechsels richtet sich danach, ob die Spirale mehr von der Zentripetal- oder mehr von der Zentrifugalkraft bestimmt ist und ob wir uns am Anfang, in der Mitte oder am Ende der Spirale befinden. Außerdem gibt es keine unabhängigen Manifestationen, die jenseits der Zeit entstehen, getrennt von der Vergangenheit, oder außerhalb des Raumes, ohne Verbindung mit der Umgebung, in der wir leben. Alles hat seine Ursache, und alles wird durch seine Veränderung zur Ursache für den nächsten Prozeß. Aus diesem Grund stehen alle Phänomene miteinander in Beziehung, und alle sind während des Änderungsprozesses in Zeit und Raum miteinander verbunden.

Isolation, Getrenntheit, Zufälligkeit und Sinnlosigkeit existieren nur in der Selbsttäuschung. In Wirklichkeit gibt es keine getrennten und selbständigen Manifestationen. Das unendliche Universum ist immer in vollkommener Harmonie. Obwohl wir in der relativen Welt leben, werden wir von der absoluten Welt beherrscht. Das menschliche Schicksal ist abhängig vom universellen Schicksal des Kosmos, wobei allerdings die Dimensionen von Zeit und Raum verschieden sind. Gemäß dem Gesetz der Einheit erscheinen alle Phänomene verschieden, und doch entstammen sie alle demselben Ursprung und kehren zur selben Quelle zurück. Alle Wesen bewegen sich anders, und doch werden sie alle von denselben universellen Gesetzen des Wandels regiert (siehe dazu auch Anhang 1).

Die Ordnung des Universums ist wirklich sehr einfach. Die meisten Kinder begreifen sie sehr schnell, beim Geist des Erwachsenen ist es mehr ein intuitives, natürliches und ästhetisches Verständnis. Diese Fähigkeit ist nichts anderes als der ursprüngliche gesunde Menschenverstand, das Geburtsrecht jedes Menschen, der mit der Natur und seiner Umgebung in Einklang lebt.

Die Gesetze des Wandels und das menschliche Schicksal

Moderne Theorien, Annahmen, Hypothesen und Gesetze der Physik und der Sozialwissenschaften betreffen ihrer Natur nach meist nur Teilaspekte des traditionellen Verständnisses der natürlichen Ordnung oder weichen von ihm ab. Das gilt auch für die richtige Auswahl und Zubereitung der täglichen Nahrung. Die moderne Anatomie zum Beispiel beruht auf einem analytischen Verständnis des menschlichen Körpers und betrachtet das Leben als einen chemischen Prozeß, der hauptsächlich von der DNS im Zellkern bestimmt wird, statt als einen biologischen, der vom Ganzen und allen Teilen der weiteren Umgebung beeinflußt wird.

Dem entspricht auch die statische Betrachtungsweise der modernen Ernährung, die die Nahrung ausschließlich unter dem Blickwinkel von Kalorien und chemischen Zusammensetzungen sieht und die energetischen Eigenschaften und Wirkungen völlig ignoriert. Da moderne Technologien, egal in welchem Bereich, nicht auf einer umfassenden Sicht der universellen Ordnung beruhen, können sie Gesundheit und Glück der Menschheit nicht schützen. Durch unnatürliche Nahrung und Feldbestellung sowie ein unkontrollierbares atomares Wettrüsten droht die moderne Zivilisation vielmehr, das menschliche Leben auf diesem Planeten völlig zu zerstören.

Vom Standpunkt der Entwicklung aus kann man, wenn diese Tendenzen anhalten, die biologische Degeneration und den Atomkrieg als Folge unseres Unvermögens betrachten, uns unserer natürlichen Umgebung anzupassen. So ein Schicksal ist nicht unvermeidlich. Wir haben eine Wahl. Wenn wir die weiter oben beschriebenen universellen Prinzipien des Wandels auf Probleme des menschlichen Lebens und seiner Entwicklung anwenden, können wir zu folgenden Ansichten kommen.

1. Die Menschheit als Ganze wie auch jeder einzelne ändert sich ständig.
2. Alle Aspekte des menschlichen Lebens ändern sich ständig und entwickeln sich, die physischen, psychischen, geistigen und sozialen Dimensionen eingeschlossen, wie auch die Beziehung zwischen den Menschen und ihrer Umgebung.
3. Alle physischen und psychischen Veränderungen, die die Menschen erfahren, wie auch alle anderen Aspekte des Lebens, verändern sich entsprechend bestimmten Gesetzen und Prinzipien. Yin und Yang – die Gesetze der Harmonie und Relativität – beherrschen alle körperlichen und geistigen Funktionen, auch Verdauung und Ausscheidung, Einatmung und Ausatmung, Ausdehnung und Zusammenziehung der Muskeln, Ausdehnung und Zusammenziehung innerer Organe, gegensätzliche und sich ergänzende Funktionen der orthosympathischen und parasympathischen Nerven, harmonische Balance zwischen Hormonen, Balance zwischen roten und weißen Blutkörperchen des Kreislaufsystems, reibungslose Koordination der rechten und linken Gehirnhälfte, Ausgleich des Salz- und Wasserhaushalts der Nieren und viele andere ähnliche Beziehungen.
4. Alle menschlichen Funktionen und Bewegungen spielen sich in relativer Harmonie zwischen der inneren Umgebung (Körper, Organe, Gedanken, Emotionen) und der äußeren Umgebung (natürliche und soziale Bedingungen) ab.
5. Alle physischen und psychischen Manifestationen des Menschen, Krankheitssymptome eingeschlossen, entstehen nicht zufällig, sondern sind das Ergebnis bestimmter Ursachen.

6. Menschliches Verhalten und Bewußtsein, Krankheitssymptome eingeschlossen, werden durch äußere Ursachen bestimmt. Der innere Zustand der Menschheit spiegelt die äußere Umgebung wider und beeinflußt wiederum diese Umgebung. Die Hauptfaktoren, die von der Umwelt aufgenommen werden, sind: a) die Nahrung, die wir essen, und die Flüssigkeit, die wir trinken; b) die Luft, die wir atmen; c) die Tonwellen, die wir hören, und die Lichtwellen, die wir sehen; d) die Impulse aus der Atmosphäre und andere äußerliche Reize, die wir spüren; e) kosmische Strahlen, Wellen und unsichtbare Kräfte, die wir vielleicht nicht spüren, die aber trotzdem Gedanken und Bewußtsein beeinflussen.
7. Jede dieser verursachenden Kräfte setzt sich aus entgegengesetzten und sich ergänzenden Faktoren zusammen (siehe Aufstellung 1).
8. Verschiedenartige Verbindungen dieser verursachenden Faktoren erzeugen in der physischen und psychischen Konstitution verschiedenartige Wirkungen. Diese Verschiedenheiten rufen in den täglichen Gedanken, Handlungen und im Verhalten unterschiedliche Manifestationen hervor, wie auch in den verschiedensten Lebensbereichen, einschließlich Ordentlichkeit und Unordentlichkeit, Gesundheit und Krankheit, Frieden und Krieg, Leben und Tod.
9. Wenn diese verursachenden Faktoren entsprechend harmonisch eingesetzt werden, verwirklicht und bewahrt der einzelne seine physische Gesundheit und sein psychisches Wohlbefinden und die Gesellschaft verwirklicht Frieden und Wohlstand. Wenn sie dagegen chaotisch gehandhabt werden, erkrankt der einzelne physisch wie psychisch und die Gesellschaft erlebt Verbrechen, Krieg und soziales Chaos.
10. Von den verursachenden Faktoren sind Nahrungsmittel und Getränke die beiden Hauptelemente, die der einzelne und die Gesellschaft kontrollieren und handhaben können, während andere Dinge – wie Luftqualität, atmosphärische Bedingungen, äußerliche Schwingungen, Reize und Impulse, kosmische Strahlen und Wellen – weniger lenkbar oder praktisch unkontrollierbar sind.

Aufstellung 1. Beispiele für Yin und Yang

	Mehr Yang	Mehr Yin
	tierische Nahrung	pflanzliche Nahrung
Feste und flüssige Nahrung	komplexe Kohlehydrate	einfache Kohlehydrate
	tierisches Protein	pflanzliches Protein
	gesättigte Fette	ungesättigte Fette
	Natrium	Kalium
	wenig Ballaststoffe	viel Ballaststoffe
	öllösliche Vitamine	wasserlösliche Vitamine
Luft	Kohlendioxyd	Sauerstoff
	Wasserstoff	Stickstoff
	geringere Feuchtigkeit	höhere Feuchtigkeit
	höherer Druck	niedriger Druck
	höhere Temperatur	niedrigere Temperatur
	positive Ionen	negative Ionen
Schwingungen	niedrigere Frequenz	höhere Frequenz
	höhere Geschwindigkeit	niedrigere Geschwindigkeit
	längere Wellen	kürzere Wellen
	infrarotes Licht	ultraviolettes Licht
	elektromagnetische Wellen	nichtelektromagnetische Wellen
Reize und Impulse	schwerer Druck	leichter Druck
	scharfer Schmerz	dumpfer Schmerz
	Hitzegefühl	Kältegefühl
	starkes Gefühl	schwaches Gefühl
	Reizmittel, die eine abwärts gerichtete Energie bewirken	Reizmittel, die eine aufwärts gerichtete Energie bewirken

11. Als Teil des organischen und anorganischen Lebens dieses Planeten verbinden Nahrungsmittel und Getränke die grundlegenden Kräfte und Energien des Universums und sind selbst die höchstentwickelte Stufe aller vorangegangenen Stadien biologischer Entwicklung. Wenn der einzelne bei der Nahrungs- und Flüssigkeitsaufnahme auf das richtige Gleichgewicht achtet, kann er seine Anpassung an die Umwelt erhöhen und physische Gesundheit, psychisches Wohlbefinden sowie eine stetige Entwicklung von Verstand und Geist verwirklichen. Ebenso hängen Gesundheit und Wohlbefinden der Gesellschaft, Frieden und Sicherheit auf der Welt eingeschlossen, vom richtigen Gleichgewicht dieser Faktoren ab. Wir können den ganzen Bereich der Nahrungsmittel und Getränke und auch jede einzelne Kategorie von Yin nach Yang oder Yang nach Yin aufschlüsseln. Am Anfang ist es am einfachsten, die Nahrungsmittel danach einzuteilen, ob sie ausgesprochen Yang oder Yin sind und ganz gemieden oder so wenig wie möglich gegessen werden sollten (mit gewissen Ausnahmen für nichtgemäßigte Klimazonen) oder ob sie von eher zentraler Ausgeglichenheit und damit für den regelmäßigen Verzehr geeignet sind. In Aufstellung 2 sind diese Kategorien zusammengefaßt.
12. Durch eine richtige Ernährungsweise erhält der einzelne seine gesunde und ausgeglichene Kondition. Essen und Trinken bestimmen weitgehend die Qualität von Blut und Lymphe, die Qualität von Zellen, Gewebe und Organen, die Qualität von Gedanken und Bewußtsein, die Qualität des Verhaltens, die Qualität der menschlichen Beziehungen, die Qualität der Gesellschaft, die Qualität der Beziehungen der Menschen zur natürlichen Umgebung und die Qualität des menschlichen Geistes, der an künftige Generationen weitergegeben werden soll. Die Ernährung bestimmt und formt jede menschliche Aktivität, das Leben des einzelnen, der Familie, Gemeinschaft, Kulturen, Gesellschaften und Zivilisationen eingeschlossen, und ist das Hauptmittel, durch das die Menschheit als Ganze ihr Schicksal auf diesem Planeten lenkt.

Starke Yang-Nahrung (von mehr zu weniger Yang)

Raffiniertes Tafelsalz, Eier, Fleisch, Salziger Hartkäse, Geflügel, Fisch und Meerestiere

Ausgewogene Nahrung (von mehr zu weniger ausgewogen)

Ganzkorngetreide (ungeschälter Reis, Hirse, ganzer Weizen, Haferflocken, Roggen, Mais, Buchweizen)
Bohnen und Bohnenprodukte (Linsen, Kichererbsen, Azukibohnen usw.)
Wurzelgemüse, rundes und grünblättriges Gemüse
Meeresgemüse
Ungereinigtes Meersalz, Pflanzenöl und andere Würzmittel (wenn man sie sparsam verwendet)
Quellwasser
Tees und Getränke ohne Aroma und Reizstoffe
Samen und Nüsse
Kleinere, trockenere Früchte (Äpfel, Kirschen, Beeren usw.)
Gemäßigte Süßmittel (Reissirup, Gerstenmalz und andere natürliche Süßmittel auf Getreidebasis, wenn man sie sparsam verwendet)

Starke Yin-Nahrung (von weniger zu mehr Yin)

Weißer Reis, weißes Mehl
Große, wäßrige Früchte und Gemüse (Tomaten, Kartoffeln, Auberginen, Mango, Kokosnuß usw.)
Weiche Milchprodukte (Milch, Sahne, Joghurt, Eis)
Raffiniertes Öl
Gewürze (Pfeffer, Curry, Muskatnuß usw.)
Aromatisierte und stimulierende Getränke (Kaffee, schwarzer Tee, Pfefferminztee, Coca-Cola, Limonaden usw.)
Starke Süßmittel (Zucker, Honig, Melasse usw.)
Alkohol (Whiskey, Gin, Bier usw.)
Nahrungsmittel, die Chemikalien, Konservierungsmittel, Farbstoffe und Schädlingsbekämpfungsmittel enthalten
Drogen (Marihuana, Kokain usw., mit gewissen Ausnahmen)
Medikamente (Beruhigungsmittel, Antibiotika, Cortison usw., mit gewissen Ausnahmen)

1981 trafen sich Vertreter der amerikanischen Vereinigung zur Förderung der Wissenschaften, um zu untersuchen, was für soziale Folgen eine Umstellung der Ernährung auf eine natürlichere Basis haben würde. Die Wissenschaftler gelangten zu dem Schluß, daß eine Änderung unserer Eßgewohnheiten einen großen, wohltuenden Einfluß auf alles haben kann, sowohl auf die Art, wie wir mit Boden, Wasser, Öl und Bodenschätzen umgehen, wie auch auf die Lebenshaltungskosten, Beschäftigungsquoten und einen internationalen Handelsausgleich. Erkrankungen der Herzkranzgefäße würden um 88 Prozent zurückgehen, Krebskrankheiten um 50 Prozent.

Frieden: Die Kunst, Gegensätze auszugleichen

Von den vollwertigen Nahrungsmitteln sind ganze Getreidekörner, wild gewachsen oder angebaut, die ausgewogenste Art der Ernährung. Seit Jahrtausenden waren sie das Grundnahrungsmittel der Menschheit und wurden bis in die moderne Zeit überall auf der Welt als Hauptnahrung gegessen. Vor Beginn der Moderne betrachteten alle Kulturen das Getreide als den ›Stoff des Lebens‹, und die verschiedenen Getreidearten, die unterschiedlichen Anbaumethoden, das Kochen und andere Zubereitungsverfahren ließen die wunderbare Vielfalt und Reichhaltigkeit der menschlichen Kultur und Gesellschaft entstehen. Reis und Hirse waren die Hauptnahrungsmittel im Fernen Osten, Weizen, Hafer und Roggen in Europa, Buchweizen in Rußland und Zentralasien, Sorghum und Hirse in Afrika, Gerste und Weizen im Vorderen Orient und Mais in Südamerika.

Die Verbindung zwischen Getreide und Frieden war für das traditionelle Verständnis von zentraler Bedeutung. Im Fernen Osten wird das Ideogramm für ›Frieden‹ – *wa* – aus den Ideogrammen für ›Korn‹ und ›Mund‹ gebildet:

和

In alten Zeiten wußten die Menschen intuitiv, daß eine Ernährung, die vor allem auf Getreide und Gemüse beruht, einen friedfertigen Geist und eine friedliche Gesellschaft schafft. Das *Tao-te ching*, die Werke von Konfuzius, die *Upanischaden* und andere östliche klassische Werke haben dieser Weisheit Gestalt gegeben.

Eine ähnliche Art zu denken herrschte auch im Westen vor. So sucht zum Beispiel der griechische Held Odysseus, nachdem er fast alle seine Leute verloren hat und immer noch fern seiner Heimat ist, am Eingang zur Unterwelt Rat bei seinen Vorfahren und gefallenen Kameraden. Dort trifft er auf den Geist von Teiresias, dem blinden Seher und weisesten Mann der Antike. Der Geist des Teiresias sagt Odysseus, daß seine Prüfungen und Leiden enden werden, wenn er nach Hause kommt und ins Landesinnere zu einem Ort geht, wo die Menschen einfache Nahrung essen und Kriege nicht kennen. Odysseus soll ein Ruder über der Schulter tragen, und wenn er jemanden trifft, der es für eine Schaufel hält, mit der man Weizen und Gerste in die Luft wirft, um sie von der Spreu zu trennen, soll er es fest in den Boden stekken. Als Odysseus schließlich Ithaka erreicht und seine Frau Penelope, seinen Sohn und seinen Vater begrüßt hat, nimmt er wirklich sein Ruderblatt und geht zu den Feldern mit reifendem Getreide. Auf diese Weise kehrt die seit langer Zeit getrennte Familie – sie steht symbolisch für die menschliche Familie überhaupt – zu ihren Wurzeln, zum fruchtbaren Land, zurück und erlangt laut Homer ›gesegneten Frieden‹.

In der Bibel beschwört Jesaia mit seinem prophetischen Gebot, Schwerter zu Pflugscharen zu machen, ein ähnliches Bild. Ein Kriegswerkzeug wird in ein friedliches Gerät des Akkerbaus verwandelt. Auf ihrer Suche nach Frieden wird die Menschheit in beiden Fällen dazu ermutigt, zur traditionellen Nahrung – zum ganzen Getreide – zurückzukehren und die Erde buchstäblich als ihren Mittelpunkt zu betrachten.

Im modernen Sprachgebrauch verstehen wir gewöhnlich unter Frieden einen Waffenstillstand zwischen zwei kriegführenden Parteien. Ursprünglich hatte das Wort jedoch eine viel umfassendere Bedeutung. Das englische Wort *peace* kommt vom lateinischen *pax* und bedeutet: zwischen zwei Gegensätzen ausgleichen bzw. eine Verständigung erzielen. Das Prinzip des Friedens ist Gleichgewicht. Das Wort Pakt leitet sich von derselben Wurzel her und bedeutet ebenfalls Übereinkommen. Frieden ist das dynamische Gleichgewicht zwischen zwei scheinbar entgegengesetzten Kräften.

Wahrer Frieden ist eine harmonische Vereinigung von Gegensätzen, nicht einfach das Aufhören eines Konflikts. Es ist ein aktiver, schöpferischer Zustand, bei dem individuelle Unterschiede als Teil eines größeren Ganzen vereint werden.

Im Fernen Osten war ein solches dynamisches Verständnis des Friedens bis in die jüngste Zeit vorhanden. Frieden wurde als Ausgleich von Yin und Yang betrachtet – der beiden entgegengesetzten und sich ergänzenden Eigenschaften, aus denen alle Phänomene bestehen. Im *I-ching* zum Beispiel, dem *Buch der Wandlungen*, gibt es ein Hexagramm für Frieden, *T'ai*, das Yin- und Yang-Linien in vollkommener Harmonie verbindet:

Im Kommentar von Konfuzius heißt es dazu:

FRIEDEN – Das Kleine geht, das Große kommt. Großer Reichtum. Erfolg.

Auf diese Weise vereinen sich Himmel und Erde, und alle Wesen verbinden sich.

Das Obere und Untere verbinden sich, und sie haben einen Willen.

Das Lichtprinzip (Yang) ist innen, das Schattenhafte (Yin) außen; Stärke ist innen und Liebe außen; der höhere Mensch ist innen, der niedere außen.

In seiner Beschreibung der Bedeutung von Frieden *(shalom)* in der judäisch-christlichen Tradition definiert *The Interpreters' Dictionary of the Bible* ihn als »einen Zustand der Ganzheit von

Personen oder Gruppen. Dies kann Gesundheit, Wohlstand, Sicherheit oder die spirituelle Vollkommenheit eines Bündnisses sein. Im Alten Testament wird zwischen diesen Kategorien nicht im Detail unterschieden. Militärischer oder wirtschaftlicher Friede ist gleich dem körperlichen oder geistigen Frieden des einzelnen.«

Im weitesten, universellsten Sinn sind Frieden und Gesundheit dasselbe. Frieden und Glück sind nicht zu trennen. Frieden des einzelnen und Friede der Gesellschaft sind eins. In der Praxis bedeutet Frieden nicht nur, ein Gleichgewicht zwischen den Vereinigten Staaten und der Sowjetunion zu erreichen oder zwischen den Arabern und Juden, den Hindus und Moslem, den irischen Protestanten und den irischen Katholiken und anderen gegensätzlichen Parteien. Frieden heißt, alle Aspekte unseres täglichen Lebens auszugleichen. Dazu gehört zum Beispiel der Ausgleich zwischen der Kälte im Winter und der Wärme im Sommer, der Ausgleich zwischen Stunden des Wachseins am Tag und Stunden des Schlafens in der Nacht und der Ausgleich zwischen Menge und Qualität von fester und flüssiger Nahrung, die wir jeden Tag essen und trinken, und jener, die wir an Feiertagen, bei Festen und zu anderen besonderen Gelegenheiten zu uns nehmen. Je mehr wir also über unser Dasein nachdenken, desto genauer erkennen wir, daß die Natur, von der wir ein kleiner Teil sind, aus zahllosen Gegensätzen besteht. Wir gleichen nicht nur bewußt oder unbewußt Myriaden von Faktoren aus, sondern alle diese Faktoren ändern sich auch ständig. Auf diese Weise verwandelt sich schließlich alles in sein Gegenteil. Der Sommer verwandelt sich in den Winter, die Jugend verwandelt sich in Alter, Handlung in Ruhe, Berge in Täler, Land in Meer, der Tag in die Nacht. Haß wandelt sich in Liebe, die Reichen und Mächtigen gehen zugrunde, die Armen und Schwachen gedeihen. Krieg wird zu Frieden, ehemalige Feinde werden zu Freunden. Zivilisationen entstehen und verschwinden, Arten kommen und gehen. Leben verwandelt sich in Tod, und neues Leben wird geboren. Materie verwandelt sich in Energie, Raum in Zeit. Galaxien erscheinen und verschwinden.

Aus dem Unendlichen Einen oder Gott treten Yin und Yang als die ewigen Kräfte und Tendenzen hervor, die alle Phänomene beherrschen, die sichtbaren und unsichtbaren, einzelne und Gruppen, Teile und das Ganze, die Vergangenheit und die Zukunft. Die Prinzipien und Gesetze des Wandels zu kennen heißt, den Baum des Lebens gewinnen, das himmlische Königreich betreten, vollkommenen Frieden erlangen. Wenn wir diese Prinzipien und Gesetze verstehen, sind alle geistigen und religiösen Vorstellungen, alle wissenschaftlichen und philosophischen Ideen und alle Bemühungen des einzelnen und der Gesellschaft vereint, und wir begreifen, daß sie die sich ergänzenden Aspekte eines größeren Ganzen sind. Diese Kräfte und Tendenzen sind ein Kompaß, mit dessen Hilfe wir auf allen Ebenen Ordnung und Harmonie verwirklichen können. Wenn wir sie kennen, können wir Krankheit in Gesundheit, Traurigkeit in Freude und Krieg in Frieden umwandeln.

7

Das verlorene Paradies

Unsere Studien über das menschliche Schicksal beruhen auf einer Lebenssicht, die das ganze Universum umfaßt und die Ordnung, die es auf allen Ebenen bestimmt, aufzeigt. Das Fundament dieses Verständnisses ist die logarithmische Spirale. Diese Grundform, die überall in der Natur vorkommt, enthüllt die Wirkungsweise der Schöpfung und die grundsätzliche Einheit allen Lebens. Die Kenntnis dieser einfachen und doch umfassenden Form ermöglicht es uns, alle scheinbaren Gegensätze der modernen Wissenschaft und Geschichte zu vereinen sowie den Ursprung von Krieg und den Weg zum Frieden zu erkennen.

Der galaktische Zyklus

Die moderne Wissenschaft hat es möglich gemacht, einige himmlische Geschehnisse, die das menschliche Schicksal bestimmen, zu messen. Wir wissen, daß das Leben auf unserem Planeten vor mehr als drei Milliarden Jahren begann und sich unser Sonnensystem in einem Zyklus von ungefähr zweihundert Millionen Jahren um das Zentrum der Galaxis dreht. Diesen Umlauf des Sonnensystems um die Milchstraße wollen wir als galaktisches Jahr bezeichnen. Vor mehr als zehn Umläufen tauchten Bakterien auf und entwickelten sich langsam zu primitivem Meeresleben und Fischen. Erst vor zwei Umläufen, im späten Paläozoikum, tauchten die ersten Amphibien auf. Vor weniger als einem Umlauf bedeckten Riesenfarne die Erde, und Dinosaurier lebten auf ihr.

Das galaktische Jahr kann man wie das Sonnenjahr in Jahreszeiten einteilen (siehe Abb. 3). Natürlich verläuft die Bahn der Sonne um den galaktischen Mittelpunkt nicht immer vollkommen gleich – nichts gleicht einem anderen vollkommen! Während seines Umlaufs ist das Sonnensystem zu verschiedenen Zeiten einmal näher am Zentrum der Galaxis und dann wieder weiter entfernt. Wenn das Sonnensystem weiter entfernt ist, wird es größer – ein Yin-Zustand der Ausdehnung. Wenn es näher ist, wird es kleiner – ein Yang-Zustand der Zusammenziehung. Wenn das Sonnensystem sich ausdehnt, wird natürlich die Entfernung zwischen der Sonne und der Erde größer. Daraus ergibt sich, daß die Erde dann weniger Sonnenstrahlung empfängt und kälter wird – ein Yin-Zustand. Zur entgegengesetzten Zeit, wenn sich das Sonnensystem zusammenzieht, verringert sich die Entfernung zwischen Sonne und Erde und die Erde empfängt mehr Sonnenstrahlung. Die Erde wird wärmer, und ihre Oberflä-

Abb. 3
Galaktische Jahreszeiten

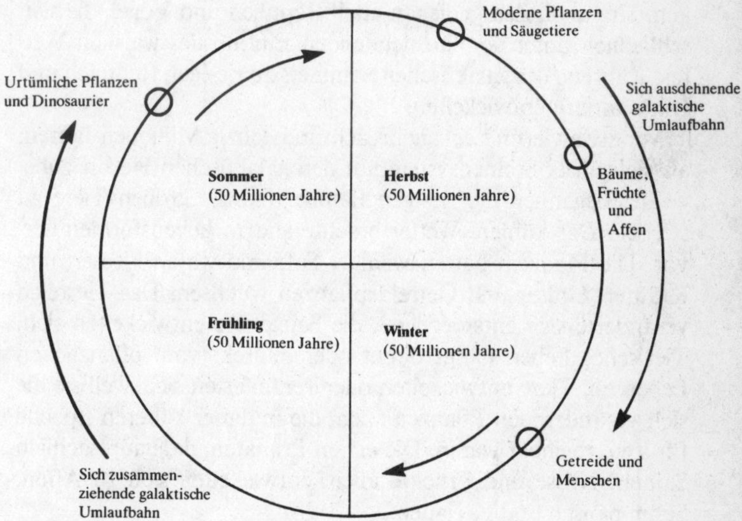

che wird schlammig und morastig. Ein Yang-Zustand tritt auf. Die Atmosphäre wird feuchter, die Pflanzen werden größer.

Wenn also das Sonnensystem vom Zentrum der Galaxis am weitesten entfernt ist, ist dies die Zeit des höchsten galaktischen Winters. Galaktischer Hochsommer kommt, wenn das Sonnensystem dem Mittelpunkt am nächsten ist. Dazwischen liegen galaktischer Frühling und Herbst. Tatsächlich verkürzt sich die jeweilige Reisezeit des Sonnensystems um den galaktischen Mittelpunkt im Laufe der Äonen sogar, doch im Augenblick dauert jede galaktische Jahreszeit ungefähr fünfzig Millionen Jahre.

Im Laufe von geschätzten sechzehn galaktischen Umläufen während 3,2 Milliarden Jahren haben sich viele evolutionäre Veränderungen ergeben. Warme, kühle und kalte galaktische Jahreszeiten haben sich abgewechselt und unterschiedliche geologische und klimatische Bedingungen geschaffen. Neue Arten von pflanzlichem und tierischem Leben entstanden. Farne zum Beispiel entwickelten sich in einem galaktischen Winter. Sie zogen sich in der großen Kälte zusammen, und ihre Blätter teilten sich in viele Teile. Im darauffolgenden galaktischen Frühling fingen die Farne an, sich auszudehnen und die Erde zu bedekken. Um diese Zeit gediehen auch Reptilien und Vögel, die sich schließlich unter dem ausdehnenden Einfluß des warmen Wetters während des galaktischen Sommers zu riesigen Reptilien und Dinosauriern entwickelten.

Vor etwa vierundsechzig bis achtundsechzig Millionen Jahren, als sich unser Sonnensystem auf den galaktischen Herbst zubewegte, begannen die riesigen Bäume und die großen Tiere zu sterben. Das kühlere Wetter brachte andere Lebensformen hervor. Die Pflanzen hatten weniger Saft und waren kleiner, und Kräuter, Gräser und Getreidepflanzen wuchsen. Das Tierreich veränderte sich entsprechend, die Säugetiere entwickelten sich. Tierisches Leben hängt direkt oder indirekt vom pflanzlichen Leben ab. Tiere entwickelten oder veränderten sich, weil sie die sich verändernden Pflanzen aßen, die in dieser kälteren Epoche für sie erreichbar waren. Die ersten Primaten, die hauptsächlich Samen, Nüsse und Früchte aßen, entwickelten sich zu Affen, Schimpansen und Pavianen.

Die Vorfahren der Menschen entwickelten sich wahrscheinlich vor mehr als zehn Millionen Jahren, indem sie die jüngste Form von pflanzlichem Leben, ganze Getreidekörner, in ihr Ernährungsprogramm aufnahmen (siehe Abb. 4). Wilde Getreidegräser, die Samen und Frucht in einem waren, stellten eine ein-

Abb. 4
Die Spirale der Entwicklung

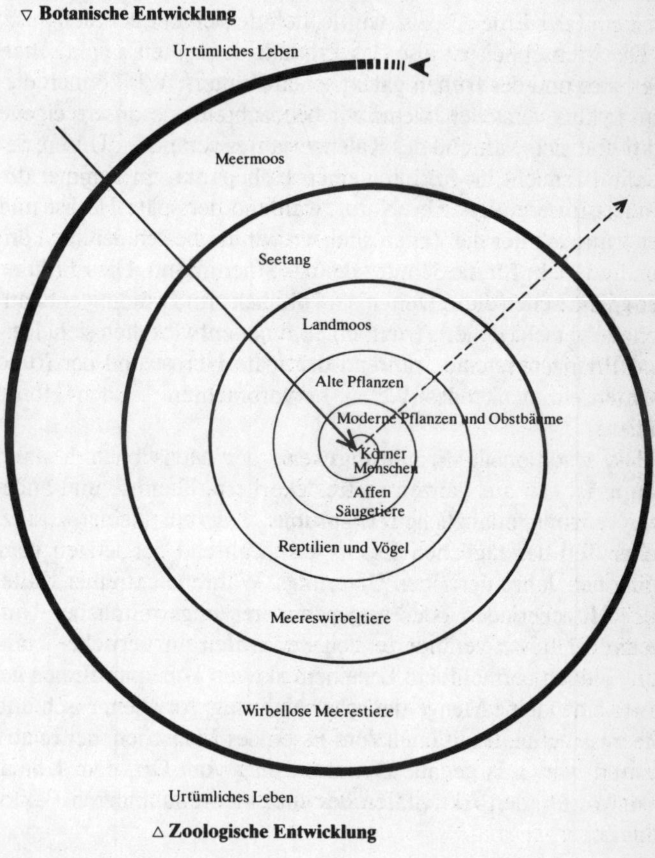

zigartige entwicklungsmäßige Anpassung an das zunehmend kältere Klima dar, das der späte galaktische Herbst und der frühe galaktische Winter brachten. Verglichen mit früheren Pflanzen wuchsen Getreidegräser außerdem senkrechter und nahmen dadurch einen größeren Teil der natürlichen elektromagnetischen Energie auf, die von oben durch die Himmelskörper und von unten durch die Drehung der Erde um ihre Achse auf sie einströmte. Weil sie sich hauptsächlich von wild wachsendem Getreide ernährten, nahmen die ersten Hominiden eine aufrechtere Haltung an und ihr Bewußtsein, das von den Energien des Himmels und der Erde gespeist wurde, dehnte sich beträchtlich aus.

Die Menschheit ist also das Produkt des späten galaktischen Herbstes und des frühen galaktischen Winters. Wir können diesen Zyklus verstehen, wenn wir beobachten, wie unsere eigene Aktivität sich während des Kalenderjahres verändert. Unsere Sexualität erreicht im Frühling einen Höhepunkt, im Sommer dominiert unsere physische Natur, während der späte Herbst und der frühe Winter die Zeiten sind, wo wir am besten denken können und mehr für die Schule oder das Studium tun. Die Einflüsse der galaktischen Jahreszeiten sind ähnlich: Im Frühling entstanden die verschiedenen Arten, im Sommer entwickelten sich Tier- und Pflanzensysteme, während der späte Herbst und der frühe Winter ein denkendes Wesen hervorbrachten – den Homo sapiens.

Die traditionelle Ernährungsweise der Menschheit bestand hauptsächlich aus ganzen Getreidekörnern, Gemüse und anderer Nahrung pflanzlichen Ursprungs. Nur ein kleiner zusätzlicher Teil des täglichen Essens war während der letzten paar Millionen Jahre tierischen Ursprungs. Während extremer Kälte- oder Hitzeperioden oder wegen anderer ungewöhnlicher Umweltverhältnisse veränderte sich der Anteil an tierischer Nahrung jedoch beträchtlich. Bei einem aktiven Leben im Freien gehörte eine kleine Menge tierischer Nahrung, vor allem Fisch und Meeresfrüchte, traditionell zum Essen des Menschen, der relativ gesund war. Das genaue Quantum hing vom Ort, dem Klima, dem Wetter, den Aktivitäten des einzelnen und anderen Faktoren ab.

Durch Darwins Theorie, daß nur der Stärkste überleben würde, kam es zu der modernen Vorstellung, daß der Homo sapiens und seine Vorfahren vor allem Fleischesser seien und Fleisch, Geflügel und andere tierische Nahrung, die weiter oben auf der Leiter der Entwicklung angesiedelt waren, bessere Nahrung für die menschliche Entwicklung seien und den wichtigsten Teil der Ernährung darstellten. Leider nehmen die meisten, nach den üblichen Maßstäben lebenden Wissenschaftler nicht die gleiche Art von Essen zu sich wie die Menschen früher. So können sie zwar Informationen über alte Kulturen sammeln, einschließlich spiralförmiger Zeichnungen und Inschriften, doch sie sind nicht imstande, die Kosmologie und den Geist zu begreifen, der sie hervorbrachte. Um die Mentalität der früheren Menschen zu verstehen, muß man sich in der gleichen Art ernähren, weil sich nur so die gleiche Wellenlänge des Bewußtseins entwickeln kann. Nur unsere Freunde, deren Hauptnahrung Getreide ist, sind dazu in der Lage.

Da das Interesse der modernen Gesellschaft an natürlicherer Nahrung in den letzten zwanzig Jahren gewachsen ist, beginnen einige Wissenschaftler, ihre Vermutungen über die ferne Vergangenheit der Menschheit, die auf den bruchstückhaften und unvollständigen Ernährungstheorien des letzten Jahrhunderts beruhen, neu zu überdenken. Neueste Forschungen über die paläolithischen Kulturen und nahrungswissenschaftliche Untersuchungen der jagenden und sammelnden Stämme, die es heute noch gibt, haben gezeigt, daß sie vor allem pflanzliche Nahrung verzehrten, einschließlich wild wachsenden Getreides, wilder Pflanzen und Gräser, Knollengewächsen, Samen und Nüssen, Beeren und Wurzeln. Fisch und Fleisch wurden nur gegessen, wenn es notwendig war, und dann in kleinen Mengen. Archäologen haben entdeckt, daß viele Werkzeuge aus der Steinzeit, wie sie zum Beispiel in Oldoway und anderen bekannten Grabungsstätten gefunden wurden, eher Geräte zur Gemüseverarbeitung sind als zur Fleischverarbeitung. Eine neuere Untersuchung der Knochen und Werkzeuge der frühen Menschen von vor zwei Millionen Jahren haben einige Wissenschaftler zu dem Schluß veranlaßt, daß die Menschen damals Aasesser, also ganz und gar keine

Jäger waren und nur gelegentlich Tiere aßen, die von einer anderen Art getötet worden waren. Eine anthropologische Studie über achtundfünfzig Jäger-Sammler-Stämme, die heute noch existieren, hat ergeben, daß 50 bis 70 Prozent ihrer Nahrung aus komplexen Kohlehydraten pflanzlichen Ursprungs bestehen.

Die *New York Times* (vom 15. Mai 1979) faßte die neuen Ansichten über die ursprüngliche Ernährung der frühen Menschheit in einem Artikel zusammen und schrieb:

Neueste Untersuchungen über die Eßgewohnheiten der prähistorischen Menschen und ihrer Vorfahren, der Primaten, lassen vermuten, daß der große Fleischkonsum der modernen Überflußgesellschaft die biologischen Kapazitäten des menschlichen Körpers überfordert. Das Resultat kann eine Menge ernährungsbedingter Gesundheitsprobleme sein wie Diabetes, Fettleibigkeit, hoher Blutdruck, Herzinfarkt und gewisse Krebserkrankungen.

In diesen Studien wird die Vorstellung stark angezweifelt, daß die Menschen sich aus aggressiven jagenden Tieren entwickelten, die zum Überleben vor allem Fleisch brauchten. Die neue Sichtweise – die von Funden auf den Gebieten der Archäologie, Anthropologie, Primatologie und vergleichenden Anatomie untermauert wird – stellt die frühen Menschen und ihre Vorfahren eher als Pflanzenesser dar, nicht als Fleischesser. Entsprechend diesen Forschungen kam in den letzten eineinhalb Millionen Jahren vermutlich dreimal mehr pflanzliche als tierische Nahrung auf den prähistorischen Tisch, genau das Gegenteil von dem, was der Durchschnittsamerikaner gegenwärtig ißt.

Der Nordhimmel

Das menschliche Schicksal wird ebenfalls stark beeinflußt durch die Umlaufbewegung am Nordhimmel, die Verlagerung des Frühlingspunktes auf der Ekliptik in einem Zyklus von 25 800 Jahren, Präzession genannt. (Sie wurde zum ersten Mal 127 v. Chr. von dem griechischen Philosophen Hipparch beschrieben.) Während dieses Umlaufs – der von dem Verhältnis abhängt, in dem die Erdachse zur Ebene unserer Galaxis ausgerichtet ist – empfangen wir unterschiedliche Mengen von Stern- und Sonnenstrahlung, elektromagnetischer Energie und anderen Impulsen und Wellen, die ihren Ursprung im Zentrum der Milchstraße wie auch in Milliarden anderer Galaxien im unendlichen Universum haben.

Während die Sonne und die Planeten um das galaktische Zentrum reisen, beschreibt ihre Kreisbahn eine leicht wellenförmige Bewegung. Von einem Punkt außerhalb der Erde betrachtet, würde unser Planet langsam hin und her wackeln wie der Kopf eines kleinen Kindes, wobei die Nord-Südachse erst in die eine und dann in die andere Richtung zeigt, und alle 25800 Jahre einen Zyklus des Hin- und Herwackelns vollendet haben. Diese schlangenförmige Bewegung der Erdachse beschreibt am Nachthimmel einen Kreis, wobei eine Reihe von Sternen in den nördlichen Sternenbildern nacheinander als Polarstern dienen (siehe Abb. 5). Die Erde als Ganze wird von einem breiten schützenden Gürtel elektromagnetischer Felder umgeben, nur das Gebiet über den Polen ist relativ offen. Die Energieströme der Polarsterne haben daher einen starken Einfluß auf die Erde. Wenn ein neuer Stern oder ein neues Sternbild aufsteigt, bewirkt es regelmäßig eine Veränderung der elektromagnetischen Ladung der Erde. Im Vergleich zum Südpol, der mehr zum Zentrum der Galaxis blickt, ist der Nordpol mehr zur Peripherie hin ausgerichtet und empfängt Energie von Milliarden anderer Galaxien. Als Folge davon ist der Norden höher aufgeladen als der Süden.

Dieses sogenannte Platonische Weltenjahr teilt sich in zwei Hälften, jede dauert etwa 12900 Jahre, die traditionell als das Goldene Zeitalter und das Dunkle Zeitalter beschrieben wurden, als paradiesische Zeit und die Zeit der Wildheit, als spirituelle Kultur und materielle Kultur oder in anderen komplementären Gegensätzen. Diesen Zyklus des Frühlingspunktes um die Ekliptik kann man außerdem in vier Jahreszeiten einteilen: zuerst der Sommer oder der höchste Punkt des Lichts, als nächstes der Herbst, dann der Winter, der tiefste Punkt der Dunkelheit, und schließlich der Frühling. Zwischen diesen vier Punkten gibt es noch Übergangsstadien von vier weiteren Konstellationen, so daß das Platonische Weltenjahr alles in allem acht Sternbilder umfaßt.

Vor etwa 20000 Jahren, während des Präzessionssommers, wies die Nord-Südachse der Erde zur Milchstraße hin und war in einer Linie mit der Ebene der Galaxis. Der Nordhimmel wurde von Tausenden von schimmernden Sternen erhellt. Die große Masse der Sterne, die auf dieser Ebene zusammengedrängt war, strahlte ihren Einfluß direkt von oben auf die Erde herab und lud sie und alle Arten von Leben, die auf ihr gediehen, in hohem Grad auf. Unsere Vorfahren badeten ständig in einem Strom von Licht und Strahlung, der durch ihr Rückgrat, die Meridiane, die elektromagnetischen Energiezentren, Organe, Gewebe und Trillionen von Zellen eindrang. Sie wurden in höchstem Grad ener-

Abb. 6
Der Zyklus der Wega

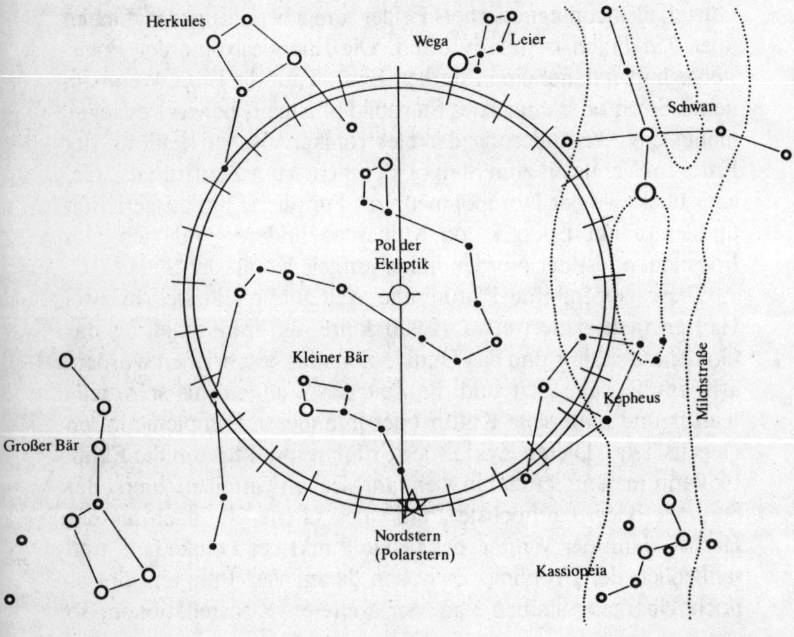

getisiert, und ihr Bewußtsein entwickelte eine größere Bewußtheit und größere Fähigkeiten.

Nicht nur das menschliche Gehirn war in jener Epoche sehr viel stärker aktiviert, auch alle pflanzlichen Nahrungsquellen waren viel kräftiger und brauchten kaum irgendwelche Pflege. Dies war das Goldene Zeitalter, von dem die Dichter der Antike, zum Beispiel Ovid, sprechen:

Als erstes entstand das goldene Menschengeschlecht, das keinen Rächer kannte und freiwillig, ohne Gesetz, Treue und Redlichkeit übte. Strafe und Furcht waren fern, keine drohenden Worte las man auf öffentlich angeschlagenen Erztafeln, keine bittflehende Schar fürchtete den Spruch ihres Richters, sondern sie waren auch ohne Rächer geschützt. Noch nicht war die Fichte gefällt und noch nicht, um ferne Länder zu besuchen, von ihren Bergen in die klaren Fluten hinabgestiegen; und die Sterblichen kannten keine Küste außer ihrer eigenen. Noch umgaben keine steil abfallenden Gräben die Städte, es gab keine Tuba aus geradem, keine Hörner aus gekrümmtem Erz, keine Helme, kein Schwert: Ohne Soldaten zu brauchen, lebten die Völker sorglos in sanfter Ruhe dahin. Auch gab die Erde, frei von Pflichten und Lasten, von keiner Hacke berührt, von keiner Pflugschar verletzt, alles von selbst her. Und zufrieden mit den Speisen, die gewachsen waren, ohne daß jemand Zwang ausübte, sammelten sie Früchte vom Hagapfelbaum, Erdbeeren vom Berge, Kornelkirschen, Brombeeren, die an stachligen Sträuchern hingen, und Eicheln, die von Jupiters weit ausladendem Baum gefallen waren.

Ewiger Frühling herrschte, und sanfte Westwinde streichelten mit lauen Lüften Blumen, die ungesät entsprossen waren. Bald trug ungepflügte Erde auch Getreide, und ohne nach einer Brache neu bearbeitet zu sein, war der Acker voll schwerer Ähren.

Die römische Mythologie bringt das Goldene Zeitalter mit Saturn in Verbindung, dem Gott der Ernte, dessen Farbe gelb und dessen Symbol die Sichel ist, zum Schneiden des Getreides. In China wird das Goldene Zeitalter durch den Gelben Kaiser symbolisiert, dem man denselben Planeten zuordnet.

Wenn wir auch nicht genau wissen, wie das Leben zu jener Zeit organisiert war, so erzählen uns doch die Mythen und Schriften der ganzen Welt fast einhellig von einer Epoche, in der die Menschheit ein hohes kulturelles, spirituelles und wissenschaftliches Niveau besaß und eine weltweite friedliche, geeinte Kultur bestand. Diese alte Kultur ging dann offensichtlich durch eine Reihe von Naturkatastrophen unter, die die nächste Hälfte des Zyklus, die Zeit der Wildheit, ankündigten.

Etwa vor 13000 Jahren, ungefähr auf halbem Weg des 25800-Jahre-Zyklus, bewegten wir uns aus der galaktischen Ebene, als der Stern Wega aus dem Sternbild der Leier über uns erschien (siehe Abb. 6). Wega ist ein Wort arabischen Ursprungs und bedeutet ›fallen‹. Die Wega ist kein ›fallender‹ Stern, keine Sternschnuppe. Wega bezieht sich auf den Sündenfall, die Vertreibung aus dem Paradies – das Ende des Goldenen Zeitalters oder des

Abb. 6
Der Zyklus der Wega

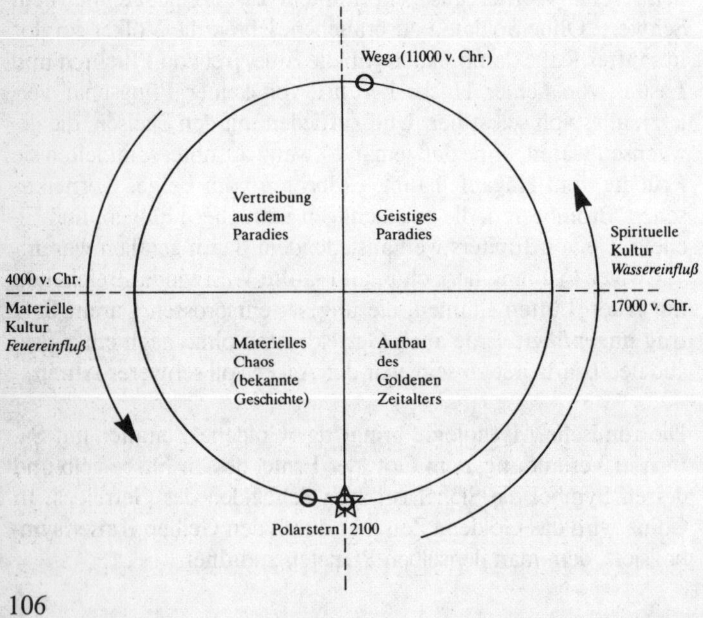

vorangegangenen Präzessionssommers, als die himmlische Energie auf ihrem Höhepunkt war. Nachdem sich die Erde im Verhältnis zur Ebene der Galaxis zu neigen begann und den Energien der Milchstraße eine geringere Öffnung bot, wurde die Energie der Pflanzen und Tiere matter, das menschliche Bewußtsein schwächer und mehr materiell orientiert. Das geschah vor etwa 13000 Jahren, als unser Planet offenbar von einer schrecklichen Überschwemmung oder einer Reihe von Überschwemmungen heimgesucht wurde, wie in den meisten Mythologien der Welt berichtet wird. Am bekanntesten ist wohl die Geschichte von Noah aus dem Alten Testament (obwohl sich dieser Bericht der Bibel wahrscheinlich auf eine andere Überschwemmung mehrere tausend Jahre später bezieht). An dieser Katastrophe kann eine teilweise Verschiebung der Erdachse um dreißig Grad schuld gewesen sein. Wissenschaftler sagen, daß sich die Erdachse etwa alle 25000 Jahre verschoben hat. Der frühere magnetische Südpol war zum Beispiel vermutlich in Australien. Die Leier, die Harfe, wird außerdem mit dem Musiker Orpheus in Verbindung gebracht, der auf der Suche nach seiner Braut Eurydike in die Unterwelt hinabstieg. Die Geschichte ihrer Trennung symbolisiert die Erinnerung der Menschheit an ein verlorenes Goldenes Zeitalter.

Die ganze dunkle Seite des Kreises bezieht sich auf die Zeit vor 13000 Jahren bis heute und wird vom Sternbild des Drachen beherrscht. Die sumerische Tradition bringt diese Sternenkonstellation mit Tiamat in Verbindung, dem Ungeheuer des Urchaos. In der christlichen Tradition ist es die Schlange, die Adam und Eva versuchte, was zur Vertreibung aus dem Garten Eden führte. Ein Stern im Schwanz des Drachen, nach einem Viertel der Umlaufbahn, war während des Winters der Polarstern und der Punkt, der von der Milchstraße am weitesten entfernt war. Der Drache herrschte über die Eiszeiten und die tiefste Dunkelheit, die die Menschheit vor Anbruch der Geschichtsschreibung erlebte. Die Cheopspyramide in Gizeh ist auf Thuban ausgerichtet, den Stern im Schwanz des Drachen, der in dieser Zeit der Polarstern war.

Nach dem Drachen kommt als nächster im Zyklus der Große Bär oder der Große Wagen. Er wird mit vielen Mythen in Verbindung gebracht, auch mit der *Ilias* und der *Odyssee*. Die griechischen Heldengedichte, die den Weg der Menschheit durch diese Epoche beschreiben, wurzeln in einem alten Mythos, der von einem großen himmlischen Bären erzählt. Er schläft im Winter und taucht im Frühling wieder auf. In der *Ilias* verkriecht sich Achilles, der Anführer der Griechen, wie ein Bär in seinem Zelt, ehe er wieder auftaucht und seine Leute zum Sieg über die Trojaner führt. Achilles' Schild ist mit dem Symbol des Großen Bären und anderer Polarsternbilder geschmückt, die von konzentrischen Kreisen als Darstellungen der Zeitalter der Menschheit umgeben sind. Der erste Kreis bezieht sich auf Weinernte, Pflügen und Ernten, der zweite auf Jagen, Schafe und Rinder. Interessant ist, daß bei Homer der Ackerbau vor der Jagd kommt. Diese Reihenfolge entspricht unserem Verständnis des paradiesischen Zeitalters und des Zeitalters der Wildheit, nicht jedoch der heutigen Ansicht der Historiker, die Jagd und Weidewirtschaft Ackerbau und Getreideernte vorangehen lassen.

Auf den Großen Bären folgt der Kleine Bär, der Kleine Wagen, der über den Präzessionsfrühling herrscht und auf den Polarstern weist, den heutigen Nordstern. Während dieser Ära, die die auf Landwirtschaft gegründete Kultur, die Metallverarbeitung und Stammes- oder Staatsgemeinschaften hervorbrachte, sah sich die Menschheit der prometheischen Herausforderung gegenüber, den Gebrauch des Feuers zu erlernen. Mit jeder folgenden Geschichtsepoche wurde die Herausforderung, mit dem Feuer richtig umzugehen, größer. Die sogenannte Feuerkultur geht jetzt zu Ende, so wie die Überschwemmung die Wasserkultur abschloß, die gegenüber von uns auf der Umlaufbahn liegt und entstand, als die Wega der Nordstern war. Die ›Zerstörung durch Feuer‹, die von allen alten Kulturen prophezeit wird, muß jedoch keine plötzliche sein, etwa in Form eines Atomkriegs, obwohl das natürlich möglich ist. Die Zerstörung durch Feuer geschieht vielleicht schrittweise und könnte bereits begonnen haben – in Form von falschen Eßgewohnheiten (synthetische Nahrung) und in Form von katastrophalem Mißbrauch der Technik (hochgradige künstliche Energien), was eine Verschmutzung der inneren und äußeren Umgebung zur Folge hat.

Astronomen von heute haben errechnet, daß ungefähr im Jahre 2100, also in nicht viel mehr als einem Jahrhundert, die Nord-Südachse der Erde fast genau auf den Polarstern im Kleinen Wagen ausgerichtet sein wird. Dies wird das Ende des 12900-Jahre-Halbzyklus signalisieren, der von der Dunkelheit des Drachen beherrscht wurde, und den Beginn eines neuen Halbzyklus von 12900 Jahren, der vom Licht der Milchstraße bestimmt ist. Dieses Datum sollte man aber nicht buchstäblich als Wendepunkt verstehen. Die großen Veränderungen, die die Menschheit im Augenblick erlebt, haben sich während der letzten Jahrhunderte angekündigt und werden sicherlich noch ein paar Jahrhunderte brauchen, um sich zu stabilisieren. Praktisch betrachtet, sind jedoch die Vorkommnisse in der zweiten Hälfte des zwanzigsten Jahrhunderts – vor allem die Verbreitung von künstlicher Nahrung, die beschleunigte Zerstörung unserer Umwelt, die Produktion von Atomwaffen und die Tendenz zur Genmanipulation – die bedrohlichsten, mit denen die Menschheit sich jemals auseinanderzusetzen hatte. Wie die nächsten fünf, zehn, zwanzig oder höchstens dreißig oder vierzig Jahre verlaufen, wird entscheiden, ob unsere Art die Herausforderung des Feuers überlebt und sicher in die nächste Phase des Zyklus eintritt: in das Zeitalter der Menschlichkeit und den Beginn des Bewußtseins, auf der Erde eine einzige Familie zu sein.

Die Spirale der Geschichte

Die Weltgeschichte bewegt sich in einer Spirale. Bei den menschlichen Angelegenheiten, einschließlich des Aufstiegs und Untergangs von Kulturen, gibt es eine ebenso großartige Ordnung und Einheitlichkeit wie bei der spiralförmigen Entwicklung von Galaxien, Sonnensystemen, Pflanzen und Tieren, der DNS und den subatomaren Teilchen (siehe Abb. 7). Um die großen Veränderungen verstehen zu können, die in der heutigen Zeit zusammentreffen – die Entwicklung der Atomenergie, die Erforschung des Weltraums und die Erfindung des künstlichen Herzens eingeschlossen –, müssen wir zunächst einmal über die spiralförmige

Ordnung nachdenken, von der unser Leben auf diesem Planeten ein kleiner Teil ist.

Die Spirale der Geschichte kann man in zwölf Sektionen einteilen, wie eine Uhr. Sie sind nicht genau gleich, sondern werden, da es eine logarithmische Spirale ist, räumlich gesehen immer kleiner und zeitlich betrachtet immer kürzer. Die ersten Abschnitte erstrecken sich über eine Dauer von tausend Jahren,

Abb. 7
Die Spirale der Geschichte

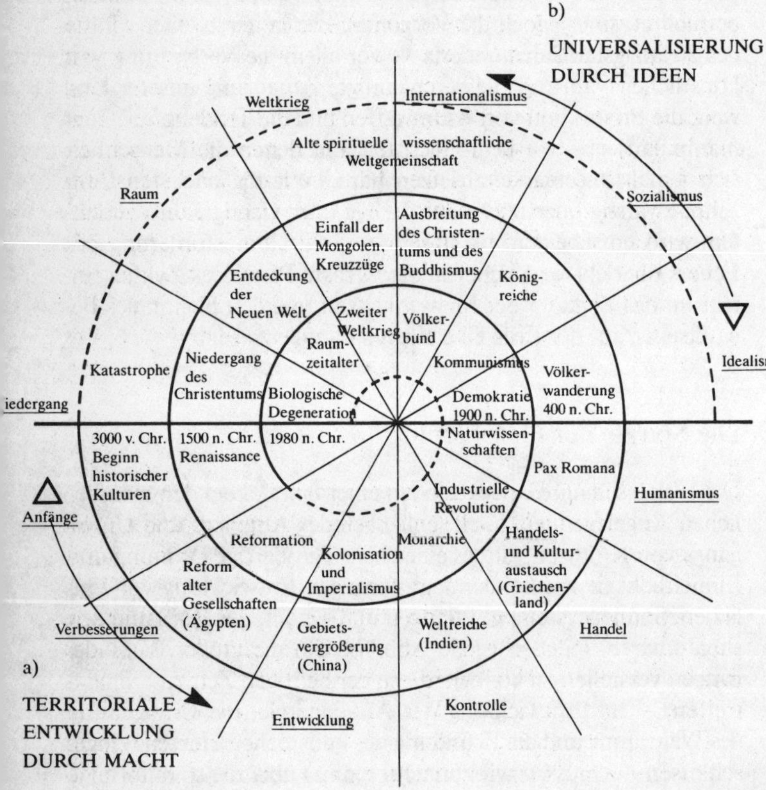

während der letzte weniger als fünfzig Jahre umfaßt. Wegen der spiraligen Natur der geschichtlichen Entwicklung wiederholt sich die Geschichte bis zu einem gewissen Grad tatsächlich. Zum Beispiel fallen heftige kriegerische Auseinandersetzungen wie die Kreuzzüge und der Einfall der Mongolen in die gleiche Periode ihrer Zeit wie die Weltkriege unserer Zeit. Genauso fällt das Zeitalter der Entdeckungen, in dem Ost und West und die Alte und die Neue Welt miteinander in Berührung kamen, in dasselbe Segment wie das moderne Raumzeitalter, in dem der erste Erdsatellit gestartet wurde, der Mensch auf dem Mond landete und das Sonnensystem erforscht wird. Die Antriebskraft jeder Sektion ist derselbe. Der hauptsächliche Unterschied besteht darin, daß die frühere Periode eine längere Zeitspanne dauerte.

Die Spirale der Geschichte wechselt ab zwischen Epochen von territorialer Ausweitung und Eroberungen durch Macht und Epochen einer Universalisierung durch Ideen. Jeder halbe Umlauf der Spirale umfaßt sechs Sektionen und stellt einen geschichtlichen Zeitabschnitt dar. Die verschiedenen Stadien der Spirale laufen in einer geordneten Reihenfolge ab. Eine Anfangsphase von territorialer Ausdehnung umfaßt eine materielle Epoche des Zyklus, die mehr Yang ist. Sie bezieht sich auf die ersten sechs Stadien:

1. Eine neue Gesellschaft, Kultur oder Zivilisation bildet sich.
2. Eine Reform des ursprünglichen Systems wird durchgeführt.
3. Die Entwicklung geht weiter.
4. Die Macht konsolidiert sich.
5. Wirtschaft, Handel und Kultur blühen.
6. Materieller und kultureller Austausch regen zu neuen Ideen an.

An diesem Punkt beginnt die Epoche der Universalisierung durch Ideen, die mehr Yin ist und die spirituelle Phase des Zyklus umfaßt. Sie betrifft die letzten sechs Stadien:

7. Der Idealismus schlägt Wurzeln und entwickelt sich.
8. Die Sozialisierung findet statt mit der Verbreitung von Ideen oder Doktrinen in neuen Gebieten.

9. Daraus ergibt sich eine Internationalisierung.
10. Konflikte zwischen den konkurrierenden Ideen oder Ideologien führen zum Weltkrieg.
11. Der Krieg treibt die technische Entwicklung voran, die Forschung blüht, es kommt zu Entdeckungen, vor allem was den Weltraum betrifft.
12. Die Eroberung des Weltraums führt zum Verfall von Systemen und Ideen, die alte Ordnung bricht zusammen und geht unter.

Am Ende des Zyklus beginnt der Prozeß wieder von vorn, und eine neue Gemeinschaft, Kultur oder Zivilisation entsteht. Jede Kreisbahn der Spirale ist ungefähr ein Drittel so lang wie die vorangegangene. Mit anderen Worten, jede Epoche verändert sich mit der dreifachen Geschwindigkeit der vorherigen. Historisch betrachtet, hat sich die Veränderung der Gesellschaft wie auch die Entwicklung der Technik und des Bewußtseins logarithmisch beschleunigt. Zum Beispiel ist innerhalb historisch bekannter Zeit der Gebrauch des Feuers im gleichen Verhältnis gestiegen, wie die Quelle für Koch- und Heizwärme, für Energie zur Metallverarbeitung und andere technische Verwendungszwecke von Holz zu Holzkohle wechselte (vor etwa 3000 Jahren), von Holzkohle zu Kohle (vor etwa 1000 Jahren), von Kohle zu Petroleum (vor etwa 300 Jahren), von Petroleum zu Elektrizität (vor etwa 100 Jahren) und von Elektrizität zu Atomkraft (vor 30 Jahren).

Die sieben halben Umläufe der Spirale der Geschichte ergeben sieben Zeitalter oder Epochen (siehe Abb. 8). Wie die Jahreszeiten eines Jahres sind sie nicht genau gleich lang, die Grenzen zwischen diesen Zeitabschnitten sind nur angenähert und überlappen sich bis zu einem gewissen Grad. Das Wesentliche daran ist, daß wir die zugrundeliegende Ordnung in der Geschichte und die wachsende Geschwindigkeit, mit der sie abläuft, erkennen.

Wegen der logarithmischen Natur der Spirale blieb in alten Kulturen wie China und Ägypten die Lebensweise über viele Generationen hinweg relativ unverändert. Im Gegensatz dazu wissen wir, daß das Leben heute sich schon von dem vor zehn oder zwanzig Jahren sehr unterscheidet. Die nächsten dreißig Jahre

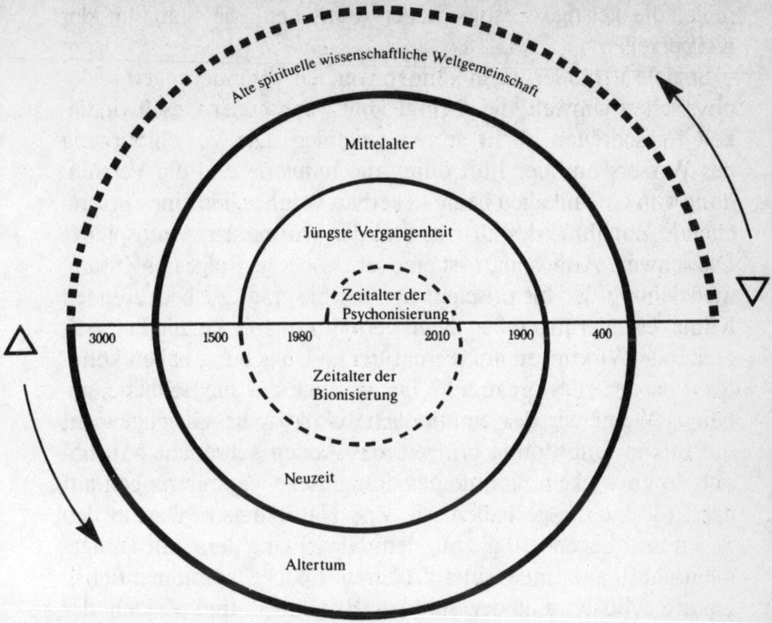

Abb. 8
Die sieben Zeitalter

sind die Zeit der größten konzentrierten Yang-Kraft, das Zentrum der historischen Spirale. Diese Epoche wird von hohem Druck bestimmt. Hoher Druck kann sich äußern 1. als hohe Geschwindigkeit (rasche Fortschritte im Transport- und Kommunikationswesen), 2. als hohe Produktionsrate (wachsende Mechanisierung), 3. als hohe Leistung (Einführung von Computern und Robotern), 4. als hoher Konsum (zum Beispiel eine kalorien- und proteinreiche Ernährung), und 5. als große Bewegung (häufige Ortsveränderung von Menschen, rascher Geldumlauf und schnelle Bewegung im allgemeinen). Unter diesem Druck überschreiten viele Dinge ihre Toleranzgrenze und fangen an zu verfallen: die Einrichtungen der Gesellschaft, die Struktur der Familie, die geistige Festigkeit der Menschen, die Stabilität der Körperzellen.

Soziale Veränderungen können von den Veränderungen in der physischen Umwelt, die ebenfalls mit wachsender Geschwindigkeit fortschreiten, nicht getrennt werden. Die Verschmutzung des Wassers und der Luft durch die Industrie und die Verwendung von Chemikalien beim Ackerbau verursachen eine entsprechende Zunahme des Drucks und der Wärme der Atmosphäre. Die schwere Atmosphäre ist eine sehr wichtige Folge der Zusammenziehung der historischen Spirale. Sie trägt zu bedeutenden Klimaveränderungen bei, die in verhältnismäßig kurzer Zeit tiefgreifende Wirkungen auf die natürliche Umgebung haben könnten, von der alles organische Leben, auch das menschliche, abhängt. Wenn wir das empfindliche ökologische Gleichgewicht um uns in Unordnung bringen, das Äonen gebraucht hat, um sich zu entwickeln, könnte das dramatische Veränderungen auf der Erde zur Folge haben wie jene Naturkatastrophen in den Sagen und Legenden, die mit dem Niedergang der alten Weltgemeinschaft am Ende einer früheren Epoche zusammenfielen. Unsere Mißachtung der subtilen Rhythmen und Zyklen der Natur führt auch zu weiteren Erschütterungen des natürlichen elektromagnetischen Gleichgewichts und zu einer Abschließung von den himmlischen Kräften, auch zu einer weiteren Trübung unseres Bewußtseins und Urteilsvermögens und macht einen Weltkrieg und biologischen Niedergang wahrscheinlicher.

In der kurzen Spanne Zeit, die vor uns liegt, in den nächsten zwanzig oder dreißig Jahren, werden alle Aspekte des menschlichen Lebens – religiöse und ideologische, politische und wirtschaftliche, soziale und kulturelle, nationale und internationale, individuelle und universelle, materielle und spirituelle und alle anderen Faktoren – zusammenfließen. Diese Zeit wird die verwirrendste, komplizierteste und komprimierteste Epoche sein, die die Menschheit in ihrer Geschichte je erlebt hat.

Während der letzten zwölf- oder dreizehntausend Jahre verringerte sich die Energie der Erde ständig, weil wir uns immer weiter von der Sphäre der Milchstraße fortbewegen. Eine Epoche mit milderem Klima, vor etwa sechstausend Jahren, veranlaßte

Sumer, Ägypten, China, das Indus-Tal und andere Kulturzentren, wieder an eine geeinte Weltkultur zu glauben, doch diese Bewegung war nur vorübergehend. Der allgemeine Lauf der Geschichte ging weiter mit Kulturen, die im Dunklen kämpften und sich gegen die Natur durch die Erfindung immer größerer und immer mächtigerer zerstörerischer Technologien wehrten. Wir erreichen jetzt den Höhepunkt dieser Dunkelheit, die zerstörteste und zerstörerischste Zeit in der Geschichte der Menschheit.

Dies ist der himmlische und historische Hintergrund für die gegenwärtigen evolutionären Herausforderungen. Unsere konventionelleren Geschichtsbücher berichten alle von Ereignissen in dieser Zeit des nachlassenden elektromagnetischen Einflusses, und diese Epoche unserer Geschichte – die durchgehende Linie der Spirale stellt nur einen Bruchteil unseres Lebens auf diesem Planeten dar – geht nun zu Ende.

Das Zeitalter der Menschlichkeit

Wenn die gegenwärtige Spirale der Geschichte im frühen einundzwanzigsten Jahrhundert endet, wird sich eine neue Spirale bilden, die etwa die nächsten zwölf- oder dreizehntausend Jahre umfaßt. Diese neue Ära hat bereits begonnen, sich zu entwikkeln, während die alte sich ihrer Schlußphase zuneigt. Die Beziehung dieser beiden Spiralen erinnert an einen Staffellauf, bei dem die beiden Läufer eine kurze Strecke lang nebeneinander herlaufen, bis der Stab sicher übergeben ist (siehe Abb. 9). Wenn der neue Läufer den Stab fest in der Hand hat, wird er schneller und zieht seine eigene Bahn, während der andere zurückbleibt. Bei der Menschheit – es geht darum, unsere natürliche biologische Substanz und unseren natürlichen biologischen Geist zu bewahren und zu entwickeln – reicht diese Periode des Nebeneinanders, grob geschätzt, von 1980–2100. Da steht der Polarstern direkt über uns. Die beiden Spiralen werden für eine Weile parallel verlaufen, bis die neue Orientierung kräftig genug geworden ist und die Führung übernehmen kann. Die alte Orientierung zerfällt, was sich, realistisch gesehen, über zwei oder drei Generationen hin erstrecken kann.

Obwohl also die moderne Zivilisation während der nächsten Jahrzehnte auf der ganzen Welt weiter zerfallen und untergehen wird, muß die Menschheit nicht notwendigerweise verschwinden. Zur selben Zeit, in der sich die Biotechnologie weiterentwikkelt, wird es bei jenen Menschen, die ihre Lebensweise wieder nach den Gesetzen der Natur und der Ordnung des Universums ausgerichtet haben, eine Neuorientierung der Zivilisation geben.

Abb. 9
Die Begegnung der alten und der künftigen Welt

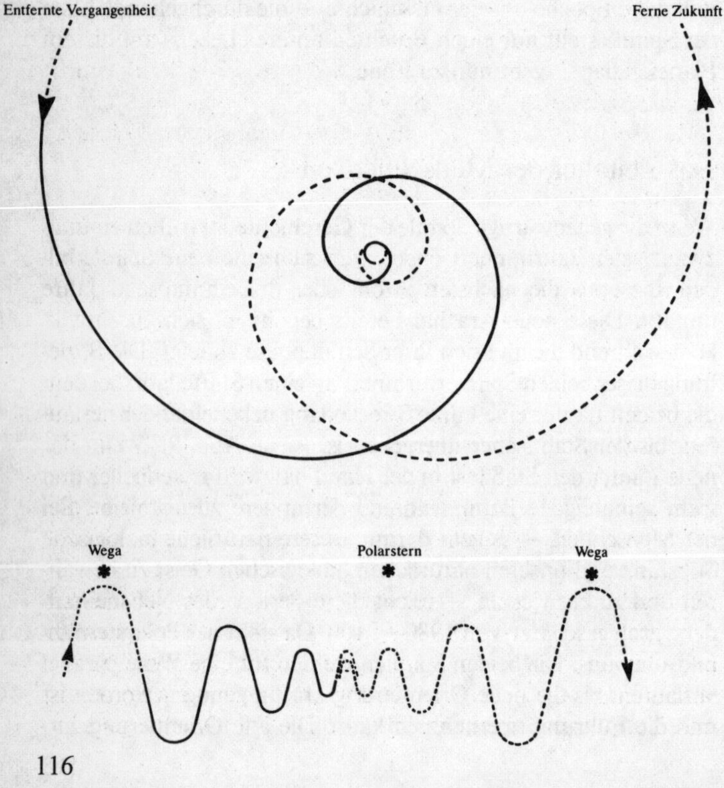

Dank ihrer Bemühungen wird man beginnen, eine neue gesunde und friedliche Welt aufzubauen, indem man alle gegensätzlichen Faktoren im menschlichen Dasein vereint.

Durch die Ausbreitung dieser neuen Orientierung wird man vorhandene politische, wirtschaftliche, ideologische und kulturelle Systeme als einander ergänzend betrachten, sie können sich natürlich weiterentwickeln, während die Zivilisation als Ganze in einer friedlicheren Richtung weiterverläuft. Der sichere Anfang dieses Zeitalters der neuen Spirale wird durch die Errichtung einer Weltbundesregierung oder eines planetarischen Commonwealth signalisiert, das die endgültige Abschaffung der Atomwaffen überwacht, die natürlichen Reichtümer und das Leben in freier Wildbahn erhält sowie die biologische, psychische und spirituelle Gesundheit und das Glück der Menschheit fördert. Das Erscheinen des Polarsterns, des Nordsterns, direkt über uns – etwa im Jahr 2100 – wird den endgültigen Beginn dieser neuen Ära der Menschlichkeit kennzeichnen, den Beginn eines neuen Zyklus des Friedens und der Harmonie. Dann wächst der himmlische Einfluß der Milchstraße, und man kann annehmen, daß diese neue Friedenszeit viele tausend Jahre dauert.

Die Menschheit am Scheideweg

Im Laufe ihrer Entwicklung hat die menschliche Gesellschaft drei Arten von Kulturen erlebt oder wird sie erleben: 1. eine mehr spirituell orientierte Kultur, 2. eine mehr materiell orientierte Kultur und 3. eine ganzheitlichere Kultur, die Geist und Materie vereint. In den letzten fünf- bis sechstausend Jahren überwog eine mehr materialistische Sichtweise. Davor hatte die mehr spirituelle Orientierung das Übergewicht. Im neuen Zeitalter wird die ganzheitliche Schau vorherrschen.

Im verbleibenden Teil dieses Jahrhunderts und zu Beginn des nächsten wird eine Verschiebung von materieller Vorherrschaft und Vertrauen in Macht, Einflußgebiete und autonome Nationalstaaten zu einer intuitiveren und moralischeren Führerschaft und einem Vertrauen in Gleichgewicht, Recht und eine gemeinsame Weltregierung stattfinden. Seit dem späten neunzehnten Jahrhundert können wir tatsächlich erkennen, daß das Prinzip der Einheit wieder an Gewicht gewinnt – zum Beispiel durch die Erkenntnisse der modernen Physik. Materie ist nicht mehr feste Substanz, sondern besteht aus Energiepartikeln, aus Wellen. Ganz allgemein verlieren jene, die die materielle Überlegenheit betonen, ihre Glaubwürdigkeit. Der Verfall wird andauern, während sich soziales und wirtschaftliches Chaos weiter ausbreiten. Überall auf der Welt hat die Volkswirtschaft bereits die ersten ernsthaften Schwierigkeiten. Inzwischen verlieren vertraute kulturelle und religiöse Lehren, die von Institutionen wie Schulen, Kirchen und Tempeln vertreten werden, ihr Ansehen oder ihren Einfluß auf die Menschen, vor allem jene Einrichtungen, die eine ausschließlich jenseitige Sichtweise vertreten und die Wichtigkeit von Körper, Nahrung und materieller Welt herabsetzen. Die ganze heutige Gesellschaft, die sich in eine einseitig materialistische Richtung hin orientiert hat oder in eine einseitig spirituelle, beginnt auseinanderzufallen. Sogar die Naturwissenschaften haben ihre Autorität verloren. Wenn sie sich nicht mit einem ausgewogeneren, intuitiven Verständnis verbinden, werden auch sie untergehen.

Da die Spirale zwischen entgegengesetzten Tendenzen ausgleicht – Macht und geistige Entwicklung –, ist der Punkt, an dem wir jetzt stehen, eine Zeit der Auflösung, doch dies geschieht in einer Periode der geistigen Entwicklung. Zwei künftige Möglichkeiten tun sich vor uns auf. Wie wir gesehen haben, ist der eine Weg, den wir gehen können, der der völligen Zerstörung, des Zusammenbruchs aller Systeme. Diese Zerstörung könnte durch das Feuer geschehen – die Technologie unserer heutigen Zivilisation basiert auf dem Feuer. Energie wird gewonnen, indem man Kohle und Öl verbrennt und nun auch durch das Spalten des Atomkerns, wobei eine unglaubliche Hitze entsteht. Das Zentrum der zentripetalen Spirale ist sehr dicht und aktiv, und während wir uns darauf zubewegen, wird unser Verbrauch an Energie größer und größer. Wenn wir durch falsches Kochen, Energiemißbrauch, Krieg – also durch Feuer – untergehen, müssen wir zur äußeren Umlaufbahn der Spirale zurückkehren, das heißt zu einer primitiven Lebensform, oder es löst uns eine andere Spezies ab.

Wenn wir andrerseits das Zentrum ohne völligen Zusammenbruch passieren, beginnen wir, uns spiralförmig mit Zentrifugalkraft in die andere Richtung zu drehen. An diesem Kreuzungspunkt würden die zwölf Haupttendenzen der historischen Spirale weiterwirken, doch unter einem völlig anderen Aspekt. Viele Veränderungen würden stattfinden. Vor allem würden sich unsere Werte in ihr Gegenteil verkehren. Unsere heutigen Wertsachen würden wertlos werden, denn es sind materielle Werte: Gold und Diamanten, Wagen und Kleidung, Ruhm und Anerkennung. In Zukunft werden jedoch spirituelles und philosophisches Verständnis und geistige Entwicklung wertvoll werden. Die Leute werden den Wert eines Menschen und sein Glück mit ganzheitlicheren Maßstäben messen. Heute beurteilen wir uns hauptsächlich nach materiellen Werten und dem, was wir darstellen. Obwohl das kommende Zeitalter sich an spirituellen Dingen orientieren wird, würde sich die Technik weiterentwickeln und den neuen Maßstäben angepaßt werden. Zum Unterschied zu heute wird die Technik dann der spirituellen Ausrichtung folgen, statt der Gesellschaft ihre Bedürfnisse zu diktieren.

So haben wir also als menschliche Art immer noch die Wahl. Ein künftiges Ende der Menschheit ist nicht unvermeidbar. Auf der einen Seite kann die menschliche Gesellschaft und Kultur gewaltsam enden (siehe Abb. 10), wir könnten ›den Stab fallen lassen‹ und uns von jeder weiteren Evolution ausschließen. Das apokalyptische Ende würde auf einen Widerstand gegen die Ordnung des Universums zurückgehen, eben darauf, daß die Menschen ihre Welt weiter durch Produktionssteigerung, Angst und Unwissenheit zerstören. Andrerseits könnte die sich verengende Spirale friedlich umgekehrt werden (siehe Abb. 11). Um dies zu erreichen, müßte die Gemeinschaft der Menschen, die sich der Harmonie der natürlichen Ordnung nicht widersetzen, wachsen und sich weiter ausbreiten. Durch Zusammenarbeit, Verständnis und Einigkeit würden diese Menschen die Initiative ergreifen, starke Gemeinschaften bilden und eine friedlichere Welt schaffen, weil sie in ihrem eigenen Leben Frieden ausstrahlen.

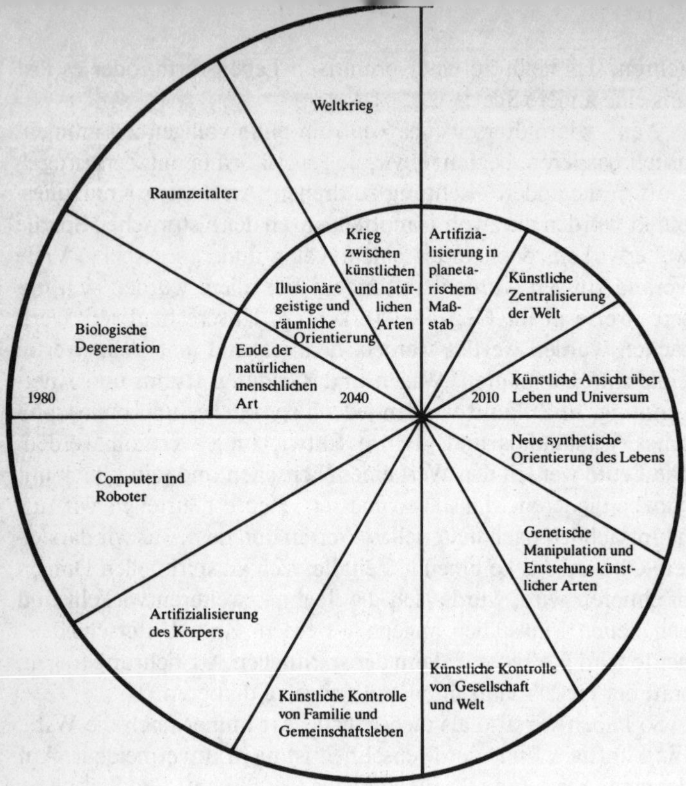

Abb. 10
Zukunftsalternative: Biotechnologie

Die Wurzeln alter Prophezeiungen

Vor Zehntausenden von Jahren war die Welt ein geeintes Ganzes. In den meisten Gegenden auf dem Globus aßen die Menschen makrobiotisch (vor allem Getreide und Gemüse), bauten Tempel und Observatorien, studierten das Prinzip von Yin und Yang (unter verschiedenen Namen) und führten ein im allgemeinen gesundes, friedliches Leben. Nachdem die Atmosphäre und das Energiefeld sich zu verändern begannen, gingen Wissen und

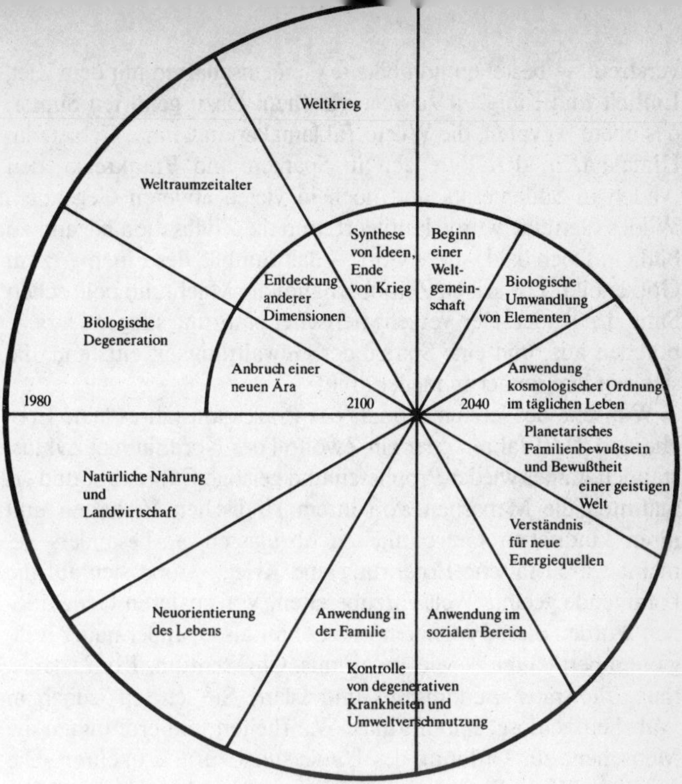

Abb. 11
Zukunftsalternative: Planetarisches Familienbewußtsein

Verständnis der alten Kosmologie und Weisheit unter und blieben Tausende von Jahren nur noch in Bruchstücken erhalten. Als große Erdveränderungen (riesige Überschwemmungen, eine mögliche Erdachsenverschiebung und der Rückzug der Gletscher eingeschlossen) die meisten Spuren dieser Vergangenheit auslöschten, war die Erinnerung an eine geeinte Weltgemeinschaft fast vergessen. Nur in Mythen, Legenden und Steinmonumenten lebte sie noch fort. Ein kleiner Rest von Menschen mit einem ganzheitlichen Verständnis blieb – über die ganze Erde verstreut – bestehen und bildete Gemeinschaften mit dem Ziel, Einheit und Einigkeit zu verwirklichen. Dazu gehörten Sumer, das obere Ägypten, die Wüste Taklamakan in China, Gebiete im Himalaja, in den Pyrenäen in Spanien und Frankreich, den Anden in Südamerika und noch in vielen anderen Gegenden. Wildes Getreide wurde kultiviert, und die Zivilisation begann zu blühen. Doch bald wurde Gott – das Sinnbild des Einen – zum Götzenbild. Zur selben Zeit übernahm die Macht, im politischen Sinn, das Ruder. Der Verzehr tierischer Nahrung stieg an, Kriege brachen aus, und eine Spirale der Gewalttätigkeit entstand, die sich seitdem immer schneller dreht.

Während des letzten Monats des Präzessionsjahres (eine Epoche von 2150 Jahren oder ein Zwölftel des Nordhimmel-Zyklus) standen immer wieder Propheten und geistige Führer auf und ermahnten die Menschen, von ihrem kindischen Verhalten und ihren kindischen Gewohnheiten abzulassen – besonders gemeint waren falsche Ernährung und Krieg – und sich auf die kommende geeinte Welt vorzubereiten. Von späteren Generationen wurden diese Propheten und Lehrer als Gründer neuer Religionen betrachtet – wie Judaismus, Christentum, Konfuzianismus, Taoismus, Buddhismus und Islam. Sie lehrten jedoch in Wahrheit zeitlose, spiralförmige Wahrheiten und ermutigten die Menschen, zur Ordnung des Universums zurückzukehren. Die friedliche Welt, die sie sich vorstellten, war nicht irgendein Himmel im Jenseits, sondern die Rückkehr des verlorenen Paradieses (zum Beispiel die erwartete Wiederkunft Christi bei den frühen Christen), das mit dem Wechsel des Polarsterns beginnen würde und dem Anfang der hellen Hälfte des Umlaufs der nördlichen Himmelsenergie. Obwohl zweitausend Jahre für die Spirale der Geschichte eine relativ kurze Zeitspanne sind, konnten die Menschen nicht mehr dynamisch in Vorstellungen von Yin und Yang denken und die menschliche Entwicklung und Geschichte nicht mehr als lange, wellenförmige Bewegung sehen, die sich von der unendlichen Vergangenheit in die unendliche Zukunft erstreckt. Die Lehren wurden verdunkelt und verwandelten sich in sehr begrenzte Voraussagen für eine kürzere Geschichtsperiode oder eine einzelne Nation und waren keine universellen Prophezeiungen mehr, die einer ganzen Epoche oder der Welt als Ganzer galten. Dogmen entstanden, und für jeden Propheten oder Lehrer wurden große Kirchen erbaut. Die Lehren wurden geheimnisvoll, und keiner konnte sie mehr verstehen. Anbetung ersetzte Verstehen. Die Naturwissenschaften ersetzten die Anbetung. Gleichgültig welche Art von Ideologie vorherrschte, immer gediehen Abgeschlossenheit, Intoleranz und Fanatismus.

Und so ist das Licht im Laufe der letzten zweitausend Jahre, während die Menschheit sich dem Zentrum der Spirale nähert(e), immer schwächer geworden. Für uns, die wir heute leben, ist es wichtig, alle gegensätzlichen Tendenzen dieser Zeit zu erleben, ohne von ihnen beherrscht zu werden. Die Menschen, die jede einzelne Tendenz als Teil eines Ganzen begreifen, werden überdauern. Jene, die alle widersprüchlichen Ideen annehmen und alle gegensätzlichen Vorstellungen als ergänzende Faktoren eines harmonischen Ganzen miteinander verbinden können, werden die Menschheit durch diese Krise führen, den Höhepunkt von Millionen Jahren biologischer Evolution. Männer und Frauen, Jungen und Mädchen, die dieses vereinende Prinzip – *makro bios*, die umfassendste Sichtweise des Lebens – haben, werden unbeschadet das Zentrum der Spirale passieren. Sie werden den Stab oder die Flamme der Gesundheit, des Glücks und des Friedens unzähligen künftigen Generationen bringen und es der menschlichen Spezies ermöglichen zu überdauern. 99 Prozent der Zeit, da es Menschen gibt, haben diese vor allem ganze, unbehandelte Nahrung gegessen. Die Menschen von heute, die essen, trinken und träumen wie ihre Vorfahren, werden unversehrt durchkommen. Sie werden das Fundament für eine friedliche Weltkultur legen, die die nächsten zehntausend Jahre dauern und in einem Goldenen Zeitalter gipfeln wird, das zu den Sternen führt.

8

Ursprung und Ursachen von Kriegen

Ist Kämpfen ein Grundzug der menschlichen Natur? Manche Psychologen glauben, daß der Mensch seinem Wesen nach aggressiv ist und einen ›Killerinstinkt‹ hat. Darum wird es immer Kriege geben. Pazifisten und Mitglieder bestimmter religiöser Gruppen dagegen erklären, daß der Mensch von Natur aus friedlich und Krieg nicht unvermeidlich sei. Zwischen diesen beiden Theorien liegt die Ansicht, daß das einzelne menschliche Wesen im allgemeinen sanft und freundlich ist, aber als Gruppe oder größere soziale Einheit schnell aggressiv wird.

Um den Ursprung und die Grundursachen des Krieges zu verstehen, müssen wir die menschliche Geschichte betrachten. Während des 25 800-Jahre-Zyklus des Frühlingspunkts um die Ekliptik gab es Zeiten des Friedens und der Harmonie und Epochen von Krieg und Unordnung. Wir leben jetzt genau am Ende einer Ära des Krieges und der Unordnung, einer Phase, in der eine direkte Auseinandersetzung weitgehend vermieden wurde, aber Spannung und Feindseligkeit überwogen. Unsere Ansicht über die menschliche Natur wird fast ganz von den Ereignissen bestimmt, die in der zweiten Hälfte der historischen Spirale aufgezeichnet wurden.

Wie wir im letzten Kapitel sahen, erlebte die Menschheit im Präzessionssommer eine Ära des Friedens und des Wohlstands. Die Erde war wärmer, und mehr Strahlung von der Milchstraße kam von oben herein. Während dieses Goldenen Zeitalters wurden die Felder in diesem Garten Eden auf natürliche Weise bestellt und machten wenig Arbeit. Neueste Funde beginnen zu bestätigen, daß dies eine Zeit materiellen Überflusses war und man sich nicht wegen der Knappheit der Nahrungsmittel stritt und bekämpfte, wie früher angenommen wurde.

Ein Anthropologe entdeckte im Mittleren Osten, daß er mit einer kleinen Steinzeitsichel in einer Stunde auf einem Feld mit wildem Weizen ein Kilogramm eßbarer Körner ernten konnte. Daraus errechnete er, daß in prähistorischer Zeit eine Familie mit nur drei Wochen Arbeit bequem genug Korn einbringen konnte, um sich ein ganzes Jahr lang davon zu ernähren. Eine vergleichbare Menge an kultiviertem Getreide herzustellen würde heute ein Vielfaches an Arbeit erfordern.

Auch die Archäologie fängt an, direkte Belege dafür zu finden, daß diese frühe Epoche friedlich war. Eine Untersuchung der Megalithkulturen, auch der Höhlenzeichnungen und Steinwerkzeuge, zeigt, daß es damals keine Kriegswerkzeuge oder organisierte soziale Aggression zwischen verschiedenen Gruppen gab. Auch in den frühesten Kulturen scheinen Kriege unbekannt gewesen zu sein. So stellte man zum Beispiel im vordynastischen Ägypten zwar Schlagkeulen her, doch gibt es keine Hinweise darauf, daß sie auch als Waffen und nicht nur als zeremonielle Geräte verwendet wurden.

Im Nordosten Thailands haben Archäologen kürzlich Zeugnisse einer bronzezeitlichen Kultur gefunden, die viel älter ist als die der Euphrat- und Tigris-Ebene im alten Mesopotamien, wo man bis vor kurzem die Wiege der Menschheit vermutete. Um 3600 v. Chr. lebte das Volk der Ban Chiang, wie man es nennt, in festen Dörfern, baute Reis an, stellte Kleidung aus Seide her und trug Bronzeschmuck. Nach Meinung der Wissenschaftler müssen diese Menschen die Bronzeherstellung aber noch viel früher erlernt haben, denn die Menge von Kupfer und Zinn in ihren Erzeugnissen entspricht genau dem Verhältnis, das die größte Haltbarkeit garantiert. Im Mittleren Osten brauchten die Metallarbeiter dreitausend Jahre, um diese Methode zu vervollkommnen! Im Gegensatz zu späteren Kulturen in Mesopotamien scheint dieses Volk in Thailand völlig friedlich gewesen zu sein und seine fortgeschrittene Technologie nicht zu zerstörerischen

Zwecken verwendet zu haben. Die Analyse von mehr als hundert Skeletten ergab keine Anzeichen für einen gewaltsamen Tod, und keine Kriegswaffen wurden ausgegraben.

Auf der anderen Seite des Globus, im amerikanischen Mittelwesten, kamen kürzlich bei Ausgrabungen in Koster, siebzig Meilen nördlich von St. Louis, die Reste einer prähistorischen amerikanischen Eingeborenensiedlung zum Vorschein, deren Bewohner dort bereits vor 9500 Jahren friedlich existiert hatten. Die Menschen von Koster lebten von wilden, getreideähnlichen Samen, Wasserlotus, Hickorynüssen, Wild, Fisch und anderen wilden Pflanzen und Tieren. Sie besaßen Geräte zur Getreide- und Gemüsebearbeitung, flochten Körbe und machten Lederarbeiten. Um 5000 v. Chr. lebten sie in Holzhäusern und errichteten feste Siedlungen. Bis etwa 800 n. Chr., als sie mit sehr komplexen Mississippi-Kulturen in Kontakt kamen, gibt es keine Anzeichen für feindliche Handlungen oder gewaltsamen Tod. Die Eskimos, die westlichen Schoschonen und andere traditionelle Völker Nordamerikas entwickelten ebenfalls vielschichtige soziale Gemeinschaften, die Jahrhunderte ohne Krieg überdauerten.

Außerdem gab es bei diesen ersten menschlichen Gesellschaften buchstäblich keine ansteckenden und degenerativen Krankheiten, wie sie bei den frühen und heutigen Kulturen vorkommen. »Die Nahrung unserer fernen Vorfahren könnte als Standard der modernen menschlichen Ernährung und als ein Modell zum Schutz vor gewissen ›Zivilisationskrankheiten‹ empfohlen werden«, schlossen medizinische Forscher in einer Untersuchung über die paläolithische Ernährung, die 1985 im *New England Journal of Medicine* (Nr. 312) erschien. Als die Wega weitergezogen war und das Sternbild des Drachen zum Nordstern wurde, begann jedoch der galaktische Energiestrom über uns schwächer zu werden, es kam zu immer mehr Naturkatastrophen, und jene Krankheiten und Konflikte, die für die geschichtliche Zeit charakteristisch sind, setzten ein. Während dieser Epoche, als sich die letzte Eiszeit verstärkte, war die ganze Atmosphäre viel kälter, schwerer und dichter. Die üppige Vegetation des vorangegangenen Goldenen Zeitalters nahm ab, und die traditionelle Nahrung der Menschheit, wildes Getreidegras, wurde durch verhältnismäßig mehr tierische Nahrung, gekochtes Essen und mehr Salz ersetzt, das sowohl zur zunehmenden Vitalität beitrug wie zur Nahrungskonservierung. Hauptsächlich wurde in dieser Zeit Aas gegessen, außerdem gejagt. Großes Wild wie Rentiere, Bisons, Pferde, Faultiere und Mastodons wurden zusätzlich zu nahrhaften Pflanzen verzehrt.

Während der Zeit, in der sich das Eis immer mehr ausbreitete, hatte die Menschheit mit vielen Schwierigkeiten zu kämpfen, denn wegen der Verlagerung der Ebene der Milchstraße im Verhältnis zur Erde wurde die Umgebung rauher und das Bewußtsein naturgemäß schwächer. Nachdem die frühere alte Weltgemeinschaft zusammengebrochen war, begann die Erinnerung an vergangene Prinzipien des Friedens, der Harmonie und des ausgeglichenen Kochens und Essens zu verblassen. Die uns allen bekannte Geschichte von der Schlange, die Adam und Eva dazu verführte, von der bis dahin verbotenen Speise zu essen, kann auf die Ankunft eines Sterns im Sternbild des Drachen als dem neuen Nordstern hinweisen. Primitive Fehden, wie sie die Geschichte von Kain und Abel widerspiegelt, scheinen sich in dieser Zeit entwickelt zu haben.

Theorien über den Krieg

Außer der Theorie von der angeborenen Aggressivität wurden noch verschiedene andere Ideen über die historischen Ursachen von Kriegen entwickelt. Viele Leute, vor allem Soziologen und Vertreter der politischen Wissenschaften, neigen dazu, diese Ursachen unter verschiedenen Gesichtspunkten aufzuschlüsseln. Der erste Grund, sagen sie, ist der Imperialismus. Zweitens sind es wirtschaftliche Gründe wie erdrückende Armut oder großer Rohstoffmangel, die einen Krieg oder einen feindlichen Überfall provozieren, um das Gleichgewicht wiederherzustellen, oder – bei abhängigen Wirtschaftssystemen – die Notwendigkeit von Ausbeutung und Wachstum, um zu überleben. Eine dritte Kategorie von Gründen wurzelt in der Überbevölkerung. Sie zwingt dazu, neue Ressourcen zu erschließen. Als eine vierte Ursache wird allgemein der Militarismus angeführt, der auf die aggressive Mentalität eines Volkes abhebt, und das daraus resultierende Gewinnstreben in jeder Hinsicht. Dieser Punkt ist natürlich eng mit dem Imperialismus verbunden. Die fünfte Kategorie sozialer Ursachen betrifft den Krieg aus religiöser Überzeugung – sei es, um eine bestimmte Lehre zu verbreiten oder fremden Glauben zu unterdrücken.

Diese Erklärungen sind gut und schön, aber wir müssen bedenken, daß sie nur Auswirkungen an der Oberfläche sind, Manifestationen von tieferliegenden Ursachen. Die wahren Kriegsgründe sind viel grundsätzlicherer Art.

In seinem Buch *The Causes of War* (1973) kommt der australische Wirtschaftswissenschaftler Geoffrey Blainey zu dem Schluß, daß alle populären Kriegstheorien – einschließlich der meisten eben erwähnten, wie auch der Theorie vom Ausgleich der Kräfte und den Konstrukten, die Waffenfabrikanten, Diktatoren, Monarchen, Revolutionären oder anderen Interessenverbänden die Schuld geben – »eher Rivalität und Spannung zwischen den Ländern erklären als den Krieg«.

Der biologische Ursprung des Krieges

Es gibt eine viel tiefere Ursache, die unter all diesen oberflächlichen Gründen verborgen liegt und die von den Historikern, Wirtschaftlern, Psychologen, Soziologen, Generälen und Pazifisten fast völlig übersehen wurde. Menschliche Aggressivität und Kriege haben ihren Ursprung in erster Linie im biologischen, biochemischen und psychischen Zustand der betroffenen Völker. In einem Symposium über die Anthropologie von bewaffnetem Konflikt und Aggression kam Margaret Mead der wahren Lösung des Kriegsproblems sehr nahe, als sie meinte, daß soziale Maßnahmen zur Verhinderung moderner Kriege eine ›radikale Änderung der Ernährung‹ mit einschließen müßten.

Krieg ist eine Krankheit, eine soziale Unordnung, und kann nicht getrennt von der physischen, mentalen und geistigen Gesundheit des einzelnen und der Gesellschaft als Ganzer verstanden werden. Frieden dagegen kann mal als Zustand optimalen sozialen Wohlbefindens und Gleichgewichts mit der Umgebung definieren – sowohl des einzelnen wie der Gemeinschaft, Krankheit – eine Disharmonie, die zwischen dem einzelnen und seiner Umgebung entsteht – und Krieg – eine Disharmonie, die zwischen Gesellschaften und der Umgebung entsteht – sind das Erbe des Versagens der Menschheit, sich veränderten Umständen anzupassen. Betrachten wir diesen Prozeß einmal näher, und fangen wir mit dem einzelnen an (siehe Aufstellung 3).

1. *Normale Ausscheidung:* Bei einem gesunden Menschen werden Nahrungsüberschüsse durch normale Körperfunktionen abgebaut. Leber und Nieren zum Beispiel filtern Gifte aus der Nahrung und geben sie durch Wasserlassen, Atmung und Schwitzen nach außen ab. Die Blutqualität bleibt weiter kräftig, eine natürliche Immunität gegen Krankheiten wird gewahrt, das Denken ist klar und geordnet, und der Mensch ist fähig, friedlich auf Veränderungen in seiner Umgebung zu reagieren.

2. *Anomale Ausscheidung:* Solange die Menge, die zuviel gegessen wurde, gering ist oder sich in Grenzen hält, können normale Entleerungsmechanismen wie Wasserlassen, Darmperistaltik, Atmung und Schwitzen die Gifte oder die zu vielen Rückstände, die in den Blutkreislauf gelangen, verarbeiten. Doch wenn die überschüssige Menge an Essen groß ist und man ständig zuviel ißt, kann der Körper sich nicht reibungslos säubern und verschiedene anomale Prozesse setzen ein. Zu vieles Essen führt zum Beispiel häufig zu Erkältungen und Fieber, Husten und Verkühlungen und anderen kleineren Symptomen von Unausgewogenheit. In diesem Stadium beginnt das Denken sich zu trüben, die Reflexe werden langsamer und Emotionen lassen sich weniger leicht beherrschen. Diese Symptome können zu jeder Zeit auftreten, aber oft zeigen sie sich bei einem Wechsel der Jahreszeiten, zum Beispiel bei Frühlingsanfang oder im Frühherbst. Dann ist es besonders wichtig, unsere Nahrung auszubalancieren, unsere Kleidung zu wechseln und die Intensität unserer Aktivitäten den Wetterveränderungen anzupassen.

Aufstellung 3. Progressive Entwicklung von Konflikten

	Normaler Zustand
Einzelperson	Ordentlich Gesund Friedlich
Familie	Vertraut Gesund Liebevoll
Gemeinschaft	Gesund Erfolgreich Ruhig
Umwelt	Sauber Schön Gedeihend
Nation	Gesund Freigebig Harmonisch
Welt	Gesund Friedlich Geeint

Anomaler Zustand	Chronischer Zustand	Degenerativer Zustand
Erkältungen Husten Fieber Unklares Denken Langsame Reflexe Gefühlsausbrüche	Zysten Geschwülste Steine Verhärtung Depression Aggressives Verhalten	Herzkrankheit Schlaganfall Tumore Geisteskrankheit Unfruchtbarkeit Aids
Zank Streit Meinungsverschiedenheit	Vernachlässigung Mißhandlung Trennung	Gewalttätigkeit Scheidung Zerfall
Unruhe Pflichtverletzung Arbeitsversäumnis	Verfall traditioneller Werte Hedonismus	Verbrechen Gewalt Dekadenz Pornographie
Unordentlich Vernachlässigt Mißbraucht	Mißhandelt Verschmutzt Verschwindend	Ausgewaschen Verödet Ausgelöscht
Politischer Protest Wirtschaftliche Stagnation	Empörung Aufstand Depression	Revolution Bürgerkrieg Wirtschaftlicher Zusammenbruch
Überfälle Fehden Sanktionen Embargos	Hungersnot Armut Krieg Kreuzzug	Weltkrieg Epidemien

3. *Chronische Ausscheidung:* Wenn die unausgeglichene Eß- und Lebensweise weiterhin unverändert andauern, werden fortlaufend mehr chronische Symptome entwickelt, einschließlich hohem Blutdruck, Nieren- oder Gallensteinen und Geschwülsten und Zysten. Die Qualität des Blutes (auch seine relativen alkalischen und sauren Eigenschaften, seine Ausgeglichenheit an Nährstoffen und seine elektromagnetische Ladung) beginnt, sich mit der Zeit zu verschlechtern, das Lymphgefäßsystem wird allmählich geschwächt, und die natürliche Infektionsabwehr nimmt immer mehr ab. In diesem Stadium ist der Mensch ernsteren Infektionskrankheiten durch Viren oder Bakterien ausgesetzt. Kranke oder gestreßte Organe und Systeme, auch ein schlechternährtes Gehirn und zentrales Nervensystem, können ebenfalls chronische geistige und psychische Störungen hervorrufen. Eine schlechte Funktion der Leber steht zum Beispiel mit Zornesausbrüchen in Zusammenhang. Nierenprobleme können Angst und Willensschwäche bewirken, eine Störung der Lungen wird mit Depressionen und Traurigkeit in Verbindung gebracht. Durch eine chronisch unausgeglichene Ernährungsweise wird die Art zu denken und sich zu verhalten einerseits starr und aggressiv (zu Yang) oder andrerseits unscharf und passiv (zu Yin). Persönliche oder soziale Gewalttätigkeit sind dann in vielen Fällen die Folge.

4. *Degeneration:* Nach einer Periode der chronischen Unausgewogenheit erfahren Verstand und Körper degenerative Veränderungen, die den gesamten Menschen immer mehr schwächen. So verhärten sich zum Beispiel die Herz- oder Gehirnarterien, die Gelenke und Knochen werden steif, Tumore und bösartige Geschwülste entwickeln sich. Diese Reaktionen auf eine Unausgeglichenheit in der Ernährung und Umgebung stellen die letzten Versuche des Körpers dar, ein Übermaß an Giften zu isolieren, damit der Organismus als Ganzer noch weiterfunktionieren kann, wenn auch in einem geschwächteren Zustand. Doch schließlich kommt es immer häufiger zu Herzattacken oder Schlaganfällen, oder der Krebs bildet überall im Körper Metastasen, und der Mensch stirbt.

Der Prozeß des sozialen Verfalls gleicht dem der Degeneration des einzelnen Menschen. Bei Gesellschaften und Kulturen enden eine geschädigte öffentliche Gesundheit und ein geschwächtes öffentliches Bewußtsein, die durch falsche Ernährung und falsches Umweltverhalten verursacht wurden, in einer Folge von fortschreitend immer ernsteren Störungen.

1. *Normale soziale Ordnung:* Innerhalb der Gesellschaft und zwischen verschiedenen Gesellschaften bestehen harmonische Beziehungen. Es herrschen Gesundheit, Frieden und Wohlstand. Die Länder treiben ohne jede Beschränkung Handel, ein großzügiger kultureller und sozialer Austausch findet statt. Unstimmigkeiten werden im Hinblick auf das Wohl aller und nicht nur im Interesse der einen oder anderen Seite friedlich beigelegt.

2. *Soziale Störungen:* Innerhalb der Gesellschaft entlädt sich anomale Energie in Familienzank, Jugendkriminalität, wirtschaftlicher Stagnation und politischen Unruhen oder drückt sich dadurch aus. Dies kann zwischen den Gesellschaften zu Tarif- und Handelskriegen, Propagandafeldzügen, wirtschaftlichen Sanktionen und Embargos, militärischen Überfällen, Vergeltungsmaßnahmen und anderen, relativ gemäßigten Symptomen sozialer Disharmonie führen.

3. *Soziales Chaos:* Wenn die zugrunde liegende Lebensanschauung, einschließlich der Ernährungsweise und des Umweltverhaltens, unverändert bleibt, beginnt die soziale Struktur zu zerfallen. Auf der Ebene der Familie mißhandeln oder schlagen sich Eltern, Kinder und Verwandte, trennen sich und brechen jede Verbindung zueinander ab. Auf der Ebene der Gemeinschaft verfallen traditionelle moralische und religiöse Werte, die Kriminalität wächst, ein chaotischer Lebensstil nimmt überhand, und Wirtschaftsflauten häufen sich. Innerhalb der Gesellschaft kann dies zu politischen Unruhen, Aufstand oder Bürgerkrieg führen. Auf internationaler Ebene streben die Nationen nach territorialer oder ideologischer Vorherrschaft, und es kommt zu einem Vernichtungskrieg, wie etwa einem Kreuzzug.

4. *Sozialer Verfall und Ende:* Schließlich bricht die Gesellschaft oder Kultur zusammen. Dies kann durch eine Erschöpfung des Bodens, den Niedergang der Familie und die Ausbreitung einer epidemischen Krankheit geschehen oder durch die Invasion einer überlegenen Macht, die sie erobert und ausbeutet.

Die ernährungsbedingten Ursachen des Krieges

Vom biologischen Standpunkt aus kann man den Krieg 1. als eine periodische soziale Ausscheidung von Giften, stagnierender Energie, allgemeiner Angst und Wut und anderen physischen und psychischen Manifestationen einer langen ernährungs- und umweltbedingten Unausgewogenheit betrachten oder 2. als einen Versuch der Gesellschaft, ihr Gleichgewicht mit gewalttätigen Mitteln wiederzuerlangen. Wenn ein Gemeinwesen, eine Kultur oder Zivilisation das Geheimnis, sich mit friedlichen Methoden – etwa durch Selbstbesinnung ihrer Führer oder durch ernsthafte diplomatische Bemühungen – innerlich auszugleichen, vergessen hat, ist Aggression nach außen ein Weg, die Ausgewogenheit wiederherzustellen. Doch solange die zugrundeliegende Lebensanschauung nicht geändert wird, ist die Harmonie, die durch gewaltsames Eingreifen erzielt wird, nur vorübergehend und führt früher oder später zu einem gewöhnlich noch verhängnisvolleren Ausbruch von Feindseligkeiten.

Mit der Gewalt eng verbunden ist die Angst. Wenn eine Einzelperson oder eine Gemeinschaft die Ausgewogenheit nicht friedlich wiederherstellen kann, entsteht Angst. Die Angst nimmt zwei Formen an: 1. Überlebensangst des einzelnen und 2. Angst, daß unsere Art oder unsere Nachkommen ausgelöscht werden könnten. Diese zweite Form ist die elementare Angst, die jeder Mensch hat. Verglichen mit der Angst vor Hunger, Armut, Unterdrückung und eigenem Tod kann die Angst um das Überleben seiner Kinder oder des menschlichen Lebens überhaupt zu Verzweiflung führen. Wenn das Kernproblem – das Schicksal der Menschheit – nicht berührt wird, betrachtet man die Gewalttätigkeit eines einzelnen oder einer Gruppe gewöhnlich als ein Verbrechen. Wenn dieses Kernproblem jedoch berührt wird, greifen alle zu den Waffen, nicht um sich selbst zu verteidigen, sondern um ihre Nachkommen, die ganze Art zu verteidigen. Die Menschen ziehen selten in den Krieg, um ihr eigenes Leben zu retten. Sie ziehen im Namen von religiösen, politischen oder kulturellen Idealen in den Krieg. Bei vielen Menschen bringt der Krieg Eigenschaften wie Nächstenliebe, Selbstaufopferung und Mut zum Vorschein. Moralisch betrachtet, ist er vom Verbrechen sehr verschieden. Doch der hehre Grund, für den die Menschen so selbstlos bereit sind, im Krieg ihr Leben zu opfern, ist meistens nur von begrenzter Bedeutung und eigentlich für die Spezies als Ganze nicht wichtig. Dies ist vor allem heute so. Jeder ist gegen den modernen Krieg, der zwischen Mann und Frau, Eltern und Kindern, Soldaten und Zivilisten keinen Unterschied macht. Doch wir finden uns damit ab, weil wir tief in unserem Innern Angst haben um das Überleben unserer Kinder und unserer Art unter einer anderen Herrschaftsform. Doch im Falle eines Konflikts würden Atomwaffen beide Seiten zerstören, deshalb können wir sie nicht verwenden. Wir haben keine Wahl, wir müssen eine friedliche Alternative finden.

In der Vergangenheit gab es Zeiten des Friedens und der Harmonie, wenn Gesellschaften und Kulturen die natürliche Ordnung beachteten, was die richtige Nahrungsauswahl und -zubereitung einschloß. In den meisten Gegenden der Welt war das Grundnahrungsmittel einer ausgeglichenen Ernährung traditionell ganzes Getreide, wobei die Menge und Art des Getreides und der Nebengerichte in jedem Klima und in jeder Kultur anders war.

Umgekehrt herrschten Zeiten der Angst, des Krieges und der Disharmonie, wenn die zentrale Bedeutung des Ganzkorngetreides abnahm oder wenn Nahrungsmittel aus völlig anderer Umgebung täglich gegessen wurden.

Wenn man Yin und Yang als Maßstab nimmt, um die Wirkungen verschiedener Nahrungsmittel und Nahrungsmittelkombinationen auf die persönliche und soziale Gesundheit in einem gemäßigten Klima zu überprüfen und einzustufen, kann man zusammenfassend folgendes feststellen:

1. Der regelmäßige Verzehr von starker Yang-Nahrung wie Fleisch, Eiern, Geflügel, chemisch behandeltem Salz, Hartkäse und viel Fisch und Meerestieren sowie auch einiger extremer Yin-Nahrungsmittel wie raffiniertem Zucker und Alkohol erzeugt eine aktivere Energie, die häufig ihr Ventil in aggressiven Handlungen oder in einem aggressiven Verhalten findet.
2. Der regelmäßige Konsum starker Yin-Nahrung – wie weißes Mehl, weißer Reis oder anderes behandeltes Getreide, zuviel Obst und Obstsaft, tropische Früchte und Gemüse, Süßigkeiten, Gewürze, Limonaden sowie die meisten Drogen und Medikamente – erschafft eine eher depressive Energie, die als Schwäche betrachtet wird und Aggression herausfordert.
3. Der regelmäßige Konsum von sowohl starker Yang- als auch starker Yin-Nahrung und entsprechenden Getränken hat einen Kreislauf der Unausgeglichenheit zur Folge, bei dem sich Angriffslust und Verschlossenheit, Gewalttätigkeit und Ängstlichkeit abwechseln.

Die Heftigkeit und Häufigkeit von Kriegen unterscheiden sich hauptsächlich entsprechend der Ernährung einer Gemeinschaft, eines Stammes, einer Nation oder Gesellschaft. Bei Naturvölkern und frühen Kulturen, als sehr wenig tierische Nahrung gegessen wurde und die meisten Nahrungsmittel an Ort und Stelle wuchsen, erinnerte ein Krieg eher an ein Abenteuer oder einen Sport und nicht an einen Kampf. Europäische Forscher und Reisende wunderten sich über das Fehlen von Verteidigungs- und Angriffswaffen bei einigen Eingeborenenvölkern der Neuen Welt. Im frühen achtzehnten Jahrhundert schrieb ein spanischer Priester über die Arahuacos von Kolumbien. Mitglieder dieser Kultur lösten ihre Streitereien traditionell, indem sie hinaus in den Wald gingen und mit ihren Knüppeln auf einen großen Baum oder Stein einschlugen. Die Person, deren Stock zuerst zerbrach, wurde als Sieger gefeiert. Dann umarmten sich die beiden Gegner und kehrten als Freunde nach Hause zurück. Auf den pazifischen Inseln und in Australien finden wir ähnliche Verhaltensmuster:

Bei den Melanesiern gibt es eine sehr gemäßigte Form von Krieg zwischen verwandten Stämmen. Es wird nur mit Stöcken gekämpft, als sei es ein Wettkampf. Tote sind selten. Mit traditionellen Feinden führt man eine Art offener Feldschlacht, bei der es zwar Tote gibt, die aber nach genau festgelegten Formen und Regeln abläuft, damit zu große Zerstörungen vermieden werden. Das unterscheidet sie von der schlimmsten Art von Krieg – Angriffe aus dem Hinterhalt oder Überfälle bei Morgengrauen, um ein Dorf dem Erdboden gleichzumachen. Gewisse australische Stämme senden manchmal Expeditionen Hunderte von Meilen aus, angeblich um Heilpflanzen und Minerale wie den roten Ocker zu suchen. Gewöhnlich müssen sie dabei die Gebiete anderer Stämme durchqueren und kehren mit spannenden Geschichten über bestandene Abenteuer zurück – aber ohne die kostbaren Pflanzen und Mineralien. Diese gemäßigte Kriegsform ist eine Gelegenheit, ohne Gefahr für die soziale Geschlossenheit oder den wirtschaftlichen Wohlstand der kämpfenden Parteien die Angriffslust abzureagieren.

Primitive Kriege haben, wie dieser Abschnitt aus *A Study of War* (1965) von Quincy Wright zeigt, viel Ähnlichkeit mit manchen Kampfsportarten. Es ist ein gesellschaftlich anerkannter Weg, überschüssige aktive Energie loszuwerden. In seinem grundlegenden Werk kommt Professor Wright, ein bekannter Fachmann für Internationales Recht, Berater des amerikanischen Verteidigungsministeriums und Sachverständiger beim Nürnberger Prozeß, zu dem Schluß, daß Krieg – vor allem Kriege zwischen Kulturvölkern, bei denen es hauptsächlich um die Vernichtung von Menschenleben geht – etwas Unnatürliches ist. Nachdem er das Auftreten von Aggressionen bei fast sechshundert primitiven Kulturen untersucht hatte, stellte Professor Wright abschließend fest, daß Krieg bei Gesellschaften, die hauptsächlich von tierischer Nahrung leben, häufiger ist als bei solchen, die eine eher vegetarische Lebensweise praktizieren. Außerdem stufte Professor Wright die sechsundzwanzig historischen Kulturen vom Altertum bis zur Neuzeit nach dem Grad ihrer Streitbarkeit ein. Dabei legte er fünfundzwanzig Variablen zugrunde wie allgemeine soziale Eigenschaften, Häufigkeit der Kämpfe, militärische Techniken und militärische Charakteristiken. Wieder fallen nach seiner Aufschlüsselung die vegetarischen und halbvegetarischen Kulturen im allgemeinen in die friedliche Kategorie, während die Kulturen, bei denen beträchtliche Mengen an Fleisch, Geflügel, Fisch und anderer tierischer Nahrung verzehrt wurden, kriegerischer waren (siehe Aufstellung 4).

Aufstellung 4. Zivilisation und Feindseligkeit

Feindselig	Mäßig feindselig	Friedlich
Babylonien	Hethiter	Orthodoxe
Antike	Arabien	Ägypten
Tartaren	Skandinavien	Mesopotamien
Japan	Westliche Länder	China
Andenvölker	Rußland	Mayas
Syrien	Yukatan	Minoer
Iran	Germanien	Irland
Mexiko		Indien
		Hindus
		Nestorianer

Auch für die heutige Zeit trifft das gleiche allgemeine Muster noch zu. Wir können die Weltbevölkerung im wesentlichen einteilen in westliche Länder, die große Mengen tierischer Nahrung essen, und in asiatische, afrikanische und südamerikanische Völker, die hauptsächlich pflanzliche Nahrung verzehren. Wir können feststellen, daß seit dem Ende des fünfzehnten Jahrhunderts zwei Drittel der Kriege in Europa stattgefunden haben. Laut Professor Wright wurden in Europa zwischen 1480 und 1941 2400 große Schlachten geschlagen und nur 359 auf anderen Kontinenten. Was wir also finden, ist ein Europa, ein relativ kleines Gebiet mit einem relativ geringen Anteil an der Gesamterdbevölkerung, das überall auf der restlichen Welt kämpft. Solange wir die biologische und psychische Natur der heutigen Völker

Europas nicht verstehen, besonders die der Germanen und Angelsachsen, können wir die Ursache des Krieges, vor allem in unserer heutigen Zeit, nicht begreifen.

Ernährung, Klima und Krieg

Seit frühester Zeit entwickelten menschliche Kulturen und Zivilisationen eine Ernährungsweise, die auf Getreide und Gemüse basierte, mit kleinen zusätzlichen Mengen an tierischer Nahrung. Dabei gibt es zwei Ausnahmen, und zwar in Gebieten außerhalb der gemäßigten Klimazonen:

1. Die kältere und nördliche halbpolare Region, wo die Wachstumszeit so kurz ist, daß sich dort in den letzten Jahrtausenden eine ausgewogene Eßweise mit viel Fleisch, Fisch und Meerestieren entwickelte, und
2. die tropischen und subtropischen Gebiete. Dort aßen die Menschen vegetarisch mit eher einfach gekochter oder roher Nahrung, mit vielen Früchten und Getränken.

In kälteren und polaren Regionen bestanden etwa 25 bis 30 Prozent der traditionellen Ernährung aus Fisch, Meerestieren, Walroß, Karibu und anderen See- und Landtieren. Dort dienten Kälte und Eis als natürliches Konservierungsmittel und schützten die tierische Nahrung vor dem Verderben. In gemäßigten Zonen und in noch größerem Ausmaß im tropischen Klima wird tierische Nahrung jedoch sehr schnell schlecht, muß rasch verzehrt oder mit Salz, Zucker, Gewürzen oder anderen Zutaten mit konservierenden Eigenschaften gegart werden.

Solange ökologische Eßweisen befolgt wurden, waren Gesellschaften und Kulturen im allgemeinen sehr gesund und lebten in friedlichen Zeiten. Aber während der Jahrtausende, in denen die Menschheit durch die dunkle Hälfte des nördlichen Himmelsenergie-Zyklus reiste, wurden die natürlichen Ernährungsgrenzen zwischen verschiedenen Gebieten immer wieder überschritten, und es entstanden Krankheiten, Ungerechtigkeiten und Krieg. Die Geschichte verzeichnete eine immer schneller wachsende Mißachtung der natürlichen Ernährungsordnung, als die Menschen in gemäßigten Klimazonen, im tropischen Klima oder in Polarregionen – wie auch auf Inseln, in Wüsten und anderen isolierten Lebensräumen – immer mehr Nahrung in falschen Proportionen aßen oder Nahrung, die für eine frühere Epoche oder eine andere Umgebung eher richtig gewesen wäre. Wir können sogar sagen, daß Probleme wie Krankheit und Krieg zum großen Teil entstanden, weil blind an Denk- und Eßgewohnheiten festgehalten wurde, die für eine andere Zeit gepaßt hätten (Jahreszeit, Jahr, Alter oder Epoche) oder zu anderen Umweltbedingungen, aber nicht mit den gegenwärtigen Bedingungen und Bedürfnissen in Einklang standen.

Wenn wir Nahrungsmittel essen, die für einen anderen Lebensraum geeignet sind, wie zum Beispiel Fleisch und Zucker in einem gemäßigten Klima, beginnen wir, die Fähigkeit zur Anpassung an unsere eigene Umwelt zu verlieren. Der Ausbruch einer ansteckenden Krankheit folgte häufig einer Zeit intensiven nationalen Nahrungsaustauschs zwischen verschiedenen Klimazonen. Die Mikroorganismen, die etwa mit Malaria, Pocken, Beulenpest und Masern verbunden sind, stammen fast alle aus tropischen Gegenden und verbreiteten sich in gemäßigten Zonen erst im Zuge des Karawanenhandels und des internationalen Schiffsverkehrs. Der wachsende Anteil an tierischer Nahrung war bei der Verbreitung von Epidemien ebenfalls ein wichtiger Faktor. Nach heutiger Auffassung war die Menge an tierischer Nahrung, die traditionelle Gesellschaften aßen – etwa 10 bis 15 Prozent – klein. Ohne Kühlung verdarben Fleisch, Geflügel, Milch und Milchprodukte schnell, und wenn sie in den Eingeweiden verfaulten, schufen sie eine stagnierende innere Umgebung, in der schädliche Bakterien und Viren gedeihen konnten. Bis zur Einführung von Kühlsystemen brachen sowohl bei primitiven wie zivilisierten Menschen, die kleine Mengen von tierischer Nahrung aßen, häufig ansteckende Krankheiten aus, wenn sie mit fremden Kulturen in Kontakt kamen.

Da starkes Yang starkes Yin anzieht, ist es nicht möglich, regelmäßig Mengen von Fleisch und Milchprodukten zu verzehren, ohne durch Gewürze, Zucker oder Alkohol einen gewissen

Ausgleich zu suchen. In früher historischer Zeit entstand eine magnetische, ernährungsbedingte Anziehungskraft zwischen der gemäßigten nördlichen Hälfte der Welt und der tropischen südlichen Hälfte und beschleunigte und vergrößerte den Kontakt zwischen ihnen. Praktisch gesprochen ist es für unsere Gesundheit oder unser Bewußtsein nicht schädlich, Nahrungsmittel aus einer im Prinzip gleichen Klimazone zu essen, selbst wenn sie Hunderte oder Tausende von Kilometern weit importiert wurden. Aber der Genuß von Nahrung aus einer grundlegend anderen Klimazone, auch wenn sie nur ein paar hundert Kilometer entfernt ist, kann ernsthafte Folgen haben. So hatte historisch gesehen der Ost-West-Handel, bei dem Getreide, Bohnen, Samen, Nüsse, getrocknete Früchte, Meeresgemüse und Salz über weite Entfernungen in gemäßigten Klimazonen ausgetauscht wurden, einen wohltuenden Einfluß auf die menschliche Gesundheit, weil er Abwechslung in den Speisezettel brachte und zur ökologischen Vielgestaltigkeit anregte. Dagegen hatte der Nord-Süd-Handel – bei dem tierische Produkte, harte Getränke und andere Erzeugnisse, die mehr in ein kaltes Klima paßten, sowie Zucker, Gewürze, tropische Früchte, Gemüse und andere Dinge, die eher in ein warmes Klima gehörten, die natürlichen Grenzen ihrer Umwelt überschritten – auf die persönliche Gesundheit und das soziale Leben ungünstige Auswirkungen.

Während die historische Spirale immer enger wurde, wuchsen die Häufigkeit und Schwere der Krankheiten, Kriege und anderer persönlicher und sozialer Störungen logarithmisch. Das dynamische Zusammenspiel von gemäßigten und tropischen Eßweisen – harmonisch in ihrem eigenen Klima, aber disharmonisch im entgegengesetzten Klima – ist eine der geheimen Melodien, nach denen sich die Weltgeschichte bewegt.

Umweltursachen des Krieges

Unsere tägliche Eßweise ist die Hauptmethode, durch die der einzelne und Gesellschaften Harmonie mit der sie umgebenden Welt erzeugen können. Das Schicksal des Menschen wird auch von verschiedenen anderen Umweltfaktoren beeinflußt, zu denen Klima, relative Richtung, Geographie, Jahreszeit und atmosphärische Bedingungen wie auch das soziale Umfeld gehören, in dem die Menschen leben.

1. *Klima:* Menschen in warmen und heißen (über 22 Grad Celsius) Gegenden wie Savannen, Steppen, Tundren, Wüsten, tropischen Regenwäldern und heißen Küstengebieten führen die meisten Kriege. Bevölkerungen in kalten und kälteren Gebieten (mit einer Durchschnittstemperatur unter 22 Grad Celsius), einschließlich der kalten Gebirgsgegenden, der Wälder mit breitblättrigen Bäumen und Nadelbäumen sowie kühlen Küstenstrichen, sind weniger kriegerisch.

2. *Relative Richtung:* Bei Kriegen zwischen Nord und Süd besiegt gewöhnlich der nördliche Gegner den südlichen. Zum Beispiel haben Nomaden aus der Mongolei und der Mandschurei jahrtausendelang wiederholt gedroht, die chinesische Kultur zu überrennen. Um sich zu schützen, errichtete China die Mauer, die 2450 Kilometer lang an der Nordgrenze verläuft, doch die nördlichen Stämme brachen immer wieder durch und besetzten große Gebiete oder kontrollierten sogar den Hauptteil von China. In Europa wanderten inzwischen nördliche Stämme wie die Goten und die Vandalen regelmäßig nach Süden und übernahmen die Herrschaft über weite Gebiete. In Nordamerika besiegte der Norden im Bürgerkrieg den Süden, und die Vereinigten Staaten haben von alters her Südamerika beherrscht.

Bei den Kriegen zwischen Ost und West behielt der östliche Teil gewöhnlich die Oberhand. Sowohl Napoleon wie Hitler siegte regelmäßig im Westen, doch als sie sich nach Osten wandten und gegen Rußland marschierten, wurden sie geschlagen. Aus dem gleichen Grund hatten die Mongolen bei ihrem westwärts gerichteten Einfall in Rußland Erfolg, doch die Invasion in Japan – Richtung Osten – schlug fehl.

3. *Geographie:* Insel- und Küstenlandschaften sind aggressiver als Gemeinschaften auf dem Festland oder im Landesinnern. In manchen Fällen, wie zum Beispiel England und Japan, sind sie

physisch fähig, große Territorien zu beherrschen oder zu kolonisieren. In anderen Fällen, wie zum Beispiel Sri Lanka oder Kuba, können sie ihre Ideologie (Theravada-Buddhismus im einen Fall, Castros Revolution[stheorien] im anderen) verbreiten, obwohl sich das Festland dagegen wehrt.

4. *Jahreszeiten:* Die meisten Kriege beginnen im Frühling oder Sommer oder wurden während dieser Jahreszeiten besonders heftig geführt. Die amerikanische Revolution, der Bürgerkrieg und der spanisch-amerikanische Krieg begannen zum Beispiel im April, der Krieg mit Mexiko begann im Mai, der Krieg von 1812 im Juni, der Beginn des Vietnamkriegs wird gewöhnlich in den August gelegt, als es zum Zwischenfall am Golf von Tongking kam, und der Erste Weltkrieg brach am 1. August aus.

5. *Atmosphäre:* Die traditionelle östliche Philosophie und Wissenschaft kennt einen Neunjahreszyklus atmosphärischer Veränderungen (siehe Aufstellung 5 und Abb. 12). Viele Kriege haben in einem Fünfer-Jahr begonnen, wenn die angesammelte elektromagnetische Energie in der Atmosphäre am größten ist. Dies trifft auf den amerikanischen Bürgerkrieg, den Ersten Weltkrieg, den Zweiten Weltkrieg und den Koreakrieg zu.

Aufstellung 5. Energiezyklus der Atmosphäre

Nr.	9	8	7	6	5	4	3	2	1
	1910	1911	1912	1913	1914	1915	1916	1917	1918
	1919	1920	1921	1922	1923	1924	1925	1926	1927
	1928	1929	1930	1931	1932	1933	1934	1935	1936
	1937	1938	1939	1940	1941	1942	1943	1944	1945
	1946	1947	1948	1949	1950	1951	1952	1953	1954
	1955	1956	1957	1958	1959	1960	1961	1962	1963
	1964	1965	1966	1967	1968	1969	1970	1971	1972
	1973	1974	1975	1976	1977	1978	1979	1980	1981
	1982	1983	1984	1985	1986	1987	1988	1989	1990
	1991	1992	1993	1994	1995	1996	1997	1998	1999
	2000	2001	2002	2003	2004	2005	2006	2007	2008

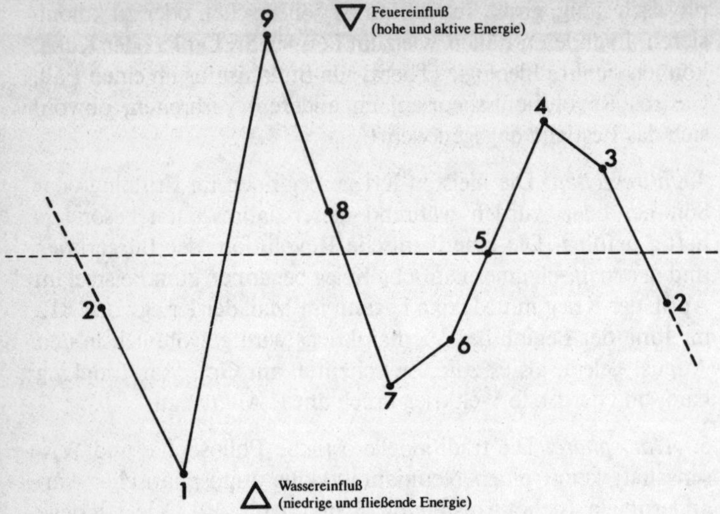

Abb. 12
Neunjahreszyklus der Atmosphäre

Die modernen Naturwissenschaften haben keine einheitliche Theorie, um diese Tatsachen zu erklären, doch Yin und Yang versorgen uns mit einem nützlichen Kompaß. Solange wir das Wechselspiel dieser dynamischen Gegensätze nicht verstehen, können wir den Ursprung und die Entwicklung eines Krieges und warum verschiedene Teile der Welt sich kulturell und sozial verschieden artikulieren nicht begreifen. Im Norden (wo die Menschen mehr Yang sind) drückt sich das Denken horizontaler, materieller, pragmatischer und analytischer aus. Im Süden (wo die Menschen mehr Yin sind) ist es vertikaler, spiritueller, idealistischer und intuitiver. Dadurch sind sehr unterschiedliche Lebensweisen entstanden. Konfuzianismus und Taoismus, die beide aus Nordasien stammen, sind viel praktischer orientiert verglichen mit dem Hinduismus und anderen südlichen Religionen, die sich mehr mit den Lehren über das Leben nach dem Tod beschäftigen.

Ebenso wie die Teilung des Buddhismus in nördliche und südliche Schulen diese natürliche Ausrichtung widerspiegelt, spaltete sich in Europa der römische Katholizismus später in zwei Hälften. Der theoretische, verstandesbetonte Norden wurde protestantisch, während der mehr ästhetische, zeremonielle Süden katholisch blieb.

Aus denselben Gründen teilt sich der Kommunismus in das doktrinärere nördliche, moskauorientierte Lager und in den gelasseneren Süden der asiatischen, afrikanischen und lateinamerikanischen Parteien, die auf China blicken.

In Aufstellung 6 sind die wichtigsten Umweltfaktoren nach Yin und Yang zusammengefaßt. Daraus geht hervor, daß Kriege gewöhnlich häufiger vorkommen, wenn starke Yang-Umwelteinflüsse vorhanden sind, und weniger wahrscheinlich sind, wenn starke Yin-Umweltreize gegeben sind.

Aufstellung 6. Umweltfaktoren und Krieg

	Yin	Yang
Temperatur	Kalt, kühl	Heiß, warm
Klima	Feucht, dunkel	Trocken, sonnig
Richtung	Norden (in der nördlichen Hemisphäre) Westen	Süden (in der südlichen Hemisphäre) Osten
Geographische Lage	Kontinent Landesinnere Ebene	Insel Küste Gebirge
Jahreszeit	Herbst, Winter	Frühling, Sommer
Atmosphäre	Weniger aktiv	Aktiver

Nord gegen Süd und Ost gegen West

Da sich Gegensätze anziehen, haben Menschen, die in einem kalten Klima leben, den natürlichen Drang, in ein wärmeres Gebiet zu ziehen. So haben die Russen von alters her danach getrachtet, ihr Territorium nach Süden hin zu erweitern, auf der Krim, in Afghanistan und in wärmeren Gebieten der Mandschurei. Auch die germanischen Stämme wanderten von den rauheren, wilderen Gebieten des nördlichen Europa in Richtung Mittelmeer. Und Bergvölker ziehen seit alters her immer wieder hinunter in die Ebenen. Dann zerfällt die Gesellschaft, und wieder kommen Bergvölker herunter und beginnen mit dem Neuaufbau. Der Prozeß der Kultur ist wie Wasser, das bergab fließt und dabei ständig verdunstet. Das ist die natürliche Ordnung des Universums.

In einem Wettstreit zwischen Yin- und Yang-Völkern wird die Seite, die mehr Yang ist, gewinnen. Deshalb beherrschen nördliche Länder, wo mehr tierische Nahrung gegessen wird, südliche Länder, die meistens vegetarisch leben. Östliche Länder beherrschen aufgrund der Richtung der Erdumdrehung die westlichen Länder. Inselgesellschaften und Küstenregionen beherrschen Inlandgebiete, da dort mehr Yang gegessen wird, unter anderem Fisch, Seegemüse und salzige Nahrungsmittel.

Natürlich gibt es Ausnahmen von dieser Regel. Zum Beispiel konnte in moderner Zeit der Westen dank der industriellen Revolution den Osten beherrschen. Diese Bewegung ist jedoch gegen die natürliche Ordnung und kann daher nicht sehr lange dauern. Schon nach nur dreihundert Jahren, einer historisch gesehen kurzen Zeitspanne, beginnen der Einfluß und die Vorherrschaft des Westens geringer zu werden, und die Spiritualität und Kultur des Ostens fangen an, im Westen Wurzeln zu schlagen.

Doch der Sieg von Yang über Yin ist immer relativ kurzlebig. Äußerlich erobert Yang Yin, aber Yin triumphiert schließlich über Yang von innen heraus. Dies wird vor allem bei Eroberungen in Nord-Süd-Richtung deutlich, wenn Völker aus kälteren Klimazonen, die Fleisch und andere kräftige tierische Yang-Nahrung essen, in wärmere Klimazonen eindringen, wo eine vegetarische Eßweise vorherrscht. Vom kulturellen Standpunkt aus betrachtet, ist der Süden weiter entwickelt, sobald also der Norden ihn erobert, lernt dieser rasch die höhere südliche Kultur schätzen und paßt sich ihr an. Kulturell, spirituell und verstandesmäßig werden die Menschen dort zu Südländern. Dies passierte den Mongolen in China, den Ariern in Indien, den germanischen Stämmen im südlichen Europa. Das gleiche geschieht jetzt mit Ost und West. Historisch gesehen, war der Westen mehr Yang, aktiver, materieller. Mit seinen Armeen und seiner besseren Technologie eroberte er die ganze Welt. Doch verstandesmäßig und spirituell waren die Menschen dort schwach. Die eroberten Völker – Inder, Chinesen und Afrikaner – waren intellektuell und spirituell stärker. Die Folge davon ist, daß sich der Westen der östlichen und südlichen Kultur unterwirft: indischen Religionen, chinesischer Küche, afrikanischer Musik.

In den Geschichtsbüchern steht, daß dieses Land oder jenes Volk diesen Krieg oder jene Schlacht gewann. Diese Sichtweise berücksichtigt nur den physischen Sieg. Der Krieg endete jedoch nicht mit der Schlacht oder dem Waffenstillstandsvertrag. Der Yin-Krieg ging weiter – noch eine ganze Weile –, denn es ist die Art des Yin, sich auf eher ruhige Weise zu behaupten und ein langes Leben zu haben. Als Rom (nördlich) Israel (südlich) eroberte, wurde es schließlich von innen her durch das Christentum besiegt, das von jenem Land seinen Ausgang nahm. Eine Frieden verkündende Religion (Yin) triumphierte über das größte militärische Weltreich (Yang). Am Anfang scheint also der Sieg von Yang vollkommen zu sein, aber er dauert nur kurze Zeit, während der Sieg von Yin lange braucht, um sich durchzusetzen, doch dann ist er vollkommen. Wenn wir heute von Rom sprechen, denken wir nicht an Cäsar. Wir denken an den Vatikan. Die Hauptstadt des alten römischen Weltreichs ist jetzt die Hauptstadt der auf der ganzen Welt verbreiteten katholischen Christenheit.

Dieses Beispiel zeigt uns, daß es im Krieg keinen Sieg gibt, es sei denn, man gewinnt geistig, spirituell. Jede Partei, die physisch und materiell gewann, verlor intellektuell und spirituell. Das ist die Ordnung des Universums.

Yin und Yang helfen uns auch, die relativ schnellen sozialen Veränderungen in verschiedenen Gesellschaften zu verstehen. In nördlichen Gegenden, wo die natürliche Umgebung sich aktiver ändert, ist der Antrieb zu sozialen Veränderungen größer, während in südlichen, wärmeren Gebieten, wo sich die Umgebung weniger verändert, die Entwicklung viel langsamer fortschreitet. In Europa und China wechselten sich zum Beispiel Dynastien und Königreiche etwa alle drei- oder vierhundert Jahre ab. In Ägypten, Persien und Indien dagegen blieben Dynastien und Königreiche viel länger an der Macht – sieben- oder achthundert Jahre. Außerdem muß man zwischen Yin- und Yang-Dynastien unterscheiden. Yang-Dynastien, die durch Kampf ans Ruder kamen, dauern viel kürzer, die Yin-Dynastien, die sich auf eine Idee stützen, bestehen länger. In der hellenistischen Welt zerfiel das Reich Alexanders des Großen nach seinem Tod innerhalb einer Generation. In China etablierten die Mongolen unter Dschingis-Khan eine Dynastie, die nur drei Generationen überstand. Im Gegensatz dazu überdauerten Yin-Reiche wie die der Weden, Inkas und Maya Jahrhunderte. Selbst heute geht der kulturelle Wertewandel in südlichen Regionen weit langsamer vonstatten als in nördlichen. So ist trotz vieler Reformen das Kastensystem in Indien immer noch sehr mächtig, und in Arabien tragen nach wie vor viele Frauen einen Schleier und verlassen selten ihren häuslichen Bereich, obwohl moderne Technologien und Ideen auch dort an Terrain gewonnen haben. Der Süden ändert sich nur sehr langsam.

Feucht gegen trocken

Die Beziehung zwischen feuchten und trockenen Kulturen ist ein wenig komplizierter. Gewöhnlich bringt eine trockene Umwelt sehr einfache Gesellschaften mit relativ inaktiven Mitgliedern hervor. Die Bewohner feuchter Länder sind im Gegensatz dazu aktiver. England ist ein sehr feuchtes Land – viel Dunst und Nebel – mit sehr aktiven Menschen. Trockene Länder wie Persien oder die arabische Halbinsel werden häufig von feuchten

Ländern erobert und kolonisiert. Doch die feuchten Völker können die trockenen Länder nicht ganz erobern. England und andere westliche Völker beeinflußten die arabischen Völker zwar stark, konnten sie aber nicht völlig kolonisieren. Natürlich spielt auch die Nahrung stets zusätzlich zur Umwelt eine Rolle. In sehr trockenen, unfruchtbaren Regionen, wo die Landbestellung schwierig ist, erscheint ein Nomadenleben angebrachter. Es wird mehr tierische Nahrung gegessen. Daher sind Wüstenbewohner mehr Yang, körperlich kräftiger. Doch wegen der Hitze bewirkt der Verzehr von tierischer Nahrung sehr leicht ein aggressives Verhalten, darum sind heiße Gebiete wie der Mittlere Osten auch Schauplatz so vieler Kriege.

Aktive gegen weniger aktive atmosphärische Energie

Atmosphärische Bedingungen beeinflussen die Entwicklung einer Gesellschaft, einschließlich der Möglichkeit eines Krieges. Auf der südlichen Halbkugel der Welt, im Frühling und Sommer, bei heißem Wetter und während der Jahre 3, 4, 8 und 9 des Zyklus der Atmosphäre (siehe Abb. 12) ist die Luftzirkulation größer und der Impuls, zu erschaffen, zu wachsen, sich zu entwikkeln und auszubreiten, wird vor allem von der zentrifugalen Energie genährt, die durch die Rotation der Erde spiralförmig nach oben steigt. Die Energie an diesen Orten und zu diesen Zeiten wird als in die Höhe steigend und sich ausdehnend erfahren und hat eine stimulierende Wirkung auf den einzelnen und die Gesellschaft. Das kann zu großer intellektueller Kreativität führen. Aber wenn die Lebensweise einschließlich der täglichen Ernährung unausgeglichen ist, kann diese aufsteigende Energie sehr verwirren. Vor allem die Energie von tierischer Nahrung entlädt sich in solchen Zeiten in Gewalttätigkeit, und Kriege brechen eher aus. Heiße und warme Regionen, wo diese Energie vorherrscht, sind sehr schwer zu kontrollieren. Deshalb sind die Menschen in südlichen Gegenden wie Afghanistan oder Mittelamerika viel freier und von Natur aus unabhängiger, und eine zentrale Regierung kann sich nur schwer durchsetzen.

Auf der nördlichen Halbkugel der Erde, in Herbst und Winter und bei kaltem Wetter oder während der Jahre 1, 2, 6 und 7 des Zyklus der Atmosphäre, ist die Luftzirkulation dagegen weniger aktiv, und der Impuls, zu kontrollieren, zu herrschen und Ordnung herzustellen überwiegt, entsprechend dem proportionalen Einfluß der zentripetalen Energie, die von der Sonne, den Planeten, den Sternen und aus dem Universum spiralförmig herabkommt. Diese Energie wird als nach innen gehend empfunden und übt eine eher beruhigende, stabilisierende Wirkung auf Denken und Verhalten des einzelnen und der Gesellschaft aus. Zu solchen Zeiten ist ein Krieg weniger wahrscheinlich.

In den Fünfer-Jahren bewegt sich die atmosphärische Energie zur Mittelposition des Zyklus. Dann ist sie am stärksten. Je nachdem, wie die Energie in dieser Zeit eingesetzt wird, entsteht die starke Tendenz, die ganze Umwelt zu einen oder sie zu zerstören. Außerdem wechselt die Atmosphäre zu diesem Zeitpunkt von Yang nach Yin und schafft den höchsten Grad an Veränderungen und Unruhe in diesem Neunjahreszyklus. Wie ein ›kritischer Tag‹ im Biorhythmus bringt der Übergang von der einen Hälfte des atmosphärischen Zyklus in den anderen die große Gefahr mit sich, daß Unfälle, Krankheiten oder andere Symptome von Unausgeglichenheit auftreten. Das Risiko eines Kriegsausbruchs ist in diesen Jahren, zu denen 1995, 2004 und 2013 gehören, am höchsten. Die nächstgrößte Gefahr eines Krieges besteht in den Einser-Jahren, verursacht durch das weite Ausschlagen der Energie von Yin (9) nach Yang (1). Auch die Neuner-Jahre können explosiv sein, denn sie repräsentieren die ausgedehnteste Phase des Zyklus. Die Neuner-Jahre werden von einer feuerähnlichen Energie beherrscht, die sehr ausdehnend, impulsiv und leidenschaftlich ist. Zu dieser Zeit erhöht sich auf allen Ebenen die Möglichkeit von Konflikten.

Soziale Faktoren

Noch offen ist die Frage, warum Menschen als Einzelpersonen anders denken und sich anders verhalten denn als Angehörige einer Gruppe. Auf der persönlichen Ebene ergibt unsere tägliche Beobachtung, daß die Menschen im großen und ganzen dazu neigen, mit ihren Artgenossen einigermaßen friedlich umzugehen. Doch wenn sie als Teil einer großen Organisation, etwa einer Armee, handeln, verwandeln sie sich plötzlich in Killer. In *Krieg und Frieden* schildert Tolstoi, wie eine völlig andere Ethik und Moral und völlig andere psychische und geistige Wertmaßstäbe plötzlich die Oberhand gewinnen und friedliche Menschen in eine gewalttätige Masse verwandeln. Als Gefangener in seiner Heimatstadt Moskau hat sich Pierre Besuchow mit einem französischen Korporal angefreundet, der ihn bewacht. Eines Tages betritt der französische Soldat die Baracke, in der die Russen gefangengehalten werden, und von draußen hört Pierre das harte Dröhnen der Trommeln. Er erkennt seinen Freund und fragt ihn:

»Korporal, was wird mit dem Kranken geschehen?«

Aber in dem Augenblick, wo er das sagte, stieg ihm ein Zweifel auf, ob das auch wirklich der ihm wohlbekannte Korporal sei oder ein anderer, unbekannter Mensch: So ganz anders als sonst sah der Korporal in diesem Augenblick aus... In dem veränderten Gesicht des Korporals, im Ton seiner Stimme, im aufregenden, betäubenden Rasseln der Trommeln erkannte Pierre jene geheimnisvolle, mitleidlose Macht, die die Menschen zwang, gegen ihren eigenen Willen ihresgleichen zu morden... Sich mit Bitten oder Vorstellungen an die Menschen zu wenden, die dieser Macht als Werkzeug dienten, war nutzlos. Das wußte Pierre jetzt.

In Yin und Yang ausgedrückt, sind Anführer zu der Zeit, da sie das Volk in einen Krieg treiben, meistens sehr Yang. Sie können dies nicht allein auf der physischen, materiellen Ebene tun, sie müssen auch patriotische, religiöse oder andere ideologische Parolen ausgeben, um ihre Gefolgsleute zu begeistern. Im Gegensatz dazu gehören die Gefolgsleute im allgemeinen mehr zum Yin-Typ. Sie werden in den Krieg geführt, angestachelt von der Propaganda der Anführer. Natürlich werden auf der physischen

Ebene Waffen und Geräte gebraucht, doch diese werden von Industrie und Wirtschaft produziert, die einen wesentlichen Bestandteil der Gesellschaft bilden.

Zu den Faktoren, die die Gesellschaft beeinflussen und die wir weiter oben untersucht haben, können wir noch die sozialen Faktoren, wie in Aufstellung 7 genannt, hinzufügen:

Aufstellung 7. Soziale Faktoren

	Yin	Yang
Gruppendynamik	Gefolgschaft	Anführer
Soziale Einheit	Einzelperson	Gruppe
Glaubensstruktur	Ansicht	Ideologie

Die Napoleonischen Kriege: ein Fallbeispiel

Wenden wir einmal das, was wir über die ernährungs- und umweltbedingten Gründe für einen Krieg erfahren haben, praktisch an, und betrachten wir einen realen Kriegsschauplatz etwas näher. Den Geschichtsbüchern zufolge war Napoleons glänzende militärische Begabung oder sein Größenwahn (je nach Sicht des Autors) die Grundursache der Napoleonischen Kriege. Der Hauptgrund für seine Niederlage in Rußland soll das kalte Wetter gewesen sein. Diese Behauptungen stimmen zwar, aber es sind nur oberflächliche Erklärungen, keine wirklichen Ursachen. Um diesen Krieg verstehen zu können, müssen wir tiefer in die biochemische und psychische Natur der betroffenen Völker eintauchen.

Wenn wir ihre Ernährung betrachten, stellen wir fest, daß die Russen, eine Nation von kräftigen, hart arbeitenden Bauern, nach alter Tradition als Hauptgetreide Buchweizen aßen, ergänzt durch Roggen, Hafer und andere robuste pflanzliche Nahrung. Die französischen Soldaten und ihre Verbündeten dagegen waren aus eher städtischer Umgebung eingezogen worden und aßen feineres Brot, mehr Fleisch, mehr Zucker, Gewürze und Früchte und tranken mehr Alkohol. Die moderne Nahrungsmittelverarbeitung wurde sogar unter Napoleon entwickelt, und seine Truppen erhielten als erste Konserven mit gekochtem Rindfleisch, Corned beef, Hammel und Schmorbraten und dazu regelmäßig Rationen von feinem weißem Mehl.

»Als Banner der Befreiung vom alten, faden Kleie- oder Roggenbrot nahmen Napoleons Armeen, wo immer sie in Europa hinzogen, Weißbrot mit«, schreibt Hugh Thomas in *A History of the World* (1979).

Wenn man diese beiden Ernährungsarten vergleicht, ist die russische Methode sehr viel ausgeglichener und kraftvoller. Sie stand außerdem in Einklang mit der heimatlichen Umgebung, den kalten nördlichen Ebenen und Wäldern Rußlands. Dieser Umstand war auch für die überlegene Gesundheit und Urteilskraft der Russen verantwortlich. Außerdem erkrankten die französischen Truppen aufgrund ihrer falschen Ernährung an Typhus, der die Zahl der Soldaten beträchtlich dezimierte. Der hereinbrechende Winter trug zur Verschlechterung von Napoleons Lage bei, aber er war nicht der Grund für seinen Rückzug. Als seine Armee Moskau einnahm, das die Russen Anfang September kampflos aufgegeben hatten, war das Wetter ungewöhnlich mild. Ohne Gegner brach die Disziplin der Franzosen jedoch zusammen, ein zügelloses Leben griff um sich, und da der Nachschub knapp wurde, beschloß Napoleon, seine Kräfte in einem Basislager, mehrere hundert Kilometer entfernt, zu reorganisieren. Auf diesem Rückweg störten immer wieder russische Heckenschützen die französischen Marschkolonnen, die an ihrer Beute schwer zu tragen hatten. Als die Kälte schließlich strenger wurde, verloren die Franzosen jede Moral und der Rückzug verwandelte sich in wilde Flucht. Nur etwa dreitausend Männer von Napoleons ursprünglich 265 000 Mann starker Armee überlebten.

In *Krieg und Frieden* schreibt Tolstoi: »Napoleon ist wie ein Kind, das im Wagen sitzt, sich an der Schlaufe festhält und glaubt, es steuert ihn.« Auf der Suche nach Ursachen, die historischen Ereignissen zugrunde liegen, stellt Tolstoi das menschliche Schicksal als einen Wagen dar, der von zwei sich ergänzenden, gegensätzlichen Kräften angetrieben wird: von Freiheit und Notwendigkeit. »Alles verändert sich und bewegt sich«, schreibt Tolstoi, »und diese Bewegung ist Gott.« Der Held des Romans, Pierre Besuchow, strebt unermüdlich nach dem ›Unendlichen, dem Ewigen und Absoluten‹. Auf ihrem Rückzug aus Moskau nehmen die französischen Truppen russische Gefangene mit, darunter auch Pierre. Ohne das üppige Essen und andere Annehmlichkeiten, die Pierre als Angehöriger einer privilegierten Schicht gewöhnt war, erlebt er eine völlig neue, zen-ähnliche Bewußtheit der Wirklichkeit. Er erkennt, daß er Frieden und Harmonie in den alltäglichen Dingen des Lebens finden kann, auch im Getreide und Gemüse, das die einfachen Russen auf dem Land essen.

Hier und jetzt schätzte Pierre zum ersten Mal in seinem Leben die Freude zu essen, weil er hungrig war, zu trinken, weil er Durst hatte, zu schlafen, weil er müde war, die Wärme, weil ihn fror, mit einem Mitmenschen zu sprechen, weil er Lust auf eine Unterhaltung hatte und eine menschliche Stimme hören wollte. Die Befriedigung der Bedürfnisse – gutes Essen, Sauberkeit, Freiheit – schien für Pierre jetzt, da dies nicht möglich war, das vollkommene Glück zu sein...

Der Geist des russischen Volkes und der Armee, den Tolstoi in seinem Roman preist, ruht auf einem festen biologischen Fundament. Die Russen als Volksganzes gesehen waren physisch, verstandesmäßig und spirituell stärker als die Franzosen.

Abgesehen von dem Einfluß, den Ernährung und Umwelt auf den Ausgang des Krieges hatten, können wir feststellen, daß die Napoleonischen Kriege zum großen Teil aus Gründen begonnen wurden, die mit Ernährung und Verbrauch zusammenhängen. Seit Jahrhunderten war infolge des überhöhten Fleischverzehrs in Europa als Gegengewicht ein starkes Bedürfnis nach Süßigkeiten, Gewürzen und tropischen Nahrungsmitteln entstanden. Den Anstoß, die südliche Hälfte der Welt zu kolonisieren, gab dieses biologische Bedürfnis. 1806 führte Napoleon die Kontinentalsperre ein. Nun durften die europäischen Staaten Zucker, Kaffee und andere Importwaren nur noch vom französischen Kaiserreich und seinen überseeischen Besitzungen beziehen. Um die Durchführung dieser Verordnung zu sichern, verhängte Napoleon über England, Frankreichs größten Rivalen, die Seeblockade. Mit der Blockade hatte der französische Kaiser keinen Erfolg, doch er drohte jedem europäischen Land, das sich ihm widersetzte, mit Vergeltungsmaßnahmen. Sechs Jahre später marschierte Napoleon gegen Rußland, weil Zar Alexander es ablehnte, sich an die Kontinentalsperre zu halten, und Kaffee, Zucker und andere Importwaren aus England bezog.

Interessanterweise war 1806 – das Jahr, in dem der Nahrungsmittelboykott begann – ein Fünfer-Jahr des atmosphärischen Energiezyklus. Wie gezeigt wurde, ist die Wahrscheinlichkeit, daß Feindseligkeiten ausbrechen, dann besonders groß. Abgesehen davon, daß Napoleon, als er in Rußland, also im Norden und Osten, einfiel, gegen die Ordnung des Universums verstieß, machte er auch noch den Fehler, sich mit England anzulegen, einer Inselgesellschaft, die viel mehr Yang war – physisch stark und aktiv – als der ganze Kontinent zusammen. Wie Hitler ein Jahrhundert später konnte Napoleon alle Länder Europas erobern – außer England und Rußland.

Schließlich müssen wir noch Napoleons eigene Gesundheit und eigenes Urteilsvermögen betrachten. Er besaß eine kräftige Konstitution und einen genialen Geist, den er zum Guten oder Bösen der Menschheit hätte einsetzen können. In den ersten vierzig Jahren seines Lebens war seine Intuition stark, seinen eisernen Willen konnte nichts erschüttern. Doch jahrelange nachlässige Ernährung und eine chaotische Lebensweise forderten ihren Tribut. Wenn er allein war, schlang Napoleon gewöhnlich sein Essen in sechs Minuten hinunter, fast ohne zu kauen. In Gesellschaft dehnte er die Mahlzeiten auf zwölf Minuten aus! In Rußland bekam er eine Harnblasenentzündung, und seine Beurteilung der Lage auf dem Schlachtfeld begann unsicher zu werden (eine Harnblasenentzündung ist laut der traditionellen östlichen Philosophie und Medizin mit dem Verlust von Willenskraft und Führungseigenschaften verbunden). Ein westlicher Medizinhistoriker von heute bemerkte dazu: »Napoleon starb mehr als fünf Jahre nach Waterloo, und Waterloo wurde drei Jahre nach dem Rußlandfeldzug verloren. Doch seine eigene verhängnisvolle Niederlage begann und wurde unvermeidlich, als seine eigene Gesundheit und sein eigenes Urteilsvermögen anfingen nachzulassen.« Hätte Napoleon mit seiner Gesundheit nicht Schindluder getrieben, sähe die europäische Landkarte heute vielleicht völlig anders aus.

Wir sehen also, daß man die Geschichte auch auf eine umfassendere Weise betrachten kann. Wenn wir die Ordnung des Universums studieren, erkennen wir, daß die ganze Welt niemals wirklich von einem einzigen Menschen, einer einzigen Religion, Nation oder Lebensweise beherrscht werden kann. Versuchen, die grundlegenden Lebensprozesse – wie Gesundheit, Nahrung, Sexualität, Kleidung und Glauben – zu monopolisieren oder zu diktieren, kann nicht andauernder Erfolg beschieden sein, weil sie gegen die Natur verstoßen. Um die Welt zu einen und jede Kriegsdrohung zu beenden, müssen alle verschiedenen Philosophien und gesellschaftlichen Formationen akzeptiert und respektiert werden. Frieden ist wie gute Gesundheit, von der man ihn nicht trennen kann, das natürliche Geburtsrecht eines jeden Menschen und entsteht ganz natürlich, wenn man einfach ißt und mit seiner Umwelt in Harmonie lebt.

9

Samen und Kultur

Die Wiedergeburt der Kultur

Die alte wissenschaftliche und spirituelle Weltgemeinschaft verfiel mit dem Erscheinen der Wega als neuem Polarstern, der ein Zeitalter der Dunkelheit und des Kampfes einleitete. Vor etwa zehntausend Jahren begannen sich die Gletscher in Europa, Nordamerika und Nordasien zurückzuziehen. In der Übergangszeit, vor der Landwirtschaft, als einfache Wälder die gefrorene Tundra ablösten, wurde noch weiter gejagt. Als die Eisdecke schmolz, konnte gefischt werden. Pfeil und Bogen entwickelten sich bis zur Vollkommenheit, und der Hund wurde gezähmt, um das Wild fangen zu helfen. Die Erde begann erneut, wärmer zu werden, und die Menschen ließen sich wieder nieder, um Getreide anzubauen. Durch gezielten Anbau von Pflanzen wurden Ansiedlungen und städtisches Leben möglich. Die Domestizierung von Tieren begann ebenfalls, Rinder, Schafe, Ziegen und Schweine wurden gehalten, die bei kaltem Wetter und schlechten Ernten als zusätzliche Nahrungsmittelquellen dienten.

In Anatolien und Mesopotamien verwandelte die wärmende Strömung kalte, trockene Steppen in breitblättrige Wälder, und eine vielfältige Flora, darunter Felder mit wildem Getreide und Wildgemüse, begann zu gedeihen. Die Kultivierung von Gerste und Weizen, zusammen mit Linsen, Erbsen, Saubohnen und Futterwicken legte zwischen dem siebten und achten Jahrtausend vor Christus den Grundstein für die Wiedergeburt der Kultur. Während der nächsten zweitausend Jahre lösten der Pflug und die Bewässerung im großen Stil die einfachen Anbau-

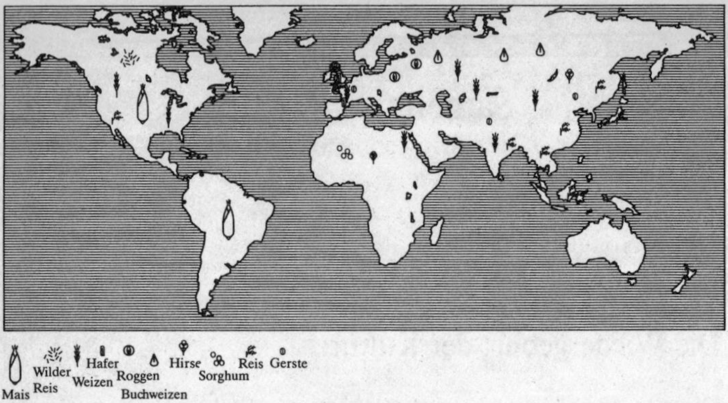

Abb. 13
Getreideanbau auf der Welt

methoden ab, was eine zentrale Verwaltung erforderte. Am Ende des vierten und im dritten Jahrtausend vor Christus blühten Stadtstaaten, das Weben von Textilien begann, Kupfer und andere Metalle wurden verarbeitet, die Töpferei entwickelte sich, zusammen mit dem Backofen, und eine Zählmethode, um Getreidebestände zu erfassen, scheint zur Erfindung des Schreibens geführt zu haben. Die Entwicklung der Schrift von einem einfachen Merksystem bis zur Möglichkeit, komplexe Gedanken und Vorstellungen auszudrücken, kann man mit der Entwicklung der Zahlenprozessoren zu Wortprozessoren in der modernen Computertechnologie vergleichen.

Vom Mittleren Osten breitete sich der Ackerbau nach Norden, nach Europa, aus, und zwischen 6000 und 4000 v. Chr., als er die Britischen Inseln erreichte, entstanden überall in Süd- und Mitteleuropa sehr schnell kleine Bauerngemeinden, die vor allem Weizen und Hülsenfrüchte anbauten. Diese landwirtschaftlichen Ansiedlungen waren vor allem in jenem Lößstreifen zahlreich, der sich vom heutigen Rußland bis nach Frankreich erstreckt. Löß ist ein sehr fruchtbarer Staub, den der Wind Jahrhunderte hindurch an den Ausläufern der früheren Eisdecke ablagerte. In den Alpengebieten und in nördlichen Gegenden wurde noch gejagt, doch im allgemeinen setzte sich die neue landwirtschaftliche Lebensweise durch. Zwischen dem fünften und vierten Jahrtausend erreichte die Megalithkultur – ein architektonisches Beispiel dafür ist Stonehenge – in den Regionen westlich und nördlich der Lößablagerungen einen Höhepunkt. Im nächsten Jahrtausend ließen Fischerei und Seehandel – angeregt durch die milderen Umweltbedingungen und die Kultivierung von Trauben und Oliven, zusammen mit Weizen und Gerste – die minoische und mykenische Kultur entstehen.

Im Fernen Osten, in China, tauchte die Kultur in den fruchtbaren Lößgebieten des Nordens und Nordwestens entlang den Terrassen des Huangho wieder auf, die sich für den Hirse- und Reisanbau eigneten. Die früheste bekannte Hirsekultur ist im sechsten oder siebten Jahrtausend vor unserer Zeitrechnung anzusetzen. Der Reis tauchte etwa tausend Jahre später auf, vor allem in Gebieten Mittel- und Südchinas. Unserem heutigen Wissensstand zufolge begannen sich in Japan ungefähr 3000 v. Chr. Hirse, Buchweizen, Reis, Sojabohnen und andere gezüchtete Pflanzen zu verbreiten, oder sogar noch früher, wie neueste archäologische Funde ergeben haben. In Südostasien entwickelte sich die Reiskultur zusammen mit dem Anbau von Taro, Yamswurzeln, Kürbis, Gurken, Wasserkastanien und anderen Gartengemüsen. In Indien dienten Weizen, Gerste, Reis, Erbsen und Linsen zur Zeit der Induskultur mit ihren Hauptstädten Mohendjo-Daro und Harappa als Grundnahrungsmittel.

In Afrika endeten Epochen wachsender Feuchtigkeit, die mit dem Vorrücken der Gletscher in Europa zusammenhingen, ungefähr vor zehn- bis fünfzehntausend Jahren, und im unteren Niltal entstanden wilde Arten von Weizen und Gerste. Südlich der Sahara, die bis zum dritten Jahrtausend vor Christus bewohnbar war, wurden während der nächsten paar tausend Jahre nach und nach Sorghum, Hirse, Reis, Hülsenfrüchte, Yamswurzeln, Sesam, Wassermelonen und andere Feldfrüchte gezogen. Um 1000 n. Chr. lebten die meisten Afrikaner in festen Bauerngemeinschaften, und zentralregierte Staaten führten Handel mit Europa, dem Mittleren Osten und Südostasien und unterhielten diplomatische Beziehungen mit ihnen.

In Nordamerika weisen ungefähr zwölftausend Jahre alte Mühlsteine auf die große Bedeutung des wilden Getreides und anderer Pflanzen, die auf den Rückzug der Gletscher folgten, als Nahrungsmittel hin. Die Maiskultur begann etwa 7000 v. Chr. in der Gegend zwischen Mexiko und Guatemala. Während der nächsten paar tausend Jahre verbreitete sich der Mais in ganz Mittelamerika und legte den Grundstein für die Kulturen der Olmeken, Zapoteken, Mayas und Azteken. Um 800 bis 900 n. Chr. lebten in Nordamerika – mit Ausnahme der Wüsten, Berge und subarktischen Gebiete, wie auch des Nordwestens am Pazifik, wo Fisch- und Walfang vorherrschte – die meisten Eingeborenenvölker in festen, verhältnismäßig friedlichen Gemeinschaften und bauten Mais, Bohnen, Kürbis und eine große Vielzahl anderer Gemüse und Früchte an.

In Südamerika, wo das Klima milder war, ergänzten die frühen Kulturen ihre Ernährung mit wilden Pflanzen durch Seegemüse und Meeresfrüchte. Landtiere wurden selten gegessen, wie das Fehlen von Jagdwaffen in den Überresten einer prähistorischen Ortschaft an der Küste von Peru beweist. Zwei wilde Getreideformen, Canihua und Quinoa, wurden im Hochland der Anden zu Kulturpflanzen gemacht, wahrscheinlich schon im siebten Jahrtausend vor unserer Zeitrechnung. Der Mais erreichte Peru von Mittelamerika aus mehrere tausend Jahre später und bildete, ergänzt durch Bohnen, Kürbisse, Knollengewächse und andere kultivierte Gemüsesorten, das Fundament für eine Reihe von Kulturen, die im Inkareich gipfelten.

Die Erinnerung an eine frühere Weltkultur war bei all diesen frühhistorischen Gesellschaften noch sehr lebendig und wurde in Form von Mythen, Legenden und Liedern, wie auch in der Architektur, Technik, spirituellen Praxis und im Kunsthandwerk von einer Generation zur nächsten weitergegeben.

Das indogermanische Vordringen

Auf dem europäisch-asiatischen Kontinent wurde die relativ friedliche Entwicklung der frühen landwirtschaftlichen Kultur durch Einwanderungswellen nomadischer Stämme aus den nördlichen und östlichen Steppen und Halbwüstengebieten zerstört. Diese Einfälle begannen im dritten und frühen zweiten Jahrtausend vor Christus, mehrere tausend Jahre, nachdem im Mittleren Osten und Indien Kulturen entstanden und in Europa landwirtschaftliche Gemeinschaften aufgebaut worden waren. Die Herkunft der Indogermanen liegt im dunkeln. Historiker siedeln sie gewöhnlich in den unfruchtbaren Gebieten des russischen Kaukasus und Mittelasiens an. Da dort die Umwelt für den Akkerbau nicht günstig war, führten die Indogermanen ein Hirtenleben und zogen auf der Suche nach neuen Weidegebieten für ihre gemischten Herden aus Pferden, Eseln, Kamelen und Rindern süd- und westwärts. An den Grenzen zu landwirtschaftlich genutzten Regionen führte dies oft zu heftigen Auseinandersetzungen. Mit dem Überschuß an Weidetieren entstand auch die Vorstellung von privatem Eigentum, und Rinder waren die früheste Form von Währung. Im alten Indien zum Beispiel bedeutete das Wort für Krieg soviel wie ›Verlangen nach Kühen‹.

Die Zähmung des Pferdes und die Entwicklung von Fahrzeugen mit Rädern (die schließlich zum Kriegswagen führte) verliehen den Indogermanen militärische Überlegenheit gegenüber den Bewohnern landwirtschaftlicher Gebiete und gaben ihnen die Möglichkeit, ihre Ansprüche auf ausgedehnte Weideflächen durchzusetzen. Obwohl sie den festen landwirtschaftlichen Gemeinschaften, die sie überrannten, rein zahlenmäßig unterlegen waren, wurde ihr Einfluß auf die Weltgeschichte sehr groß. Auf dem indischen Subkontinent entstand durch sie die vedische Kultur, im Mittleren Osten die iranische und hethitische Kultur. In Europa breitete sich die indogermanische Wanderungswelle fächerförmig aus und schuf die keltische, germanische, griechische, römische, slawische und baltische Kultur. Obwohl die semitischen Kulturen im Mittleren Osten, einschließlich der Aramäer, Phönizier und Hebräer, nicht indogermanisch waren, teilten sie das halbnomadische Erbe, die Ernährungsweise und die Weltsicht.

Auf dem indischen Subkontinent kehrte die indogermanische Ernährungsweise – viel robustes Getreide wie Buchweizen, viel

Salz und andere Gewürze, tierische Nahrung wie Rind und Hammel, Milchprodukte, dazu noch andere Nahrungsmittel und Kochmethoden, die zu einem rauhen, trockenen Klima paßten – rasch zu einem Essen zurück, das zu der heißen, feuchten Umgebung paßte. Weizen, Reis und gemäßigteres Getreide bildeten die Hauptnahrung, es wurden verhältnismäßig weniger Salz und weniger Gewürze beim Kochen verwendet, es gab mehr rohe Nahrung und mehr Getränke, und es wurde kaum mehr tierische Nahrung gegessen. Die neue Sanskritkultur gab nach und nach ihre nomadische Lebensweise auf und paßte sich den sanfteren, friedlicheren Eigenschaften der ehemaligen Induskultur und der dravidischen Kultur an, die sie ersetzte.

Aber im Mittleren Osten und in Europa setzte sich eine nomadische indogermanische Ernährungsweise auf die Dauer durch, da die Umgebung weniger extrem war und sich beide Seiten anpaßten. Die Viehzüchter ließen sich vor allem in Ortschaften und Städten nieder, übernahmen einige landwirtschaftliche Methoden und ersetzten das Ausplündern durch Steuern. Die Bauern und Städtebewohner dagegen erhöhten ihren Viehbestand, nahmen mehr gebackene Mehlprodukte und tierische Nahrung in ihren Speiseplan auf und machten sich die besseren militärischen Methoden der Viehbesitzer zunutze, um ihren eigenen Einfluß zu erhöhen und mehr Kontrolle über das Land zu bekommen.

Obwohl die Einwanderungswellen und Überfälle im ersten Jahrtausend vor Christus endeten, ist die Weltgeschichte im allgemeinen die Geschichte der westwärts ziehenden indogermanischen Kultur und ihrer Werte – einschließlich einer Ernährung mit viel bearbeitetem Getreide und Mehlprodukten, Fleisch und Milchprodukten, einem grundlegenden Mißtrauen gegen die Natur, viel Vertrauen in materielle Technologie und einer kriegerischen Moral. Trotz dieser dominierenden historischen Tendenz haben traditionelle landwirtschaftliche Methoden und Werte – einschließlich einer Ernährung mit ganzem Getreide und Gemüse, dem Glauben an die Natur, Vertrauen in eine nichtmaterielle Wirklichkeit, gemeinsamem Besitz und einer im allgemeinen friedlichen Ausrichtung – überlebt und für ein geistiges Gegengewicht zum materiellen Denken gesorgt.

Eine charakteristische Eigenart der indischen, europäischen und mittelöstlichen Ernährungsweise war vor allem die Verwendung von Getreide, um Brot und andere harte gebackene Mehlprodukte aus Gerste und Weizen herzustellen. Das Brot könnte in den nomadischen Kulturen entstanden sein, da diese ein leicht zu transportierendes Hauptnahrungsmittel brauchten. Das Backen war außerdem eine sehr energetisierende Kochmethode und bei den Kriegern der alten Zeit sehr beliebt. In China, Japan und anderen Gegenden des Fernen Ostens wurden damals Hirse, Reis und anderes Getreide hauptsächlich in ihrer ganzen Form gegessen, langsam gekocht in Töpfen mit schwerem Deckel oder einem Stein als Gewicht darauf. Im Osten wurde das Ganzkorngetreide ergänzt durch weiche Mehlprodukte in Form von gekochten Nudeln und in Dampf gegarten Klößen. Physiologisch betrachtet, trägt Getreide, das man in ganzen Körnern ißt, zu einer intuitiven, ganzheitlichen Denkweise bei, während Brot, geschroteter Weizen und andere verarbeitete Mehlprodukte mehr zu einer rationellen, analytischen Orientierung führen. Fernöstliche Zubereitungsmethoden wie Kochen unter Druck, Kochen, Dämpfen und unter ständigem Rühren mit Wasser oder Fett Sautieren bewirken eine zentralere, friedlichere Energie als Backen, Braten, Grillen und andere schwerere, energiereichere Kochverfahren, die der Westen bevorzugt. Zusammen mit dem unterschiedlichen Klima und der anderen Umgebung waren diese verschiedenen Arten, Getreide und andere Nahrungsmittel zuzubereiten, die Hauptursachen für die unterschiedlichen Lebens- und Denkweisen, die sich in alter Zeit in Ost und West entwickelten und sich bis auf den heutigen Tag erhalten haben.

Das Zeitalter der alten Reiche

Ackerbauer und Nomaden waren die Hauptdarsteller auf der Bühne der Weltgeschichte. Angefangen bei den Geschichten von Kain und Abel und Jakob und Esau bis hin zur Gründung Israels und Judäas und der Besiedlung des amerikanischen Westens ist der Konflikt zwischen Landbestellern und Ziegen-, Schafe- oder

Rinderhaltern in Mythologie und Literatur ein dominantes Thema gewesen. Als Reaktion auf einzigartige geographische und klimatische Herausforderungen entstanden beide Lebensformen aus einer natürlichen, vernünftigen Anpassung an die Umgebung. Die Schwierigkeiten begannen, als Himmelszyklen, geologische Bedingungen und das Klima sich weiter veränderten, der Homo sapiens dies aber nicht tat. Seine Art zu handeln und zu denken blieb dieselbe – häufig für Jahrhunderte und in manchen Fällen für Jahrtausende bis zur Gegenwart.

Die Jagd als Lebensweise war eine richtige Reaktion auf das Nahen der Eiszeit. Hirten zu werden und eine Ernährungsweise zu praktizieren, bei der wenig gebackene Mehlprodukte und viel Fleisch und Milchprodukte verzehrt wurden, war ebenfalls eine vernünftige Lösung, da man in den kalten, unfruchtbaren Steppen und Halbwüsten der europäisch-asiatischen Mittelregion leben mußte, wo Ackerbau nicht möglich war. Als jedoch das Eis zurückzuweichen begann und die Umwelt sich veränderte, war die Jagd auf Großwild nicht mehr angebracht. Und als die nomadischen Stämme auf der Suche nach neuen Weidegebieten in wärmere Klimazonen zogen, war Fleisch als Hauptbestandteil der Ernährung nicht länger geeignet.

Vom dritten Jahrtausend vor Christus an wandten sich landwirtschaftliche und städtische Gemeinden immer mehr tropischen und subtropischen Nahrungsmitteln zu, um ihre Ernährung zu ergänzen und Fleisch, Milch- und andere tierische Produkte auszugleichen, die noch lange, nachdem die kalte Zeit vorbei war, gegessen wurden, ja sogar noch verstärkt, als die indogermanischen Wanderungen und Einfälle begannen. Wenn Nomaden und landwirtschaftliche Kulturen zusammenstießen, kam es häufig zu Blutvergießen und Krieg. Die von den Nomaden überrannten Bauerngemeinden aber züchteten immer mehr Vieh und nahmen mehr tierische Produkte in ihre Ernährung auf als für die damalige Zeit normal war, um ihre eigene Aggressivität zu entwickeln und die Eindringlinge zurückzuschlagen.

Als Ergänzung zu Getreide und Gemüse lieferte die tierische Nahrung den frühen menschlichen Zivilisationen kurzfristig die Energie und Kraft, die sie brauchten, um ihre Gebiete auszudehnen und sich materiell und technisch glänzend zu entwickeln. Doch auf die Dauer gesehen verminderte sie die natürliche Immunität gegen Krankheiten und beeinträchtigte Bewußtsein, Vitalität und Urteilsvermögen. Sie schuf das Fundament für Krankheiten, Infektionen, Seuchen, Krieg und soziale Unordnung. Um Fleisch, Eier, salzigen Käse und andere extrem zusammenziehende Nahrungsmittel auszugleichen, entstand ein starkes Verlangen nach Kräutern, Gewürzen, Tee, tropischen Früchten und Gemüsen und anderen extrem ausdehnenden Nahrungsmitteln und Getränken. Während des zweiten Jahrtausends vor unserer Zeitrechnung begannen phönizische Schiffe wie auch Handelskarawanen nach dem Osten Nahrungsmittel in gemäßigte und tropische Klimazonen zu transportieren. Schiffe, Handelsrouten und schließlich auch Kolonien zu beschützen war ein Hauptimpetus, neue Waffen und neue Kriegsmethoden zu entwickeln.

Während dieser Zeit entfalteten sich die großen Reiche von Mesopotamien, Ägypten und die des Mittelmeers zu ihrer höchsten Blüte. Charakteristisch für diese Epoche waren die monumentale Architektur, der Wechsel von der Bronze- zur Eisenverarbeitung und eine starke Zentralisierung der Verwaltung. Wirtschaft und Handel nahmen zu, und ein Strom neuer Nahrungsmittel aus Kleinasien, Nordafrika, Gallien und anderen fernen Länder floß herein. Schließlich begannen Gesundheit und Vitalität der städtischen und ländlichen Bevölkerung abzunehmen, da Ganzkorngetreide, das Fundament dieser Kulturen, bei der täglichen Ernährung eine weniger zentrale Rolle spielte und mehr Mehlprodukte, tierische Nahrung und importierte Luxuslebensmittel gegessen wurden. Als sich die traditionellen Ernährungsweisen änderten, kam es immer häufiger zu Kriegen und privaten Auseinandersetzungen und die Reiche brachen unter dem inneren oder äußeren Druck zusammen.

Anfangs waren die Waffen, ähnlich wie die Ackerbaugeräte, verhältnismäßig primitiv. Ein Kampf glich häufig einer landwirtschaftlichen Kampagne. Gruppen von Bauern, die an gemeinsamen Bewässerungsprojekten arbeiteten, legten Kampfkleidung an und bildeten zusammen mit den domestizierten Tieren und den Transportkarren jene Urformationen des Krieges, aus denen sich später die Infanterie, die Kavallerie und die Kriegswagen entwickeln sollten. Die Verwendung des Eisens seit dem zweiten Jahrtausend vor Christus machte Waffen billiger, und Speere, Schilde und Helme gehörten schon bald zur allgemeinen Ausrüstung.

Seuchen – die ständigen Begleiter von Kriegen – sind häufig die Vorboten sozialen Verfalls. Die ansteckenden Krankheiten, die die Zivilisation heimgesucht haben, waren bei den traditionellen schriftlosen Kulturen praktisch unbekannt, und man nimmt an, daß sie ursprünglich von Tierherden, vor allem domestizierten Rindern, auf die Menschen übertragen wurden. Die Pocken zum Beispiel stammen von den Kuhpocken ab, die Masern von Hundestaupe oder Rinderpest und die Grippe von einer bei Schweinen verbreiteten Virusinfektion. Allein Menschen und Rinder haben fünfzig gemeinsame Krankheiten. Von Ratten, Fliegen, Moskitos und anderen Nagetieren und Insekten verbreitete Krankheiten werden vor allem durch unausgeglichene ökologische Bedingungen verursacht, besonders durch unnatürliche landwirtschaftliche Praktiken wie Monokultur, Rodung und andere Einmischungen des Menschen in seine Umwelt, wodurch sich eine Spezies auf Kosten der anderen vermehren kann. Übervölkerung der Städte und schlechte sanitäre Verhältnisse waren darüber hinaus ein weiterer Nährboden, in dem bösartige Bazillen und Viren gedeihen und leicht übertragen werden konnten.

In Griechenland brach die Pest 429 v. Chr. in Athen aus, als es auf seinem kulturellen Höhepunkt war, und trug zu seiner Demoralisierung und zu seiner Niederwerfung durch Sparta bei. Laut Thukydides begann die Infektion in den Tropen, breitete sich von Äthiopien nach Ägypten, Libyen und Persien aus und erreichte dann erst Griechenland. Der Peloponnesische Krieg zwischen Athen und Sparta wurde hauptsächlich um die Herrschaft über abhängige Gebiete und die Handelswege nach dem Osten und dem subtropischen Rand Nordafrikas geführt. Platons *Staat*, in dem die vollkommene, von Philosophenkönigen regierte Gesellschaft beschrieben wird, war eine Reaktion auf den Verfall der mediterranen Vitalität – die bedeutendste Darstellung einer Reihe von Idealbildern, die vom verschwundenen Goldenen Zeitalter inspiriert und von frühen griechischen und späteren römischen Schriftstellern und Künstlern entwickelt wurden.

Im ersten Jahrhundert nach Christus war die Seidenstraße, die Karawanenroute zwischen China und dem Nahen Osten, angelegt worden, und Schiffswege zwischen dem Roten Meer, der Bucht von Bengalen und dem Südchinesischen Meer verbanden das Mittelmeer mit Indien und Südostasien. Im fünften Jahrhundert wurde Rom, die letzte der frühen Kulturen, durch wiederholtes Auftreten der Malaria geschwächt, die dem zunehmenden Import von Nahrungsmitteln aus abgelegenen Provinzen und fernen Ländern folgte, und mußte sich seinen Feinden ergeben. Ein Medizinhistoriker schreibt dazu: »Die Geschichte des letzten Jahrhunderts römischer Macht ist eine lange Geschichte von Seuchen... Die endgültigen Auswirkungen dieser Invasion [der Malaria] waren wahrscheinlich katastrophaler als die Angriffe der Goten und Vandalen.« Mit dem Zusammenbruch des Römischen Reiches endete um das Jahr 400 die Welt der Antike.

Der Aufstieg des Christentums

Mit einer einfachen Ernährung, die auf Getreide basierte, Heilen durch Handauflegen und anderen spirituellen Praktiken, die vor Seuchen schützen und Hoffnung auf eine friedlichere Gesellschaft bieten, verbreiteten sich die Lehren Jesu in der hellenistischen Welt. Als die römische Kultur verfiel, löste sich auch das Versorgungsnetz auf, das den gesamten Mittelmeerraum mit Weizen und Gerste beliefert hatte, das System der sanitären Einrichtungen brach zusammen, und das Christentum entwickelte sich zur größten geistigen und irdischen Macht. Während des Mittelalters nahm in ganz Europa der Getreideverzehr ab, und in vielen Gegenden wurde konserviertes Fleisch zum Grundnahrungsmittel. Aus Futtermangel schlachteten die Europäer gewöhnlich ihre Schweine und Rinder im Herbst, und Blut zu vergießen – menschliches wie tierisches – gehörte zum Alltag des

Lebens. Die zentrale Verwaltung brach zusammen, die Städte verfielen, das Bewußtsein trübte sich, und so spricht man heute noch von dieser Epoche als dem dunklen Mittelalter.

Trotzdem war die Menge an tierischer Nahrung, die damals verzehrt wurde, im Vergleich zu heute bescheiden. Das englische Wort *meat*, Fleisch, bedeutete zum Beispiel ursprünglich *meal*, Mahl, also Grundnahrungsmittel, Getreide und Gemüse. Am Ende des Mittelalters, fast tausend Jahre später, bezieht sich das Wort *meat* immer noch auf pflanzliche Nahrung, wie nachfolgender Abschnitt aus 1 Mose 1,29 der *King James Bible* verdeutlicht:

Behold, I have given you every herb bearing seed, which is upon the face of all the earth, and every tree, in the which is the fruit of a tree yielding seed; to you is shall be for meat.

»Sehet da, ich habe euch gegeben allerlei Kraut, das sich besamt, auf der ganzen Erde, und allerlei fruchtbare Bäume, die sich besamen, zu eurer Speise.«

Erst in modernen Zeiten erhielt das Wort *meat* die ausschließliche Bedeutung ›tierisches Nahrungsmittel‹.

Im mittelalterlichen Europa wurde viermal im Jahr, etwa zur Fastenzeit vor Ostern, bis zu sechs Wochen hintereinander wenig oder keine tierische Nahrung gegessen. In den Abschnitten, in denen man nicht fastete, kam aber auch nur ein paarmal im Monat Fleisch auf den Tisch, und das in viel kleineren Mengen als heutzutage. Nur der Adel machte da eine Ausnahme. Im allgemeinen waren fast alle Nahrungsmittel, die man zu Beginn dieser Epoche aß, in der näheren Umgebung gewachsen und wurden den Jahreszeiten entsprechend gegessen oder für den Winter mit Hilfe natürlicher Mittel konserviert. Zu essen, was in der Heimat wächst, trug zum Einsetzen der Völkerwanderung und zum Entstehen von Königreichen bei, die für diese Ära charakteristisch sind. Die Ernährungsart, die die Kirche in dieser Zeit befürwortete, bewirkte eine Abnahme der Gewalttätigkeit. Kriegsgesetze, die Frauen, Kinder und Geistlichkeit schützten, wurden befolgt. Religiöse Gemeinschaften und Andachtsstätten wurden als Freistätten respektiert, und die Doktrin vom gerechten Krieg legte fest, wann es moralisch gerechtfertigt war, zu den Waffen zu greifen. Der ehrgeizigste Versuch, die Gewalttätigkeit einzudämmen, war der Gottesfrieden, der in Frankreich im elften Jahrhundert institutionalisiert wurde. Unter dem Gottesfrieden war das Kämpfen zwischen Mittwoch abend und Montag morgen verboten – den Tagen gegen Ende der Woche, um den Sabbat, wenn man häufig nur begrenzte Mengen fleischlicher Nahrung aß. Obwohl der Gottesfrieden nicht immer eingehalten wurde, half er doch, das Blutvergießen einzuschränken. Aus ihm entstand der Königsfrieden, und daraus entwickelte sich der moderne Staat. Der Königsfrieden wies auf eine zentrale Macht hin, die Privatkriege, Fehden und Vendettas in Acht und Bann tun und Frieden und sicheres Geleit durch ein großes Gebiet garantieren konnte.

Die Entwicklung der östlichen Kultur

Wie das frühe Christentum hielt der Buddhismus vegetarische oder halbvegetarische Ernährungsideale hoch, die von der städtischen Bevölkerung zwar nicht immer angenommen wurden, doch wenigstens einen mäßigenden Einfluß auf ihre zu große Eßlust und einen beruhigenden und humanisierenden Einfluß auf das tägliche Leben hatten. Der Grundsatz von *ahimsa*, der Gewaltlosigkeit, wurde von zwei buddhistischen indischen Königen, Asoka (3. Jhd. v. Chr.) und Harsha (6. Jhd. n. Chr.) aus dem Jainismus, einer anderen friedlichen Religion, übernommen und zu einem festen Bestandteil ihrer Herrschaft gemacht. Nachdem beide Monarchen ihre Armeen auf dem Schlachtfeld zu großen Siegen geführt hatten, änderten sie ihre Ernährungsweise, leiteten Ernährungsreformen ein und unternahmen keine Kriegszüge mehr.

Nach einem kurzen Goldenen Zeitalter unter Harsha zerfiel Indien in ein Land kleiner Königreiche und versank in einer Woge von Jenseitsreligionen. In der Zeit dieses politischen Verfalls und der raschen Verbreitung der Erbauungskulte im Mittelalter, ungefähr vom neunten bis zum vierzehnten Jahrhundert, begann man, das Zuckerrohr aus Südostasien einzuführen.

Physiologisch betrachtet, raubt Zucker dem Körper die notwendigen Nährstoffe, schwächt den Verdauungstrakt und löst durch die Ausdehnung des Nervensystems unberechenbare Emotionen aus. Auf der persönlichen Ebene kann der regelmäßige Konsum von Zucker zu unkonzentriertem Denken, Hyperaktivität, ungleichmäßigem Herzschlag, nervösen Spannungen und einer Vielzahl anderer physischer, emotionaler und intellektueller Störungen führen. Auf sozialer Ebene äußern sich diese Symptome häufig als wildes, chaotisches Verhalten, einschließlich ideologischem, politischem und religiösem Fanatismus. Wegen der starken Wirkung des Zuckers versucht das menschliche Verdauungssystem automatisch, ihn durch starke zusammenziehende Nahrungsmittel wie Fleisch oder vorübergehend beruhigende Substanzen wie Milch oder Milchprodukte auszugleichen.

In Indien, wo Fleisch aus gesundheitlichen und religiösen Gründen lange tabu gewesen war, hatten sich die Hindus im Mittelalter offenbar Milchprodukten zugewandt, um den schädlichen Folgen ihres steigenden Zuckerkonsums entgegenzuwirken. Milch, Ghee (geklärte Butter) und Joghurt beruhigen allerdings das Nervensystem, doch zu einem hohen Preis: Milchprodukte führen vor allem im warmen oder tropischen Klima zur Bildung von Fett und Schleim im Körper und tragen so zu einer allgemeinen physischen Stagnation und Gefühlsträgheit bei. Möglicherweise ist diese veränderte Ernährungsweise daran schuld, daß ein schwaches und geteiltes Indien die nächsten tausend Jahre unter Fremdherrschaft blieb und sich immer mehr mit religiösen Lehren beschäftigte, die die Bedeutung der Nahrung, des Körpers, physischer Gesundheit und der materiellen Welt überhaupt leugneten.

In China erlebten die klassischen Kulturen einen vergleichbaren Aufstieg und Fall. Während der ersten historischen Dynastie, der Shang-Dynastie (von 1900–1300 v. Chr.), erreichte die chinesische Kultur einen Höhepunkt. Man nimmt an, daß das

I-Ging, obwohl es erst später aufgezeichnet wurde, das klassische Werk der Inneren Medizin des Gelben Kaisers, und andere klassische Werke aus dieser Zeit stammen. Hirse, Gerste und Reis waren die Grundnahrungsmittel. Während der Erntefeiern und zu anderen besonderen Gelegenheiten wurden sie in zeremoniellen Bronzekesseln zubereitet, deren Schönheit und Kunstfertigkeit nie mehr ihresgleichen fanden. Die nachfolgende Chou-Dynastie (etwa 1300 – 221 v. Chr.) stand auf einem viel niedrigeren kulturellen und künstlerischen Niveau als die Shang-Dynastie, ist aber wegen ihres sozialen und wirtschaftlichen Aufschwungs bemerkenswert. Die Menge an tierischer Nahrung bei den Mahlzeiten, einschließlich Fisch und Wild, nahm in dieser Epoche nach dem Übergang zur Technologie der Eisenzeit auffallend zu und trug zur Entstehung von viel körperliche Kraft und Ausdauer erfordernden Wunderwerken bei, wie zum Beispiel dem Bau der Chinesischen Mauer. Unter großen Opfern an Menschenleben und mit beträchtlichen Anstrengungen wurde das Land geeinigt, und deshalb wird der letzte Teil dieser Zeit als die Epoche der sich bekriegenden Staaten bezeichnet. Gegen Ende der Chou-Dynastie, als Verfall und Unordnung immer weiter fortschritten, erschienen Konfuzius, Laotse, Mencius und andere Philosophen, weckten wieder das Interesse an den vereinenden Prinzipien von Yin und Yang und riefen die Gesellschaft dazu auf, als ersten praktischen Schritt in Richtung Frieden und Harmonie zur einfachen Ernährung mit Getreide und Gemüse zurückzukehren.

Die Han-Dynastie (206 v. Chr. – 220 n. Chr.), das erste der großen chinesischen Reiche, erlebte die Ausweitung von Wirtschaft und Handel. Der Warenstrom floß ungehindert bis ins Römische Reich, nach Indien und Südostasien. Gegen Seide und Gewürze tauschte China Gold und Silber und eine Vielfalt neuer Nahrungsmittel ein, einschließlich Tee, Trauben, Luzernen, Walnüssen, Sesamsamen, Zwiebeln, Kümmel, Granatäpfeln, Koriander und Gurken. Als sich die territorialen Grenzen weiter hinausschoben, wurde brauner Reis, das Grundnahrungsmittel von Südchina, auch im Norden mehr gegessen. Dort röstete man ihn erst und garte ihn dann im Dampf. Auch die Methoden zur Herstellung von Tofu und Nudeln wurden vervollkommnet. Die Einführung dieser neuen pflanzlichen Nahrungsmittel war der Zündfunke für ein künstlerisches und kulturelles Wiedererwachen, das mehrere hundert Jahre andauerte. Im Norden stand jedoch drohend Chinas traditioneller Feind, die nomadischen Hsiung-nu. Die militärische Überlegenheit der Mongolen beruhte vor allem auf größeren, schnelleren und wendigeren Pferden, samt Steigbügeln, Säbeln, die im Nahkampf eingesetzt werden konnten, und Lanzen. Die große Mauer war nicht länger ein Hindernis für sie. Um diesen Hirtenvölkern gewachsen zu sein, aßen die Chinesen mehr Fleisch, vor allem das vom Schwein und anderem domestiziertem Vieh. Obwohl die Grenzen erfolgreich verteidigt werden konnten, begann die Han-Kultur nach dieser Änderung ihrer Eßgewohnheiten von innen her zu zerfallen, und wieder folgte eine Epoche der Konflikte und der Unordnung.

Die nächste große Ära, die T'ang-Dynastie (618 – 907 n. Chr.), ist als ein Goldenes Zeitalter in die Geschichte eingegangen. Ein neues und wirkungsvolles System von Transport- und Verkehrswegen, einschließlich Kanälen, Wasserwegen und Straßen, vereinte ein starkes, zentral regiertes Reich, und Chinas Grenzen schoben sich vor bis in die Mandschurei, nach Tibet, Südostasien und Korea. Während dieser Zeit blühte der Buddhismus, vor allem der Zen-Buddhismus, und als der Verzehr von tierischer Nahrung nachließ, erfreute sich das mittlere Königreich einer noch nie gekannten Zeit des Friedens und der Beständigkeit. Die schönen Künste erreichten einen neuen Höhepunkt. Christen, Juden und Moslems waren willkommen. Und die kühnen, lebensvollen Linien und Formen der T'ang-Kalligraphie, -Landschaftsmalerei, -Dichtkunst, -Bildhauerei und -Töpferei schufen einen neuen Maßstab für Schönheit und Vollkommenheit.

Auch die wissenschaftliche Phantasie setzte unter der T'ang-Herrschaft zu ungeahnten Höhenflügen an. Von der Antike bis zum Beginn der industriellen Revolution wurden fast alle wissenschaftlichen und technischen Entdeckungen und Erfindungen der Menschheit in China gemacht. Von dort aus wanderten sie langsam auf der Seidenstraße durch Zentralasien in den Mittleren Osten und nach Europa. Die Chinesen erfanden den Schubkarren, den Segelwagen, die Wagenmühle, das Geschirr für Zugtiere, die Armbrust, den Drachen, die Technik des Tiefbohrens, den Stahl, die Hängebrücke, Kanalschleusen, die Kardanaufhängung, das Schwungrad zur Garnwicklung, Maschinen für die Seidenindustrie, den Ventilator, die Dreschmaschine, das Kolbengebläse, den Zweimaster, das Steuerruder, den Magnetkompaß und das Porzellan. Wie Joseph Needham in seinem eindrucksvollen Werk *Wissenschaft und Zivilisation in China* (dt. 1987) feststellt, haben nur vier größere technische Erfindungen den anderen Weg, von West nach Ost, gemacht: die Schraube, die Druckpumpe für Flüssigkeiten, die Kurbelwelle und das Uhrwerk.

Verglichen mit Indien, wo das tropische Klima und die vegetarische Ernährung eine vielschichtige Philosophie entstehen ließen, führte in China die kühle, rauhe Umgebung und eine Ernährung mit mehr Getreide und tierischer Nahrung zur Entwicklung einer praktischeren Kultur. Die Samen von Chinas großartigen Leistungen, die in der Entwicklung von Papier, Druck und beweglichen Drucktypen in der T'ang-Zeit gipfelten, sind die Samen der fernöstlichen Kultur selbst: Reis und Hirse. Diese beiden Getreidearten sind die biologisch entwickeltsten Gewächse im Pflanzenreich. Im Gegensatz zu anderen Getreidesorten wie Weizen, Gerste, Mais und Hafer sind die Reis- und Hirsekörner nicht in der Mitte durch eine Kerbe unterteilt. Die Himmels- und Erdenergie, die sie aufnehmen und übermitteln, ist ganzheitlicher und ausgeglichener und trägt zu einer tieferen Intuition und zu einer größeren Einheit zwischen der analytischen linken Gehirnhälfte und der eher integrativen oder synthetisierenden rechten Hirnhälfte bei. Menschen und Gesellschaften, die regelmäßig braunen Reis und/oder Hirse essen, entwickeln sehr praktische Naturen und finden viele phantasievolle Lösungen für das tägliche Leben.

Der wachsende Handel und die besseren Verbindungswege brachten Zuckerrohr, Gewürze und andere Nahrungsmittel tropischen Ursprungs von Indien und Südostasien nach China. Aus der Mongolei und dem Westen kamen Milchprodukte, vor allem Ziegenmilch und vergorene Stutenmilch und vermutlich auch das Polierverfahren für Reis und Weizen, das sich in der späten

T'ang-Zeit in den chinesischen Städten stark verbreiten sollte. Statt des Kochens und Dämpfens wurde das Braten zur beliebtesten Kochmethode, und eine Feinschmeckerphilosophie entwikkelte sich zu dieser Zeit, die praktisch alles als eßbar betrachtete, außer einem Haustier, das mit dem Gesicht nach Norden gestorben war.

Die liberale Offenheit der T'ang-Zeit setzte sich in der Sung-Dynastie (960–1279 n. Chr.) fort. Die sensible Yin-Natur der Sung-Epoche zeigte sich nicht nur in den hochstilisierten und exquisiten Linien ihrer Vasen und anderer berühmter Kunstgegenstände, sondern auch in der wachsenden Beliebtheit von Pralinen, Kuchen und kandierten Früchten. In einem Gebiet der Provinz Szetschuan waren 40 Prozent der Bauern in der Zuckerproduktion beschäftigt. Früchte wurden oft zu den Mahlzeiten gegessen, ebenso Käse. Wie Marco Polo berichtete, war dies eine Zeit, in der sich alles um das Essen in Restaurants und um Festbankette drehte. Doch mitten in diesem weltbürgerlichen Milieu tauchten warnende Stimmen auf. Yang Fang, ein Kommentator des Taoismus, klagte, daß die Söhne und Enkel der Beamten vom Weg abgekommen seien und »kein Gemüse mehr essen wollen. Sie finden Salate und Suppen gewöhnlich, Bohnen, Weizen und Hirse armselig und geschmacklos und bestehen auf dem besten polierten Reis und dem schönsten Braten, um ihre Freßgier zu befriedigen, wobei die Erzeugnisse des Wassers und des Landes und die Produkte menschlicher Kunstfertigkeit in mit Schnitzwerk verzierten Schüsseln und Platten gefällig vor ihnen arrangiert werden.«

Am Ende des dreizehnten Jahrhunderts war die Gesellschaft in China von innen her geschwächt und wurde nach einer Reihe von Seuchen für fremde Eindringlinge eine leichte Beute. Die einfallenden Mongolenarmeen aus dem Norden besetzten große Hirse- und Weizenanbaugebiete und übernahmen dann die Verwaltung des Landes selbst. Als Fußnote zu dem Verfall in dieser Zeit wird berichtet, daß man bei dem ›schlimmen letzten Premierminister‹ der südlichen Sung-Dynastie mehrere hundert Krüge Zucker und achthundert Krüge mit Pfeffer entdeckte, die er gehortet hatte. Wie für Indien endete nun auch für China die

Unabhängigkeit, und außer während einer kurzen Zeit unter der Ming-Dynastie wurde das Land seitdem von fremden Mächten oder Ideologien beherrscht.

Das Erscheinen des Islams

Der Islam – was soviel wie ›sich hingeben‹ bedeutet, Gott oder der Ordnung des Universums – entwickelte sich im siebten Jahrhundert im Mittleren Osten und verbreitete sich rasch in Arabien, Persien und Nordafrika, denn eine Reihe von Seuchen hatte die Küstengebiete des Mittelmeers geschwächt. In Europa faßte der Islam auf Sizilien, Zypern, Malta und in Spanien Fuß und drohte, den ganzen Kontinent zu überrollen. Doch militärische Niederlagen in Nordspanien und in Konstantinopel hielten seinen Vormarsch auf.

Als Reformbewegung nomadischer Wüstenstämme war der Islam in seiner Ausrichtung nicht so vegetarisch oder pazifistisch wie das Christentum und der Buddhismus. Doch sein Prophet Mohammed führte ein sehr einfaches Leben und fungierte als Friedensstifter zwischen sich bekriegenden Stämmen. Der Koran verrät ein tiefes Verständnis für die natürliche Ordnung und betont wiederholt die zentrale Bedeutung des ganzen Getreides, auch für nomadische Gemeinschaften. Doch die ursprünglichen Lehren des Islams wurden wie jene des Christentums rasch zu einer starren Institution, und eine religiöse Hierarchie bildete sich, die die Botschaft des Propheten durch Jihad, den heiligen Krieg, verbreitete.

Die explosionsartige Entwicklung des Islams innerhalb eines Jahrhunderts – von einer unbedeutenden Stammesreligion zu einem universalen Glauben – ist vielen Historikern ein Rätsel geblieben. Bei unserem Verständnis der natürlichen Ordnung und der Spirale der Geschichte sollten wir nach einer größeren Veränderung in der Ernährung oder im Umweltverhalten suchen, die jener gesellschaftlichen Umwälzung voranging. Die Antwort auf den phänomenalen Aufstieg des Islams könnte vielleicht in der Zuckerverarbeitung liegen, die etwa um diese Zeit von Indien und Persien kommend in Arabien eingeführt wurde. »Die Zuckerfabrikation, die in Ägypten der arabischen Eroberung vorangegangen sein mag, verbreitete sich nach jener Eroberung im ganzen Mittelmeerraum«, kann man in einem Bericht lesen. »Der Zucker folgte dem Koran.«

Im Mittleren Osten, wo tierische Nahrung einen großen Teil der Ernährung ausmachte, hatte der Zucker eine andere physiologische Wirkung auf die arabische Nomadenbevölkerung als in Indien, wo der größte Teil der Menschen vegetarisch aß. Bei Fleischessern kann der Zucker (oder andere extreme Yin-Substanzen wie Alkohol oder Drogen) die verhärtete Yang-Energie freisetzen, die sich durch den übermäßigen Genuß von Fleisch, Eiern, Geflügel und Milchprodukten ansammelt (wie auch durch die erbarmungslose trockene Hitze der Wüstensonne) und sich in periodischen Entladungen von Gewalt Luft macht. Bei den Wüstennomaden, die große Mengen Hammel, Lamm, Kamel, Geflügel und Wild aßen, hatte der Zucker genau diese explosive Wirkung – er löste wilde und ziellose Emotionen aus, die durch den Islam in soziale und ideologische Bahnen gelenkt wurden. Infolge fortschrittlicherer Zuckerverarbeitungsmethoden war im Mittleren Osten ein sehr viel feinerer Zucker erhältlich als in Indien. In Arabien wurde eine kristallisierte feste Art von weißem Zucker hergestellt, in Indien gab es nur rohes Zuckerrohr oder einen dunklen karamelartigen Zucker.

Die Kreuzzüge und der Einfall der Mongolen

In England, Frankreich, Deutschland, den Niederlanden und anderswo gab der übermäßige Genuß von tierischer Nahrung, vor allem von Produkten, die lange in Salz konserviert worden waren, den Anstoß zu den Kreuzzügen und jahrhundertelangen Auseinandersetzungen zwischen Christen und Moslems. Europas Verlangen nach süßen, bitteren und scharfen Dingen, mit denen der üppige Verzehr von salzigem Fleisch und sauren Milchprodukten ausgeglichen werden konnte, führte im frühen Mittelalter zur nächsten großen Welle des internationalen Nahrungsmittelaustauschs. Die Seidenstraße und andere alte Handelsrouten in den Osten, die von den Arabern geschlossen worden waren, wurden im elften Jahrhundert wieder geöffnet, und Gewürze, Zucker, tropische Früchte und tropisches Gemüse kamen über Genua, Venedig und andere Mittelmeerhäfen in den Westen. In den eroberten Gebieten von Jerusalem, Akko und Jericho übernahmen die Kreuzritter die Aufsicht über die Zuckerproduktion und besetzten später Zuckerraffinerien auf Sizilien, Zypern und Malta.

Inzwischen hatten sich im Osten die traditionellen Ernährungsweisen grundlegend geändert, als die Mongolen – Nomaden, die viele tierische Produkte aßen – im dreizehnten Jahrhundert China, Rußland und Zentralasien eroberten und westlich bis Polen und Ungarn vorrückten, ehe sie durch Seuchen, interne Rivalitäten und die Annehmlichkeiten der Zivilisation gestoppt wurden. Wie die Indogermanen in einer früheren Epoche brachten die Mongolen neue Ernährungsgewohnheiten in die südlichen und westlichen Ackerbaugebiete mit, vor allem die Verwendung von mehr Milchprodukten und Fleisch.

Die Auswirkungen der Ernährung auf die Kreuzzüge und die Mongoleninvasion waren ungeheuer. Aus tropischen und subtropischen Klimazonen importierter Feinzucker floß nach Europa und hatte anfangs eine so verheerende Wirkung auf das Nervensystem der Bewohner der gemäßigten Klimazone, daß er jahrhundertelang in Apotheken verwahrt und nur zu medizinischen Zwecken verwendet wurde, um gewisse festsitzende (Yang-)Störungen auszugleichen. Die Einführung von Zucker, Gewürzen und anderen tropischen Produkten ins mittelalterliche Europa schwächte zusammen mit der steigenden Produktion von tierischer Nahrung die natürliche Immunität und Widerstandskraft gegen Infektionen. Die Menschen wurden anfällig für Seuchen und plötzlichen Tod. Zur Zeit der Pest, Mitte des vierzehnten Jahrhunderts, starb in Europa etwa ein Drittel der Bevölkerung. Die Pest, der Schwarze Tod, begann in Kaffa, einer Stadt auf der Krim am Schwarzen Meer, am Schnittpunkt des Mongolenvormarschs und der Karawanenroute zwischen Ost und West gelegen. 1346 brach die Seuche in der mongolischen

Armee aus, die die Stadt belagerte. Italienische Händler aus Kaffa schleppten sie nach Genua ein, von wo aus sie sich rasch in Italien, Mitteleuropa, Skandinavien und England verbreitete. Obwohl die Pest von mit Flöhen verseuchten Ratten und durch schlechte sanitäre Verhältnisse übertragen wird, war der Bazillus selbst eher das Agens als die Ursache dieser Geißel.

Hinsichtlich der historischen Spirale ist interessant, daß Zukker und Schießpulver – beides chemisch verfeinerte Produkte – ungefähr zur gleichen Zeit auftauchten. Die ersten primitiven Gewehre erschienen Anfang des vierzehnten Jahrhunderts in Europa. Die Beziehung zwischen Schießpulver und Zünder ähnelt der zwischen Fleisch und Zucker. Die härtere Substanz (Yang) braucht einen weichen Funken (Yin), um zu reagieren. Die explosive Verbindung extremer Nahrungsmittel war mit schuld an der Inquisition, dem Antisemitismus und den Hexenverfolgungen im damaligen Europa. Als geistliche und weltliche Gewalten die eindeutige Trennung von Gott und Welt, Mensch und Natur, Körper und Geist, Gut und Böse durchsetzten, erreichte das dualistische Denken im späten Mittelalter einen Höhepunkt.

Solange Getreide und Gemüse die Hauptnahrungsmittel bildeten, war diese Denkweise, die in religiöser Intoleranz gipfelte, im Orient unbekannt. In China, dem Ursprungsland des Schießpulvers, wurde dieses weiterhin hauptsächlich zu friedlichen Zwekken verwendet. Die Menschen im Westen konnten nicht begreifen, warum die Chinesen aus dieser neuen Technologie keinen militärischen Nutzen zogen. Matteo Ricci, ein jesuitischer Missionar des siebzehnten Jahrhunderts, schrieb, daß »in den monatelangen Neujahrsfeierlichkeiten die Chinesen mehr Salpeter und Schießpulver verschwendeten, als wir in einem Krieg von zwei oder drei Jahren brauchen würden«.

In Europa leitete die Erfindung der Kanone eine neue Epoche der Kriegführung ein. Burgen und Befestigungen, die einer Belagerung jahrelang widerstanden hatten, konnten jetzt in ein paar Stunden zerstört werden. Der Wettstreit um die Entwicklung größerer und besserer Feuerwaffen ersetzte das Duell zwischen wirksameren Lanzen, Schilden und Harnischen.

Die Entdeckung der Neuen Welt

Die globale, sich immer mehr ausdehnende Spirale der Ernährungsunausgeglichenheit weitete sich im fünfzehnten Jahrhundert noch, als Europas Verlangen nach Gewürzen zur Entdekkung der Neuen Welt führte. Jahrhundertelang hatte Europa Asien für seine Waren mit Gold bezahlt. Nach dem Fehlschlagen der Kreuzzüge verlangten die arabischen Mittelsmänner entlang der Überlandhandelsrouten einen wachsenden Anteil an den Gewinnen. Der Transsaharahandel, bei dem Europa mit Afrika Feuerwaffen, Salz und Luxusgüter gegen Gold, Lederarbeiten und Sklaven tauschte, half, die Kosten bis zu einem gewissen Grad zu decken. Doch die Aussicht auf die Eröffnung einer direkten Seeroute nach Asien gefiel den meisten mit Phantasie begabten Herrschern und Abenteurern.

Kolumbus' Vision vom verlorenen Paradies und sein Traum, eine kürzere Seeroute nach dem sagenhaften Osten zu finden, verwirklichten sich in ungeahnter Weise auf dem Kontinent, den er mit Indien und China verwechselte. Der Streitmacht – Forts, Garnisonen und Kriegsschiffen – folgte der Handel. Die frühe Geschichte Südamerikas ist eine Chronik der Unterwerfung der eingeborenen Völker, um Zucker, Alkohol, Gewürze, tropische Früchte und Gemüse zu bekommen, damit Europas ständig steigender Konsum an Fleisch, Geflügel, Milchprodukten und Salz ausgeglichen werden konnte.

Als gesellschaftliche Institution spielte die Sklaverei bei der Zuckerproduktion im Nahen Osten und in Südeuropa eine wichtige Rolle. Das Zuckerrohr, ein arbeitsintensives Gewächs, muß zwanzigmal und öfter vom Pflanzen bis zum Schneiden gegossen werden. Große Mengen mechanischer und menschlicher Arbeit sind notwendig, um das Rohr zu zerkleinern, den Saft auszupressen und den Sirup zu verarbeiten. Nach dem Schwarzen Tod, als Landarbeiter knapp waren, griff man mehr und mehr auf Sklaven zurück. Um ihre Zuckerrohrplantagen zu betreiben, holten sich die Moslems, Kreuzritter, Spanier und Portugiesen Sklaven aus den freundlicheren und friedlicheren Kulturen des Südens. Wegen der fast grenzenlosen Gebiete und der idealen Wachstumsbedingungen erreichte die Zuckerproduktion in der Neuen Welt einen noch nie dagewesenen Höhepunkt. Der moderne Sklavenhandel begann. Auf seiner zweiten Fahrt brachte Kolumbus das Zuckerrohr mit nach Amerika, die erste Zuckerrohrmühle wurde 1508 in Santo Domingo errichtet. In Mexiko baute Cortez hauptsächlich Zuckerrohr an. 1520 begannen die Spanier, Sklaven aus Afrika zu holen, um das Rohr zu ernten. In Brasilien fingen die Portugiesen 1526 an, Zucker nach Lissabon zu verschiffen.

Außer der Sklaverei hatten Zucker und weitere neue Nahrungsmittel noch andere bedeutende demographische Auswirkungen. Vor der Berührung mit der Alten Welt scheint die Neue Welt frei von ansteckenden Krankheiten gewesen zu sein. Aber nach dem Kontakt mit ihr und der Einführung von Zucker, Alkohol und anderen neuen Nahrungsmitteln forderten die in Europa und Afrika verbreiteten Kinderkrankheiten große Opfer. Innerhalb von einhundertfünfzig Jahren reduzierten sie, zusammen mit der Sklaverei, die Eingeborenenbevölkerung Amerikas um 95 Prozent. Der Historiker William McNeil bemerkt dazu in seinem Buch *Plagues and People* (1976): »Natürlich hätten die Spanier in Mexiko nicht gesiegt, wenn die Pocken nicht gewesen wären. Dasselbe gilt für Pizarros Seeräuber in Peru. Denn die Pockenepidemie in Mexiko beschränkte ihre Verwüstungen nicht auf das Land der Azteken, sondern breitete sich bis Guatemala aus, wo sie 1520 auftrat, und zog weiter nach Süden, wo sie 1525 oder 1526 das Gebiet der Inkas erreichte.« Ein Hauptfaktor, warum sich Epidemien in der Neuen Welt so verbreiteten, war die, wenn auch geringe, zusätzliche tierische Nahrung, die die eingeborenen Völker aßen, denn wie wir gesehen haben, verdirbt diese schnell und wird dann zu Brutstätten für Krankheitserreger. Der Grund, warum die Indios keinen Alkohol vertrugen – ein traditioneller europäischer Ausgleich für schwere tierische Nahrung –, lag darin, daß sie viel weniger Fleisch, Eier, Fisch und andere tierische Produkte aßen.

Im sechzehnten Jahrhundert begann die moderne Zeit der territorialen Expansion und Machtentfaltung. Der Reihe nach wetteiferten die Portugiesen, Spanier, Holländer, Deutschen und

Engländer um die Herrschaft über die Zucker- und Gewürzinseln und übertrugen die Kolonialstruktur der Neuen Welt auf andere Kontinente. Zahllose Kriege wurden geführt, um die Versorgung mit Gewürznelken von den Molukken, mit Muskatnuß von Celebes, mit Zimt von Ceylon, mit Pfeffer aus Malabar und Ingwer aus China zu kontrollieren. Durch jede Eroberung kamen neue tropische Produkte in die gemäßigten Klimazonen. Außer Gewürzen wurden Schokolade, Kaffee, Tee, Tomaten und Kartoffeln, Zitrusfrüchte und andere neue Nahrungs- und Genußmittel nach Europa und Nordamerika gebracht. Und wieder entwickelten sich neue tödliche Krankheiten, als die Prinzipien der Umweltharmonie mißachtet wurden. Die Syphilis tauchte zum ersten Mal auf und verbreitete sich rasch weltweit.

Auf der ideologischen Ebene wurden die Kriege dieser Epoche zwischen konkurrierenden protestantischen und katholischen Lehrmeinungen ausgetragen, und der Kolonisierung fremder Länder ging eine intensive missionarische Tätigkeit voraus. Doch in der Renaissance verlor das Christentum als Ganzes seine Herrschaft über das westliche Bewußtsein. Neue humanistische Ideen, Gewissensfreiheit und die Freiheit zu forschen, ein wissenschaftlicher Geist wurden wach. Krankheiten, Seuchen und Kriege, die ständig zunahmen und gewöhnlich das religiöse Bewußtsein stärken, bewirkten außerdem, daß der Einfluß der Kirche untergraben wurde, denn die Plagen schienen die Gerechten wie die Ungerechten zu treffen. Das Mittelalter endete im frühen siebzehnten Jahrhundert mit dem internationalen Zusammenbruch der lokalen und regionalen Agrarwirtschaftssysteme, und Ernährungsmethoden, die seit Tausenden von Jahren existiert hatten, gab es nicht mehr.

10

Das moderne Zeitalter

Leonardo da Vinci und die Entwicklung der Renaissance

Renaissance bedeutet ›Wiedergeburt‹. Das Wort wurde zum ersten Mal von Vasari in *Künstler der Renaissance* verwendet, um die großartige Erneuerung der Kunst und Gelehrsamkeit im Florenz des vierzehnten und fünfzehnten Jahrhunderts zu beschreiben. Seit dem Goldenen Zeitalter von Athen im fünften Jahrhundert vor Christus hat keine Kultur einer einzigen Stadt mehr einen solchen Eindruck auf die westliche Phantasie gemacht.

Der Geist der Renaissance war dem Chinas sehr nahe verwandt. In ihrer Anschauung erkannten beide Kulturen den Vorrang von Himmel und Erde an, waren jedoch im wesentlichen auf den Menschen ausgerichtet. In Fragen der Ethik betonten beide die Bedeutung des täglichen Lebens und des praktischen Verstandes und verließen sich bei der Ernährung auf die klassischen Methoden. In der Wissenschaft maßen beide Kulturen der direkten Beobachtung und dem technischen Erfindergeist große Bedeutung bei. In der Kunst taten sich beide besonders in der Porträt- und Landschaftsmalerei hervor. Flora und Fauna wurden möglichst naturgetreu dargestellt, und man bemühte sich um Genauigkeit in den Details und Unmittelbarkeit der Wirkung. In der Literatur verdrängten irdische Paradiese wie Mores *Utopia*, Bacons *Nova Atlantis* und Campanellas *Sonnenstaat* die Suche nach dem heiligen Gral und dem himmlischen Jerusalem.

Als die Mongolen im späten Mittelalter China überrannten und die ruhmreiche Sung-Dynastie erlosch, hörte die Übermittlung von Technologien aus dem Osten auf. Doch in Italien hielt der wissenschaftliche Fortschritt weiter an, als mehrere Generationen hervorragender Denker, mit Leonardo da Vinci an der Spitze, das Räderwerk der modernen Welt in Bewegung setzten. Außer den Entwürfen für bemannte Fluggeräte, Unterseeboote, Tanks, Schrapnells und andere moderne Kriegsgeräte skizzierte Leonardo zwanzig der zweiundzwanzig wichtigsten Bestandteile der modernen Maschinen, einschließlich Hebel, Nocke, Rolle und Schwungrad.

Leonardos Neuerungen in der Malerei standen seinen Beiträgen zur Mechanik in nichts nach und verrieten wie letztere einen seltsamen östlichen Einfluß. Roy McMullen, ein moderner Kunstkritiker, bemerkt dazu in seinem Buch *Mona Lisa. The Picture and the Myth* (1975):

»Obwohl Leonardo ganz sicher niemals eine Malerei aus der Sung- oder Ming-Periode gesehen hatte, veranlaßte ihn sein irgendwie chinesisches Gefühl für ferne Berge, für Landschaft, ob real oder symbolisch, und für die Weite der Welt, bei der Mona Lisa die konvergierenden Linien aufzugeben und eine auffallend chinesische Kombination von Luftperspektive mit wechselnden Standpunkten und parallelen Szenerien zu verwenden. Sein Sfumato kann man mit der Tönungstechnik der chinesischen Tuschemalerei vergleichen, seine Vorstellung von Wandflecken erinnert an Zen-Kleckse, und seine Idee vom Mikrokosmos und Makrokosmos stimmt, obwohl durch und durch westlich, mit einem Teil der chinesischen Anschauungen genau überein.«

Nach den in östlicher Richtung unternommenen Kreuzzügen und dem Vorrücken der Mongolen nach Westen kontrollierten die italienischen Stadtstaaten im fünfzehnten Jahrhundert den westlichen Endpunkt der Handelsrouten nach dem Osten. Venezianische und genuesische Schiffe beherrschten das Mittelmeer und brachten ihre sagenhaften Ladungen an Seide, Gewürzen, Baumwolle und Arzneimitteln zu ihren endgültigen Bestimmungsorten in England, Flandern und den deutschen Ländern. Im Mittelpunkt dieses Handelsnetzes lag Florenz, das Bankenzentrum Europas in der Renaissance. Die Medici, Florenz' erste Familie, webten ein so feines Geflecht von Verbindungen (im

Hundertjährigen Krieg finanzierten sie zum Beispiel beide Seiten), daß sie den Seidenwürmern zu gleichen schienen, die am anderen Ende der Seidenstraße ihre Kokons spannen.

Kolumbus' Entdeckung von Amerika, Vasco da Gamas Reise um Afrika und die Expeditionen Amerigo Vespuccis an der Wende zum sechzehnten Jahrhundert kennzeichneten das Ende der alten Überlandkarawanen und des italienischen Handelssystems. Die Wirtschaft der Renaissance, die auf Asiens Reichtum aufgebaut war, brach zusammen, und die wirtschaftlichen Machtzentren verschoben sich nach Spanien, Portugal, Frankreich und England. Seide traf von nun an mit Fregatten aus China ein, die um Afrika herumsegelten.

Chinesische Stoffe und Düfte bildeten die Blütenblätter der Renaissance-Blume, doch um ihre Wurzeln zu erkennen, müssen wir ihren Boden betrachten, wie bei einer echten Pflanze. Die Samen des ganzen Glanzes sind die Samen der fernöstlichen Kultur selbst: brauner Reis und Hirse. Zu Leonardos Zeit kamen diese beiden Getreidearten, die die chinesische Kultur jahrtausendelang ernährten, nach Südeuropa und wurden entlang der gesamten Mittelmeerküste angebaut. Florenz bildete den geographischen Mittelpunkt des Reisanbaus im Westen, und Hirse wuchs auch in dem Gebiet zwischen Mailand und Venedig. Leonardos eigenes Essen bestand hauptsächlich aus Getreide und Gemüse, und aus seinen Tagebucheintragungen, in denen er wissenschaftliche Experimente mit Hirse festhielt, wissen wir, daß er immer einen Vorrat davon zu Hause hatte. »Das Leben des Menschen wird bestimmt von den Dingen, die er ißt«, schrieb Leonardo. »Wenn man gesund bleiben will, muß man folgendes beachten: nur essen, wenn man Hunger hat, und dann nicht viel. Das Essen sollte gut gekocht und einfach sein und gründlich gekaut werden.«

Hirse und ganzer brauner Reis scheinen die biologischen Quellen von Leonardos schöpferischer Kraft gewesen zu sein. Aber als er älter wurde, aß er auch viel Obst, trank Wein und nahm andere ausdehnende Nahrungsmittel zu sich. Diese starken Yin-Nahrungsmittel schwächten seine Gesundheit und sein Urteilsvermögen und bauten eine starke Anziehungspotenz für ihre

Gegenkräfte auf. Obwohl Leonardo Pazifist war, lieh er Cesare Borgia, dem ehrgeizigen militärischen Führer der Romagna, den Machiavelli in *Il Principe* verewigt hat, sein Erfindungstalent. Im Sommer 1502 trafen Leonardo und Machiavelli in Borgias Lager bei Piombino ein und entwarfen einen technischen Plan, um den Lauf des Arno zu verändern, wodurch Florenz direkten Zugang zum Meer haben und Pisa, seinem Rivalen, ›das Wasser abgraben‹ würde. Leonardo trieb auch Studien im Hinblick auf die Konstruktion einer riesigen Armbrust, von Schnellfeuergeschützen und anderen Waffen zur Massenzerstörung. Aber nach Borgias von Verrat bestimmten Feldzügen, bei denen seine eigenen Offiziere ermordet wurden, verließ Leonardo dessen Dienste, kehrte nach Florenz zurück und begann die Arbeit an der ›Schlacht von Anghiari‹. Die Entwürfe zu diesem verlorengegangenen Meisterwerk von Menschen und Pferden im Kampf veranschaulichen das unendliche Grauen und die unendliche Qual der Schlacht in einer Art, die an das spätere ›Guernica‹ von Picasso erinnert. In diesem Bild und bei den sehr treffend so bezeichneten ›Grotesken Köpfen‹ weisen Leonardos Gestalten physiognomische Züge auf, die den Verzehr von viel Fleisch, Milchprodukten und Zucker verraten und gar nicht den klaren Gesichtern seiner Heiligenporträts oder der Mona Lisa gleichen, dem Werk, das seine erstaunliche Laufbahn krönte.

Sowohl als Vater der Moderne wie auch als Architekt ihres Untergangs spiegelt Leonardos militärisches Engagement die Spaltung zwischen Intuition und Verstand wider, die mit jedem folgenden Jahrhundert größer werden und im Atomzeitalter einen Höhepunkt erreichen sollte. Als Wissenschaftler verriet er eine erschreckende Gefühllosigkeit gegenüber der Massenvernichtung des Menschen. Als Künstler zeigte er unendliches Mitgefühl und Zärtlichkeit für das Leben.

Die landwirtschaftliche Revolution

Als im Mittelalter der Anteil an tierischen Produkten, Zucker und Gewürzen in der europäischen Ernährung wuchs, verfielen traditionelle Werte und Vorstellungen, Krankheiten breiteten sich aus, und kirchlich sanktionierte Kriege nahmen zu. Die Integrität des physischen Körpers und der Rhythmus des täglichen Lebens wurden immer mehr der Tyrannei erstarrter Kirchenstrukturen und engherziger Auslegung des spirituellen Lebens geopfert.

Mit der Renaissance und dem Aufkommen der wissenschaftlichen und industriellen Revolution begann eine neue Ära der offenen Fragestellung und Forschung.

Mit dem steigenden Fleischverzehr und der Einfuhr neuer Nahrungsmittel aus Asien, Afrika und Amerika fingen die Bauern in Europa an, mit künstlichen Anbau- und Zuchtmethoden, einschließlich der Verwendungsmöglichkeiten bestimmter Düngemittel, Mischungen und Hybriden, zu experimentieren, um die neuen Arten den veränderten Klima- und Bodenbedingungen anzupassen.

In England, dem Zentrum der landwirtschaftlichen Revolution, wurde Schafwolle ein wertvolles Verarbeitungsprodukt. Umzäunungsgesetze verwandelten Gemeindebauernland, auf dem Getreide und Gemüse angebaut worden war, in ein Schachbrett zweckmäßig geplanter privater Wiesen für die Aufzucht von Schafen und zur Gewinnung von Gras und Heu als Futter. Auch das Anlegen von Hecken wurde in großem Stil eingeführt, so daß eine einzelne Feldfrucht angebaut werden konnte, ohne daß gejätet werden mußte, und Rinder, die man traditionsgemäß zum Pflügen und beim Getreidemahlen zum Drehen des Mühlsteins eingesetzt hatte, wurden nun auch wegen ihres Fleisches und ihrer Milch gezüchtet. Die Einführung landwirtschaftlicher Maschinen, der ununterbrochenen jährlichen Feldbestellung und des Steindüngers verbesserte die Agrarerträge. Verfeinerte Mahltechniken machten weißes Mehl fast überall erhältlich. Von England aus verbreitete sich der technische Fortschritt in andere Teile Europas und in die Vereinigten Staaten. Um 1800 aßen in den Industrieländern auch fast alle mittleren und unteren Schichten der Bevölkerung Weißbrot, das früher nur dem Adel vorbehalten gewesen war, und Zucker hatte aufgehört, ein Luxus zu sein, und wurde zum Massenartikel.

Obwohl ursprünglich vom Gewissen und einem Geist des Abenteuers geleitet, beschränkten sich die modernen Naturwissenschaften schon bald auf die Erforschung der sensorisch erfaßbaren Welt. Als die Ernährung verfiel, entwickelte sich ein neuer Materialismus, der sich durch Hobbes' mechanistische politische Theorien, Descartes' Rationalismus und Newtons lineare Physik ausdrückte. Im Hinblick auf die Veränderungen in der Landwirtschaft erhoben sich ein paar kritische Stimmen wie zum Beispiel die Diggers und Levellers in England, die für freie Bodenbestellung, gemeinsamen Landbesitz und die Vorrangstellung von Getreide und Wurzelgemüse eintraten. Doch bis zum achtzehnten Jahrhundert hatten sich neue Anbaumethoden, neue Ernährungsverhaltensmuster und modernes dualistisches Denken auf der ganzen Welt durchgesetzt und trennten die Menschheit von der Natur, den Körper vom Geist, die Materie vom Geistigen und den Westen vom Osten. Der moderne Nationalstaat war eine der Folgen dieser analytischen Tendenz. Die Souveränität der Herrscher, innerhalb ihrer Landesgrenzen Gesetze und Religion zu bestimmen, wurde im Westfälischen Frieden anerkannt, der 1648 den Dreißigjährigen Krieg beendete.

Die politische Revolution

Im achtzehnten Jahrhundert gab es noch mehr Kriege zwischen den europäischen Mächten und ihren Kolonien. Obwohl diese Rivalitäten im Namen des aufkommenden Nationalismus und liberaler politischer Ideologien ausgetragen wurden, blieb die Kontrolle über den internationalen Nahrungsmittelaustausch der eigentliche Grund. In Indien forderte die Ostindische Handelskompanie portugiesische und französische Wirtschaftsinteressen heraus, als sie große Teeplantagen mit Hilfe von Millionen eingeborener Arbeiter anlegte. In der Schlacht von Plaissey siegte England über Frankreich und sicherte sich für die nächsten beiden Jahrhunderte die Kontrolle über Indien als Kolonie.

Bei dem Dreieckshandel mit der Neuen Welt lieferte England ursprünglich Fertigwaren nach Afrika, afrikanische Sklaven wurden nach Amerika verschifft, und Zucker, Melasse und andere tropische Waren gingen nach England. Aber Neuengland begann, sich in diesen lukrativen Handel einzumischen und versandte Rum unter Umgehung von England direkt nach Afrika.

»Das Selbständigwerden dieser zweiten Seite des Dreiecks brachte die neuenglischen Kolonien auf direkten Kollisionskurs mit Großbritannien«, schreibt ein Historiker, »doch die wahren Probleme waren wirtschaftlicher Natur, die eine politische Bedeutung bekamen, eben weil sich unterschiedliche Wirtschaftsinteressen gegenüberstanden.«

Die amerikanische Revolution muß vor diesem wirtschaftlichen Hintergrund gesehen werden. Zwar entstand sie aus der Auflehnung gegen die englischen Kolonialsteuern auf Tee und Zucker, doch es gab auch ein schöpferisches politisches Element. Die Baumeister der flügge gewordenen Vereinigten Staaten glaubten, daß gesunde Nahrung und ein gesundes landwirtschaftliches System das Fundament der Gesellschaft und ihres zukünftigen Glücks waren. Wie Benjamin Franklin in seiner Autobiographie erzählt, begann er Ganzkost zu essen, als er sechzehn Jahre alt war, und seine Ankunft in Philadelphia mit zwei Laiben Vollweizenbrot gehört heute zur amerikanischen Folklore.

Auch Thomas Jefferson gab tierische Nahrung fast ganz auf und aß sie nur noch als Beilage. Jefferson, der den Hauptteil der Unabhängigkeitserklärung verfaßt hat, betrachtete landwirtschaftliche Autarkie und eine Nation von kleinen Bauern als die unentbehrliche Grundlage für die Erhaltung von Leben und Freiheit und für das Streben nach Glück. »Der größte Dienst, den man einem Land erweisen kann«, erklärte er, »ist, eine nützliche Pflanze zu seiner Kultur beizutragen.«

Während eines Aufenthalts in Frankreich stellte Jefferson fest, daß viele Leute braunen Reis als Hauptnahrungsmittel aßen, vor allem an religiös motivierten Fastentagen, wenn kein Fleisch auf den Tisch kam. Der meiste Reis, der in Frankreich verzehrt wurde, stammte aus Italien, und so reiste Jefferson dorthin, um Saatgut zu kaufen und es nach Amerika zu schicken und um sich eine neue Reissäuberungsmaschine anzusehen, die ihm

Edward Rutledge 1775 im Kongreß beschrieben hatte. Aber die italienische Regierung hatte strenge Gesetze erlassen, die den Export von Samenreis verboten. Entschlossen, dieses Nahrungsmittel in Nordamerika einzuführen, riskierte Jefferson einen möglichen diplomatischen Skandal und heuerte einen italienischen Eselstreiber an, der ein paar große Säcke Saatgut illegal über die Grenze bringen sollte. Die Körner stammten aus der besten Reisgegend von Italien – dem Gebiet zwischen Turin und Mailand, wo seit Leonardos Zeiten Reis angebaut wurde. An der Grenze fing man die Ladung ab und schickte sie zurück. Doch Jefferson ließ sich nicht entmutigen. Er füllte die großen Taschen seines Mantels mit Körnern und trug sie selbst über die Grenze. Wieder in Frankreich, schickte er die Körner nach Charleston in South Carolina, wo sie an eine Gruppe ausgewählter Pflanzer verteilt wurden. Jefferson freute sich so über den Ausgang dieses Unternehmens, daß er später auch Saatgut aus Ägypten, China und anderen Ländern nach Carolina importieren ließ.

Der utopische Geist der amerikanischen Revolutionszeit, der seinen Höhepunkt in Franklins und Jeffersons politischen Idealen und auch in ihren Erfindungen hatte, geht zurück auf die Renaissance. Den biologischen Ursprung des Neuerblühens dieser Kultur kann man zurückverfolgen bis zum Ganzkorngetreide, das heißt seinem Anteil an der Volksernährung.

Auf der sozialen Ebene spielten Fleisch und Zucker trotzdem weiter eine Hauptrolle bei der Entwicklung der neuen Republik. »Ich weiß nicht, warum wir uns schämen sollten zu gestehen, daß Melasse ein wichtiger Bestandteil der amerikanischen Unabhängigkeit war«, schrieb John Adams 1775. Sechs Jahre später endete der Bürgerkrieg, als Frankreich, das mit England um die Kontrolle der Zuckerplantagen auf Dominica, Martinique, Grenada und St. Lucia wetteiferte, in den Krieg eintrat und in Yorktown den entscheidenden Teil zum Sieg beitrug. Sidney W. Mintz, ein moderner Historiker, schreibt über jene Zeit:

»Der Verlust der Zuckerinseln und ihr Entschluß, sie zurückzugewinnen, erklärt die sonst rätselhafte Bereitschaft der französischen Regierung, auf seiten der Amerikaner in den amerikanischen Unabhängigkeitskrieg einzutreten.«

Die industrielle Revolution

Zucker spielte weiter eine zentrale Rolle bei der Entwicklung der modernen Zivilisation (siehe Abb. 14) und trug zum Entstehen des Kapitalismus bei. Die Zuckerplantage wird heute als das Verbindungsglied zwischen der vorindustriellen Werkstatt und der industriellen Fabrik betrachtet, wie Sidney W. Mintz in seinem Buch *Sweetness and Power* (1985) ausführt.

Die Zuckerplantagen waren auch ein Herd für Revolutionen. Auf Haiti brach Frankreichs Traum, sein Reich in der Neuen Welt auszudehnen, zusammen, als dreißigtausend französische Soldaten, die man hingeschickt hatte, um eine Rebellion auf den Zuckerplantagen niederzuschlagen, dem Gelbfieber erlagen. Die schwarzen Freiheitskämpfer, angeführt von Toussaint l'Ouverture, hatten eine viel einfachere, ausgeglichenere Ernährung als die Franzosen und konnten in Harmonie mit ihrer Umwelt leben. Als Ergebnis dieser Niederlage beschloß Napoleon, seine Verluste in den Tropen abzuschreiben und Louisiana an Präsident Thomas Jefferson zu verkaufen.

Die wachsende Industrialisierung im neunzehnten Jahrhundert veränderte das Ernährungsverhalten. Kurz nach 1800 führte eine ungarische Müllerei Stahlzylinder ein, die den Weizen völlig von Keim und Hülsen befreiten, so daß ein noch feineres weißes Mehl hergestellt werden konnte. In den achtziger Jahren hatte sich dieses Verfahren auch im amerikanischen Mittelwesten durchgesetzt. Zu dieser Zeit kamen auch kommerziell verarbeitetes Pflanzenöl und Margarine auf den Markt. Mitte des Jahrhunderts erreichte die Konservenfabrikation, die sich während der Napoleonischen Kriege entwickelt hatte, die Vereinigten Staaten, und kochfertige Konserven mit Fisch, Meeresfrüchten, Tomaten, Mais und anderen Nahrungsmitteln sowie Büchsenmilch erschienen in den Regalen der Lebensmittelgeschäfte.

Fortschrittlichere Transportmöglichkeiten brachten ebenfalls grundlegende Veränderungen. Durch das Dampfschiff stieg der Verbrauch an frischer Milch und Geflügel, da die Bauern ihre Waren rascher in die Stadt bringen konnten. Der Schnellsegler machte billigen Tee fast überall erhältlich, und der Fleischver-

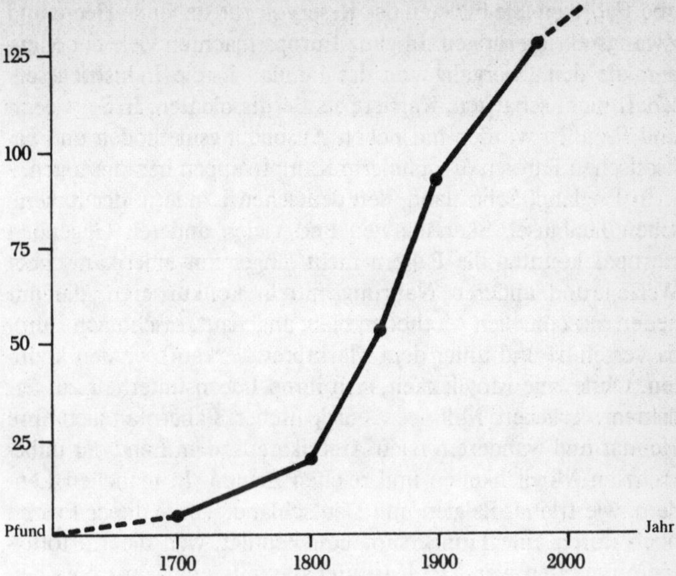

Abb. 14
Pro-Kopf-Verbrauch von Zucker in Großbritannien

zehr nahm mit dem Erscheinen von Eisenbahn und Kühlwagen beträchtlich zu. 1869 wurde der Suezkanal eröffnet, der die Fahrt der Frachter von Europa nach Indien und dem Fernen Osten wesentlich verkürzte. Zur Zeit der Eröffnung des Panamakanals 1914 – der den Warenverkehr noch mehr belebte, vor allem den Transport von tropischen Nahrungsmitteln in nördliche Länder – hatte sich der Welthandel in etwa einem Jahrhundert verzehnfacht.

Die landwirtschaftliche, politische und industrielle Revolution richtete in den Agrargemeinschaften großen Schaden an. Vertrieben vom Land ihrer Väter, strömten Millionen Bauernfamilien auf der Suche nach Nahrung und Arbeit in die Städte, gerieten durch den Kreislauf von Armut und Krankheit in Schwierigkeiten und verdingten sich gegen niedrigen Lohn in Kohlenminen und Fabriken. Sie bildeten das Reservoir für stehende Heere und Zwangsrekrutierungen. In ganz Europa machten viele der Männer, die den Übergang von der Feudal- in die Industriegesellschaft nicht schafften, Karriere als Berufssoldaten. In Schweden und Preußen wurden mit neuen Ausbildungsmethoden und patriotischen Parolen disziplinierte Kampftruppen herangezogen.

In England, Schottland, den deutschen Ländern, der italienischen Halbinsel, Skandinavien und vielen anderen Gegenden Europas konnten die Bauern nicht länger mit amerikanischem Weizen und anderen Nahrungsmitteln konkurrieren, die mit neuen maschinellen Methoden billig angebaut, rasch nach Europa verschifft und unter dem Marktpreis verkauft werden konnten. Ohne eine Möglichkeit, sich ihren Lebensunterhalt zu verdienen, verließen Millionen europäischer Bauernfamilien ihre Heimat und wanderten nach Amerika aus, dem Land der unbegrenzten Möglichkeiten und reichen Ernten. In manchen Ländern, wie Irland, Belgien und Deutschland, wurde dieser Prozeß noch durch eine Hungersnot beschleunigt, weil die Kartoffelernte mißraten war. Die Kartoffel stammte aus dem tropischen Hochland von Peru, wurde im sechzehnten Jahrhundert nach Europa gebracht und ersetzte in manchen Gegenden, zum Beispiel Irland, die Ganzkornernährung fast völlig. Die große Kartoffelfäule begann 1842 in Neuschottland und Boston und erreichte Irland 1845, zerstörte die Kartoffelernte und tötete indirekt Millionen von Menschen. Bis zum Ende des Jahrhunderts drehten sich die europäischen Interessen, einschließlich Bismarcks und Disraelis Politik, um die Tarife für ausländische Nahrungsmittel und die sozialen Auswirkungen der großen Bevölkerungsverschiebungen, die durch Industrialisierung und verändertes Ernährungsverhalten entstanden.

Die unerfreuliche Lage der entwurzelten Familien in Europa erzeugte eine idealistische Gegenbewegung, die in den utopischen sozialen Idealen und Kommunen von Robert Owen, Charles Fourier, Henri de Saint-Simon und anderen ihren Ausdruck fand. Karl Marx und Friedrich Engels entwarfen ebenfalls das Bild einer neuen Gesellschaft, in der Arbeit nicht mehr entmenschlichend – nicht mehr ›entfremdet‹ – sein würde, und versuchten, wissenschaftlich zu begründen, warum die Entwicklung mit historischer Unvermeidbarkeit auf diesen Zustand hinauslaufen müßte. Gegen Ende des neunzehnten Jahrhunderts hatten Industriearbeiter begonnen, Reformen zu verlangen und Gewerkschaften und Verbände mit Millionen von Mitgliedern zu organisieren. In Minen, Fabriken und Werkstätten kam es zwischen Vertretern der Arbeit und Vertretern des Kapitals zu Gewalttätigkeit und Blutvergießen.

Inzwischen strömten nach der Abschaffung der Negersklaverei durch die europäischen Staaten Millionen von Ostindern, Chinesen, Javanesen und anderen asiatischen Einwanderern in die Karibik, nach Südafrika und in andere Territorien, um im Anbau von Zuckerrohr und anderen Nutzpflanzen zu arbeiten. Millionen von Chinesen kamen in die Vereinigten Staaten und arbeiteten bei der Eisenbahn oder auf den Feldern. Häufig gab es Schwierigkeiten zwischen den verschiedenen ethnischen Gruppen. Unterdessen zwangen die westlichen Nationen unter Androhung von Waffengewalt China, Japan und andere traditionsreiche Gesellschaften, sich auf unvorteilhafte Handels- und Wirtschaftsabkommen einzulassen. Eine antikoloniale Reaktion, die in den achtziger Jahren begann, löste in Asien und Afrika eine Welle des Blutvergießens aus und gipfelte in den politischen Freiheitsbewegungen und Sozialrevolutionen des zwanzigsten Jahrhunderts.

Obgleich durch die industrielle Revolution der Wohlstand wuchs, verschärfte sich doch auch das Lebenstempo, und ansteckende Krankheiten, einschließlich Typhus, Pocken und Masern nahmen epidemische Ausmaße an und wurden in den europäischen Ländern die häufigsten Todesursachen. Vor dieser Zeit waren degenerative Krankheiten buchstäblich unbekannt. Im späten achtzehnten Jahrhundert begannen vereinzelt Fälle von Krebs, Herzkrankheiten oder anderen chronischen Störungen bei der Oberschicht aufzutreten, die besonders empfänglich für zu vieles, gutes Essen war. Wie in den vergangenen Epochen folgten außerdem Krankheit und Seuchen den Wellen von internationalem Nahrungsmittelaustausch. Während des neunzehnten Jahrhunderts wurden Typhus, Ruhr, Cholera und andere durch das Wasser übertragene Krankheiten sowie Malaria, Gelbfieber und andere durch die Luft übertragene Krankheiten in den Industrieländern und ihren Kolonien zu Epidemien. Anhaltende Quantifizierung und Spezialisierung der Naturwissenschaften führte zur Theorie des Stoffwechsels und zu Fortschritten in der Chirurgie und bei der Anwendung von Medikamenten. Liebig, der Begründer der modernen Ernährung, teilte die Nahrung in verschiedene Kategorien (samt Unterkategorien) ein. Die Überlegenheit des tierischen Proteins wurde allgemein anerkannt, und einfache Kohlehydrate, die schnelle Energie lieferten, wie weißes Mehl und feiner Zucker sowie Kartoffeln wurden sogar noch beliebter.

Der Erste Weltkrieg

»Es ist die Erschöpfung des Samengetreides, das die Schwächung des Samens der Menschheit verursacht«, warnte Emile Zola am Ende des neunzehnten Jahrhunderts, als in der modernen Zivilisation die ersten Früchte einer mechanisierten Landwirtschaft reiften. Aber die Industriegesellschaft blieb den Ermahnungen des französischen Schriftstellers gegenüber taub und hörte auch nicht auf andere frühe Gesundheitsreformer wie Christoph W. Hufeland, den makrobiotischen Arzt, Reverend Sylvester Graham, der gegen das weiße Mehl zu Felde zog, und Ellen Harmon White und John Harvey Kellogg, Führer der Adventisten, die in Battle Creek, Michigan, ein vegetarisches Heilzentrum eröffneten.

Zu Beginn des neuen Jahrhunderts wuchs das Verlangen nach dezidierten Yang-Nahrungsmitteln in Europa und Nordamerika, und die Rinderzüchter (wie zum Beispiel die Rancher im Westen der USA, in Argentinien und Australien) konnten die Nachfrage nach Rindfleisch nicht decken. Eine weitere Runde von Yin-Reiz- und Beruhigungsmitteln und Narkotika, die von westlichen Militärexpeditionen aus Kuba, den Philippinen, dem Kongo und anderen Ländern mitgebracht wurden, führte in den Industrienationen auf sozialer Ebene zu verheerenden Folgen.

Sogar der Alkoholkonsum, ein seit alters her gebräuchlicher Yin-Ausgleich für Fleisch und tierische Nahrung, geriet außer Kontrolle, und wegen seiner Auswirkungen auf das Familienleben entstand in den Industriestaaten eine Bewegung, ihn zu verbieten. Pasteurisierte Milch kam in den Handel, und durch die Erfindung von Milchzentrifuge und Melkmaschine sowie aufgrund der Fortschritte, die in der Großraumkühlung gemacht wurden, entstand die moderne Milchwirtschaft. Zwischen 1875 und 1915 stieg der Zuckerverbrauch um das Doppelte – auf achtzig Pfund pro Person. Coca-Cola und Limonaden waren fast überall erhältlich, und ihre Beliebtheit wuchs mit jedem neuen Jahrzehnt.

Die Ermordung des Erzherzogs von Österreich und seiner Gemahlin 1914 setzte die lange schwelende Zündschnur in Brand: Es kam zum offenen Kampf zwischen den europäischen Staaten, die in einem erbitterten Wettstreit um die Kolonisierung Afrikas und Asiens und die Kontrolle der Suez-Route in den Osten lagen. 1917 traten die Vereinigten Staaten in den Krieg ein: Deutsche U-Boote drohten, England durch das Versenken von Versorgungsschiffen vor der Süd- und Westküste auszuhungern und dadurch zu besiegen. Auf der anderen Seite des Atlantiks kaufte Herbert Hoover, US-amerikanischer Ernährungsminister, die ganze Zuckerernte der Staaten und alle Schweine auf, um Großbritannien zu retten.

Nach den Napoleonischen Kriegen hatten Staatsmänner und Diplomaten fast ein Jahrhundert lang gemeinsame Anstrengungen unternommen, einen weiteren kontinentalen Krieg in Europa zu verhindern. Dazu gehörten der Wiener Kongreß 1815 und die Haager Friedenskonferenzen von 1899 und 1907. Bürger, Schriftsteller und Künstler spielten dabei ebenfalls eine führende Rolle. Unter ihnen waren Männer wie Leo Tolstoi, dessen Schriften über Gewaltlosigkeit Gandhi beeinflußten, Alfred Nobel, der Erfinder des Dynamits, der einen Preis für die Verhinderung von Kriegen stiftete, und die österreichische Schriftstellerin Bertha von Suttner, Autorin von *Die Waffen nieder* und die erste Frau, die den Friedensnobelpreis erhalten sollte. Jenseits des Atlantiks waren Henry David Thoreaus Essay *Über den zivilen Ungehor-*

sam, das Weltparlament der Religionen in Chicago 1893 und die Ford-Friedensexpedition zu Beginn des Ersten Weltkriegs mutige Bemühungen um Wiederversöhnung und Welteinheit. Aber kein Versuch hatte Erfolg gehabt.

Aus biologischer Perspektive stellte der Erste Weltkrieg eine explosive Entladung von stagnierender Stoffwechselenergie dar, die sich in Europa während vieler Jahrzehnte durch Ernährungs- und Umweltmißbrauch angesammelt hatte. Die wachsende Mechanisierung des modernen Lebens zu dieser Zeit spiegelte die wachsende Mechanisierung des modernen Nahrungs- und Landwirtschaftssystems wider. Der Bau von Wolkenkratzern, die Verwendung von Glas als hauptsächlichem Baumaterial und die Entwicklung des Automobils, Luxusdampfers und Flugzeugs fiel mit dem zunehmenden Gebrauch von Metall und Glas für Konserven, Flaschen und Verpackung überhaupt zusammen. Als der Krieg ausbrach, wurden jene Transportmittel in Tanks, Schlachtschiffe und Kampfflugzeuge umgewandelt. Entwicklungen von Waffen mit weitreichender Vernichtungskraft (Gewehre, Maschinengewehre, Artillerie) liefen parallel mit steigendem Fleisch- und Zuckerkonsum, und die Einführung des Giftgases folgte der chemischen Verfälschung von Massennahrungsmitteln.

Der Mythos vom fortschrittlichen Westen und der Überlegenheit Europas wurde durch den Krieg zerstört. Als der weltweite Kampf endete, waren fast vierzig Millionen Menschen gestorben, etwa die Hälfte davon auf dem Schlachtfeld, die andere Hälfte infolge einer weltweit grassierenden Grippeepidemie. Nur wenige Lehren wurden aus diesem Krieg gezogen. Die Tendenz zu größerer Mechanisierung in allen Lebensbereichen hielt an. Aber die fundamentale Rolle der Ernährung als Antriebskraft der Geschichte wurde von ein paar prophetischen Köpfen nicht übersehen. Sir William Osler, der Vater der modernen Medizin, bemerkte: »Mehr Menschen kommen durch zu vieles Essen und Trinken um als durch das Schwert.« Und der Krebsforscher und Arzt William Howard Hay erklärte: »Weißes Mehl und weißer Zucker haben mehr Menschenleben gefordert als alle Kriege aller Zeiten zusammen.«

Der Zweite Weltkrieg

Nach dem Ersten Weltkrieg erreichten die Bemühungen, extreme Nahrungsmittel auszugleichen, einen neuen Stillstand. Die Erfindung des Mammutbrutapparates führte zur Massenproduktion von Geflügel. In den zwanziger Jahren wurde der Kühlschrank modern, und abgepackte Tiefkühlkost senkte den Konsum frischer Gartenerzeugnisse. Behandelte, konservierte und getrocknete Nahrungsmittel eroberten ebenfalls einen wachsenden Marktanteil. In den dreißiger Jahren entwickelte sich die Vitaminindustrie, die dem Verbraucher die Nährstoffe wieder verkaufte, die man bei der Getreideverarbeitung entfernt hatte. Künstliche Färbemittel, chemische Konservierungsstoffe und andere Zusätze fanden ihren Weg in die tägliche Nahrung, und die Hauptsorge galt jetzt nicht mehr der Verträglichkeit und Nahrhaftigkeit, sondern neuen synthetischen Geschmacksrichtungen, dem Aussehen und der Haltbarkeit in den Verkaufsregalen. Selbst Monokulturen, die in sich selbst schon Abweichungen von traditionellen Anbaumethoden waren, konnten die steigende Nachfrage nach nicht der Jahreszeit entsprechenden Nahrungsmitteln nicht befriedigen, und die moderne Gesellschaft begann, sich der chemischen Landwirtschaft zuzuwenden, um die Produktion zu steigern und den Bedarf zu decken. Diese Veränderungen legten zusammen mit dem wachsenden Konsum von Rindfleisch und anderen tierischen Produkten, reich an gesättigten Fettsäuren und Cholesterin, das Fundament für die modernen Epidemien von Herzkrankheiten, Krebs und anderen degenerativen Krankheiten, die sich in der Mitte des zwanzigsten Jahrhunderts entwickelten. Das vermehrte Rauchen industriell hergestellter Zigaretten, die verstärkte Umweltverschmutzung durch die Industrie und die sitzendere Lebensweise, gefördert durch das Auto und andere moderne Annehmlichkeiten, trugen dazu bei, daß diese Krankheiten immer häufiger auftraten.

In den dreißiger und frühen vierziger Jahren verbreiteten sich chaotische Ernährungsgewohnheiten auf der ganzen Welt. Als ihre Intuition und ihr gesunder Menschenverstand abstumpften, wurde die Bevölkerung in den Industrieländern für trügerische

Ideologien und die Manipulation durch rücksichtslose oder wankelmütige politische und militärische Führer anfällig. Das Endergebnis war ein neuer Weltkrieg. Im Fall von Deutschland trug die traditionelle Gewohnheit, Wurst, Wurstwaren und anderes verarbeitetes Fleisch zu essen, dazu bei, die Gesellschaft in ein Schlachthaus zu verwandeln, während der große Konsum von Bier, Zucker, Schokolade und anderen extremen Yin-Substanzen eine magnetische Anziehungskraft des arischen Ideals bewirkten – das archetypische Symbol von extremem Yang.

Im Fall von Japan gehörte zu den hauptsächlichen biologischen Faktoren, die zu Aggression, Krieg und Doktrinen rassischer Überlegenheit führten, die Übernahme der modernen deutschen Ernährungsnormen und des medizinischen Standards, die die Wichtigkeit des tierischen Eiweißes betonten und zu Beginn der Meiji-Periode eingeführt wurden, um mit dem Westen konkurrieren zu können. Außerdem gehörten dazu: der steigende Konsum von Zucker und tropischen Früchten nach der Kolonisierung von Taiwan. Die Verbreitung von weißem Reis, Glutamat, Tafelsalz und anderen veredelten oder verarbeiteten Nahrungsmitteln. Und der übermäßige Verzehr von Fisch und Meerestieren. Wenn man zum Beispiel Fisch ißt, bewirkt das eine Denkungsweise, der es an Weite fehlt. Ein Fisch ist schmal und bewegt sich in einer geraden Linie. Japans Überfall auf Pearl Harbor verriet nicht den geringsten Weitblick. Am Ende des neunzehnten Jahrhunderts war durch den Verzehr von poliertem Reis Beriberi auf den Schiffen ausgebrochen, und die japanische Marine hatte eine halbmoderne Ernährungsform eingeführt, zu der auch angereichertes Weißbrot, Konserven, Zucker und Fisch gehörten. Die Ausschreitungen der japanischen Streitkräfte in der Mandschurei, in China, Südostasien und anderswo können in physiologischer Hinsicht dieser extremen Ernährung und im Hinblick auf die Umwelt dem zum Aufbrausen neigenden Temperament des japanischen Volkes zugeschrieben werden.

Im Fall der Vereinigten Staaten und ihrer Alliierten führten geistige Unbeweglichkeit und unklares Denken, verursacht durch Fleisch und Zucker, Weißbrot und Limonaden sowie andere Produkte der modernen Ernährung zur Gleichgültigkeit der offiziellen Stellen gegenüber dem Elend der Juden, zu rassischen Vorurteilen, der Internierung von Bürgern japanischer Herkunft und der strategischen Bombardierung von Zentren der Zivilbevölkerung wie zum Beispiel Dresden und Hiroshima.

Einstein und die Entwicklung der Atomenergie

In der Vorstellung der Allgemeinheit wird Albert Einstein mehr als jeder andere mit dem Atomzeitalter in Zusammenhang gebracht. 1905, als junger Wissenschaftler, stellte er die berühmte Gleichung $E = mc^2$ auf und die Theorie, daß Materie in Energie umgewandelt werden könnte. Obwohl diese Formel die Atomenergie nicht direkt vorwegnahm, brachte Einsteins Arbeit zusammen mit der von Rutherford, Joliet-Curie, Fermi und anderen Physikern im frühen zwanzigsten Jahrhundert die Ereignisse ins Rollen, die in der Spaltung des Atoms gipfelten.

Einstein schrieb auch 1939 jenen historischen Brief an Präsident Franklin D. Roosevelt, in welchem er auf die Notwendigkeit hinwies, eine Atombombe zu entwickeln, ehe die Nazis dies täten. Dieser Appell führte zum Manhattan-Projekt. Doch als die erste amerikanische Atombombe einsatzbereit war, hatte sich Deutschland bereits ergeben, und so wurde sie statt dessen im August 1945 in Japan eingesetzt. Einstein bedauerte zutiefst sein Mitwirken an der Entwicklung der Bombe und hielt die Zerstörung von Hiroshima und Nagasaki für moralisch nicht gerechtfertigt. Den Rest seines Lebens – zehn Jahre – widmete er der Arbeit für den Weltfrieden und eine Weltregierung.

Um Einsteins zentrale Rolle als Hebamme des nuklearen Zeitalters besser verstehen zu können, ist es wichtig, sich seine Umgebung, seine Ernährung und seine Krankengeschichte anzusehen. 1879 als Sohn einer deutschen Familie jüdischer Abstammung geboren, wuchs der junge Albert mit einer grenzenlosen Liebe zur Natur, Musik und dem einfachen Leben auf dem schwäbischen Land auf. Die Bauern in der Region waren sehr friedlich und bescheiden – wie ihre Schweizer Nachbarn. Einmal, mit vier Jahren, brach Albert in Tränen aus, als er Soldaten in Uniform beim Exerzieren zusah. Obwohl sich seine Eltern von der orthodoxen Religion abgewandt hatten, begann Albert mit etwa zehn Jahren die Heiligen Schriften zu studieren und aß ungefähr zwei Jahre lang koscher und damit ausgeglichener. Er weigerte sich, Schweinefleisch und noch ein paar andere tierische Nahrungsmittel zu sich zu nehmen. Später zogen seine Eltern nach München und dann für ein paar Jahre nach Italien, wo Albert auf eigene Faust zu studieren begann, in Museen, Kirchen, Feldern und Wäldern, und eine lebenslange Vorliebe für italienisches Essen, vor allem für Nudeln und Pasta, entwickelte. 1896 immatrikulierte er sich mit sechzehn an der berühmten technischen Universität von Zürich und wurde Schweizer Staatsbürger. Hier, an einer von Europas bedeutendsten wissenschaftlichen Einrichtungen, zeigte Einstein weder die Schweigsamkeit noch die Teilnahmslosigkeit, durch die er in der katholischen Grundschule und auf dem Gymnasium in Deutschland aufgefallen war. In der Schweiz arbeitete er beim eidgenössischen Patentamt in Bern, heiratete 1903 und schrieb hin und wieder eine wissenschaftliche Abhandlung – darunter auch jene über die von ihm entwickelte Relativitätstheorie. 1919 erklärten Astronomen der Royal Society in London, daß Fotografien einer totalen Sonnenfinsternis Einsteins allgemeine Relativitätstheorie bestätigt hatten. Über Nacht wurde er weltberühmt.

Während seiner Zeit in Europa, als er einige seiner brillantesten wissenschaftlichen Einfälle hatte, trennte Einstein sich von seiner Frau und kochte für sich selbst. Er aß einfach, machte sich meistens nur eine Suppe und hartgekochte Eier. Eier sind bei der üblichen Ernährung die dichteste (Yang-)Nahrung, und wenn man sie auf diese Weise kocht, stärken sie die Fähigkeit, abstrakt zu denken, sehr. Später kochten seine Kusine, seine zweite Frau und seine Haushälterin für ihn, und wie die meisten modernen Frauen dieser Epoche bereiteten sie große Mengen von Fleisch zu und verwendeten viel Zucker und andere verarbeitete Nahrungsmittel. Als internationale Berühmtheit war Einstein außerdem Ehrengast bei vielen Banketten, auf denen es gewöhnlich vor allem üppige und raffiniert zubereitete Gerichte gibt.

Für den Rest seines Lebens kam es bei Einstein und seiner Familie regelmäßig zu Krankheiten, die vor allem durch eine chaotische Eßweise verursacht wurden. 1917 erkrankte er an einem Magengeschwür, das ihn mehrere Jahre lang quälte. 1928 erlitt er einen Herzanfall, an dem wahrscheinlich seine Vorliebe für Eier und andere tierische Nahrung mit viel gesättigten Fettsäuren und Cholesterin schuld war, und sein Arzt verordnete ihm eine fett- und salzarme Diät. Anfang der dreißiger Jahre wurde bei seinem jüngeren Sohn Eduard Schizophrenie festgestellt. Er verbrachte den größten Teil seines Lebens in einem Schweizer Sanatorium. Kurz nach ihrer Ankunft in den Vereinigten Staaten starb seine zweite Frau Elsa 1936 an einem Herz- und Nierenleiden. Als Einstein seinen historischen Brief an Roosevelt schrieb, trat er kaum noch in der Öffentlichkeit auf und gab als Grund seine schlechte Gesundheit an. 1946 stellte man bei ihm akute Blutarmut fest, und zwei Jahre später fanden die Ärzte eine krankhafte Erweiterung in seiner Bauchaorta. Nach jahrelangen Schmerzen, Müdigkeit und Leid starb Einstein 1955 an den Komplikationen, die durch eine Lungenentzündung, Blutarmut und sein schwaches Herz aufgetreten waren.

Während seiner letzten Jahre in Princeton hatte ich Gelegenheit, Einstein zu besuchen und mit ihm über Bestrebungen zur Bildung einer Weltreligion und über Friedensprobleme zu sprechen. Einsteins Gesichtszüge verrieten eine kräftige ererbte Konstitution. Das Fundament seiner Intuition und seines Scharfblicks hatten Generationen von Vorfahren gelegt, die viel ganzes Getreide und Gemüse gegessen und aufgrund ihrer religiösen Tradition viele Schwierigkeiten überlebt hatten. Von den Feldern und Wäldern, Seen und Bergen seines Geburtslandes und seiner Wahlheimat genährt, empfand er eine tiefe Liebe zur Natur und zum Universum. Er verabscheute Maschinen und glich seine geistige Aktivität durch Geigenspiel und Segeln aus. Einsteins Liebe zur natürlichen Welt veranlaßte ihn, sein Leben der Erklärung ihrer Ordnung zu widmen. Er verbrachte die letzten Jahrzehnte seines Lebens mit dem Versuch, eine einheitliche Feldtheorie aufzustellen, um die Natur von Licht, Energie, Gravitation und Materie zu erklären.

Aufstellung 8. Die Zeitalter der Welt und die menschliche Entwicklung

	Alte wissenschaftliche und geistige Weltgemeinschaft	Altertum	Mittelalter
Biologisches Fundament			
Landwirtschaft	Natürlich	Organisch	Organisch
Grundnahrungsmittel	Wildes Getreide Gesammelte Pflanzen	Ganzes Getreide und Gemüse	Ganzes Getreide Gesalzenes Fleisch Gewürze
Kochenergie	Sonnengebacken Windgetrocknet	Holz	Holzkohle
Technologie	Natürliche und kosmische Kraft	Wind Wasser Sonnenenergie	Tier- und Menschenkraft
Persönliches und Familienleben			
Grundeinheit	Familie	Stamm Reich	Königreich
Familientyp	Global	Klan	Erweitert
Gesundheit und Krankheit	Gesund und tatkräftig	Seuche	Pest
Medizin	Schwingung	Nahrung Akupunktur Massage	Kräuter

Modernes Zeitalter	Jüngste Vergangenheit	Biotechnologisches Zeitalter	Zeitalter der Menschlichkeit
Industriell	Chemisch	Biogenetisch	Organisch und natürlich
Behandeltes Getreide Fleisch und Zucker Tropische Nahrungsmittel	Fleisch und Zucker Behandelte und verarbeitete Nahrungsmittel	Chemisch behandelte und künstliche Nahrungsmittel	Ganzes Getreide und Gemüse
Kohle Gas Petroleum	Elektrizität	Mikrowellen Bestrahlte Nahrungsmittel	Holz Holzkohle Gas
Mechanisch Dampf	Öl Elektrizität Atomkraft	Künstlich Elektromagnetische Strahlung	Natürliche und kosmische Kraft
Nation	Individuum	Zelle und DNS	Familie
Erweitert	Nuklear	Künstlich	Erweitert und global
Ansteckende Krankheit	Degenerative Krankheit	Immunschwäche	Gesund und tatkräftig
Chirurgie Medikamente	Chirurgie Medikamente Bestrahlung	Transplant. Künstliche Organe	Nahrung Schwingung Spirituell

	Alte wissenschaftliche und geistige Weltgemeinschaft	Altertum	Mittelalter
Soziale Organisation			
Soziale Beziehungen	Harmonisch Friedlich	Stabil	Flüchtig
Konflikt	Abenteuer	Überfälle Vergeltungsmaßnahmen Eroberungen	Kreuzzüge
Ideologie	Lauf der Natur	Mythologisch	Religiös
Traum	Paradies	Goldenes Zeitalter	Tausendjähriges Reich Christi

Wie die meisten Gelehrten und Künstler leistete Einstein in seinen früheren Jahren die beste Arbeit und zehrte dabei von den Kräften, die er von seinen Vorfahren geerbt hatte, und verbrauchte sie. So blieben ihm nur geringe Reserven für seine reiferen Jahre und das Alter. Als typischer Yang-Intellektueller, der Einsamkeit brauchte, um seine Studien zu betreiben, hatte er eine Schwäche für starkes Yin wie Zucker, Kaffee, Obst und Süßigkeiten, die zu seiner berühmten Zerstreutheit beitrugen und zu seiner Unfähigkeit, seinen Traum zu verwirklichen. Wenn seine großen konstitutionellen Reserven nicht durch eine chaotische und übermäßige Ernährung geschwächt worden wären, hätte er vielleicht den verheerenden Gebrauch vorausgesehen, den man mit seinem Namen und seinen Äußerungen machen würde. Hätte er mehr Ganzkorngetreide gegessen, würde er vielleicht die logarithmische Spirale als das universelle Muster entdeckt haben, das die vier bekannten physikalischen Kräfte des

Modernes Zeitalter	Jüngste Vergangenheit	Biotechnologisches Zeitalter	Zeitalter der Menschlichkeit
Zerbrochen	Gewalttätig	Chaotisch	Harmonisch Friedlich
Kräftegleichgewicht Bündnis	Revolution Weltkrieg	Biochemisch Genetisch	Abenteuer
Humanistisch	Wissenschaftlich	Kybernetisch	Spirituell Lauf der Natur
Utopia	Klassenlose Gesellschaft	Automation	Eine friedliche Welt

Universums vereint. Seine Theorie, daß das Licht sich beugt und der Raum gekrümmt ist, ist zum Beispiel eine moderne Formulierung des traditionellen Verständnisses des Kosmos. Dort wird intuitiv erkannt, daß die Lichtgeschwindigkeit nicht konstant ist, sondern sich unendlicher Geschwindigkeit nähert, und daß der Raum sich in einer Spirale bewegt wie andere Phänomene auch.

Wie Leonardo da Vinci, vermischte Einstein die Wissenschaft mit Kunst und Musik und das Natürliche mit Ethik und Moral. Privat und in der Öffentlichkeit strebte er immer danach, Gegensätze auszugleichen und die Verbundenheit aller Phänomene untereinander aufzuzeigen. »Naturwissenschaft ohne Religion ist lahm«, erklärte er. »Religion ohne Naturwissenschaft ist blind.« Wie Leonardo da Vinci war Einstein sein Leben lang ein Friedenshelfer, der in einer Phase von schlechter Gesundheit und getrübtem Urteilsvermögen seine Genialität den Kräften der Massenvernichtung lieh. Glücklicherweise erkannte Einstein wie sein

Vorgänger in der Renaissance seinen Irrtum schnell. Nach der Bombardierung von Hiroshima sagte er zu Leo Szilard, dem Physiker, der ihn überredet hatte, den Brief an Roosevelt zu schreiben: »Sie sehen jetzt, daß die alten Chinesen recht hatten. Es ist nicht möglich, die Ergebnisse unseres Tuns vorauszusehen. Das einzig Kluge, was man tun kann, ist nichts zu tun – absolut nichts.«

Die Fast-Food-Revolution

Natürlich ist das Atomzeitalter der Höhepunkt einer mächtigen Tendenz innerhalb der Geschichte und wurde nicht durch einen einzigen Menschen eingeleitet. Eine Veränderung der Ernährung geht einer Veränderung der Gesellschaft voraus. In der Vergangenheit wurde das Ernährungsverhalten vor allem durch Veränderungen der natürlichen Umweltbedingungen, durch Handel und die Entwicklung der Transportmöglichkeiten bestimmt. Seit dem späten neunzehnten Jahrhundert veränderte sich die Nahrungsqualität jedoch weitgehend durch technische Einflüsse beim Ackerbau, der Lebensmittelverarbeitung und dem Kochen. Die künstliche Atomspaltung fiel mit dem Entstehen synthetischer Nahrung zusammen.

Nach dem Zweiten Weltkrieg wurden die moderne Landwirtschaft, die Nahrungsmittelproduktion und die Medizin völlig künstlich. Fast alle Industriestaaten verwendeten beim Ackerbau chemische Mittel wie auf Erdölbasis produzierten billigen Dünger und Schädlingsbekämpfungs- und Pflanzenvertilgungsmittel, die jetzt allgemein erhältlich waren. DDT, ein starkes insektentötendes Mittel, das sich bei der Malariabekämpfung während des Kriegs als erfolgreich erwiesen hatte, wurde zum Beispiel als allgemeines Pestizid eingeführt. Sulfonamide, Penicillin, Atebrin und andere starke Medikamente, die sich in der Kriegszeit bei Infektionen bewährt hatten, fanden nun in der Medizin allgemein Verwendung. Synthetische Antibiotika, Hormone und Konservierungsmittel verringerten die Qualität von Fleisch und Geflügel noch weiter, und mehr tierische Produkte mußten gegessen werden, um die gleiche Menge Energie und sensorische Befriedigung zu schaffen. Der Konsum von Erfrischungsgetränken und Säften von Zitrusfrüchten, die sehr Yin sind, schnellte in die Höhe und half, das zuviel gegessene Yang auszugleichen.

In den fünfziger Jahren begannen große Werbekampagnen im Fernsehen, das Aussehen der Nahrungsmittel, ihre Verpackung und ihren sozialen Status zu verkaufen und nicht mehr die Qualität selbst. Fleisch, Milch, Käse, Eis und andere Produkte der Kuh ersetzten fast in der ganzen industrialisierten Welt Ganzkorngetreide, Brot, Nudeln und Pasta als Grundnahrungsmittel. Durch künstliche Besamung und zunehmende Verwendung von Hormonen wuchs der Viehbestand, bis in den Vereinigten Staaten auf jede Kuh zwei Menschen kamen. In den sechziger Jahren verfütterte man das meiste Getreide auf der Welt an das Vieh, statt daß es die Menschen selbst aßen. Mit der Einführung von Schnellgerichten und Fernseh-Essen und dem Entstehen von Schnellimbißstätten in jedem Viertel, Pizzabuden und Hamburgerketten wurde das zu Hause gekochte Essen, das die Familie gemeinsam einnahm, zur Ausnahme und war nicht mehr die Regel. Inzwischen gaben die meisten der modernen Frauen das Stillen ihrer Kinder auf. Medizin und Gesundheitsverbände billigten die neue Ernährungsweise, unterstützten unausgewogene Ernährungstheorien wie die der Einteilung in vier Grundnahrungsgruppen und bestätigten im allgemeinen, daß die angereicherten, verarbeiteten Nahrungsmittel der ganz belassenen, natürlichen Kost einschließlich der Muttermilch überlegen seien.

Zum ersten Mal in der Geschichte der Menschen wurde in den meisten Teilen der zivilisierten Welt nicht mehr täglich zu Hause gekocht. Menschen außerhalb der Familie übernahmen weitgehend die Verantwortung für diese Aufgabe. Automaten und mechanische Fließbandmethoden isolierten viele der zubereiteten Nahrungsmittel von jedem menschlichen Kontakt. Elektrizität und Mikrowellen ersetzten Holz und Gas als hauptsächliche Kochwärme, wodurch das Essen weiteren künstlichen elektromagnetischen Schwingungen ausgesetzt wurde, an natürlicher Energie verlor und sich sogar seine Molekularstrukturen veränderten. Tischgebet oder Dankspruch für die Gaben der Erde

– eine Sitte, die über Generationen hinweg gewahrt worden war und sie mit der Schöpfung verbunden hatte – verschwanden weitestgehend, zusammen mit dem echten Essen. Wenn moderne Menschen überhaupt über ihre Art zu essen nachdachten, erkannten sie höchstens eine unbestimmte Treue gegenüber einer Gottheit des Fettes, der Proteine und Kohlehydrate an, gegenüber einem Teufel namens Kalorien und einem kleineren Ehrentempel der Vitamine und Mineralien. Das Fernsehen ersetzte den Herd als Zentrum des Hauses. Die abendlichen Nachrichten – die von nuklearer Aufrüstung, Feindseligkeiten zwischen den USA und der UDSSR und regionalen Konflikten überall auf der Welt berichteten – verdrängten die übliche Unterhaltung am Abendbrottisch. Eine Atmosphäre weltumspannender Furcht und weltweiter Krise umgab das Essen und trug noch mehr zu Gefühlen der Isolation und Verzweiflung bei.

Der Zusammenbruch der modernen Gesellschaft

Während das Ende des zwanzigsten Jahrhunderts näher rückt, haben sich die Anzeichen für einen baldigen Zusammenbruch der modernen Zivilisation rasch vervielfacht. Nach Generationen von billigem fossilem Brennstoff wurde die Hypothek auf den chemischen Bauernhof durch die von den Arabern verursachte Ölknappheit in den siebziger Jahren sofort fällig. Die moderne Gesellschaft hat plötzlich erkannt, daß die Erdkrume weggewaschen ist, die Lebenskraft der Samen sich verringert hat, saurer Regen die verbliebenen Wälder und das Leben in freier Wildbahn gefährdet, giftige Abfälle Flüsse und Meere verseuchen und Veränderungen im globalen Ernährungsverhalten viele Teile der Erde in Wüsten zu verwandeln drohen.

In den Tropengebieten von Afrika, Asien und Lateinamerika werden die Regenwälder der Welt – die ein Drittel aller pflanzlichen und tierischen Arten der Erde beherbergen – endgültig durch Rinderzucht, Bergbau und Abholzen zerstört. Diese Zerstörungen können zu weltweiten Klima- und Wetterveränderungen führen, da es dann den Sauerstoff nicht mehr gibt. Die

Fruchtbarkeit des Bodens, die bis zu Moses' Zeiten zurückreicht, wurde in einer einzigen Generation fast ganz aufgebraucht. Neue hartnäckige Seuchen haben sich entwickelt, die die Wirksamkeit chemischer Pestizide in Frage stellen. 1980 waren zwei Drittel aller volkstümlichen Sorten von Weizen und Gartengemüse, die in Nordamerika und Europa einmal angebaut wurden, verschwunden.

In den Entwicklungsländern richtete die moderne Landwirtschaft in noch viel größerem Umfang Zerstörungen an. Viehweidung, die Bebauung von mageren Böden und der Export schnell verkäuflicher Landprodukte warfen traditionelle Anbaumethoden und das kulturelle Leben über den Haufen. Mit der Verbreitung der Monokultur verschwanden Tausende von Getreide- und Gemüsearten, die seit den Zeiten der ägyptischen Dynastien, Veden und Inkas gediehen waren. In Indien wurden zum Beispiel früher 5500 verschiedene Reisarten angebaut! Seit Mitte der sechziger Jahre, als vier neue Samenhybriden, die hohe Erträge liefern, im Rahmen der Grünen Revolution eingeführt wurden, sind die meisten dieser robusten, krankheitsresistenten Typen von Körnern, die nur in begrenzten Gebieten vorkamen, ausgestorben. Abermillionen von Familien, die vom Land ihrer Väter durch Fleischproduktion, Kaffeeanbau und andere Agrarindustrie vertrieben wurden, strömten auf der Suche nach Arbeit und neuen Verdienstmöglichkeiten in Ballungsgebiete wie Kairo, Mexico City und São Paulo zusammen. Die riesigen Slums der Städte, die durch diesen Exodus vom Land geschaffen wurden, hatten nichts zu bieten als Armut, Hunger und Hilfsprogramme, die in Babynahrung, verfeinerten Nahrungsmitteln und Methoden der künstlichen Geburtenkontrolle – einschließlich Sterilisierung – bestanden. Letzten Endes trugen alle diese Dinge nur noch mehr zu Krankheit und Verelendung bei.

In dieser Epoche kamen in der Spirale des internationalen Nahrungsaustausches als letzte die westlichen Soldaten an die Reihe (die physischsten Elemente der Gesellschaft und am meisten Yang), die mit Marihuana, Kokain, Heroin und Opium aus Vietnam, Afghanistan, dem Libanon, El Salvador und anderen tropischen oder halbtropischen Gegenden zurückkehrten.

Wieder einmal begann das Eindringen von extremem Yin aus den Tropen die soziale Ordnung in den nördlichen Industriestaaten der Welt ernsthaft zu untergraben. Bemühungen der Gesetzgeber, illegale Drogen zu verbieten, waren genauso wirkungslos wie die Anstrengungen früherer Generationen, den Zucker- und Alkoholkonsum unter Kontrolle zu bringen.

Als Ergebnis des Herumspielens mit den Elementen und der Weigerung, sich an die Einteilung der vier Jahreszeiten zu halten, vermehrten sich Krebs, Herzkrankheiten und andere degenerative Störungen in der modernen Welt und erreichten zwischen 1950 und 1980 epidemische Ausmaße.

Das Zeitalter der Biotechnologie

Das moderne Zeitalter, das mit der landwirtschaftlichen Revolution im siebzehnten Jahrhundert begann, endet im späten zwanzigsten Jahrhundert mit dem weltweiten Sieg von verfeinerten, verarbeiteten und künstlichen Nahrungsmitteln. Während diese Eßweise für noch nie dagewesene Vielfalt, Annehmlichkeiten und sensorischen Genuß sorgte, haben sich ihre Auswirkungen auf die persönliche und gesellschaftliche Gesundheit und das Bewußtsein als tödlich erwiesen. Jetzt, am Ende des modernen Zeitalters, sind Familien von Konflikten und Trennung bedroht, und jede zweite Ehe endet mit Scheidung. Schulen sind eher Haftanstalten als Orte der Belehrung und Entdeckung. Die moderne Medizin ist unfähig, den Epidemien von degenerativen und Immunschwächekrankheiten Einhalt zu gebieten. Millionen verhältnismäßig gesunder Frauen im gebärfähigen Alter haben eingewilligt, sich als Vorbeugungsmaßnahme gegen Krebs die Gebärmutter oder die Eierstöcke operativ entfernen zu lassen. Religiöse Raserei, Selbstverstümmelung und Opfertod kennzeichneten das Ende früherer Epochen. Die Welle von meist unnötigen Operationen wie auch die Verbreitung von Immunschwächekrankheiten und die Ächtung von Aidskranken entspricht den Seuchen und der mit ihnen verbundenen Panik, die den Verfall vergangener Kulturen begleiteten.

Auf der gesellschaftlichen Ebene gehören Verbrechen, Mord, Kidnapping und Terroranschläge zum Alltag. Kulte verschiedenster Couleur haben Hochkonjunktur, während es mit Wirtschaft und Politik bergab geht und Verzweiflung, Angst und Apathie sich ausbreiten. Wildes, exzentrisches Benehmen, Zweckoptimismus und andere chaotische Äußerungen einer physischen und psychischen Unausgeglichenheit sind auf allen Lebensebenen alltäglich geworden. Nationen haben bewiesen, daß sie nicht fähig sind, das gegenseitige Mißtrauen und die gegenseitige Angst zu überwinden und der atomaren Aufrüstung Einhalt zu gebieten. Die Entwicklungsländer haben angefangen, Atomreaktoren zu bauen, die unter Umständen auch spaltbares Plutonium produzieren könnten. Die Großmächte bereiten sich darauf vor, das Wettrüsten auf den Weltraum auszudehnen. Die Erde selbst liegt im Sterben, ihre Ackerkrume ist weggewaschen, ihre Wälder und Ebenen sind ausgeplündert, ihr Wasser und ihre Atmosphäre sind verschmutzt, ihr tierisches und pflanzliches Leben stehen kurz vor der Vernichtung.

Das fragile Ernährungssystem, das vier Milliarden Jahre gebraucht hat, um sich bis zur Vollkommenheit zu entwickeln, ist zusammengebrochen.

Die Bestrahlung von Nahrungsmitteln hat sich jetzt ebenfalls durchgesetzt, weil Züchter und Händler das Reifen von Getreide, Gemüse und Obst weiter hinausschieben und deren Haltbarkeit verlängern wollen. Bei diesem Verfahren verändern sich die Zellen der Nahrungsmittel, die Gene eingeschlossen, oder werden zerstört durch einen Prozeß, der das Essen mit den Elektronen eines Teilchenbeschleunigers bombardiert oder – eine gebräuchlichere Methode – es der hohen Energie von Gammastrahlen aussetzt, die radioaktives Kobalt und Cäsium abgeben. Anfang der achtziger Jahre billigte das Landwirtschaftsministerium der Vereinigten Staaten die Bestrahlung der meisten gebräuchlichen Eßwaren, solange sie mit ›picowaved‹ gekennzeichnet würden. Und das Energieministerium begrüßte diese neueste Erfindung der Nahrungsmitteltechnik als eine exzellente Möglichkeit, nukleare Brennstoffreste verwenden zu können. Die Atomenergie hat unseren Eßteller erreicht.

Angesichts des nahenden Zusammenbruchs der natürlichen Menschen haben Wissenschaftler und Genetiker begonnen, an den Grundbausteinen des menschlichen Lebens selbst herumzuspielen. Mit der Entwicklung des künstlichen menschlichen Herzens Anfang der achtziger Jahre öffnete sich der Vorhang vor dem neuesten und wahrscheinlich letzten Akt des menschlichen Dramas – dem Zeitalter der Biotechnologie.

Die Wurzeln der modernen Krise

Der Zweite Weltkrieg kennzeichnet das Ende der horizontalen Bewegung der menschlichen Kultur. Mit dem Abwurf der Atombombe auf Hiroshima und Nagasaki begegneten sich West und Ost, und die Grenzen der modernen Technologie wurden offensichtlich. Durch die neue Waffe waren territoriale Abgeschlossenheit, nationale Eigenstaatlichkeit und die materialistische Tendenz der letzten mehreren tausend Jahre überholt. Von nun an konnte die Menschheit sich vertikal ausdehnen – in den Weltraum hinaus oder nach innen in Geist und Bewußtsein. Das Verlangen, die Welt durch Geld, Macht und Ideen zu beherrschen, dürfte bis ins nächste Jahrhundert andauern, gespeist vom Schwung der Vergangenheit. Mit dem Nahen des einundzwanzigsten Jahrhunderts jedoch geht die Yang-Spirale der dunklen Hälfte des Kreislaufs der nördlichen Himmelsenergie eindeutig zu Ende, obwohl das Leben wahrscheinlich für ein oder zwei Generationen sich weiter beschleunigen und zusammenziehen wird.

Die Atombombe machte eine einige Welt unvermeidlich. Massenzerstörung ist ein möglicher Weg dazu. Der zweite ist eine geeinte Welt. Ein globaler Atomkrieg würde wahrscheinlich das Ende allen menschlichen Lebens und sogar des Planeten selbst bedeuten. Eine Weltgemeinschaft aufzubauen würde der Anfang einer neuen Spirale sein, die sich in einer langsameren, weiter gespannten, harmonischeren Richtung bewegt.

Die beginnende Erkenntnis, daß die Menschheit einen gemeinsamen Ursprung und ein gemeinsames Schicksal besitzt, hat zu einer universaleren Vorstellung vom Paradies geführt. Im zwanzigsten Jahrhundert hat sich die Zukunftsvorstellung von kleinen, mit dem Land verbundenen Gemeinden zu globalen Ortschaften verschoben. Visionäre Architekten und Planer wie Le Corbusier, die sowjetischen Konstruktivisten, Frank Lloyd Wright, Buckminster Fuller, Marshall McLuhan und Paolo Soleri haben begonnen, in planetarischer Sprache zu planen und zu träumen.

Nach dem Zweiten Weltkrieg begann eine weltweite Begegnung von Ost und West – intuitives, spirituelles Denken und analytisches, materielles Denken –, während sich der Polarstern auf seine alte Stellung zubewegte. Die Versöhnung dieser beiden Lebensstile wird nicht den Sieg des einen über den anderen bedeuten, sondern eine breitere und tiefere Synthese der Stärken von beiden. Wenn es möglich ist, den Mißbrauch von Naturwissenschaft und Technik wie auch von Religion und Ideologie zu vermeiden, könnte eine geeinte friedliche Welt endgültig aufgebaut werden.

Auf biologischer Ebene hängt dies davon ab, ob wir in der Lage sind, die traditionellen Spielarten von ganzen Körnern und Gemüse, die seit der ersten Ernte auf der Welt von Generation an Generation weitergereicht wurden, zu erhalten und die künstlichen Nahrungsmittel, die aus neuen Kreuzungen und im Labor entwickelten Produkten geschaffen wurden, aufzugeben. Die Wahl der Samen, die die Menschheit in Zukunft sät, wird wie die Samen in der Vergangenheit das Schicksal der Menschen bestimmen und formen und außerdem entscheiden, ob die Erde ein Inferno oder ein Paradies sein wird.

Lied von der Atombombe

Blaue phosphoreszierende Funken
erhellen die Nacht über Hiroshima.
Die Seelen der Menschen brennen.

Viele Gruppen suchen Verwandte.
Jeder ist müde, schwitzt.
Ich bin einer von ihnen.

Das Gesicht des toten Soldaten
ist sehr still.
Glaubst du, Japan hat gewonnen?

Gerüchte und Angst verbreiten sich.
Menschen, Tiere, Gras –
alles Lebendige stirbt.

Viele Pferde und Kühe
liegen tot am Flußufer.
Die Flut macht sie naß.

Wir haben keinen Pfennig.
Sogar unsere Schatten sind zerstört.
Jemand bringt uns eine Schale Reis.

Wir haben keine Worte,
um unsere tiefe Trauer zu erklären.
Wir möchten uns nur neben die Toten legen.

Über der erschütterten Erde
weint der verbrannte Boden
im Mondschein.

Um Mitternacht ist die kühle Luft
erfüllt von den Lauten
wandernder Geister.

Dieser Fluß trinkt Tausende und Abertausende Leben.
Doch jetzt ist das Wasser klar und friedlich.
Ich kann sogar ein paar Fische sehen.

Zu müde, um zornig zu sein,
kommen wir nach Hause.
Wir tragen eine Handvoll Knochen.

Ich halte einen roten Topf aus dem Blumengarten
mit den Knochen meines Mannes.
Ich schüttle den Topf.
Es klingt genau, wie er sprach.

Meine Tochter starb, ihr Gesicht brannte weg.
Trauer füllt mein Herz.
Sie war so glücklich und plante ihre Heirat.

Hände und Füße meines andern Kindes wurden kalt
in der frühen Morgenkühle.
Es ist nicht so leicht, sterben zu dürfen.

Mit meinem Herzen voll Trauer
gehe ich und trage mein Kind
wie eine Verdammte.

In dem törichten Versuch, der Bombe zu entkommen,
laufen wir zum Bahnhof.
Ich stehe allein mitten in Hiroshima.

Dritter Teil

Umwandlung unserer selbst und der Gesellschaft

In seinen Tagen wird jeder Mensch in
Sicherheit essen,
Unter seiner eigenen Rebe, was er pflanzt;
Und all seine Nachbarn die fröhlichen
Lieder des Friedens singen.

Shakespeare

11

Verhinderung von Gewalttätigkeit und mechanischem Denken

Es gibt viele überlieferte Berichte über die Beziehungen zwischen Essen, Bewußtsein und Verhalten. Im späten neunzehnten Jahrhundert begleiteten sechs Zuni-Indianer aus dem amerikanischen Südwesten den Anthropologen Frank Cushing auf seiner Reise nach Boston, wo sie im ›Palmer House‹, einem der besten Hotels der Stadt, fürstlich untergebracht wurden. Laut Cushing »litten die Indianer buchstäblich unsägliche Schmerzen« wegen des neuen Essens. Einmal, nach einer Mahlzeit, rief einer der ältesten von ihnen: »Was ist in dem amerikanischen Essen, mein Sohn, das unser Inneres mit soviel Kampf anfüllt?« Für den Rest der Reise aßen die Indianer getrockneten Mais, den sie genau für eine solche Notsituation mitgenommen hatten.

In der modernen Welt werden geistige und psychische Probleme, einschließlich gewalttätigem und aggressivem Verhalten, behandelt, als seien sie von physischen Problemen unabhängig. Doch wie wir bei der traditionellen Philosophie und Medizin sehen, sind geistige und physische Schwierigkeiten nicht voneinander zu trennen. Krankheiten des Körpers verursachen sofort geistige Störungen, und geistige Schwierigkeiten beeinflussen umgehend die körperliche Verfassung. Psychische und physische Probleme sind zwei verschiedene Manifestationen, die dieselbe Wurzel haben: eine unharmonische Lebensweise, einschließlich einer falschen Ernährung und einem mangelnden Gleichgewicht zwischen geistigen und körperlichen Aktivitäten.

Vom Energiestandpunkt aus können wir alles, was wir aus unserer Umgebung aufnehmen, als Nahrung einstufen. Im menschlichen Körper erfüllen das Verdauungs- und das Nervensystem antagonistisch-komplementäre Funktionen. Das Verdauungssystem ist verhältnismäßig einfach, offen und von hohler Beschaffenheit, während das Nervensystem äußerst kompliziert, vielfältig und kompakt ist. Das ausgedehntere (Yin) Verdauungssystem zerkleinert und absorbiert materielle Nahrung – die kondensierteste oder materiellste (Yang) Art von Energie –, das zusammengezogenere (Yang) Nervensystem dagegen, besonders das Gehirn, verarbeitet Informationen oder geistige Nahrung aus der Umwelt in Form von Schwingungen – die ausgedehnteste oder nichtmaterielle Form von Energie (Yin).

Wenn unser Verdauungssystem träge oder überanstrengt ist, tritt ein entsprechender Verfall oder eine Störung unserer Fähigkeit auf, Informationen aus der Umwelt aufzunehmen und zu verarbeiten. Das passiert vor allem, wenn wir zuviel essen, wenn wir Sachen von schlechter Qualität essen oder wenn wir Nahrung zu uns nehmen, die nicht zu dem Klima paßt, in dem wir leben, zur Jahreszeit, zu unserer Tätigkeit und anderen persönlichen Verhältnissen und Bedürfnissen. Dann läßt unsere Aufmerksamkeit nach, unser Gedächtnis wird schlecht, und unsere Reaktionen auf die Umgebung sind wirr. Wenn wir eine Mahlzeit auslassen oder gelegentlich fasten, ist die Wiedergewinnung eines klaren Geistes, innerer Ruhe und der Entschlossenheit zu tun, was wir uns vorgenommen haben, die direkte Folge eines Ausruhens des überlasteten Verdauungsapparats.

Organe und Empfindungen

Nahrung ist Energie, Schwingung, Bewegung. Der Körper setzt sich aus Nahrung zusammen und wird von ihr immer wieder aufgebaut. Die Nahrung bewirkt gleichzeitig physische und psychische Manifestationen. Wenn wir unseren körperlichen Zustand verändern, folgen entsprechende psychische Veränderungen praktisch auf dem Fuße. Wenn wir unseren psychischen Zustand verändern, können körperliche Veränderungen eintreten, allerdings dauert das viel länger.

Aufstellung 9. Nahrung und Emotionen

	Gesunde Funktion
Organ	Bewirkt
Leber, Gallenblase	Geduld, Ausdauer, Abenteuerlust, Kreativität
Herz, Dünndarm, Gehirn	Freundlichkeit, Zusammenarbeit, Gelassenheit, Intuition, Geistige Einheit, Fröhlicher Ausdruck
Magen, Milz, Bauchspeicheldrüse	Sympathie, Weisheit, Rücksicht, Verständnis
Lunge, Dickdarm	Glück, Sicherheit, Ganzheit, Einheit
Nieren, Blase, Fortpflanzungsorgane	Vertrauen, Mut, Inspiration

	Kranke Funktion	
Ernährung	Bewirkt	Ernährung
Ganze Körner, Weizen, Gerste, Blattgemüse, Miso, Pickles, Saure und natürlich-fermentierte Lebensmittel	Gereiztheit, Zorn, Gewalttätigkeit, Grausamkeit, Eigensinn, Engstirnigkeit, Unbeweglichkeit	Fleisch, Eier, Geflügel, Milchprodukte, weißes Mehl, Fett und Öl, Zucker, Süßigkeiten, Alkohol
Ganze Körner, vor allem rote Hirse und Mais, Ausgedehntes grünes Blattgemüse, Klettenwurzel, Wakame, Kombu, Bittere Lebensmittel	Getrenntheit, Aufregung, Nervosität, Unruhe, übermäßiges Lachen oder Sprechen, Leidenschaftlichkeit, Unbeweglichkeit	Fett und Cholesterin, Zucker, Süßigkeiten, zuviel Obst und Säfte, Tropische Nahrungsmittel, Kaffee, Raffiniertes Öl, Chemikalien
Ganze Körner, Hirse, Kürbis, Zwiebeln, Kohl, Natürlich-süße Produkte	Gereiztheit, Kritiklust, Skeptizismus, Sorge, Eifersucht, Neid	Fleisch, Eier, Butter, Fett, Käse, Milch, Öl, Zucker, Weißer Reis, Alkohol
Ganze Körner, vor allem brauner Reis, Brokkoli, Blumenkohl, Lotoswurzeln, Rettich, Ingwer, Schalotten und andere scharfe Produkte	Traurigkeit, Depression, Unentschlossenheit, Spaltung, übergroßen Hang zur Analyse, Verwirrung, Schwachheit	Fleisch, Eier, Geflügel, Zucker, Milchprodukte, Öl, Weißes Mehl, Gewürze, Drogen, Tabak
Ganze Körner, vor allem Buchweizen, Azuki und andere Bohnen, Meeresgemüse, Quellwasser, Unbehandeltes Meersalz, Miso, Natürlich-salzige Produkte	Furcht, Abwehr, Hoffnungslosigkeit, kein Selbstwertgefühl, Zurückhaltung, Kühle	Fette, Öl, Fleisch, Milchprodukte, Geflügel, Zucker, Weißes Mehl, Zuviel Flüssigkeit, Saft und Kaltes Essen, Salz und Öl, Drogen und Medikamente

In der östlichen Medizin ist seit alters her bekannt, daß jedes Hauptorgan des Körpers mit mentalen, emotionalen und spirituellen Äußerungen verbunden ist und jedes Organ von bestimmten Nahrungsmitteln ernährt wird (siehe Aufstellung 9). Eine Leberfunktionsstörung zum Beispiel, die durch übermäßigen Zucker- oder Fettverzehr entsteht, kann einen heftigen Energieausbruch bewirken, den wir Gewalttätigkeit nennen. Hoher Blutdruck, unregelmäßiger Herzschlag, Verhärtung der Herzkranz-, Gehirn- und peripheren Arterien und andere Arten von kardiovaskulären Krankheiten führen zu übertriebenen, impulsiven Reaktionen oder starrem, zwanghaftem Denken und Handeln, je nachdem, welche Form die Störung annimmt. Eine überanstrengte Milz kann zu einer Verschlechterung der Blutqualität führen, verbunden mit entsprechenden Gefühlen von Phantasielosigkeit. Wenn das Blut voll Sauerstoff ist, erfüllt das Gehirn seine Aufgabe in Hochform. Wenn die Lungenbläschen von Fett und Schleim umgeben sind, erreicht weniger Sauerstoff die höheren Gehirnzentren und es kommt zu Gefühlen der Schwere, Trägheit und Entschlußlosigkeit. Ein kranker Dickdarm kann zur unregelmäßigen Entfernung der Ausscheidungsprodukte des Körpers und seiner Gifte führen, was entsprechende geistige und psychische Blockaden bewirkt. Überaktive oder zu wenig aktive Nieren verursachen Gefühle der Unsicherheit, die sich in aggressivem oder passivem Verhalten ein Ventil suchen können. Die Nahrung, die wir essen, beeinflußt unseren Stoffwechsel und wirkt damit auf eine fast unmerkliche Weise auch auf unsere Stimmung und unser Verhalten ein.

Ernährung, Verbrechen und Kriminalität

In der modernen Gesellschaft leiden Millionen von Schulkindern an chronisch niedrigem Blutzucker als Folge übermäßigen Konsums von Zucker, Erfrischungsgetränken, Desserts, Obst, Säften, tropischen Früchten und anderen verfeinerten und chemisch behandelten Produkten. Außerdem essen sie zuviel Geflügel, Eier, Käse und tierisches Fett. Sie werden oft als ›hyperaktiv‹, ›lernbehindert‹ oder sogar ›zurückgeblieben‹ bezeichnet. Millionen anderer Kinder haben eine mehr oder weniger starke Koordinationsschwäche, eine Sprachstörung, eine wahrnehmungsmotorische Beeinträchtigung oder wenig Pflichtgefühl. Die Schwierigkeiten dieser Kinder werden häufig familiären, sozialen, psychodynamischen oder anderen Gründen zugeschrieben. Aber die zugrundeliegende Ursache ist gewöhnlich ernährungsbedingt – eine unausgewogene Blutchemie, die Wahrnehmungsfähigkeit, Verständnisvermögen, innere Einstellung und Verhalten direkt beeinflußt. Millionen von Erwachsenen leiden ebenfalls an Hypoglykämie. Medizinische Studien haben ergeben, daß vierzig bis achtzig Prozent der Geisteskranken einen chronisch niedrigen Blutzuckerspiegel haben.

Früher behandelten die Ärzte Hypoglykämie, indem sie ihren Patienten rieten, Zuckerstückchen zu essen, da Zucker den Blutzuckerspiegel vorübergehend anhebt. Heute haben sie erkannt, daß dies das Problem nur noch verschlimmert, und empfehlen allgemein, im Fall einer derartigen Störung Zucker ganz zu meiden oder zumindest weniger davon zu essen. Andere Therapeuten und Ernährungsspezialisten haben Vitamine und Mineralstoffe verschrieben, zusammen mit körperlichen und geistigen Übungen, um das Gleichgewicht wiederherzustellen. Alle diese Maßnahmen helfen zwar, die Symptome zu beseitigen, doch vom makrobiotischen Standpunkt aus sind nicht Rohrzucker und andere Einfachzucker die eigentliche Ursache der Hypoglykämie. Vielmehr ist es das Fehlen von stabilisierenden komplexen Kohlehydraten, vor allem Ganzkorngetreide, verbunden mit einem zu hohen Konsum von mehr Yang-Nahrungsmitteln – Eier, Fleisch, Geflügel, Käse und anderen. Um diese zusammengezogeneren Nahrungsmittel auszugleichen, wählt der Körper automatisch Zucker, Süßigkeiten, Alkohol, Kaffee und andere mehr Yin-Nahrungsmittel. Allein wenn man diese übermäßigen Yin-Produkte wegläßt, können sich die offensichtlichen Symptome schon verringern, doch solange die zugrundeliegende Ursache für das Bedürfnis nach diesen Produkten nicht beseitigt ist, wird sich die Hypoglykämie weiter verschlimmern und schließlich auf andere Art in Erscheinung treten.

Alkohol- und Drogenmißbrauch sind die am meisten ins Auge springenden Konsequenzen. Wie Alkohol können Marihuana, Kokain, Halluzinogene, Amphetamine und andere bewußtseinsverändernde Stoffe die Auswirkungen des niedrigen Blutzuckers vorübergehend ausgleichen. Doch auf die Dauer gesehen destabilisieren sie die Glucosetoleranz stark und schwächen den ganzen Organismus.

Hypoglykämie selbst bewirkt ein verschwommenes, aber immer gegenwärtiges Gefühl von Verzweiflung und Spannung. Je nach der Ernährungsweise, den Verhältnissen, unter denen man aufgewachsen ist, dem sozialen Umfeld und anderen Faktoren kann sich dieses Gefühl bei einer Person nach innen richten und ein negatives Selbstbild schaffen, oder nach außen. In diesem Fall können sich die Gefühle von Aggressivität und allgemeiner Feindseligkeit schließlich in irgendeiner Form gewalttätigen oder kriminellen Verhaltens Luft machen.

Diese nach außen gerichtete Explosion angestauter Energie wird durch die sich ausdehnende Flüchtigkeit extremer Yin-Nahrung wie Zucker, tropische Früchte, Alkohol oder Drogen zusätzlich zu extremer Yang-Nahrung wie Fleisch, Eier und Geflügel verursacht.

Im Fall von niedrigem Blutzucker wird die chronische Schwäche des Körpers, seine unmittelbaren Energiebedürfnisse zu dekken, als fehlendes Vertrauen in seine eigenen Fähigkeiten und als Abhängigkeit von anderen erfahren. Wenn die fundamentale Vitalität und das Vertrauen, es mit seiner Umwelt (einschließlich Haushalt, Schule oder Arbeitsplatz) aufnehmen zu können, nicht vorhanden ist, führt dies gewöhnlich dazu, daß andere Menschen oder die Gesellschaft betrogen oder bestohlen werden. Proportional zur Menge tierischer Nahrung nimmt der unausgeglichene Zuckerstoffwechsel eine aggressivere Form an. In der Leber, die übermäßigen Blutzucker vorübergehend speichert und wieder freisetzt, kann sich Fettgewebe ansammeln, was zu dem Wunsch führt, seine Umgebung zu beherrschen, und zu explosiven Entladungen blockierter Energie. In manchen Fällen ist es möglich, daß es bei dieser Unausgeglichenheit zu Angst und der Überzeugung kommt, man brauche einen Revolver, ein Messer oder eine andere Waffe, um sich vor der Umwelt zu schützen. Neueste Studien zeigen, daß jugendliche Täter oder erwachsene Kriminelle anomal hohe Hypoglykämie-Werte haben, ungefähr 80 bis 85Prozent.

Der Wechsel zu einer gesünderen Eßweise kann den Blutzuckerspiegel rasch normalisieren und trägt dazu bei, daß einem geistige und körperliche Tätigkeiten leichter fallen. Die richtige Blutqualität, einschließlich normalem Blutzuckerspiegel, ist wichtig, um ein gesundes Selbstwertgefühl zu entwickeln und die Verantwortung für sein Verhalten übernehmen zu können. Viele Studien aus jüngster Zeit haben die Wirksamkeit einer Ganzkosternährung bewiesen, wenn das Bewußtsein geändert und das Verhalten gebessert werden soll. Viele dieser Untersuchungen wurden in Gefängnissen und anderen Strafanstalten durchgeführt, wo gewalttätiges und aggressives Verhalten zur Tagesordnung gehören.

Barbara Reed, Chefbewährungshelferin beim Stadtgericht von Cuyahoga Falls in Ohio, verbesserte die Qualität ihres eigenen Lebens, indem sie ihre Ernährung umstellte. Immer wiederkehrende Alpträume, Denkfehler, Müdigkeit und Anfälle von Ungeduld verschwanden, als sie Zucker, süße Nahrungsmittel, weißes Mehl und Konserven von ihrem Speisezettel strich und mehr Ganzkorngetreide, Gemüse und frisches Obst zu essen begann. 1971 führte Mrs. Reed bei ihrer Behörde Ernährungsvorschriften ein, um eventuelle Mängel oder Einseitigkeiten in der Ernährung feststellen zu können, und fing an, auf Bewährung freigelassene Gefangene zu beraten und ihnen zu empfehlen, Feinzucker, weißes Mehl und andere mangelhafte Nahrungsmittel wegzulassen. Die Gefangenen erzählten, daß sie sich besser fühlten, mehr Energie besäßen und ihre Gefühle besser beherrschen könnten, nachdem sie ihre Ernährungsempfehlungen befolgt hätten. 1980 berichtete Mrs. Reed, sie habe über tausend ehemalige Gefangene im Rahmen ihres Ernährungsprogramms betreut und von denen, die ihre Vorschläge auf Dauer beherzigt hätten, seien 89 Prozent in den folgenden fünf Jahren nicht wieder verhaftet worden. Ihre Rückfälligkeitsquote lag fünfmal niedriger als der nationale Durchschnitt.

Im Marinegefängnis von Seattle im Staate Washington wurden ab 1978 weniger Zucker, weißes Mehl und andere ausgezogene Kohlehydrate verwendet und durch nahrhaftere Lebensmittel, wie zum Beispiel Ganzkornweizen, ersetzt. Ein Jahr später berichtete der Gefängnisleiter an das US-Marinehauptquartier in Washington, daß »seit dieser Zeit, wie das Aufnahmebuch der Krankenstation zeigt, die Zahl der Krankmeldungen entschieden gesunken ist und sehr viel weniger Medikamente verschrieben wurden. Berichte über Strafmaßnahmen sind im Vergleich zum entsprechenden Zeitraum des Vorjahres um 12 Prozent zurückgegangen.«

1978 entdeckten zwei Kriminologen, daß übermäßiger Milchkonsum der Hauptfaktor war, der rückfällige jugendliche Kriminelle von nichtkriminellen Jugendlichen desselben Schuldistrikts unterschied. Die jugendlichen Täter tranken durchschnittlich zweimal soviel Milch wie die Kontrollgruppe. Kasein, das Eiweiß in Milch, Käse, Sahne, Butter, Milcheis und anderen Milchprodukten kann von den meisten Menschen nicht assimiliert werden und beginnt, sich in unverdautem Zustand in den oberen Eingeweiden zu sammeln und zu zersetzen.

Dabei entstehen Schleim und Gifte, die Magen, Eingeweide, Bauchspeicheldrüse und Galle schwächen. Dieser Zustand wird als Laktose-Intoleranz bezeichnet (Laktose ist der Einfachzucker in Milchprodukten). Andere Studien über Jugendkriminalität zeigen, daß etwa 90 Prozent der Jugendlichen gegen Milch allergisch sind oder sie nicht vertragen und ein Absetzen der Milch vom Speiseplan ein ›deutlich positives‹ Verhalten bewirken kann.

Verlust von Phantasie und Traum

In der modernen Gesellschaft leidet die überwiegende Mehrheit der Menschheit an irgendeiner Form von geistiger oder psychischer Störung. Während unser Verhalten immer zerstörerischer und selbstzerstörerischer wird, verschlechtern sich unser Urteilsvermögen und unsere Intuition. Unsere Vorstellung vom Leben und seinen Möglichkeiten wird verschwommen, und wir verlassen uns mehr und mehr auf Fachleute und Behörden, die uns sagen, wie wir leben sollen. Unser moderner Ernährungsstandard beruht zum Beispiel ursprünglich auf Laboruntersuchungen über die Mengen von tierischem Eiweiß, die Preußen männlichen Geschlechts im neunzehnten Jahrhundert aßen – eine Ernährung, die zu zwei verheerenden Weltkriegen beitrug. Während wir weiter so unausgeglichen essen, nimmt unsere Vitalität ab und wir verlassen uns immer mehr auf die Technik, einfache Dinge zu tun, die wir nicht mehr länger selbst machen können. Schließlich fangen wir an, den Kosmos als Maschine zu sehen – unpersönlich, gefühllos, austauschbar. Wir betrachten uns als Opfer oder unschuldige Zuschauer in einer fremden Welt, über die wir keine Kontrolle haben. Wir finden, daß es zu schwierig ist zu verstehen, wie unser eigener Körper funktioniert, und zu kompliziert, die Probleme von Krieg und Frieden zu lösen. Wir übernehmen immer weniger Verantwortung für unsere persönlichen Krankheiten und die Schwierigkeiten der Gesellschaft und überlassen sie den Spezialisten, die nur zu gern bereit sind, sich darum zu kümmern.

Statt komplexer Kohlehydrate – Ganzkorngetreide, Gemüse und frisches Obst – nehmen wir die meiste Nahrung in Form von verfeinerten Kohlehydraten und harten gesättigten Fetten zu uns. Heute ist Erdöl – und seine synthetischen Nebenprodukte in Nahrung, Medizin, Bekleidung, Transportmitteln, Baumaterial und Heimausstattung – das moderne Lebensmittel. Wir haben aus dem Weizen und dem Reis den Keim entfernt, und der Aufbau unserer heutigen Zivilisation spiegelt diese Trennung und Unvollständigkeit wider. Wir schätzen die Unversehrtheit dessen, was wir essen, nicht mehr, noch achten wir die Frucht unseres eigenen Leibes. Der geringe Wert, den wir dem menschlichen Leben beimessen, ist eine Folge dieses biologischen Verfalls. In der letzten Generation wurde die Fruchtbarkeit der Erde und der Menschen schonungslos ausgebeutet. Während unsere Fähigkeit, gesundes Getreide und Gemüse anzubauen und natürlich zu gebären, abnimmt, ist das einzige, was viele von uns noch in Gang hält, das biologische Erbe unserer Vorfahren. Wir leben sozusagen vom fossilen Brennstoff unserer

DNS, den uns kräftige, hartarbeitende Eltern und Großeltern hinterlassen haben, deren Ernährung aus großen Mengen Ganzkorngetreide und anderen frischen Nahrungsmitteln bestand. Dieser Verlust – der Austausch von komplexen Kohlehydraten, die unser inneres Feuer schüren, gegen Zucker und andere raffinierte Kohlehydrate – ist die eigentliche Energiekrise unserer Zeit, nicht der Mangel an Erdöl oder Plutonium, die uns unsere unnatürliche Lebensweise ermöglichen.

In der Vergangenheit träumten unsere Vorfahren davon, in Einklang mit ihrer Umgebung eine gesunde, friedliche Gesellschaft zu schaffen oder auf der Suche nach Sicherheit und einer besseren Zukunft in eine andere Ansiedlung zu ziehen. Um diesen Traum zu verwirklichen, aßen sie sehr einfach, meistens Getreide oder andere komplexe Kohlehydrate, und opferten häufig ihre Bequemlichkeit und ihr materielles Fortkommen dem Wohl der nächsten Generation. Heute wird diese bedächtige, auf einer langsamen Entwicklung beruhende Betrachtungsweise des Lebens durch eine Moral ersetzt, die alles schnell und sofort haben und umgehend Befriedigung finden will. Die Zeiträume, denen wir unsere Aufmerksamkeit widmen, messen wir in Stunden, Minuten und Sekunden und nicht mehr in Epochen, Jahren und Jahreszeiten. Statt lebenslanger Träume und Ziele haben wir kurzfristige Berufsziele und eine Liste von persönlichen Bedürfnissen. Unser Leben basiert auf Tatsachen, nicht auf ideellen Werten. Alle unsere modernen Fluchtversuche, Süchte und Schnellverfahren – die zwanghaftes Fernsehen, Drogen- und Alkoholmißbrauch, Spielen, Aktien- und Bodenspekulation, Psychokurse und Abhängigkeit von Gurus einschließen – können im wesentlichen als hypoglykämische Reaktionen oder andere Symptome einer physischen oder psychischen Krankheit angesehen werden.

Diese Süchte sind zerstörerisch, doch im allgemeinen äußern sie sich ohne Gewalttätigkeit. Allerdings nimmt die zwanghafte Suche nach materieller oder spiritueller Sicherheit manchmal gewalttätige Formen an, wie das Verhalten extremer oder ausbeuterischer politischer und religiöser Gruppen beweist. Blutvergießen und Krieg sind gewöhnlich das Ergebnis. Durch ständige Ernährungsschäden und Mißbrauch unserer Umwelt stumpft unser Nervensystem ab und wird unempfindlich, und wir brauchen laute Musik, Pornographie und fanatisierende Ideologien, um uns anzuregen. Wir haben uns von unserer wahren Natur und unserem ewigen Traum so weit entfernt, daß wir jetzt die meiste Energie und die meisten Hilfsmittel der Gesellschaft dafür verwenden, Technologien zu perfektionieren, die alles Leben auf der Erde zerstören würden.

Aus unseren Erkenntnissen über Nahrung und Energie wissen wir, daß eine Ernährung, die hauptsächlich auf Fleisch und Zukker beruht, zu gewalttätigem, zerstörerischem Verhalten führen kann. Fleisch schafft eine starre, unerbittliche, dickköpfige Mentalität, Zucker verursacht eine zerstreute, konfuse Denkungsart. Zusammen sind sie eine unbeständige, explosive Mischung. Es ist nicht verwunderlich, daß fast alle Leute, die an der Entwicklung der Atombombe mitarbeiteten, leidenschaftlich gern Süßes aßen. Der aus Ungarn stammende Physiker Leo Szilard, der zuerst auf die Idee kam, die Nuklearenergie nutzbar zu machen, liebte fette oder übersüße Delikatessen. General Leslie Groves, der Leiter des Manhattan-Projekts, war geradezu süchtig auf Süßes. Neben den Geheimakten in seinem Safe lagen angeblich Pfundschachteln mit Pralinen, für deren regelmäßigen Nachschub seine Mitarbeiter immer zu sorgen hatten. Auch J. Robert Oppenheimer, Leiter des Wissenschaftlerteams in Los Alamos, das die ersten Uranium- und Plutoniumbomben baute, und Edward Teller, ein Physiker, der später als Vater der Wasserstoffbombe bekannt wurde, hatten eine krankhafte Gier nach Süßigkeiten. Beide waren lustig, kindlich impulsiv, kümmerten sich nie um Einzelheiten und waren unersättlich, was Süßigkeiten betraf. Tellers Sucht nach Schokolade war legendär.

Auf japanischer Seite trug die falsche Ernährung ebenfalls zu schlechter Gesundheit und schlechtem Urteilsvermögen bei, was zum Tod von Millionen Menschen führte. Im April 1941 war die Regierung in Tokio geteilter Meinung darüber, ob mit den Vereinigten Staaten Verhandlungen aufgenommen werden sollten, um einen Krieg im Pazifik zu vermeiden. Ministerpräsident Konoye sollte mit Außenminister Matsuoka, dem Anführer der

Kriegspartei, vom Flughafen zum kaiserlichen Palast fahren und ihn unterwegs über die Friedensbemühungen unterrichten, doch wegen eines schlimmen Falls von Hämorrhoiden war er nicht dazu in der Lage. Als Ministerpräsident Konoye später eintraf, war Matsuoka wütend wegen bestimmter Neuigkeiten, die er während der Fahrt in einem anderen Wagen erfahren hatte. Die Gelegenheit, zwischen den beiden Staaten die Spannungen auszugleichen, war versäumt, und der Kurs, der schließlich zum Angriff auf Pearl Harbor führte, nicht mehr zu ändern. »Es war nicht das erste Mal, daß dieses verhältnismäßig harmlose Leiden den Lauf der Geschichte änderte«, notierte John Toland in *The Rising Sun: The Decline and Fall of the Japanese Empire, 1936–1945* (1970). »Napoleon litt bei Waterloo entsetzlich unter Hämorrhoiden.«

Kaiser Hirohito, Japans führender Mann vor und während des Kriegs, verkörperte eine tragische Verbindung extremer östlicher und westlicher Wertvorstellungen. Nahezu hundert Jahre hatte Japan als einziges asiatisches Land den Bemühungen des Westens, es zu kolonialisieren, widerstanden. Viele führende Persönlichkeiten betrachteten dies als Beweis für Japans rassische Reinheit und Überlegenheit. Obwohl tief im Shintoismus verwurzelt, studierte Hirohito Meeresbiologie. In den zwanziger Jahren trat er sein Amt an und beeinflußte mit seiner völlig darwinistischen Weltanschauung die Ultranationalisten.

Wie sein Vater, Kaiser Taisho, und sein Großvater, Kaiser Meiji, übernahm er eine halbmoderne Ernährungsweise und benützte moderne Techniken, um Japans Aufgabe, Asien durch militärische Gewalt zu erobern, zu einigen und aufzuklären, durchzuführen. Zum Beispiel aß Hirohito zum Frühstück Eier mit Speck – zwei extreme Yang-Nahrungsmittel, die eine aggressive Weltsicht bewirken können. Glücklicherweise aß er auch regelmäßig Haferbrei und Toast, zusammen mit einigen traditionellen japanischen Nahrungsmitteln, die auf seine Gedanken und sein Verhalten einen mäßigenden Einfluß hatten. Nach dem Abwurf der Atombombe auf Hiroshima und Nagasaki war Hirohito vernünftig genug, zu erkennen und zuzugeben, daß Japan besiegt worden war, und setzte bei Regierung und Armee trotz starker

Opposition, die für eine Weiterführung des Krieges war, durch, daß Japan sich ergab.

Nach dem Krieg erwies sich General MacArthur, der Befehlshaber der US-Besatzungsmacht, gegenüber dem japanischen Volk in der Stunde seiner Niederlage als großmütig. Er schonte das Leben des Kaisers und gestattete ihm, seine symbolische Macht zu behalten. Er führte demokratische Reformen durch und gab den japanischen Frauen das Wahlrecht. Zum ersten Mal in der Geschichte durften sie wählen, »denn«, erklärte MacArthur, »Frauen wollen keinen Krieg«. In den Jahrzehnten danach hat Kaiser Hirohito miterlebt, wie Japan aus den Ruinen neu erstand und seinen Einfluß durch Kultur, Handel und technische Innovationen international ausdehnte. Im Gegensatz zu seinem Vater und seinem Großvater, die verhältnismäßig jung starben, behielt er seine Gesundheit und führte ein bescheidenes Leben.

Das Verhalten der japanischen Expansionisten und der amerikanischen Atomwissenschaftler unterscheidet sich nicht sehr von dem aggressiven Benehmen oder den hypoglykämischen Reaktionen von Millionen Schulkindern. Zucker, Limonaden, Eis und ähnliches erzeugen in Verbindung mit Fleisch, Eiern, Huhn, Käse, Milch und anderen tierischen Produkten ein dunkles, zerstörerisches Bild von der Zukunft, unterbrochen durch kurze Licht- und Energieschübe. »Das Schicksal einer Nation«, bemerkte schon Voltaire, »hängt oft vom Essen oder der schlechten Verdauung eines Ministerpräsidenten ab.« Heute hängt die Sicherheit der Welt nicht nur von der Gesundheit und dem Urteilsvermögen eines halben Dutzends leitender Männer ab, die offiziell das Kommando über Atomwaffen haben, sondern auch von Tausenden von Bomberpiloten, Mitarbeitern in Raketensilos und U-Boot-Kapitänen, die von sich aus den dritten Weltkrieg auslösen könnten. Nach neuesten Untersuchungen schätzt man, daß allein in den Vereinigten Staaten etwa hunderttausend Militärpersonen Zugang zu Nuklearwaffen haben oder für sie verantwortlich sind. Jährlich werden etwa 4 Prozent dieser Leute aus Gesundheitsgründen aus dem Dienst entlassen. 1979 waren darunter 1219 Personen mit Geistesstörungen oder einer labilen Psyche, 1365 Fälle von Drogenmißbrauch und 256 Alkoholiker.

Mechanisches Denken: ein Fallbeispiel

Seit vielen Jahren kommen die Menschen zu mir, um sich Rat zu holen. Einen der interessantesten Fälle erlebte ich in Belgien. Eine Mutter erschien bei mir und brachte ihren erwachsenen Sohn mit. Er war sehr groß, etwa dreißig Jahre alt, die Mutter kräftig, klein und ungefähr fünfundsechzig. Sie weinte. Wie sich herausstellte, konnte ihr Sohn nicht richtig sprechen und wurde auch mit den praktischen Dingen im Leben nicht fertig, aber er war ein Rechengenie, ein wahrer menschlicher Computer. Ich fragte ihn zum Beispiel: »Was für ein Wochentag war der 3. November 1893?« Und er antwortete: »Ein Dienstag.« Er konnte auch zwei große Zahlen im Kopf multiplizieren und in Sekundenschnelle die Antwort aufschreiben. Er besaß wirklich erstaunliche intellektuelle Fähigkeiten. Wissenschaftler hatten ihn untersucht, er war im Fernsehen aufgetreten, und in ganz Europa hatten die Zeitungen über ihn berichtet. Bis zum Alter von drei Jahren war er ganz normal gewesen, doch dann begann er, sich mehr und mehr zu verändern. Er wollte ein Leben leben wie alle anderen, auch heiraten, doch er konnte sich nicht mitteilen. Er brachte nur sehr einfache Laute hervor und lächelte ständig. Außerdem besaß er ein ungewöhnliches musikalisches Talent. Wenn er eine Beethoven-Symphonie hörte, konnte er sie eine halbe Stunde später auf dem Klavier nachspielen, obwohl er sich nie näher mit Musik beschäftigt hatte. Jetzt wollte ihn eine Witwe heiraten, doch die Mutter war sich über deren Absichten nicht recht im klaren. Als wir über die Heirat sprachen, bekam ihr Sohn leuchtende Augen, doch er konnte seine Gefühle nicht ausdrücken.

Natürlich hatte ihn seine Familie jahrelang zu allen möglichen Spezialisten geschleppt, aber sie hatten alle erklärt, daß da nichts zu machen sei. Ärzte und Psychiater stuften ihn als ›idiot savant‹ ein – als Wunderkind, das sich auf einem Gebiet hervortut und auf fast allen anderen versagt – und gaben zu, daß ihnen der Grund für seinen Zustand ein völliges Rätsel sei.

Nachdem ich ein paar Minuten über den Zustand des Mannes meditiert hatte, strich ich mit den Händen über und um seinen

Kopf. Dann sagte ich zu der Mutter, daß sie ihm drei Dinge nicht mehr zu essen geben dürfte, wenn er wieder normal werden sollte: Eier, vor allem harte Eier, Käse und Zitronen. Die Mutter sprang von ihrem Sitz auf und erklärte, daß sie ihrem Sohn etwa seit seinem dritten Lebensjahr jeden Morgen Käse und hartgekochte Eier mit Zitronensaft vorgesetzt habe. Erstaunt fragte sie mich, wieso ich wüßte, was er gegessen hat. Ich erwiderte, daß sowohl im Osten wie im Westen seit alters her einfache visuelle Diagnosetechniken angewendet würden, um Gesundheit und Bewußtsein eines Menschen einzuschätzen und festzustellen, was er aß.

Im Fall ihres Sohnes stand eindeutig fest, daß er übermäßig Yang war. Der Mann konnte kaum sprechen, sein Denken war völlig mechanisch, und sein Gesicht und seine Gesichtszüge waren sehr verzerrt – alles verdichtete Eigenschaften, die für extremes Yang charakteristisch sind. Außerdem war seine eine Gehirnhälfte überentwickelt, die andere unterentwickelt. Um irgend etwas auszurechnen, braucht man nur den mechanischen Verstand. Das erkannte ich sofort. In der traditionellen östlichen Medizin und Philosophie weiß man, daß die rechte Seite des Gehirns die eher intuitiven, kreativen Gedanken beherbergt und die linke das mehr analytische, sachliche Denken. Der vordere Teil des Gehirns dagegen bestimmt die Zukunft, wie auch das romantischere, idealistischere, phantastischere Bewußtsein, der hintere Teil die Vergangenheit, Erinnerung, Standfestigkeit und traditionelle Werte. Moderne medizinische und psychische Forschungen beginnen diese elementaren Yin-Yang-Polaritäten zu bestätigen.

Als ich seinen Kopf leicht berührte, konnte ich fühlen, daß von den mehr künstlerischen und intuitiven Teilen des Gehirns keine Energie ausstrahlte, während ich bei den eher analytischen Regionen eine starke Energie spürte. Was verusachte diese Art von Unausgewogenheit? Die Symptome wiesen eindeutig darauf hin, daß der Mann fast ausschließlich tierische und sehr wenig pflanzliche Nahrungsmittel aß. Eier – das verdichtetste Nahrungsmittel der Durchschnittsernährung des Menschen – schaffen einen sehr analytischen Verstand, was auch in der volkstümlichen Bezeichnung ›Eierkopf‹ für Intellektuelle zum Ausdruck kommt. Wenn jemand regelmäßig Eier ißt, entsteht eine Hülle aus Unerbittlichkeit und Dickköpfigkeit um ihn, die andere Menschen nur schwer durchstoßen können, und man selbst findet es auch nicht einfach, sie zu öffnen. Käse bewirkt dagegen eine allgemeine Stagnation im Verdauungs- und Nervensystem und im Kreislauf, da er den glatten Fluß der elektromagnetischen Energie durch den Körper erschwert. In diesem Fall hinderten Schleimablagerungen in und um verschiedene Organe und Funktionen die im Körper kreisende, aufwärts gerichtete und sich ausdehnende Energie der Erde daran, die Yin-Hälfte des Gehirns zu speisen, die Kreativität, soziales Verhalten, Sprachstruktur und Satzbildung beherrscht.

Da extremes Yang natürlich extremes Yin anzieht, wußte ich, daß der junge Mann irgend etwas sehr Saures essen mußte, um ein Gleichgewicht herzustellen. Obwohl Eier große analytische Fähigkeiten bewirken, entsteht nicht durch sie allein die Art von Geistesschärfe, wie sie der junge Mann besaß. Sie wird durch Zitrusfrüchte hervorgerufen, vor allem durch Zitronen, die sauerste Art, die heute allgemein gegessen wird.

Ich erklärte der Mutter, daß sein Zustand sich bessern könnte, wenn er diese Nahrungsmittel nicht mehr äße und auch ein paar andere Produkte, die in der modernen Ernährung eine Rolle spielten, wegließe. Statt dessen sollte sie ihm Essen vorsetzen, das die linke Seite seines Gehirns nährte. Er brauchte Ganzkorngetreide und – vorübergehend – rohe grüne Gemüse mit harten Blättern, keine solchen Extreme wie Zitronen und tierische Produkte. Die Mutter fragte mich, wie lange es dauern würde, bis ihr Sohn wieder normal sei. »Etwa vier Jahre«, sagte ich. Die Blutqualität braucht drei bis vier Monate, um sich zu ändern, danach beginnen Organ- und Gewebsveränderungen. Das Nervensystem fängt nach neun Monaten an, sich zu ändern, und das dauert dann mehrere Jahre, einschließlich der Wiederherstellung seiner vollen Sprachfähigkeit.

Später, als ich wieder einmal Europa besuchte, kam die Mutter erneut zu mir. Sie berichtete, daß sich ihr Sohn seit der Ernährungsumstellung bereits auffallend verändert habe. Er war in der Lage, seine Gefühle auszudrücken, und hatte zum ersten Mal begonnen, Kontakt zu anderen Menschen aufzunehmen. Seine großartigen rechnerischen Fähigkeiten waren jedoch dabei zu verschwinden, er war kein wandelnder Kalender mehr und konnte auch die *Mondscheinsonate* nicht mehr nach dem Gehör spielen.

Ich lächelte und erklärte ihr, daß die Menschen die Freiheit besäßen zu sein, wie sie wollten, und zu tun, was sie wollten. Jetzt, da sie über das Geheimis der Nahrung Bescheid wußte, lag es ganz allein an ihr, was aus ihrem Sohn werden würde. Er konnte ein ausgeglichener Mensch werden mit harmonischen intuitiven und analytischen Fähigkeiten und einer netten Familie oder ein großer Wissenschaftler, Künstler oder Komponist, der allein lebte und sich wahrscheinlich sein Leben lang mit sich herumquälte. Die Nahrung ist eine große Macht. Wenn das menschliche Gehirn völlig entwickelt ist, sind seine Möglichkeiten fast unbegrenzt. Intuition, Telepathie, Kenntnisse der fernen Vergangenheit und Zukunft und andere fortgeschrittene Fähigkeiten können sich durch unsere alltägliche Eßweise ganz natürlich entfalten.

Ich erwähne diesen Fall, weil er die extreme Art des mechanischen Denkens veranschaulicht, die sich in der modernen Gesellschaft immer mehr verbreitet, vor allem bei Wissenschaftlern, Technikern und Politikern, die für das atomare Wettrüsten zuständig sind. Natürlich essen wir alle ähnlich, und deshalb sind es nicht diese Spezialisten allein, die sich ändern müssen, sondern auch alle Durchschnittsmenschen auf dieser Welt, die sich auf jene verlassen. Wenn unsere eigene Gesundheit und unser eigenes Urteilsvermögen wiederhergestellt sind, beginnen wir ganz natürlich, die Verantwortung für unser eigenes Leben zu übernehmen, wie auch für das der Menschen um uns, einschließlich der Wissenschaftler, Ärzte und Führungskräfte der Welt, die nicht richtig essen und nicht in der Lage sind, sich eine friedliche Zukunft vorzustellen.

Der gesunde Mensch übernimmt die Verantwortung für alle Fehler und Schwierigkeiten in seiner Umgebung. Der gesündeste Mensch übernimmt die Verantwortung für die ganze Welt, künftige Generationen und die menschliche Spezies als Ganze. »Wer ist an einem drohenden Atomkrieg schuld? Ich bin dafür verantwortlich. Ich lebte auf der Erde, als diese entsetzlichen Waffen hergestellt wurden. Es liegt an mir, meine Art zu leben und zu essen zu ändern. Wenn ich imstande bin, mich selbst zu ändern, kann ich anderen Menschen zeigen, wie sie sich friedlich ändern können.« Das ist der Geist, der uns in eine helle, friedliche neue Zeit führen wird.

12

›Politik ist Medizin groß geschrieben‹

Der innere Krieg

Im Juli 1945 erhielt Präsident Truman in Potsdam ein dringendes Telegramm: »Heute morgen operiert. Diagnose noch unvollständig aber Ergebnis scheint zufriedenstellend und übersteigt bereits Erwartungen.« Die Nachricht bezog sich auf die Zündung des ersten Nuklearsprengsatzes in der Wüste von New Mexico.

In den folgenden Jahrzehnten rief das Heilverfahren für den konventionellen Krieg eine noch tödlichere Störung hervor: das nukleare Wettrüsten. Wie die Mitteilung an Truman zeigt, ist die Art, wie wir uns mit Krankheit und Krieg auseinandersetzen, im wesentlichen die gleiche. Ob der Konflikt sich im Innern abspielt, wie bei einer Krankheit der Organe des Körpers, oder äußerlich als Kontroverse zwischen Nationen, wir nehmen immer eine Verteidigungshaltung ein. Rudolf Virchow, der große Arzt und Begründer der Zellulartherapie, führte diese neue Art, eine Krankheit zu betrachten, darauf zurück, daß wir sie als »einen durch äußere Kräfte verursachten Konflikt von Bürgern eines Zellstaates« betrachten. Heute ist man allgemein der Ansicht, daß Krankheit ein anomaler oder schädlicher Zustand ist, an dem vor allem Mikroorganismen, Parasiten oder Zellveränderungen schuld sind. Von Kindesbeinen an werden wir dazu erzogen, auf mögliche schädliche Viren, Bakterien und krebserzeugende Stoffe zu achten, die unsere Gesundheit unterminieren und uns unsere Bewegungsfreiheit nehmen könnten.

Diese Krankheitsträger werden weitgehend als äußerlich betrachtet, und wenn sie einmal unseren Körper überfallen haben, glauben wir, daß wir sie finden, neutralisieren und gewaltsam zerstören müssen.

Zur Beschreibung von Körperprozessen und Behandlungsmethoden werden heute schon gewohnheitsmäßig Bilder aus der Militärsprache gebraucht. In einem im *New York Times Magazine* (14. Oktober 1982) erschienenen Artikel über Krebs heißt es zum Beispiel:

»Die Wissenschaftler möchten verstehen, wieso der Feind, die Krebszelle, sich als normale Zelle tarnen und unerkannt an den Wachen des Immunsystems vorbeischlüpfen kann... Antikörper, die im Blut zirkulieren, halten ständig Wache... Der Körper wird alarmiert und sendet besondere Killerzellen aus und eine Menge chemischer Artillerie, um dieser Drohung zu begegnen... Es ist zu hoffen, daß diese mit Gift versehenen Antikörper wie winzige intelligente Bomben agieren und ihre tödliche Ladung beim erkrankten Gewebe abliefern – und nirgendwo sonst.«

Artikel in der *Science News* (4. Mai 1985), einem Wochenblatt, das über neueste Entwicklungen in den verschiedenen medizinischen und naturwissenschaftlichen Disziplinen berichtet, sprechen eine ähnliche Sprache:

»Was tun Sie mit einer ferngelenkten Mittelstreckenrakete? Monoklonale Antikörper, die vom Immunsystem und hybriden Krebszellen erzeugten Proteine, sind bei der Diagnose von Krebs und anderen Krankheiten zu wichtigen Früherkennungswaffen geworden. Aber im Kampfeinsatz haben sich diese Raketen nicht so gut bewährt – die Forscher hatten nur begrenzte Erfolge, als sie monoklonale Antikörper gegen Krebs einsetzten. Nun werden die Antikörper mit Radioaktivität, Drogen oder Toxinen bewaffnet.«

In einem Artikel über das ›Zellkriegs‹-Verteidigungssystem des menschlichen Körpers nahm der Wissenschaftskolumnist des *Boston Globe* (13. September 1985), Professor Chet Raymo, Präsident Reagans ›Sternenkrieg‹ und sein Weltraumraketenverteidigungssystem zum Vergleich, um zu beschreiben, wie die strategische Abwehr des Körpers funktioniert:

»Wir leben in einem Meer von fremden Viren und Mikroorganismen. Viele sind harmlos. Manche sind tödlich. Der Körper wird geschützt durch eine erstaunliche Schlachtordnung von Fallen, Abzugshebeln, Wällen, Gräben und chemischen Alarmanlagen. Manche Körperzellen fungieren als Stoßtrupp, Wachen, Infanterie und Artillerie und verteidigen die Gesellschaft als Ganze, damit sie unangetastet bleibt. Das ›Zellkrieg‹-Verteidigungssystem ist immer im Einsatz.«

Seit dem Ende des Zweiten Weltkriegs ist unsere Einstellung gegenüber Krankheiten immer technologischer und kampflustiger geworden. Obwohl sie dann angebracht ist, wenn unser Leben unmittelbar bedroht ist oder in Notfällen, ist sie im großen und ganzen alles andere als passend.

Jedes Jahr werden Milliarden Dollar in das medizinische Wettrüsten gesteckt, um die beste und wirksamste Abwehr gegen Krankheiten zu finden. Das medizinische Arsenal reicht von Aspirin bis Antidepressiva, von chirurgischen Schnitten bis zur Kobaltbestrahlung. Im Kampf gegen das natürliche Funktionieren unseres eigenen Körpers stehen die rezeptfreien Arzneimittel an vorderster Front. Tabletten sind in der heutigen Gesellschaft so normal und leicht erhältlich wie Gewehr- oder Pistolenkugeln, es gibt sie in allen Formen, Größen und Stärken. Manche Mittel, wie zum Beispiel Aspirin, sind relativ schwach und könnten, was ihre Wirksamkeit betrifft, mit Schrotkugeln verglichen werden. Andere Medikamente, wie Schlaftabletten, ähneln eher Gewehrschüssen, und noch andere, etwa Antihistamine, sind wie Granaten, deren Explosionskraft sich über ein weites Gebiet verteilt.

Die nächste Verteidigungslinie bilden die rezeptpflichtigen Medikamente. Sie gleichen Bomben, und ihr Wirkungsgrad hängt von Sprengkraft, Geschwindigkeit und Zünddauer ab. Tranquilizer und Sedativa zum Beispiel können ganze Netze von Gehirnfunktionen ausschalten, Mittel zur Schmerzbetäubung Divisionen von Schmerzen lähmen.

In der dritten und letzten Verteidigungslinie stehen Chirurgie, Strahlen- und Chemotherapie. Sie sind die B-52, die Trident-U-Boote und MX-Raketen des strategischen medizinischen Kommandos. Diese Waffen funktionieren raffiniert, genau und tödlich. Manche Behandlungen, bei denen der Körper einem radioaktiven Bombardement ausgesetzt oder mit dem Laserstrahl operiert wird, kann man mit der Verwendung von ballistischen Raketen mit Mehrfachsprengköpfen vergleichen, die in ihr Ziel einschlagen.

Wir veranstalten tatsächlich ein Miniaturwettrüsten in uns selbst. Der amerikanische Kongreß unterstrich diese Tatsache symbolisch, als er vor kurzem verlangte, daß ein Teil des Geldes für die militärische Sternenkrieg-Laserraketenverteidigung für die medizinische Forschung verwendet werden sollte. Physiker und Nuklearwissenschaftler bestätigten, daß der freie Elektronenlaser, eine Strahlenwaffe, die entwickelt wurde, um die sowjetischen Raketen im Weltraum abzuschießen, in der Medizin große Bedeutung haben könnte, zum Beispiel bei der Behandlung von Tumoren, zur Verbesserung der Chirurgie und bei Operationen innerhalb der menschlichen Zelle (*Boston Globe,* 13. September 1985).

Eine technologische Kriegführung gegen den Körper kann zu seiner Schwächung und Schädigung führen – angefangen von einer Verschlechterung des Gesundheitszustandes bis zu Lähmungserscheinungen und sehr häufig auch bis zum Tod. Wie in einem modernen militärischen Kampfgebiet sind medizinische Siege nie sicher, und ein Waffenstillstand dauert selten lange. Die feindlichen Kräfte sammeln sich gewöhnlich wieder und tauchen an anderer Stelle auf. Dann wird ein neuer Angriff mit radioaktiven Bomben notwendig, ein noch schärferes Messer muß in Stellung gebracht werden, oder die Dosis der verabreichten Medikamente eskaliert.

Der Feldzug, den man unternimmt, um die Aggressoren des Körpers abzuwehren, ist ein langer Kampf. Schließlich muß der Patient nicht nur von der ursprünglichen Krankheit genesen, sondern auch von den Nebenwirkungen der medizinischen Betreuung, die sein ganzes System schwächen, wodurch es eher zu einem Kollaps kommt.

Als Folge unserer unausgeglichenen Ernährungsweise verbreiten sich gesättigte Fette, überschüssiges Protein und Schleimablagerungen in unserem Blut- und Lymphgefäßsystem und verursachen arteriosklerotische Polster, Tumore und Ansammlungen von giftigen Abfallstoffen in und um lebenswichtige Organe. Ohne jedes warnende Vorzeichen können Fett- und Cholesterinablagerungen einen kritischen Wert erreichen und im ganzen Organismus eine nicht zu steuernde Kettenreaktion auslösen, die zu einer schweren Herzattacke oder einem Schlaganfall führt. Bei Krebs dagegen wird sich die bösartige Geschwulst langsam vergrößern und einen umfassenden Konflikt auslösen, bis der Körper schließlich unbewohnbar wird. Um diese tödliche Spirale von eskalierender Krankheit und Behandlung umzukehren, ist das Einfrieren von Kunstdünger und Schädlingsbekämpfungsmitteln für den Boden notwendig, und wir brauchen ein Stillhalteabkommen, was den Verzehr von Fleisch, Geflügel, Milchprodukten, Zucker und verfeinerten Kohlehydraten betrifft oder müssen ihn drastisch einschränken. Die allgemeine und vollständige Abrüstung beginnt in unseren Kühlschränken und Medizinkästchen. Um eine friedliche Welt zu schaffen, ist eine wechselseitige und ausgeglichene Reduzierung der Megadosen von Drogen und Medikamenten und der Megatonnen von Waffen notwendig.

Der äußere Krieg

»Die Medizin ist eine Sozialwissenschaft, und Politik ist Medizin groß geschrieben«, stellte Rudolf Virchow vor mehr als einem Jahrhundert fest.

In der heutigen Medizin werden wir von der modernen Vorstellung der zellulären Unabhängigkeit beherrscht – der Ansicht, das, was in der Zelle oder ihrem Kern passiert, sei vom Organismus als Ganzem oder seiner Umgebung völlig unabhängig. Mit den Jahren hat uns die moderne Wissenschaft überzeugt, daß Krankheit das Ergebnis äußerer Einwirkungen oder einer Abweichung in einem einzelnen Gen, einem Hormon oder anderen Zellbausteinen ist, über die wir keine Kontrolle haben und für die wir moralisch nicht verantwortlich sind. Die Wissenschaftler versichern uns, daß, wenn der spezifische Faktor, der das epidemische oder anomale Zellwachstum verursacht, bestimmt werden kann, man möglicherweise eine biochemische Lösung findet, um seine schädlichen Auswirkungen zu neutralisieren. Es kommt uns fast nie der Gedanke, daß wir Schmerzen und Leiden durch langjährige Unausgewogenheit unserer Eß-, Denk- und Lebensweise selbst verschuldet haben.

Im Kampf gegen Krebs, Herzkrankheiten und andere Leiden umfaßt die Behandlung, wie wir gesehen haben, zahlreiche, immer stärker werdende Mittel, um die gesunden Zellen zu schützen und die ungesunden zu zerstören. Diese Methoden sind in Planung und Ausführung jenen ähnlich, die in größerem Rahmen von militärischen und politischen Führungskräften angewandt werden, um Bürger vor Angriffen im Namen der nationalen Souveränität zu schützen.

Unsere sozialen Krankheiten machen eine ähnliche Entwicklung durch wie unsere persönlichen. Das Muster einer fortschreitenden Degeneration von weniger ernsten zu ernsteren Konflikten kann man in Auseinandersetzungen zwischen Familien, Gemeinden, Staaten und Nationen sehen. Diese Konflikte entwikkeln sich von Streit und Drohungen zu Ausbrüchen von Gewalt und aggressivem Verhalten, von Konfrontation und Polarisation zu Kampf und Krieg. Disharmonie ist niemals nur die Schuld einer Partei. Doch wir verhalten uns, als wäre das Gegenteil der Fall, und nehmen eher eine feindselige als eine kooperative Haltung ein. Statt eine friedliche Lösung zu suchen, die das Wohlergehen und die Bedürfnisse aller Beteiligten berücksichtigt, die Umwelt und die nächste Generation eingeschlossen, nehmen wir unsere Zuflucht zu den eigenen kurzsichtigen Zielen.

Terrorismus und Revolte gedeihen nur in dem Verhältnis, wie sich die Gesellschaft auf militärische Macht verläßt und die zugrundeliegenden sozialen Faktoren vernachlässigt, die an diesen Dingen in erster Linie schuld sind. Wie vergeblich es ist, Revolutionen mit Gewalt unterdrücken zu wollen, wurde in Südostasien, Afghanistan, Mittelamerika, dem Mittleren Osten und anderen Konfliktgebieten bewiesen.

Auf globaler Ebene hat dieses antagonistische Verhalten zur Doktrin von der nationalen Souveränität geführt. Wenn wir das nukleare Wettrüsten aufhalten wollen, müssen wir unsere Bindung an Nationalstaaten transzendieren. Solange sich die Länder als getrennte Einheiten verstehen, werden sie auf ihrem Recht beharren, Kernwaffen herzustellen und einzusetzen, um ihre eigene nationale Sicherheit zu schützen. Wenn sich alle Staaten zusammenschlössen, eine Weltföderation bildeten und ihre Souveränität einschränkten, gäbe es keine konkurrierenden übergeordneten nationalen Interessen mehr zu verteidigen. So wie die Vereinten Nationen gegenwärtig strukturiert sind, haben sie kein Recht, sich in die inneren Angelegenheiten eines Mitgliedstaates einzumischen, und sind deshalb zu schwach, um als natürliches Immunsystem zu funktionieren, wenn ein Konflikt entsteht. Es muß ein Weg gefunden werden, die Sicherheitskräfte der Welt bis zur völligen Abrüstung unter eine gemeinsame Gerichtsbarkeit zu stellen, während gleichzeitig das Weiterbestehen der verschiedenen politischen, wirtschaftlichen, sozialen und kulturellen Systeme gewährleistet bleibt.

Auf allen Gebieten des Lebens bewirkt die Anwendung von Gewalt oder die Drohung mit ihr nur das Gegenteil von dem, was man beabsichtigt. Die aggressiven Mittel, mit denen wir unsere Nahrung herstellen, unseren Körper behandeln und die wir bei Konflikten einsetzen, müssen durch friedliche und harmonische Methoden ersetzt werden.

Dualistisches Denken

Die weitere Verschlechterung des Bodens, die anhaltende Ausbreitung von Krebs, Herzleiden und Immunschwächekrankheiten und der Ausbruch eines Atomkriegs sind nicht unvermeidlich. Um solche Katastrophen aufzuhalten oder zu verhindern, müssen wir beginnen, nach den Grundursachen zu forschen, und grundlegende Lösungen finden, statt den augenblicklichen Kurs weiterzusteuern und jedes Problem allein nur nach seinen Symptomen zu behandeln. Meinungsverschiedenheiten über Krieg und Frieden und Krankheit und Gesundheit betreffen in dieser oder jener Weise alle, und auf allen Gebieten des modernen Lebens. Die Verantwortung dafür, Lösungen zu finden und anzuwenden, sollte nicht allein den Regierungen, dem Militär oder Ärzten und Wissenschaftlern überlassen werden. Globale Gesundheit und Sicherheit werden nur durch die vereinten Bemühungen der Menschen aller Gesellschaftsschichten zustande kommen.

Die moderne Zivilisation, die mehr gegen die Natur gearbeitet hat als mit ihr, hat sich der Fähigkeit, sich mit der Umwelt zu entwickeln, beraubt. Krebs, Immunschwächekrankheiten und Nuklearkrieg sind nur die extremsten Äußerungen dieser gegenläufigen Orientierung. Statt über die größeren ökologischen, sozialen und biologischen Ursachen für den Zusammenbruch des modernen Lebens nachzudenken, haben wir unsere Aufmerksamkeit bis jetzt auf die entgegengesetzte Seite konzentriert und betrachten einen Konflikt hauptsächlich als eine isolierte Störung, die gewisse Zellen in unserem Körper, kriminelle Elemente innerhalb der Gesellschaft und terroristische Organisationen und oppositionelle Gruppen innerhalb des Staates betrifft. Die Hilfsmittel, die wir mit unseren Krankenhäusern, Gesetzgebungen und Weltorganisationen gebrauchen, sollen dazu beitragen, Feindseligkeiten und zersetzenden Kräften Einhalt zu gebieten, während wir dabei den Gesamtzustand ignorieren, der zur Entwicklung dieser Störungen führte.

Die moderne Denkweise, die uns in diese Sackgasse brachte, kann man als dualistisch bezeichnen. Dualistisches Denken trennt Gut von Böse, Freund von Feind und Krankheit von Gesundheit und betrachtet das eine als wünschenswert und das andere als unerwünscht. Auf dieser Aufteilung basiert gegenwärtig die ganze moderne Gesellschaft, einschließlich Erziehung und Religion, Politik und Wirtschaft, Wissenschaft und Industrie, Kommunikation und Kunst. Solange wir diesen einseitigen Standpunkt vertreten, ist es unmöglich, irgendeine Krankheit wirklich zu heilen oder Familienprobleme, Kriminalität, soziale Unruhen oder Konflikte zwischen Nationen zu beenden.

Aus einer höheren Perspektive – wenn wir zum Beispiel die Erde als Ganze betrachten – erkennen wir, daß es eigentlich gar keine Feinde gibt. Im Gegenteil, alle Faktoren, wie gegensätzlich sie unseren beschränkten eigenen oder nationalen Zielen auch erscheinen mögen, ergänzen sich. Alle Phänomene enthalten den Samen ihrer polaren Entsprechung, beeinflussen sich gegenseitig und gehen ineinander über. Durch das Ausgleichen der Extreme – das Übermaß verringern, den leeren Raum füllen – schafft die Natur noch größere Verschiedenheit und Harmonie, während sich die Spirale des Lebens öffnet.

Krankheit ist eine natürliche Anpassung, in der sich die Weisheit unseres Körpers ausdrückt, weil er unser natürliches Gleichgewicht erhalten will. Degenerationskrankheiten sind nur das Endstadium einer Folge von Ereignissen, die der moderne Mensch durchlebt, weil er die Nützlichkeit der Krankheitssymptome nicht richtig einzuschätzen vermag. In Wirklichkeit verteidigt und schützt uns eine Krankheit, indem sie unerwünschte Faktoren aus unserem Körper entfernt oder sie lokalisiert. Sie ist ein großartiger Schutz- und Anpassungsmechanismus, der es uns ermöglicht, noch zwei, fünf oder zehn Jahre zu leben, ohne daß wir unsere unnatürliche Ernährung und künstliche Lebensweise ändern. Wenn wir dagegen bereit sind nachzudenken, die Verantwortung für unsere Krankheit übernehmen und unsere Einstellung ändern, wird die Krankheit mit uns zusammenarbeiten und für immer verschwinden – falls sie nicht bereits ein Endstadium erreicht hat.

Wie die moderne Medizin jetzt zu entdecken beginnt, können Krebs und andere schwere Krankheiten verhindert und in vielen Fällen auf natürliche Weise, ohne aggressive Behandlungsmethoden, gelindert werden, wenn eine ausgewogene Eßweise akzeptiert wird, in deren Mittelpunkt Ganzkorngetreide und Gemüse zusammen mit traditionellen ergänzenden Nahrungsmitteln stehen, und der Patient mit einfachen und sicheren Methoden zu Hause behandelt und gepflegt wird. Tausende von Krebs- und Herzkranken, auch solche, die als unheilbar aufgegeben waren, haben durch eine natürliche, holistische Einstellung, einschließlich Makrobiotik, ihre Gesundheit und Vitalität wiedererlangt. Hunderttausende andere haben den Ausbruch einer degenerativen Krankheit verhindert, indem sie Eß- und Lebensweise änderten. Zusammen mit der veränderten Ernährungsart haben viele Patienten auch die Initiative ergriffen und verwenden traditionelle Hausmittel, um Symptome zu lindern und toxische Stoffe durch die Haut oder den Urin auszuscheiden. Diese Mittel sind sicher, einfach, und jeder kann sie selbst anwenden. Sie helfen dabei, die Körperkräfte anzuregen, und die elektromagnetische Heilenergie des eigenen Körpers kann ungehindert zu der betroffenen Stelle fließen. In extremen Notsituationen, wenn der Kranke überhaupt nicht mehr essen kann oder entscheidende Lebensfunktionen direkt bedroht sind, ist es vielleicht angebracht, zu operieren, zu bestrahlen oder vorübergehend andere konventionelle Heilmethoden zu nutzen.

Die natürliche makrobiotische Einstellung zum Kochen und zum Lindern von Krankheiten ist friedlich und freundlich. Alle Faktoren werden als sich ergänzend betrachtet, und das Gewicht liegt auf der Wiederherstellung des Gleichgewichts. Jahrtausendelang betrachtete die Menschheit das Leben nicht als eine Schlacht, in der Feinde durch Gewalt besiegt oder getötet werden mußten, sondern als ein Spiel von endlosen Abenteuern und Entdeckungen, bei dem Gegensätze auf freundliche Weise ausgesöhnt werden. Wenn man eine solche Sichtweise übernimmt, folgen Gesundheit und Frieden von ganz allein.

In den letzten Jahren haben sich auf der ganzen Welt Ärzte zusammengefunden und bei der Warnung der Welt vor Gefahren der Atom- und Wasserstoffwaffen die Führung übernommen. Diese Bemühungen stellen den wahren Geist des Heilens dar. Doch solange wir nicht unsere Grundeinstellung ändern und den Krieg gegen das Universum, die Natur und unseren eigenen Körper und Geist beenden, ist es nicht möglich, das nukleare Wettrüsten zu beenden. Um einen dauernden Frieden zu erreichen, müssen wir nicht nur unsere Schwerter zu Pflugscharen machen, sondern auch unsere Skalpelle und Medikamente in Kochgeräte und natürliche Nahrungsmittel umwandeln.

13

Die Spirale des dauernden Friedens

Die biologische Transformation der Menschheit ist eine völlig friedliche Revolution, keine Gesetze oder Doktrinen, Gewalt oder Massenerhebungen sind dazu notwendig. Sie ist auch die universalste Revolution, die sich überall auf der Welt durchzusetzen vermag und alle ethnischen, kulturellen, religiösen, ideologischen und nationalen Grenzen überwindet. Sie breitet sich von Mensch zu Mensch aus, von Haus zu Haus, Gemeinde zu Gemeinde und Land zu Land, sie fängt in der Küche an und endet mit der Verwirklichung einer einzigen friedlichen Welt.

Der Weg zum Frieden wird sich auf natürliche Weise in sieben miteinander in Korrelation stehenden Schritten vollziehen:

1. Wiedererlangung unseres vernünftigen Verständnisses für die Menschheit, unseren Ursprung und unsere Zukunft sowie für unseren Platz in der Ordnung des Universums und seine Bedeutung für unser tägliches Leben.
2. Wiedererlangung der normalen Nahrungsqualität durch Hinwendung zu einer natürlicheren und organischeren Landwirtschaft und zu traditionellen Nahrungsmittelverarbeitungsmethoden.
3. Weltweite Verteilung dieser Nahrungsmittel und ihre Zubereitung gemäß den Prinzipien von Harmonie und Ausgewogenheit.
4. Allmähliche Ausmerzung von epidemischen, degenerativen und Immunschwächekrankheiten durch die Verbreitung der richtigen Nahrungsmittel und Kochmethoden.

5. Entwicklung einer Neuorientierung der Gesellschaft hinsichtlich Erziehung, Medizin, Wirtschaft, Politik und Spiritualität in Harmonie mit der natürlichen Umgebung.
6. Auflösung von unnötigen und schädlichen Verteidigungs- und Angriffsmaßnahmen durch eine schrittweise und natürliche Höherentwicklung des Bewußtseins aus den primitiven Stadien der Angst und Unsicherheit.
7. Bildung einer Weltgesellschaft, in der jeder Mensch durch den fortschreitenden Abbau aller unnatürlichen und künstlichen Grenzen und eine spirituellere Einstellung in Gesundheit, Glück und Freiheit leben kann.

Einen friedlichen Geist schaffen

Um Angst, Haß und Mißverständnisse zwischen Einzelpersonen und Gruppen, Nationen und internationalen Verbündeten wirklich aufzulösen, müssen die Mittel, die wir anwenden, friedlich sein – sonst werden wir nur das Gegenteil erreichen. Eine Abwehrhaltung stärkt lediglich die Energie des Gegners. Heftiger Widerstand verleiht einer Idee oder Gruppe nur noch größere Glaubwürdigkeit und Kraft. Wenn ein Problem unterdrückt wird, taucht es zwangsläufig in neuem Gewand woanders wieder auf. In der Makrobiotik verwenden wir freundliche, friedliche Methoden, um physische Blockaden wie Zysten oder Tumore aufzulösen und zum Verschwinden zu bringen, künstliche Eingriffe sind nicht notwendig. Wir brauchen vergleichbare geistige und psychische Methoden, um Angst, Kummer, Schuldgefühle, Haß und negative Erinnerungen wegzuschmelzen. Wenn wir das erreichen, wird viel positive Energie freigesetzt werden.

Heute besteht die Tendenz, Ärger und andere starke Emotionen zu verbalisieren, doch wenn man auf diese Weise über ein Problem spricht, wird es gewöhnlich nur noch größer. Häufig ist es besser, das Negative zu ignorieren und nur das Gute zu sehen, denn alles hat seine zwei Seiten. Indem man die guten Eigenschaften eines Menschen anerkennt und sie sich entwickeln läßt, verschwinden die schlechten automatisch.

Durch eine richtige Ernährung ist es möglich, unsere Denkweise allmählich völlig zu ändern. Wenn wir Getreide und Gemüse essen, erhält unser Denken eine vertikale Richtung, wie eine wachsende Pflanze, und die Möglichkeiten für unser Wachstum werden grenzenlos. Wir entwickeln geistige Energie und spüren das Einssein mit allen anderen Wesen. Tierische Nahrung bewirkt dagegen eine horizontale Orientierung. Wie Bullen, Kühe, Tiger und Löwen eignen wir uns eine territoriale Perspektive der Dinge an. Materielle Energie und Kraft beschränken unseren Horizont, da es horizontal eine Grenze gibt, bis zu der wir uns ausdehnen können. Tierische Nahrung bewirkt auch eine starke Bindung an die Vergangenheit. Fleisch, Geflügel, Eier, ölige und fette Nahrungsmittel aller Art und vor allem Milchprodukte sind die biologischen Ursachen, die Gefühlen der Schuld und Sündhaftigkeit zugrunde liegen. Schleim, Öl, gesättigte Fette und toxische Eiweißrückstände bedecken und verstopfen die Eingeweide, den Blutstrom und andere Körperorgane und schaffen eine klebrige, stagnierende innere Umgebung. Daraus entsteht ein klebriges, stagnierendes Denken und Verhalten.

Der makrobiotische Weg zu Gesundheit und Glück besteht darin, die Konstitution (angeborene Stärke und Fähigkeiten) und die Kondition (erworbene Stärke und Fähigkeiten) eines Menschen durch Einsatz der entgegengesetzten dominierenden Energieart auszugleichen. Traditionell wurden Töne, Schwingungen und Wellen verwendet, um die Energie zu kontrollieren und Geist und Körper mehr Yin oder Yang, passiver oder aktiver, intellektueller oder bodenständiger zu machen. Das gleiche gilt für die Atmung. Es gibt viele Methoden, unsere Gedanken und unseren Stoffwechsel durch Ein- und Ausatmen zu beherrschen. Atemtechniken gehören zu fast allen spirituellen Praktiken. Worte wirken auch auf diese Art. Sie stellen das Spektrum des Klangs dar – von der materiellen Welt bis zum Reich der Unendlichkeit. Die Sanskritsilbe *Aum* kennt man seit Tausenden von Jahren als den universalen Laut, weil sie die relative und die absolute Welt vereint und die Hauptenergiezentren des Geistes und des Körpers aktiviert. Andrerseits tragen Lügen zum Chaos bei. Flüche machen beide Seite unglücklich. Wellen und Worte beeinflussen uns. Wenn wir mit Pflanzen und Tieren sprechen, stärkt sie dies. Das Wetter können wir auf die gleiche Weise beeinflussen, außerdem auch unsere soziale und kulturelle Umwelt. Durch Visualisieren, Beten, Meditieren und Singen können wir beginnen, uns eine Welt des dauernden Friedens vorzustellen, und dann im Geist dieser Vorstellung handeln.

Wir können damit anfangen, daß wir uns das Bild einer künftigen Welt erschaffen, die frei von Krankheit, Streit, Verbrechen und Krieg ist. Wir werden überrascht sein, was für eine Art von Gesellschaft daraus entsteht. Jeder wird sich frei und offen geben. Wenn wir uns unbehaglich fühlen, sind wir nicht fähig, mit der Außenwelt in Verbindung zu treten. Doch wenn Gesundheit und Urteilsvermögen dank naturbelassener, unbehandelter Nahrung wiederhergestellt sind, ist die Kontaktaufnahme sehr einfach. Gruppentherapien, Psychiater und Gurus würden dann überflüssig sein.

Sind wir erst wieder gesund, werden wir Probleme nicht mehr isoliert betrachten. Wir werden begreifen, daß es so etwas wie einen kranken spirituellen Menschen nicht gibt. Geist und Körper sind eins. Gesundheit und Krankheit wirken als ein Ganzes zusammen.

Indem wir uns den Weltfrieden bildlich vorstellen, und sei es täglich nur für ein paar Minuten, sind wir fähig, durch unsere Schwingungen auf andere einzuwirken.

Ein friedliches Zuhause schaffen

Die Familie ist die älteste und natürlichste menschliche Einrichtung. Sie ist – oder sollte es sein – ein Mikrokosmos der Ordnung des Universums und der Natur. Belege für ein Familienleben gibt es bereits aus frühester, prähistorischer Zeit. Lange ehe die Kulturen von Sumer, Ägypten, China, dem Industal und Mittelamerika blühten, lieferte die Familie schon den Faden, mit dem der Stoff der menschlichen Kultur gewoben wurde.

Die Familie hat sich vielen Herausforderungen stellen müssen: Eiszeiten, Erdbeben, Überschwemmungen, Hungersnöten,

Kriegen, Seuchen – und Aufstieg und Fall vieler Kulturen überstanden. Sie ist die dauerhafteste und am längsten existierende soziale Organisationsform. Starke und gesunde Familien sind das Fundament einer gesunden und blühenden Gesellschaft. Wenn die Familie stark ist, ist die Gesellschaft stark. Bricht die Familie zusammen, bricht die Gesellschaft zusammen.

Von allen Herausforderungen – sowohl den natürlichen als auch den vom Menschen gemachten –, die die Familie in ihrer langen Geschichte zu bewältigen hatte, ist keine so groß wie jene, der sie sich jetzt im letzten Teil des zwanzigsten Jahrhunderts gegenübersieht.

Eine gesunde Familie ist ein großer Segen, eine kranke Familie ist die größte Tragödie. Wenn ein Mensch krank wird, leidet die ganze Familie, und wenn eine Familie leidet, wird die ganze Gemeinde instabil. Eine Familie mit einem Kranken ist für eine gewisse Zeit aus dem Gleichgewicht geraten. Eine Gemeinde, die viele kranke Familien hat, ist über einen langen Zeitraum hinweg in Unordnung.

Vor allem anderen sollten Familie und Gemeinde ihr Hauptaugenmerk darauf richten, ihre Mitglieder bei bestmöglicher Gesundheit zu erhalten. Es sind keine Therapien oder besonderen Behandlungen durch den Arzt nötig, damit eine Familie körperlich und geistig gesund bleibt. Die beste Methode ist die traditionelle Sitte, die Familie regelmäßig um den Tisch zu versammeln und gemeinsam Mahlzeiten zu sich zu nehmen, die gemäß der natürlichen Ordnung und in liebevollem Geist zubereitet wurden.

Bei Tisch wird der körperliche und geistige Zustand jedes einzelnen regelmäßig beobachtet und in leichtem, humorvollem Ton diskutiert, und die Mahlzeiten können den jeweiligen persönlichen Bedürfnissen entsprechend zubereitet werden, mit Beilagen, Garnierungen und Gewürzen. Für bestimmte Familienmitglieder können sogar besondere Gerichte hergerichtet werden. Während des Essens tauschen die Familienmitglieder in harmonischem Gespräch Gedanken und Erfahrungen aus, was ein Gefühl der Zusammengehörigkeit und des gegenseitigen Respekts entstehen läßt. Da die Familie gemeinsam die gleiche Nahrung zu sich nimmt, entwickelt sich natürlich auch eine ähnliche Blutqualität und folglich auch ein ähnliches Denken. Mit der Zeit wird die Familie zu einer Einheit, alle Mitglieder teilen den gleichen Traum und das gleiche Schicksal.

Wenn nicht gemeinsam ausgewogene Mahlzeiten verzehrt werden, ist eine biologische, psychische und soziale Einheit, der Daseinsgrund der Familie, nicht möglich. Das Zuhause ist dann nur noch ein unpersönlicher Wohnort. Wenn Mitglieder der Familie getrennt und verschieden essen, machen sich Unzufriedenheit und Uneinigkeit breit. Persönlichkeiten und Meinungen beginnen, unterschiedlich zu werden, und prallen aufeinander, was schließlich zu einem Mangel an Verständnis und Sympathie führt. Obwohl es noch andere mitwirkende Umstände geben mag, ist der Hauptgrund für das Anwachsen von Konflikten, Streit, Trennung und Scheidung sowie die Auflösung der Familie der Niedergang der zu Hause gekochten Familienmahlzeiten, die man gemeinsam in einer Atmosphäre der Liebe und Harmonie zu sich nimmt.

Kinder zu lieben und für sie zu sorgen ist der stärkste Instinkt des Menschen. Er ist sogar noch stärker als der Selbsterhaltungstrieb und entwickelt sich völlig natürlich, wenn wir eine wohlausgewogene ganz belassene Nahrung zu uns nehmen. Bei Menschen, die Ganzkorngetreide und Gemüse essen, entsteht ein Zusammengehörigkeitsgefühl innerhalb der Familie ganz von selbst, während der regelmäßige Verzehr von großen Mengen tierischer Nahrung Trennungen schafft. Menschen, die isoliert sind, neigen dazu, ihre Welt als anders und getrennt von der ihrer Kinder und Nachbarn zu sehen.

Getrenntheit ist ein Markenzeichen unseres Zeitalters: Trennung von Geist und Körper, Mensch und Natur, Mann und Frau, Eltern und Kindern und zwischen Nachbarn, die in derselben Straße wohnen.

Wenn wir auf diesem Planeten in einer Zeit der Atomwaffen und biologischen Degeneration überdauern wollen, müssen Trennung, Konflikte und Isoliertheit umgewandelt werden in Einheit, Harmonie und Zusammenarbeit. Die Gesundheit der Familie ist der Schlüssel zum Weltfrieden.

Eine friedliche Welt schaffen

Die Nationen der Welt betrachten sich unter verschiedenen Gesichtswinkeln. Jedes Land beurteilt das andere nach seinem eigenen Standpunkt und ist ständig schockiert und verärgert. In kulturellen Belangen verursacht dieses chronische Mißverstehen Vorurteile und Diskriminierung. In den außenpolitischen Beziehungen führt einseitiges Denken auf direktem Weg zum militärischen Konflikt. Wenn gegensätzliche Standpunkte nicht als sich ergänzend erkannt werden, als Teil eines größeren Ganzen, wird es einen neuen Weltkrieg geben.

Eine der einschneidendsten Teilungen ist die in Ost und West. Nach Jahrhunderten der Trennung beginnen diese beiden Welthälften sich einander zu nähern. Der analytischere, materieller orientierte Westen und Norden werden von dem mehr intuitiv und ästhetisch ausgerichteten Osten und Süden unwiderstehlich angezogen – und umgekehrt. Amerikanische Lastwagenfahrer praktizieren Transzendentale Meditation, und chinesische Bauern haben Farbfernsehen. Europäische Hausfrauen lernen, wie man Sushi macht, und arabische Teenager tanzen Rock and Roll. Eines Tages wird die Welt ein harmonisches Ganzes sein, doch der Integrationsprozeß schließt Stadien möglicher Konflikte ein. Der Konkurrenzkampf um Energien und Bodenschätze, die Ausweitung der Handelsmärkte und ideologischen Grenzen können zu harten Worten, Sanktionen und angespannten Beziehungen führen. Nationalehre und Kulturstolz sind schnell verletzt, und die Wunden zu heilen erfordert gewöhnlich viel Zeit und Geduld. Es liegt an uns, dafür zu sorgen, daß die Begegnung zwischen Ost und West, Nord und Süd friedlich verläuft. Im Idealfall werden die beiden Hälften des Erdballes in Harmonie zusammenfinden, voneinander lernen und eine neue universale Weltkultur schaffen, die Materielles und Geistiges, Analytisches und Intuitives, Pragmatisches und Ästhetisches verbindet.

Die andere Hauptunterteilung der Welt besteht zwischen der Sowjetunion und den Vereinigten Staaten und ihren Verbündeten. Rußland ist erdverbundener, direkter und materieller orientiert, ein Ergebnis der rauheren, nördlicheren Umwelt und einer Ernährung, die naturgemäß mehr tierische Produkte enthält. Es besitzt eine Gruppenmentalität und ist nicht in der Lage, die individualistischere Einstellung der Vereinigten Staaten zu begreifen. Die Vereinigten Staaten sind durch ihr im allgemeinen wärmeres Klima und die verschiedenartigen Ernährungsweisen lockerer und ausdrucksstärker und verstehen Rußlands sozialistische Haltung nicht. Moskau konzentriert seine Kritik auf den exzessiven Individualismus in den USA und die Schwächen der Sozialpolitik wie etwa extremes Konsumverhalten und Dauerarbeitslosigkeit, während Washington vor allem das Versagen der sowjetischen Staatswirtschaft und die Übergriffe des Staates sieht, die sich unter anderem in der Knappheit der Verbrauchsgüter und der Unterdrückung der Dissidenten äußern.

Die Beziehungen zwischen Ost und West erinnern an die zwischen Frau und Mann. Es ist eine große Anziehungskraft vorhanden und eine Sehnsucht nach Vereinigung, doch bei der Werbung gibt es viele Hindernisse, sie könnte sich in die Länge ziehen. Möglicherweise kommt es zu einer wundervollen Ehe, die beide Partner bereichert, doch wie beim Tanz der Geschlechter bewegt sich jede Seite in der entgegengesetzten Richtung und wird die andere nie ganz verstehen. Die Beziehung zwischen der UdSSR und den USA ist eher mit der zwischen zwei Brüdern oder zwei Schwestern zu vergleichen. Im Grunde gehören sie zusammen, doch bis sie erwachsen sind, werden sie sich zwangsläufig streiten und zanken und manchmal auch bekämpfen. Ihrer Natur nach sind sie einander ähnlich, und so haben sie einen gewissen Drang, miteinander zu wetteifern und sich gegenseitig zurückzuweisen. Da sie sich jedoch in dieselbe Richtung bewegen, können sie sehr leicht zu einer Einheit werden, sobald sie ein gemeinsames Ziel haben. Wenn der Weltfrieden kommen soll, ist eine Ehe zwischen Ost und West notwendig, und die geschwisterlichen Rivalitäten zwischen dem amerikanischen und sowjetischen Block müssen aufhören.

14

Weltfrieden durch Weltgesundheit

Kurz vor Beginn des einundzwanzigsten Jahrhunderts stehen wir jetzt an der Schwelle zu einer außergewöhnlichen Epoche in der menschlichen Geschichte, einer Zeit großer Schwierigkeiten, großer Herausforderungen und noch größerer Gelegenheiten. Natürlich hat die Menschheit sich bis heute mit vielen Problemen auseinandersetzen müssen und zweifellos Bedeutendes geleistet. Doch was wir in den nächsten fünf, zehn oder fünfzehn Jahren erreichen, kann den Verlauf unserer Zivilisation für viele tausend Jahre nachhaltig beeinflussen.

Die Herausforderung, der wir uns nun gegenübersehen, ist nichts Geringeres als der Gipfelpunkt der selbstmörderischen Entwicklung unserer Kultur, vom Beginn der Geschichtsschreibung an bis zur Gegenwart.

Vor mehreren tausend Jahren begann die Menschheit, ihre ganze Entwicklungs- und Fortschrittsplanung auf der Beherrschung der Natur aufzubauen, nicht auf der Harmonie mit ihr. Im Kern ist dieses Konzept letzten Endes selbstzerstörerisch. Diese Art der Entwicklung hat sich mit den Jahrhunderten allmählich noch verstärkt und an Breitenwirkung zugenommen. In den letzten zweihundert Jahren wuchs sie dann so, daß sie nun die ganze Welt umspannt. Und heute ist sie so allgemein geworden und hat eine derartige Schwungkraft erreicht, daß sie mühelos die völlige Vernichtung der Menschheit durch Degenerationskrankheiten oder Krieg noch vor Ende dieses Jahrhunderts oder zu Beginn des nächsten herbeiführen könnte.

Die Kriegsgefahr

In den fünfziger Jahren waren sich die USA der Möglichkeit eines Nuklearkrieges sehr deutlich bewußt. Ernste Diskussionen über die Gefahren eines Atomangriffs, häufige Zivilverteidigungsübungen und andere Reaktionen auf diese Bedrohung gehörten praktisch zum Alltag.

Als die führenden Intellektuellen jener Zeit das entsetzliche Ausmaß der Zerstörung, das die neuentwickelten Atomwaffen in einem totalen Weltkrieg anrichten würden, erkannten, begannen sie als Alternative das Regierungssystem einer Weltföderation zu organisieren, um die Möglichkeit künftiger internationaler Aggressionen zu verhindern. Diese Menschen begriffen, daß ein neuer Weltkrieg sehr wahrscheinlich die Vernichtung der menschlichen Spezies bedeuten würde.

Heute, da diese Bedrohung soviel realer ist, bin ich immer wieder erstaunt, wenn ich höre, wie leichtfertig die Amerikaner vom Krieg sprechen. In Europa ist dies nicht der Fall. Dort sind viele Menschen über diese Gefahr sehr beunruhigt. Doch die meisten Leute in den Vereinigten Staaten sind zu unrealistisch, um sich zu erinnern oder vorzustellen, wie wahrhaft entsetzlich die Wirklichkeit eines Krieges, vor allem eines Nuklearkrieges, sein würde. Krieg bedeutet, daß man nicht überleben kann, wenn man nicht andere tötet, und die anderen können nicht überleben, wenn sie einen nicht selbst töten. So tun wir unser Bestes, um uns gegenseitig auf jede mögliche Weise umzubringen, wie grausam und brutal sie auch sein mag. Auf nuklearer Ebene würde ein solches Verhalten unvorstellbar groteske Ausmaße annehmen.

Die Welt ist heute in zwei getrennte, festgefügte Lager geteilt, den sowjetischen Block und die Vereinigten Staaten mit ihren Verbündeten. Die gegenwärtigen politischen, religiösen und ideologischen Auseinandersetzungen in Südostasien, dem Mittleren Osten und Zentralamerika zum Beispiel sind in Wirklichkeit nichts anderes als kleine Scharmützel zwischen diesen beiden feindlichen Giganten. Auf beiden Seiten haben sich starke Kräfte gesammelt, die jeden Augenblick einsatzbereit sind. Und alle Bemühungen, diese Spannungen abzuschwächen oder das Ausmaß dieser Konfrontation zu verringern, haben sich bis jetzt als völlig vergeblich erwiesen.

Nach dem Zweiten Weltkrieg erhielt Japan eine neue Verfassung. In Artikel neun heißt es darin, daß Japan niemals mehr Krieg führen und nie wieder eine große militärische Streitmacht aufbauen würde. Nur zu Verteidigungszwecken sollte es eine bescheidene Kampftruppe behalten. Seit jener Zeit hat Rußland jedoch mit der zunehmenden Spannung zwischen Ost und West vor Japans nördlichster Insel Hokkaido mehrere Raketen- und Luftstützpunkte errichtet und begonnen, in der Mandschurei Truppen zu stationieren. Als Reaktion darauf fing Japan an, seine eigene Militärmacht wieder aufzubauen. Heute entspricht seine Kampfkraft etwa der Frankreichs, allerdings besitzt es noch keine Atomwaffen. Dies alles geschah im Namen der ›nationalen Sicherheit‹, entsprechend der japanischen Nachkriegsverfassung. Doch praktisch bedeutet es, daß die Nichtangriffsklausel heute fast ungültig ist.

Trotz all unserer besten Absichten und obwohl wir uns alles andere wünschen als eine Auseinandersetzung, scheint die weltweite Eskalation der Kampfkräfte unvermeidlich zu sein. Auch wenn dies im Namen der ›Selbstverteidigung‹ geschieht, führt sie doch auf direktem Weg zur Selbstzerstörung. Wenn ein Atomkrieg ausbräche, könnten die Bewohner der Hauptstädte der Welt heute innerhalb eines Zeitraums von zwei Wochen vernichtet werden. Wir dürfen diese ständige Bedrohung des Friedens niemals vergessen. Auf der ganzen Welt halten vierundzwanzig Stunden am Tag Kampfflugzeuge und Unterseebote über unseren Köpfen und vor unseren Küsten Manöver ab, die jederzeit das Ende der Menschheit signalisieren könnten.

Verfall der Erziehung und der sozialen Werte

Außer Degenerationskrankheiten und Krieg gibt es noch eine dritte Möglichkeit der Selbstzerstörung, die im Vergleich dazu subtiler und indirekter ist. Doch sie liefert die Grundlage für die ständige Weiterentwicklung zerstörerischer Ackerbaumethoden, für schlechte Nahrungsmittel und militärische Einsatzbereitschaft. Die heutige Gesellschaft klärt die jungen Menschen nicht über wesentliche menschliche Belange wie Gesundheit und Ordnung im täglichen Leben auf. Sie zeigt nicht, wie wichtig gegenseitiger Respekt und Liebe sind, und lehrt auch nicht, wie man harmonische Freundschaften, gute Beziehungen zwischen Mann und Frau und in der Familie und andere soziale Bindungen entwickelt. Die moderne Erziehung übersieht die spirituelle Natur des Menschen völlig, weckt in ihren Schülern nur das profitorientierte Denken und versorgt sie mit den nötigen Fähigkeiten und der nötigen Einstellung, um ihren Wunsch, Geld zu verdienen, zu befriedigen. Dies geschieht natürlich im Namen eines ›höheren Lebensstandards‹, für den einzelnen wie für die Gesellschaft – doch wonach wird dieser Standard beurteilt? Er wird ausschließlich nach materiellen Gesichtspunkten bewertet – wieviel Geld vorhanden ist, wie viele Autos und Fernsehkanäle, ›arbeitssparende‹ Geräte und Maschinen, Häuser und praktische Annehmlichkeiten.

Unter dem Einfluß dieser rein materialistisch orientierten Erziehung und den begrenzten individuellen Wertvorstellungen, die sie fördert, und außerdem bereits durch die biologische, biochemische Degeneration geschwächt, zerfällt die moderne Familie naturgemäß sehr schnell. Eltern sind keine richtigen Eltern, Kinder keine richtigen Kinder mehr. Die biologische, soziale und spirituelle Identität der Familie wird nicht mehr länger reibungslos von einer Generation an die nächste weitergegeben. Das bedeutet das Ende der menschlichen Tradition.

Ich habe mich häufig mit jungen Menschen unterhalten, die aus zerrütteten Familien kommen, und gesehen, wie tief sie die desolate häusliche Situation getroffen hat und wie schwierig es für sie ist, mit dem Problem fertig zu werden. Ich sprach auch oft mit Ehepaaren, die an Trennung oder Scheidung dachten, weil es zu viele Schwierigkeiten in ihrer Beziehung gab. Ich bat sie, sorgfältig darüber nachzudenken, warum sie überhaupt geheiratet hatten. Ich fragte sie, ob sie tatsächlich wollten, daß ihr gemeinsamer Traum jetzt und so endete. Außerdem bat ich sie, an ihre

Kinder und ihre weiteren Nachkommen zu denken. Wenn sie sich jetzt trennten, würden sie nicht in der Lage sein, den Geist und die Tradition ihrer Eltern und Vorfahren weiterzugeben.

Vor etwa zweihundert Jahren wurden Tausende von Afrikanern gewaltsam in die Vereinigten Staaten gebracht, um in der aufblühenden Plantagenindustrie zu arbeiten. Bei ihrer Ankunft wurden Männer von ihren Frauen, Kinder von ihren Eltern getrennt. Sie erhielten andere Namen, wurden verkauft und kamen in verschiedene Teile des Landes. Auf diese Weise war die neue Generation der amerikanischen Schwarzen von ihrem biologischen, kulturellen und spirituellen Erbe völlig abgeschnitten. Sie wußte nicht mehr, wer ihre Vorfahren waren oder was sie getan hatten, wo sie gelebt hatten und was für Menschen sie gewesen waren. Mit anderen Worten, sie verloren zum größten Teil den Sinn ihres Lebens und waren nicht mehr fähig, ihren eigenen Nachkommen einen starken geistigen Halt zu geben. Schwach, hilflos und abhängig, wurden sie zu geistigen Waisenkindern, verkauft in die Sklaverei.

Dieses Verfahren wurde unzählige Male in der Geschichte praktiziert. Die Trennung von Stämmen, Sippen, Familien und Einzelpersonen ist die wirksamste Methode, geistigen, intellektuellen und moralischen Verfall herbeizuführen und Sklaven zu schaffen. Und jetzt tun wir dies freiwillig. Viele der heutigen heimatlosen Jugendlichen ziehen, nachdem sie ihre Familien verlassen haben, jahrelang ziellos umher. Solche Menschen werden schnell zu Sklaven eines religiösen Kults, auf den sie zufällig stoßen. Oder sie sind eine leichte Beute für die Werber der Streitkräfte, für Versuchs- und Entwicklungslabors oder multinationale Konzerne, die sie weit weg vom Zuhause einsetzen und ihnen als Gegenleistung für ihre geistige und intellektuelle Unterwerfung jeden materiellen Komfort bieten.

Die Ausbreitung der Arroganz

Der vierte Weg zur Selbstzerstörung ist der subtilste, und doch bildet er die Basis für die anderen drei und hält sie am Leben.

Vielleicht ist es auch der Weg, der sich am schwierigsten vermeiden läßt. Er ist der Arroganz sehr ähnlich, die George Ohsawa als die schlimmste Krankheit bezeichnete – Arroganz oder Unkenntnis der Wahrheit.

Unsere Gesellschaft wird von großer begrifflicher, theoretischer Selbsttäuschung bestimmt, die die Menschen gegenüber der Wirklichkeit isoliert. Wir können diese Haltung in allen konventionellen modernen Denkprozessen finden – in Büchern, im Radio und Fernsehen, im Kino, bei gesetzlichen, wirtschaftlichen und sozialen Einrichtungen, in den Religionen und sogar bei manchen Lehren der New-Age- und Friedensbewegung.

Betrachten wir dies an einem Beispiel genauer. Angenommen irgendeinem armen Land droht plötzlich eine schreckliche Hungersnot. Als Nation reagieren wir wie folgt darauf: Wir schicken eine Menge Lebensmittel hin, auch Zucker und weißes Mehl, viel neue landwirtschaftliche Technologie, Schädlingsbekämpfungsmittel und Kunstdünger eingeschlossen. Natürlich geschieht dies in guter Absicht, aber es ist eine solche Selbsttäuschung! Wir sehen nicht über den Tellerrand unseres übertriebenen Glaubens an Geld und moderne Technik hinaus und erkennen nicht, daß vielleicht gerade moderne Anbaumethoden und Techniken diese Hungersnot mit verschuldet haben. Die verfeinerten Nahrungsmittel, die wir den Leuten schicken, können gerade die Krankheiten mitverursachen, gegen die wir Medikamente hinsenden, die sie verhindern oder heilen sollen. Doch wir sehen die Zusammenhänge nicht aufgrund unseres blinden Glaubens an moderne Nahrungsmittel und moderne Medikamente als einen notwendigen Teil des Lebens in dieser Welt.

Oder nehmen wir ein anderes Beispiel: Viele Menschen, die wegen eines drohenden Atomkriegs besorgt sind, finden, daß wir gegen den Bau von Nuklearkraftwerken protestieren sollten. Die Strahlungsemission dieser Anlagen, erklärt man uns, stellt für die Gemeinschaft ein Gesundheitsrisiko dar, und das Plutonium, das entsteht, kann zur Herstellung von Atom- und Wasserstoffbomben benützt werden. Diese Sorgen sind natürlich äußerst berechtigt, doch eine solche starre Haltung ist sehr dualistisch und praktisch undurchführbar. Sie beruht auf Angst – der Angst, daß man selbst oder die Familie Schaden nehmen könnte. Und man würde im Falle eines Falles nur die Symptome ausmerzen – die Nuklearenergie würde verschwinden, und Wissenschaftler und Ingenieure wären gezwungen, sogar noch gefährlichere Energieformen zu entwickeln, um den Energiebedürfnissen der Gesellschaft gerecht zu werden.

Um dieses Problem zu lösen, müssen wir zuerst einmal das Thema Energie sehr gründlich untersuchen: Warum brauchen wir solche enormen Kraftquellen? Natürlich sprechen verschiedene wirtschaftliche Interessen dabei mit, und dazu kommen noch die trügerische Vorstellung von Sicherheit und der Glaube an die moderne Technik. Aber eigentlich ist die ursprüngliche Antriebskraft hinter dieser Bewegung das Fehlen von ausreichender Industrieenergie, um die Wünsche der modernen Zivilisation zu befriedigen. Wir brauchen riesige Mengen von Energie, um unseren gegenwärtigen Lebensstandard aufrechtzuerhalten – Autoproduktion, Konsumgüter, Lebensmittelverarbeitung, Zentralheizung, Klimaanlagen und viele andere Dinge des modernen Lebens, einschließlich chemischer Landbestellung.

Dieser Energiebedarf wird gewöhnlich übersehen. Kürzlich berichtete zum Beispiel der *Boston Globe* (2. Juni 1986) in einem Artikel über die Siegesfeier, die Atomgegner von New Hampshire abhielten, nachdem die Bundesregierung zugestimmt hatte, ihren Staat von der Liste möglicher Atommülldeponien erst mal zu streichen:

»Mit heißen Würstchen und Wassermelonen feierten etwa fünfundsiebzig Bürger aus New Hampshire gestern friedlich ihren vorübergehenden Sieg und schworen, daß sie weiter gegen die von der Bundesregierung vorgeschlagene Errichtung einer Mülldeponie kämpfen würden... ›Es ist unser gutes Recht, jetzt heiße Würstchen zu essen und zu feiern‹, erklärte der Sprecher der Einwohner von Hillsboro in New Hampshire.«

Nach neuesten Untersuchungen der amerikanischen Gesellschaft zur Förderung der Wissenschaften verbrauchen Verarbeitung, Herstellung und Zubereitung von tierischen Nahrungsmitteln 14 Prozent des nationalen Energiehaushalts, das ist »zweimal soviel Energie, wie alle unsere Nuklearenergieanlagen zusammen liefern«. Solange die Menschen also weiter heiße Würstchen, Hamburger und andere energieintensive Nahrungsmittel essen, ist Atomkraft notwendig. Natürlich möchte niemand Atommüll in seinem Garten haben, aber wenn die Anlage nicht in New Hampshire entsteht, wird sie woanders gebaut. Derartige Proteste beruhen auf einem sehr oberflächlichen Verständnis der Sachlage.

Eine Möglichkeit, das Energieproblem zu lösen, ist, derartige Bedürfnisse durch Verbreitung einer einfacheren, natürlicheren Lebensweise zu reduzieren, zu der auch weniger tierische und mehr pflanzliche Nahrungsmittel in unserer Ernährung gehören. Dies tun wir natürlich bereits, doch es wird noch eine Weile dauern, bis wir unser Ziel tatsächlich erreichen. Bis dahin wird die Gesellschaft weiter einen beträchtlichen Energiebedarf haben.

Zweitens müssen wir eine entwicklungsfähige Alternative finden, eine einfachere, sicherere, wirtschaftlichere Methode zur Produktion von Industrieenergie, eine Methode, die zumindest so wirkungsvoll ist wie die Nuklearenergie oder besser noch wirkungsvoller. Wann immer wir uns an Regierungen, Wissenschaftler oder Beamte wenden, müssen wir vorher das Thema genauso studiert und einen Alternativplan ausgearbeitet haben. Im Fall der Atomenergie und der Umweltverschmutzung haben wir noch keinen brauchbaren Plan, den wir vorweisen könnten. Bei der Solar- und Windenergie und anderen wiederverwertbaren Energiequellen sind einige bedeutende Fortschritte erzielt worden, und viele Familien und kleine Unternehmen haben mit diesen Methoden Erfolg. Doch andere Haushalte haben diese Kleintechniken nach ein paar Jahren wieder aufgegeben, weil sie noch nicht ausgereift sind. Wir haben eine allgemeine Vorstellung von den Prinzipien, die bei ihrem Einsatz eine Rolle spielen, doch noch immer keine genauen, sorgfältig ausgearbeiteten Pläne. Eine einfache, praktische Energieproduktionsmethode zu finden ist zum Beispiel eine der Herausforderungen, mit denen wir uns in den nächsten Jahrzehnten auseinandersetzen müssen.

Wir müssen beginnen, die Probleme der heutigen Welt unter einem größeren, umfassenderen Blickwinkel zu betrachten. Bis jetzt haben wir die zugrundeliegenden Ursachen völlig übersehen und nur versucht, die Symptome durch trügerische Technologien oder konventionelle Schönfärberei zu unterdrücken. Wir gehen niemals davon aus, daß wir unsere Lebensweise, unsere Ernährung oder unsere Art zu denken ändern müßten. Und da wir nach diesen konzeptionellen Theorien handeln, schwächen wir unseren Körper, unsere Familie, unsere Erde und unsere Zukunft als menschliche Art jeden Tag mehr.

Die Degeneration des menschlichen Urteilsvermögens

Diese vier großen Tendenzen haben während der letzten Jahrhunderte immer schneller an Boden gewonnen, jetzt am Ende des zwanzigsten Jahrhunderts ist die Lage kritisch geworden. Durch diese rasante Zunahme an Selbsttäuschung und konzeptionellem Denken haben wir nun den Punkt erreicht, an dem das menschliche Urteilsvermögen so getrübt ist, daß es kaum mehr ›aufzuhellen‹ ist.

Heute kommen zum Beispiel viele Menschen zur Ernährungsberatung zu uns. Durch das Verständnis der Ordnung des Universums und seine Anwendung auf Ernährung und Gesundheit werden viele von ihnen in der Lage sein, sich zu heilen. Doch manche von ihnen sind bereits körperlich so schwach und geistig so verwirrt, daß sie nicht fähig sind, diese Erkenntnisse zu begreifen und nicht richtig kochen oder essen lernen. Praktisch bedeutet dies, daß die Menschen nur noch etwa zehn bis zwanzig Jahre Zeit haben, um ihre Ernährungsweise umzustellen und ihren natürlichen menschlichen Zustand wiederzuerlangen. Danach wird es sehr, sehr schwierig sein.

Während des ganzen Lebens wächst und entwickelt sich unsere Fähigkeit zu urteilen, Yin und Yang oder die entgegengesetzten und sich ergänzenden Tendenzen in den Dingen und Ereignissen zu sehen, ständig weiter. Als Kleinkind entwickeln wir unsere automatischen Reflexe und den Gebrauch unserer Sinne, um zu unterscheiden. Während der Kindheit erforschen wir unsere Vorlieben und Abneigungen, unsere Emotionen und Gefühle und unsere intellektuelle Neugier. Als Erwachsene dehnen wir diese Neugierde auf den Bereich der Gesellschaft und noch weiter auf den der Philosophie oder Ideologie aus, wo wir die Prinzipien der Natur und des universellen Wechsels untersuchen, auf denen alle Phänomene beruhen. Wenn wir alle diese Forschungsgebiete ausgekundschaftet und gemeistert haben, so daß wir imstande sind, die Vorder- und Rückseite und das Spiralmuster von Wachstum und Verfall in allen Bereichen zu sehen, ist unser Verständnis auf der höchsten Ebene angelangt, wo wir mit einem ständigen, direkten Gefühl für die unendliche Gerechtigkeit und Harmonie leben. Diese sieben Ebenen des Urteilsvermögens könnte man wie folgt zusammenfassen:

1. Mechanisches oder reflexives Urteilsvermögen
2. Sensorisches Urteilsvermögen
3. Emotionales oder gefühlsbedingtes Urteilsvermögen
4. Intellektuelles Urteilsvermögen
5. Soziales Urteilsvermögen
6. Philosophisches oder ideologisches Urteilsvermögen
7. Höchstes oder absolutes Urteilsvermögen

Damit sich Gesundheit und Frieden ausbreiten, müssen wir unsere Ausdrucksweise und die Art, wie wir die Gesetze und Prinzipien von Harmonie und Wechsel darstellen, verfeinern. Wenn wir möglichst viele Menschen erreichen wollen, ist es notwendig, daß wir die Gruppe, die wir ansprechen möchten, erst gemäß dem Stand ihres Urteilsvermögens und ihrer verschiedenen Vorzüge und Grenzen in gewisser Weise einschätzen und einordnen. Sehen wir uns dazu einige Beispiele an:

Die Jugendsubkultur wird häufig als ›gesellschaftliche Bewegung‹ bezeichnet, doch ihre Grundhaltung steht in Wirklichkeit im Gegensatz zur Familie, die das Zentrum und die Basis der Gesellschaft ist. Die Welt der Rockmusik und auch die Drogensubkultur sind fast ausschließlich auf die Freiheit des einzelnen ausgerichtet. Ihr Urteilsvermögen gehört im allgemeinen zur sensorischen oder gefühlsmäßigen Ebene.

Geschäftliche Unternehmungen werden meistens auf der sensorischen Ebene abgewickelt. Die Wirtschaftssysteme des Westens und des Fernen Ostens basieren auf materiellem Gewinn und Komfort – sinnlichen Befriedigungen. Intellektuelle, soziale, umweltbedingte und spirituelle Überlegungen sind alle dem Profitmotiv untergeordnet. Sogar das emotionale und gefühlsbedingte Urteilsvermögen spielt bei beruflichen Entscheidungen eine geringe Rolle.

Bei politischen Umwälzungen müssen wir unterscheiden zwischen den Vätern und Vordenkern solcher Bewegungen und den Bewegungen selbst, wie sie sich heute darstellen. Karl Marx zum Beispiel hat nie beabsichtigt, durch seine Analysen und Theorien eine gewalttätige Gesellschaft zu schaffen. Diktatur widerspricht sogar der ursprünglichen Idee des Kommunismus. Marx urteilte von der intellektuell-sozialen Ebene aus. Das Urteilsvermögen des jungen Mao Tse-tung war ebensfalls weit besser entwickelt als das seiner meisten Anhänger. Doch so wie sie heute in die Praxis umgesetzt werden, sind sozialistische und kommunistische Ideen und Bewegungen ein sehr emotional bestimmter Versuch, die Gesellschaft zu verbessern. Mit dem Anwachsen der künstlerischen und intellektuellen Freiheit werden diese Gesellschaften beginnen, zur Ebene des intellektuellen Urteilsvermögens aufzusteigen.

Bei den traditionellen Religionen müssen wir auch wieder zwischen den ursprünglichen Propheten und Führern und den heutigen Anhängern unterscheiden. Buddha, Laotse, Konfuzius, Abraham, Jesus, Mohammed und andere große geistige und religiöse Leitfiguren besaßen das höchste oder philosophische Urteilsvermögen. Heute jedoch, wie auch historisch gesehen, sind die meisten Kirchen und Tempel, die sich um ihre Lehren bildeten, verfallen und appellieren eher an das emotionale Urteilsvermögen. Vereinzelt gibt es Menschen, die intuitiv einen flüchtigen Einblick in eine viel größere Schau der Wirklichkeit erlangen, doch sie können diese Visionen nur selten verstehen oder auf andere Lebensbereiche übertragen. Als Ganzes gesehen ist die formale religiöse Praxis gefühlsbedingt und mechanisch: die blinde Ausübung einer alten Tradition.

Die New-Age-Bewegungen wenden sich im großen und ganzen auch an das gefühlsbedingte Bewußtsein. Eine neue Epoche ohne Krieg und mit grenzenloser Freiheit ist eine sehr hübsche Vorstellung, doch was müssen wir praktisch tun, um das zu erreichen? Wie verhindern wir degenerative Krankheiten? Was für eine Rolle spielt die Familie? Diese Gruppen fangen an, mit einigen nützlichen holistischen Methoden zu experimentieren, doch aufs Ganze gesehen beruht ihr Denken auf Emotionen, auf Vorlieben und Abneigungen.

Manche konventionellen Wissenschaftler arbeiten auf der Gefühlsebene, manche setzen auch ein wenig ihre intellektuellen Fähigkeiten ein, doch beruhen die Ergebnisse der heutigen exakten Wissenschaften vor allem auf Daten, die Mikroskope, Teleskope und andere Instrumente liefern und die mechanische Verlängerungen unserer Sinne sind. Die Wissenschaft selbst neigt dazu, sich sehr rational zu geben, doch die Basis des gegenwärtigen Verständnisses ist in Wirklichkeit eher sensorischer und mechanisch bestimmt. Es besteht sehr wenig soziale Verantwortung, und der größte Teil der Welt der Schwingungen und des Geistes, die unendlich viel größer ist als die sinnlich faßbare Welt und mit der sich die Naturphilosophen vergangener Zeitalter beschäftigten, bleibt von den heutigen Wissenschaftlern völlig unerforscht. Sie kennen sie nicht.

Friedensförderer haben, wie Mitglieder vieler Gruppen und Bewegungen, sehr edle und idealistische Motive. Gewöhnlich besitzen sie jedoch sehr wenig praktisches Verständnis dafür, wie sie ihre Ziele erreichen können. Sie sind nicht in der Lage, eine echte alternative Lösung vorzulegen, die man dann diskutieren könnte. Lautstarke Proteste tragen häufig zur Verhärtung der Fronten bei, liefern dem Gegner neue Energie und erschweren eine alle Beteiligten zufriedenstellende Lösung. Friedensförderer sind Leute, die selten das Ganze sehen – die Vorder- und Rückseite aller Phänomene, einschließlich der Atomenergie – oder ihre eigene Verantwortung für das Weltchaos. Solange wir Nahrung essen, die mit aus dem Öl des Mittleren Ostens hergestelltem Kunstdünger und Schädlingsbekämpfungsmitteln angebaut wurde, solange wir Hamburger, Brathuhn und Eis essen, die das Getreide aus der direkten menschlichen Ernährung verdrängen, und solange wir Bananen und andere tropische Früchte und importierte Nahrungsmittel essen und Kaffee und Tee trinken, werden Armut, Hunger und der Kampf um die knappen Rohstoffe auf der Welt andauern. Manchmal taucht jemand auf wie Ohsawa, Einstein, Dr. Schweitzer, denkt gründlich über Gott und die Welt und sich selbst nach, bekennt seine Mitschuld am Wettrüsten und macht positive Vorschläge, die die ganze Menschheit betreffen und nicht eine Gruppe gegen eine andere ausspielen. Diese Bemühungen entstehen durch soziales oder philosophisches Urteilsvermögen und haben, auch wenn sie nicht sofort Ergebnisse zeitigen, eine tiefe und dauerhafte Wirkung auf die Gesellschaft und künftige Generationen.

Das makrobiotische Urteilsvermögen

Die Mehrheit der heutigen Bevölkerung der Erde bewegt sich auf den ersten drei Ebenen des mechanischen, sensorischen und emotionalen Urteilsvermögens, so daß alle diese Bewegungen und Gruppen natürlich viele Leute ansprechen. Auf welcher Ebene ist nun unsere Methode wirksam? Unsere Methode sollte immer sein zu versuchen, alles mit den Augen der Unendlichkeit zu sehen. Zum Beispiel sollten wir sehen, daß alle Gegensätze eigentlich dieselbe Quelle haben und sich gegenseitig ergänzen. Wenn wir die Einheit von Glück und Unglück, von Wohlstand und Verfall, Kommunismus und Kapitalismus, Friedensmarschierern und Soldaten erkennen, befinden wir uns auf der höchsten Ebene des Verständnisses. Dann bemühen wir die ideologische Ebene von Yin und Yang, der einfachsten und universalsten Art, Phänomene zu unterscheiden, um diese höchste Schau zu erklären und zu deuten.

Danach gibt es verschiedene soziale, intellektuelle, emotionale, sensorische und mechanische Anwendungsmöglichkeiten. Wenn man einmal die Ordnung des Universums verstanden hat, ist es sehr einfach, ein großer Gesellschaftsprophet zu werden, ein bedeutender, intellektueller Kopf, ein Helfer bei emotionalen Problemen oder ein Hexenmeister, was sensorische, technische und mechanische Fragen betrifft. Es steht uns frei, auf jeder und allen Ebenen nach Belieben zu agieren. Diese Methode beginnt immer beim höchsten Verständnis, wenn wir alles mit den Augen der Ewigkeit betrachten. Es ist nur notwendig, die Dinge in Form von Yin und Yang zu sehen, sich immer daran zu erinnern, daß ›alle Gegensätze sich ergänzen‹, daß ›eine Vorderseite eine Rückseite haben muß‹, sowie die anderen Prinzipien und Grundsätze von Yin und Yang zu berücksichtigen. Diese intuitive, allgemeinverständliche Weisheit ist das Geburtsrecht von uns allen. Sie ist nicht das Monopol irgendeines Landes, einer Kultur, Religion, Klasse, Rasse, eines Geschlechts oder einer Organisation – die Makrobiotik eingeschlossen. Sie ist das Leben selbst und kann niemals künstlich oder exklusiv kontrolliert werden.

Was für Wege gibt es, sich dieser Sichtweise anzunähern? Statt andere Menschen abzulehnen und zu kritisieren, müssen wir sie als unsere Freunde betrachten. Wenn wir sie mit den Augen der Unendlichkeit sehen, erkennen wir, daß alle aus einem bestimmten Grund hier sind. Wir müssen auf sie zugehen, sie zu verstehen suchen und in unser Herz schließen. Dann können wir zusammenarbeiten, sind frei von Beschränkungen und Mißverständnissen und können wirklich das tun, was wir tun möchten.

Es ist wichtig, den anderen immer von zwei Dingen zu erzählen: erstens von der Ordnung des Universums. Erklären Sie ihnen Yin und Yang mit ihren Worten, auf eine Art, die sie leicht verstehen und akzeptieren können. Zeigen Sie ihnen, daß es eine unumstößliche Ordnung gibt. Zweitens ist es immer möglich, das Thema gutes Essen und gute Gesundheit anzuschneiden. Was für Interessen die anderen auch haben mögen, eine bessere Gesundheit wird ihnen dabei sicherlich nützlich sein. Und selbst wenn ihnen ihre körperliche Gesundheit gleichgültig ist, können wir ihnen doch klarmachen, was für einen segensreichen Einfluß emotionale, intellektuelle oder geistige Gesundheit auf einen jeden hat. Dann, nachdem sich ihre Blutqualität gebessert hat, fangen sie von selbst an, sich zu ändern und alles in einem größeren Zusammenhang zu sehen. Sie wollen nicht mehr eine extreme Methode oder Möglichkeit ausprobieren, um sich zu verändern. Es spielt keine Rolle, was für Interessen die Menschen haben. Nur eines spielt eine Rolle: die Ordnung des Universums und die Nahrung. Durch diese beiden Dinge weitet sich schließlich das enge Denken, und wir alle werden zu Brüdern und Schwestern.

Die makrobiotische Bewegung hat jetzt den Punkt erreicht, wo sie dazu beitragen kann, den Lauf unserer Zivilisation zu verändern und Weltgesundheit und Weltfrieden endgültig herzustellen. Um diesen Herausforderungen zu begegnen, ist es notwendig, eine völlig neue Art von Menschheit zu erschaffen, die sich aus Leuten zusammensetzt, die ihre Gesundheit und Vitalität bewahren und ihr Glück und das ihrer Nachkommen fördern können. Mitglieder dieser neuen planetarischen Spezies identifizieren sich nicht mehr ausschließlich mit einem bestimmten Land, einem Volk, religiösen Institutionen oder einem Sektenglauben. Bei der friedlichen Regeneration des Homo sapiens können alle dabeisein: Die neue Art wird aus universalen Menschen bestehen, die eine ganzheitliche Ernährungs-, Denk- und Lebensweise besitzen und die Fähigkeit, ihre eigene Gesundheit und ihr eigenes Glück an alle benachbarten Menschen, Familien, Gemeinden und Länder weiterzugeben. Es liegt an jedem von uns, die Initiative zu ergreifen und zu helfen, diese planetarische Familie zu schaffen.

15

Die Regierung der Zukunft

Der Weltfrieden ist der ewige Traum der Menschheit. Im alten Griechenland, der Wiege der westlichen Kultur, diskutierte Platon in seinem *Staat* die Möglichkeit einer neuen Staatsordnung für die Welt, beherrscht vom universalen Gesetz, nach dem Philosophenkönige regieren, und nicht von künstlich geschaffenen Gesetzen und materieller Macht. Andere Schriftsteller und Philosophen haben die verschiedensten Vorschläge gemacht: Sir Thomas More in *Utopia*, Campanella in seinem *Sonnenstaat*, Kant in *Vom ewigen Frieden*. Der heilige Augustinus trat für eine nach katholischen Prinzipien geleitete Weltgemeinschaft ein, einen globalen Gottesstaat. Marx und Engels entwarfen das Konzept einer klassenlosen Gesellschaft, in der die Menschen keine entfremdete Arbeit mehr leisten müssen und sich friedlich selbst regieren.

Keine dieser Utopien hat sich jedoch verwirklicht. Vielmehr haben Krankheit, Krieg, Feindseligkeit und Konflikte mit dem Heraufkommen der modernen Technik nur noch zugenommen. Der Völkerbund, der nach dem Ersten Weltkrieg in einem Versuch, die Welt zu einen, gegründet wurde, sollte sich dieser Probleme annehmen. Präsident Wilson befürwortete eine Mitgliedschaft der Vereinigten Staaten, doch der Senat lehnte ab. Deshalb wurde der Hauptsitz in die Schweiz verlegt. Verschiedene Staaten traten wegen Meinungsverschiedenheiten aus, auch Deutschland und Japan. Schließlich wurde der Völkerbund bedeutungslos.

Nach dem Zweiten Weltkrieg unternahm man einen neuen Versuch. Die Vereinten Nationen wurden gegründet, um einen weiteren Weltkrieg zu verhindern und den Weltfrieden für die Zukunft zu sichern. In Wirklichkeit sind die Vereinten Nationen jedoch völlig machtlos. Sie sind keine Weltregierung, sondern ein Zusammenschluß unabhängiger souveräner Nationen. Wenn ein Land sich ›querlegt‹, haben die Vereinten Nationen keine Möglichkeit, wirklich etwas dagegen zu unternehmen.

Die Weltbundesregierung

Angesichts dieser Probleme entstand nach dem Zweiten Weltkrieg eine weltweite Bewegung, die sich für eine Weltbundesregierung einsetzte. Viele führende Intellektuelle jener Zeit schlossen sich ihr zwischen 1945 und 1960 an, unter ihnen so bedeutende Persönlichkeiten wie Albert Einstein, Thomas Mann, Upton Sinclair, Norman Cousins, Mahatma Gandhi und Jawaharlal Nehru. Viele Mitglieder des amerikanischen Kongresses legten Resolutionen vor, daß die Außenpolitik der Vereinigten Staaten die Errichtung einer Weltföderation fördern solle.

Nach Kriegsende bildeten einige Weltföderalisten ein Komitee, das seinen Sitz an der Universität von Chicago hatte, um eine neue Weltverfassung zu entwerfen. Eine ganze Reihe von Wissenschaftlern und Gelehrten beteiligte sich daran, und nach jahrelanger Arbeit trat das Komitee mit einem sehr vernünftigen Vorschlag an die Öffentlichkeit.

Dieser Verfassungsentwurf sah ein Weltregierungssystem nach dem Vorbild der Vereinigten Staaten vor: Man schlug vor, einen Weltpräsidenten zu wählen, in der Hoffnung, Gandhi könnte als erster diese Position bekleiden, und ein Weltparlament, das aus zwei Kammern bestünde, dem Weltsenat und dem Weltabgeordnetenhaus. Jedes Land sollte einen Weltsenator stellen, für jede Million Menschen sollte ein Weltabgeordneter gewählt werden. Auch ein Oberster Weltgerichtshof war geplant. Also drei unabhängige Gewalten, ähnlich der Bundesregierung der Vereinigten Staaten.

Zu jener Zeit vertrat die Weltbundesbewegung zwei allgemeine Ziele: Man wollte die bereits vorhandene Charta der Vereinten Nationen so abändern, daß diese Vereinigung mit der Zeit zu einem aktiv arbeitenden Weltregierungsgremium würde. Dieser Ansatz wurde hauptsächlich in den Vereinigten Staaten befürwortet. Aber in Europa unterstützte man eine radikalere Lösung: Dort war man überzeugt, daß es sehr schwierig sein würde, die Charta abzuändern, und schlug vor, daß sich die Weltföderalisten selbst organisieren und eine Weltvolksversammlung einberufen sollten, um ihren Entwurf zu einer neuen Weltverfassung durchzusetzen.

Dann begann der kalte Krieg zwischen Rußland und den Vereinigten Staaten. Als die Sowjets versuchten, mehr Einfluß auf diesen Plan einer Volksversammlung zu nehmen, spaltete sich die Bewegung in einen konservativen und einen radikalen Flügel. Der kalte Krieg verschärfte sich weiter, und allmählich geriet die Bewegung völlig in Vergessenheit. Während der letzten fünfundzwanzig Jahre ist der Gedanke an eine Weltföderation oder Weltregierung fast ganz aus dem öffentlichen Bewußtsein verschwunden.

Wieder waren Absicht und Idee vorhanden, die Menschen hatten einen großen Traum, doch sie konnten ihn nicht realisieren. Warum nicht?

Ein alter Plan für eine Weltregierung

Beschäftigen wir uns noch mit einem anderen Beispiel, das weiter in der Geschichte zurückliegt. Vor etwa zweitausendsechshundert Jahren wurde im alten feudalistischen China, im kleinen Fürstentum von Lu, ein großer Philosoph geboren. Sein Name war K'ung-tzu, besser bekannt unter der latinisierten Form seines Namens: Konfuzius. Konfuzius verbrachte Jahre mit dem Studium der menschlichen Beziehungen und den Problemen der Gesellschaft und gelangte zu dem Schluß, daß die verschiedenen chinesischen Reiche alle durch Macht und Gesetz regiert wurden und alle in Widerspruch zueinander standen. Er folgerte, daß die

Regierung geändert werden und nach den Leitwerten Menschlichkeit (Jen) und Sittlichkeit (Li) handeln müßte. Er führte genau aus, was die Entwicklung dieser Werte fördern würde. Solange die Herrschenden diese Ideale nicht verwirklichten, glaubte Konfuzius, daß das Volk weiter unglücklich wäre und lokale Kriege und Konflikte endlos weitergehen würden.

Konfuzius begann, seine Erkenntnisse an Schüler weiterzugeben. Es sammelten sich viele um ihn, und er lehrte sie immer wieder: wie man eine Gesellschaft regiert, wie künftige Regierungen aussehen sollten und daß künftige Führer nach den Prinzipien der Menschlichkeit und Sittlichkeit leben müßten. Dann fing er an, von einem Reich ins andere zu reisen, traf Könige, Fürsten, Fürstinnen und Adlige und bat sie eindringlich, das Studium der Künste und der Klassiker zu fördern und die Prinzipien von Jen und Li in sich selbst und in ihrer Gesellschaft zu entwickeln.

Überall empfing man ihn höflich und behandelte ihn mit großem Respekt. Doch nur sehr wenige hörten ihm tatsächlich zu oder versuchten, seine Ideen in die Realität umzusetzen. Laut einer Erzählung im *Shih-chi* besuchte Konfuzius zu jener Zeit Laotse, den großen taoistischen Philosophen. Nachdem er zu seinen Schülern zurückgekehrt war, konnte er drei Tage lang nicht sprechen. Schließlich fragten sie ihn, was passiert sei, und er erzählte:

»Ich traf Könige und Fürsten aller Art, doch nun bin ich endlich einem Mann begegnet, der die Energie des unendlichen Universums in sich trägt. Als ich meinen Mund öffnete, um mit ihm zu sprechen, brachte ich mehrere Minuten lang kein Wort hervor.

Schließlich sagte ich zu ihm: ›Von Jugend an habe ich Tag und Nacht gelernt und beherrsche die Künste der Musik, der Poesie, Literatur, der Höflichkeit und des Benehmens, die Gesetze des Wechsels, der Geschichte und vieles mehr. Ich habe mehr gelernt als viele andere Menschen und glaube, daß ich genau verstehe, was diese Bücher mir erzählten. Jetzt möchte ich die Prinzipien der Menschlichkeit und Sittlichkeit unter den Führern aller Länder verbreiten. Deshalb besuchte ich zweiundsiebzig Könige, Fürsten und Adlige. Ich habe sie in die geheimnisvollen, großartigen Methoden eingeweiht, nach denen die alten Könige und Fürsten ihr Land und ihr Volk verwalteten. Doch kein Mensch wollte auf meine Worte hören... Es scheint sehr schwierig zu sein, der Welt den Frieden zu bringen.‹

›Wie gut, daß kein Mensch auf dich hörte‹, antwortete Laotse. ›Du hast großes Glück, daß niemand deinem Weg, den Frieden zu verwirklichen, folgen will! Alle diese Studien, die du getrieben hast, waren nichts als Ideen. Die vielen Bücher sind nur die Fußspuren großer Männer. Das Wichtige sind nicht ihre Bücher oder ihre Ideen, sondern ihre Taten und ihr Verhalten. Und die kann man nicht wiederholen.

Die Zeiten ändern sich, die Verhältnisse ändern sich, und die Art, wie man Frieden erreicht, muß sich auch ändern. Der Geist und die Prinzipien ändern sich nicht, doch wie sie sich ausdrükken und verwirklichen – das kann sich sogar sehr ändern. Es ist töricht zu versuchen, die alten Methoden genauso anwenden zu wollen wie früher. Was für ein Glück, daß sie dich nicht verstanden. Es hätte die Dinge nur noch verschlimmert!‹«

Drei Monate später besuchte Konfuzius Laotse wieder und sagte: »Jetzt verstehe ich. Wenn Eltern ihre Kinder lieben, ist das natürlich. Wenn die Vögel im Frühling singen, so ist das auch natürlich. Es ist ganz natürlich, daß sie sich lieben und Kinder bekommen, sie folgen damit der Ordnung des Universums und den Gesetzen von Yin und Yang. Alle Tiere, Pflanzen und alle Phänomene im Universum folgen diesem natürlichen Weg, auch die Menschheit. Wenn wir versuchen, ihn durch unsere künstlichen Absichten zu verändern, nützt das nichts. Also müssen wir zuerst erkennen, wie die Ordnung des Universums wirklich funktioniert, und dann können wir die Menschen dazu ermutigen, sich auf natürliche Weise zu ändern, ohne besondere Ziele und Absichten.«

Und Laotse antwortete: »Großartig. Du hast verstanden.«

Der Kompaß von Yin und Yang wird uns helfen, unsere angeborene und intuitive Erinnerung an die unendliche Ordnung des Universums, seine Veränderungsmechanismen und seine Manifestationen in unserem menschlichen Leben und Alltag wiederzuerlangen und sie zu verstehen.

Um uns von Krankheit und Angst, Trugbildern und Gewalttätigkeit zu befreien und unsere falschen Vorstellungen von Gesundheit und Glück abzubauen, müssen wir unser Verständnis von Yin und Yang auf unsere Ernährungsgewohnheiten anwenden – wie wir unser Essen und unsere Getränke auswählen, zubereiten und zu uns nehmen. Intellektuelles und spirituelles Wohlbefinden ergeben sich dann ganz von selbst. Ohne jegliche Vorbeugungsmaßnahmen, nur durch unsere Ernährung, können wir uns unsere körperliche Gesundheit erhalten und werden nie schwer krank oder invalide werden. Ohne irgendwelche geistigen oder psychischen Übungen sind wir imstande, unseren Geist ruhig und friedlich zu machen, und kennen keine Selbsttäuschung oder geistigen Störungen mehr. Ohne besondere Anstrengungen, nur mit dem einfachen Kompaß von Yin und Yang können wir mit Leichtigkeit alles verstehen, was wir lernen wollen. Ohne besondere Erziehung entwickeln wir ganz natürlich eine liebevolle Haltung gegenüber unseren Mitmenschen und fühlen uns in Einklang mit unserer Umgebung. Ohne uns irgendwelche Beschränkungen aufzuerlegen, können wir Meinungsverschiedenheiten und Konflikte friedlich bereinigen, indem wir eine Lösung finden, die dem Ganzen nützt, nicht nur einer Seite. Ohne besondere diesbezügliche Erfahrungen haben zu müssen, sind wir auf natürliche Weise erfüllt vom Geist der Ausdauer und der unendlichen Sehnsucht nach Höherem und ertragen alle Not mit Dankbarkeit. Ohne es je geübt zu haben, sind wir imstande, unser Einssein mit allen Wesen und Phänomenen um uns herum zu erfahren.

Die biologische Basis der Selbstbeherrschung

Durch die ganze Geschichte hindurch läßt sich die Menschheit in zwei grundlegende Ernährungsgruppen einteilen: in Ackerbau- und Nomadenvölker. Natürlich kannte man in fast allen Gesellschaften den Krieg, vor allem während der letzten acht- bis zehntausend Jahre. Doch es ist historisch erwiesen, daß bei Gesellschaften, die den Boden bestellten, Kriege seltener waren.

Wenn wir die Ernährungsmuster auf der ganzen Welt so beeinflussen können, daß sie sich nach den Ernten richten und nicht nach der Rinderzucht und sich auf Getreide, Bohnen und Gemüse stützen statt auf tierische Produkte, wird sich der Geist der ganzen Weltbevölkerung auf dieser biologischen Grundlage automatisch zu ändern beginnen. Nicht durch Gesetze – »Du mußt friedlich sein, sonst...« – oder Erziehung und Moral – »Du solltest friedlicher werden, wenn du ein guter Mensch sein willst« –, sondern durch Laotses und Konfuzius' Weg der natürlichen Veränderung wird dieser friedliche Geist als Teil seines eigenen Wachstums und seiner eigenen Entwicklung völlig natürlich im Menschen selbst Raum gewinnen.

Ich wuchs zum Beispiel mit einer halbmakrobiotischen Ernährungsweise auf und aß viel Getreide und Gemüse, war aber doch in gewisser Weise von der modernen Denkungsart beeinflußt. Wir aßen im allgemeinen sehr vernünftig, doch manchmal gab es Eier und einmal im Monat vielleicht ein kleines Stück Fleisch. Mein älterer Bruder und ich kamen im allgemeinen sehr gut miteinander aus, doch ab und zu stritten wir uns und fingen an, miteinander zu kämpfen – es war ein richtiger Kampf. Natürlich dauerte es nicht lange, und es passierte auch nur etwa einmal im Monat, doch es passierte auf jeden Fall.

Jetzt staune ich, wenn ich makrobiotisch lebende Familien (einschließlich meiner eigenen Kinder und Enkel) sehe, die wirklich richtig essen. Sie spielen und stoßen sich herum, doch sie kämpfen nie miteinander. Es ist wirklich verblüffend. In der übrigen Welt prügeln sich die Kinder ständig und schreien sich an, auch schon im Kindergarten und in der Grundschule, vor allem in größeren Städten – sie gehen sogar auf ihre Lehrer los. Viele Oberschullehrer nehmen jetzt zur Selbstverteidigung eine Waffe mit in die Schule! Offensichtlich prügeln sich makrobiotische Kinder nie, ohne daß man ihnen dies besonders anerzogen oder bei Strafe verboten hätte.

Mit den natürlichen Nahrungsmitteln der Erde schaffen wir eine neue Art von Mensch, die von Natur aus friedliebend ist und dafür keine besonderen Lehrer, Gesetze, Vorschriften oder Zwang braucht. Wenn alle Menschen so zu essen anfingen, würden wir bald ganz automatisch eine friedliebende Gesellschaft haben. Mit anderen Worten: Ehe wir in der Lage sind, ein funktionierendes Weltregierungssystem zu entwickeln, müssen wir die biologische Evolution der Gesellschaft fördern, um eine biologische und geistige Basis für eine neue Art von Kultur zu schaffen. Das ist der eigentliche Sinn der makrobiotischen Bewegung, die bereits begonnen hat, die Ernährungsgewohnheiten der Gesellschaft und ihre konventionelle Einstellung gegenüber dem Essen und der Gesundheit wesentlich zu verändern.

Biologische Organisation der Gesellschaft

Es hat viele Versuche gegeben, die ideale Organisationsform für die Gesellschaft zu finden. Jede dieser Methoden – von der Monarchie bis zum Kommunismus – beruht auf der Polarisation der Gesellschaft in zwei sich ergänzende Gruppen, die ›herrschende‹ und die ›beherrschte‹. Aber welche ist die natürlichste soziale Organisationsform? Die Familie. Die Familie ist die natürlichste, altbewährte, sich selbst bestimmende Einheit innerhalb der menschlichen Gesellschaft, wie wir bereits in Kapitel 13 ausgeführt haben.

Heute bricht diese natürliche Struktur überall auseinander. Die Familie zerfällt, und viele sagen, daß diese Institution unvernünftig oder veraltet ist und nicht mehr funktionieren kann. Warum? Jeder Mensch muß jeden Tag essen. Solange wir alle zusammen essen, bleibt das Fundament für die Einheit der Familie gewahrt. Wenn das zusammenbricht, bricht die Familie zusammen. Die gemeinsame Mahlzeit sorgt für eine gleiche Blutqualität, ein gleiches Bewußtsein und erzeugt denselben Traum.

Angenommen, jeder ißt in einem anderen Restaurant und kommt abends nur zum Schlafen nach Hause. Das ist keine Familie, das ist nur ein Hotel. Selbst wenn die Familie zusammen ißt, die Gerichte aber nicht mit einem tiefen und ausgewogenen Verständnis für ihre Auswirkungen auf Gesundheit und geistigen Frieden ausgewählt und zubereitet wurden, wird es Schwierigkeiten geben. Die Familie ist zwar körperlich noch zusammen, da ihre Mitglieder gemeinsam essen, doch man wird sich ständig streiten und zanken. Oder die Familie zerfällt allmählich, weil die Gesundheit ihrer Mitglieder immer schlechter wird.

Um die Familie zusammenzuhalten und damit sie glücklich und friedlich ist, muß es einen Mittelpunkt geben, einen Menschen, der alle Familienmitglieder mit der richtigen Basis für ihre Gesundheit und ihr Glück versorgt. Dann orientieren sich die übrigen ganz natürlich an dieser Person, ganz natürlich empfinden die Kinder Liebe und Respekt, ohne daß man es ihnen künstlich beibringen muß, und ganz natürlich wollen die Eltern ihre Kinder lieben und für sie sorgen. Wenn Familien auf diese Weise essen, und dann Gemeinden und Nationen als Ganze anfangen, so zu essen, wird die Welt beginnen, in Familienbegriffen zu denken – Familiengemeinschaften, Familiengesellschaften, eine planetarische Familie.

Die Herrschaft der natürlichen Ordnung

Die modernen Regierungen sehen die Vorderseite der Dinge: Macht und Gesetz. Wir sehen die Rückseite: die qualitative Veränderung des Menschen. Bis die soweit ist, sind wir mit fast jeder Art von Regierung einverstanden, doch unser höchstes Ziel ist, keine Regierung zu haben. Das darf man nicht mit Anarchie oder Chaos verwechseln. Unser Ansatz ist nicht eine menschliche Regierung, sondern die Ordnung des Universums. Im *Tao-te ching* sagt Laotse, daß über einen Staat zu herrschen im Idealfall dem Braten eines kleinen Fisches gleicht: Je weniger man sich einmischt, um so besser ist es. Aufstellung 10 zeigt die wichtigsten Einflüsse, die bei den drei Hauptkulturformen eine Rolle spielen.

Bei einer Gesellschaft, die die Familie als Basis hat, würde es nicht notwendig sein, ein bestimmtes Verhalten durch Vorschriften, Gesetze, militärische und polizeiliche Gewalt zu erzwingen, wie wir das gegenwärtig tun. Eine solche Regierung wäre weniger ein auf Macht und Polizei gegründetes System, sondern würde auf Dienstleistungen und Erziehung beruhen. Eine solche

Aufstellung 10. Die drei wichtigsten Kulturformen

	Spirituell und Ästhetisch	Materiell und Sozial	Umfassend
Bestimmt von	Idee	Gesetz	Verständnis
Gestützt auf	Wahrheit	Macht	Liebe
Autorität	Moralkodex	Verfassung	Natürliche Ordnung
Nahrung	Pflanzlich	Tierisch	Ausgeglichen
Umwelt	Ländlich	Städtisch	Natürlich
Lebensweise	Landwirtschaftlich	Industriell	Holistisch
Orientierung	Geist Intuition	Materie Analyse	Energie Synthese
Zentrum	Kirche	Staat	Familie
Soziale Einheit	Stamm Klan	Nation	Geographisches, Klimatisches, Ökologisches Gebiet Planet
Beschäftigung	Ruhe	Arbeit	Spiel
Richtung	Osten Süden	Westen Norden	Global

Regierung würde die Bevölkerung darüber informieren, wie sie mit Landwirtschaft, Industrie, Erziehung und Energie umgehen soll, und für alle auftauchenden Probleme Lösungen überlegen.

Angenommen zum Beispiel, ein paar Leute haben den Plan, ein Unternehmen zu gründen, das Zucker raffiniert und verkauft. Für eine heutige Regierung wäre die Sache in Ordnung, solange die kaufmännische und technische Seite geregelt ist und die Steuern pünktlich gezahlt werden. Natürlich ist die Regierung nicht in der Lage, die Auswirkungen einzuschätzen, die diese Fabrik auf die menschliche Gesundheit hat. Deshalb holt man sich bei medizinischen Fachleuten Rat, die mit wenigen Ausnahmen bestätigen, daß Zucker nicht schädlich ist. Im Zusammenhang mit dieser neuen Anlage ergeben sich auch ein paar Umweltprobleme, die wegen der schlechten Wirtschaftslage und der hohen Arbeitslosenquote jedoch ignoriert werden. Vom gesellschaftlichen Standpunkt aus kann das Unternehmen beginnen, Zucker zu produzieren. Alles ist ganz gesetzlich.

Unter dem Blickwinkel der Ordnung des Universums betrachtet, ist diese Firma jedoch höchst ungesetzlich, und deshalb fällt das Rechtssystem der Natur ein Strafurteil: Jeder, der so dumm ist, zuviel Zucker zu essen, wird krank. Nun schlägt die Regierung eine neue Krankenversicherung vor: Die Leute können zum Arzt gehen und sich Medikamente verschreiben lassen (die ihren Zustand schließlich nur noch verschlimmern), ohne daß dies ihr Budget sehr belasten würde, so daß sie dieses völlig gesetzliche Erzeugnis nicht mehr weiter kaufen könnten. Nehmen wir nun einmal weiter an, ein paar Zuckerkäufer bekommen statt Kopfweh, schlechten Zähnen, Magengeschwüren oder Krebs einen zu hohen Blutdruck, verschiedene Nervenstörungen und werden Kriminelle. Sie gehen hin und stehlen oder verüben einen bewaffneten Raubüberfall und werden früher oder später von der Polizei gefaßt. Das Gericht spricht sie schuldig und verurteilt sie zu einer Gefängnisstrafe. Das wird als eine sehr vernünftige und richtige Methode angesehen, diese Menschen für ihre kriminellen Taten zu bestrafen. Im Gefängnis erhalten sie dann noch mehr Zucker, dazu Fleisch, Senf und sehr fette, wenig gehaltvolle Nahrung. Selbstverständlich geht es ihnen noch schlechter, wenn sie wieder herauskommen. Und während der ganzen Zeit wurden die Gesetze der Natur von allen Beteiligten wieder und wieder übertreten.

Ein weltweiter Erziehungsdienst würde, wenn er die Unterlagen für das geplante Unternehmen sähe, sofort sagen: Nein, besser keine Zuckerfabrik bauen, die Leute würden krank werden. Warum installieren Sie nicht Geräte und Maschinen, mit denen Sie ein gutes Miso machen oder Kuzuwurzeln zu Kuzupulver verarbeiten, die die Leute als natürliches Heilmittel verwenden können, wenn sie von zuviel Zucker krank werden? Und was die Gefängnisse betrifft, sollten wir sie in Erziehungszentren umwandeln, wo Verbrecher bestes natürliches und organisches Essen erhalten, sorgfältig ausgesucht und zubereitet, und täglich die Gesetze des Universums und die Träume und Wünsche der Menschheit studieren können. Dann, nach sechs Monaten (oder einem Jahr, oder zwei oder in manchen Fällen auch länger), wenn sich ihre Blutqualität und ihr Bewußtsein verändert haben, kommen sie heraus, frisch und gesund, bereit, anderen zu helfen und für die Gesellschaft etwas Nützliches zu tun.

Menschen, die imstande wären, solche Entwicklungen durchzumachen und andere in dieser Weise zu erziehen, existieren in unseren heutigen Regierungen nicht. Das ist der Grund, warum die Politik so einen schlechten Ruf hat. Wir sollten schließlich dieses Regierungssystem der Macht durch eine Organisationsform ersetzen, die in der Lage ist, die Dinge im Rahmen der natürlichen Ordnung einzuschätzen und zu beurteilen. Mit anderen Worten, wir brauchen eine neue Art von Weltführern.

Wie sollten diese neuen Weltführer aussehen? Wer sind die am meisten respektierten Menschen? In der natürlichen Familie sind bzw. waren es bis vor kurzem die ältesten Mitglieder. Gewiß sind heute viele alte Menschen schwach oder krank. Trotzdem haben sie die meiste Lebenserfahrung. Wenn wir unseren natürlichen Sinn für den Respekt gegenüber den Älteren wiederfinden könnten, ihnen in der U-Bahn oder im Bus unseren Platz anböten, ihnen beim Einkaufen im Lebensmittelladen zur Hand gingen, oder sie bei schwierigen Entscheidungen um ihren Rat oder ihre Meinung fragten, würde dies allein schon unsere gegenwärtige Gesellschaft beträchtlich verändern. Und wenn die älteren Leute sich besser ernährten, würde ihre Urteilskraft schärfer, klarer und größer werden.

Um die Angelegenheiten unserer Weltfamiliengesellschaft zu verwalten, müssen wir das *Gesetz* entdecken – nicht künstliche, willkürliche menschliche Gesetze, sondern das wahre Gesetz; das natürliche, absolute Gesetz, das unbesiegbar, unwandelbar und universal ist: das Gesetz des Wandels, das ewige Prinzip, durch das alle Phänomene geschaffen, belebt und schließlich wieder aufgelöst werden. Dieses Gesetz drücken die sieben Prinzipien und zwölf Lehrsätze (siehe Anhang 1) in abstrakter Form aus. Doch der Weltregierungsdienst muß in der Lage sein, diese abstrakten Prinzipien wirksam und situationsgerecht anzuwenden. Praktisch heißt dies, daß wir jemanden brauchen, der die Ordnung des Universums, ihre vielfältigen Möglichkeiten und Erscheinungsformen in allen Angelegenheiten der Gesellschaft interpretiert.

Für diese Funktion hatten die traditionellen Gesellschaften den Ältestenrat, eine Versammlung der weisesten Menschen aus ihrer Mitte, Leute mit dem höchsten Urteilsvermögen. In unsere Zeit übertragen, bedeutet dies, daß wir eine Art Weltkongreß brauchen, zusammengesetzt aus Freunden, die die Prinzipien von Yin und Yang auf vielen verschiedenen Gebieten des Lebens studiert haben und sie begreifen. Dieser Kongreß hätte die Aufgabe, alle lokalen, regionalen und weltweiten Unternehmungen und Aktivitäten einzuschätzen, zu beurteilen, zu beeinflussen und zu leiten, nicht als ein Organ der Legislative, sondern als ein universell respektiertes erzieherisches Beratungsgremium.

Die Regierung der Zukunft

Der Tag ist vielleicht nicht mehr fern, an dem eine Weltregierung durch eine solche Versammlung von Menschen, eine Weltföderation, Wirklichkeit werden könnte (siehe Anhang 2). Dementsprechend hat unsere makrobiotische Bewegung begonnen, sich auf diese Entwicklung vorzubereiten, wozu auch die Verbreitung einer gesunden, vernünftigen, natürlichen und organischen Ernährungsweise gehört. Wir haben auf vielen Gebieten und für viele Anwendungsmöglichkeiten die Sichtweise von Yin und Yang und der Ordnung des Universums eingeführt und ihre Wirkungsweise erforscht – für Gesundheit und Heilen, Familienleben, Spiritualität, Kunst, Architektur, Sprache, Geschichte, Naturwissenschaft, Kosmologie, Industrie und vieles andere mehr.

Wir haben ebenfalls begonnen, regionale Kongresse abzuhalten. Dazu gehören auch der jährliche makrobiotische Kongreß von Nordamerika, der europäische makrobiotische Kongreß, der karibische makrobiotische Kongreß und der makrobiotische Kongreß des Mittleren Ostens. Weitere Kongresse werden in anderen Gebieten abgehalten werden, einschließlich dem Fernen Osten, Südamerika und Afrika. Und wir hoffen, daß wir uns in ein paar Jahren zum ersten gemeinsamen makrobiotischen Weltkongreß versammeln werden.

Selbstverständlich sind das erst sehr kleine Anfänge. Die meisten unserer Freunde sind ganz und gar nicht alt, sondern noch ziemlich jung und in der praktischen Verwaltung gesellschaftlicher Angelegenheiten sehr unerfahren. Es wird Zeit brauchen – doch es ist eindeutig die letzte Hoffnung, die die Menschheit hat, die letzte Chance zu überleben.

Gesetze nützen nichts. Ethik, Moral und Tugend zu lehren nützt nichts. Schulische Erziehung, Religion, psychologische Unterweisung, Technik, Regierungsmaßnahmen – sie alle werden nichts nützen. Die Geschichte hat uns das gezeigt. Nach Tausenden von Jahren und nachdem wir Milliarden ausgegeben und unendlich viele Menschen getötet haben, mußten wir einsehen, daß alle diese Versuche vergeblich waren. Die einzige erfolgversprechende Möglichkeit ist, die menschliche Lebensweise wieder mit der Natur und dem Universum in Einklang zu bringen – und die biologische Identität des Menschen, angefangen bei der Familie, wiederherzustellen.

Unsere Methode, Krebs oder Herzkrankheiten zu behandeln, ist nicht einfach eine Frage der Ernährung oder Diät. Natürlich können wir ernährungstechnische Erklärungen geben, warum oder wie etwas wirkt, doch darum geht es im Grunde genommen nicht. Unser Weg ist einfach die Rückkehr zu einer menschlichen Lebensweise und nichts sonst. Durch sie verschwinden allmählich alle Krankheiten, Störungen und persönlichen Probleme.

Und wenn alle zu einer menschlichen Lebensweise zurückkehrten, würden auf die gleiche Weise auch alle familiären Schwierigkeiten und Gesellschaftsprobleme verschwinden. Wir können dafür zwar verschiedene soziale, politische oder wirtschaftliche Erklärungen geben, aber in Wirklichkeit ist es noch viel einfacher.

Die Regierung der Zukunft wird nicht geschaffen werden durch irgendeine geheime, komplizierte Lehre, durch irgendeine besondere Ausbildung oder politische Theorie oder durch irgendeine Partei, Sekte oder Elite. All diese Dinge nützen nichts. Die Regierung der Zukunft entsteht genau jetzt, dadurch daß wir täglich gutes Essen zu uns nehmen, Yin und Yang studieren, die alten Menschen respektieren und unsere Kinder lieben sowie durch wachsendes Glück und bessere Gesundheit unserer Familien. Aus diesen einfachen Anfängen können wir mit Sicherheit den langgehegten Traum der Menschheit von einer glücklichen und friedlichen Welt verwirklichen.

Vierter Teil

Praktische Schritte

Internationale und nationale Friedenskongresse gleichen
jener Versammlung von Ratten und Mäusen in der Fabel,
die aus Angst vor der großen Katze zusammenkamen.
Sie schimpften heftig auf die Katze und taten sehr mutig.
Doch leider waren sie nicht imstande,
sich etwas Praktisches einfallen zu lassen,
zum Beispiel eine Glocke.
Außerdem würden sie auch niemanden gefunden haben,
der sie der Katze um den Hals gehängt hätte.

George Ohsawa

16

Qualifikationen eines Friedenshelfers

Das größte aller sozialen Probleme, mit dem wir es in der Gegenwart zu tun haben, ist der Weltkrieg. Bis jetzt war die moderne Zivilisation noch nicht fähig, ein Heilmittel gegen diese Krankheit zu finden.

Der gemeinsame Traum der Menschheit – das Ziel aller Philosophien, Religionen und traditionellen Lebensweisen – ist es, eine friedliche und harmonische menschliche Gesellschaft zu entwickeln und diesen Planeten zu einem Zuhause für alle zu machen. In den letzten zwanzig Jahren hat die makrobiotische Gemeinschaft begonnen, dafür zu sorgen, daß es wieder gute Nahrungsmittel und eine vernünftige Landwirtschaft gibt und die modernen Ernährungsgewohnheiten in einer natürlicheren und organischeren Richtung beeinflußt. Zweitens haben wir gezeigt, wie man degenerative Krankheiten auf eine sanfte Art behandeln kann, ohne den Menschen noch weiter zu schädigen. Die Medizin kümmert sich mehr um die Therapie der Symptome als um Vorbeugungsmaßnahmen. Deshalb kommen die Probleme immer wieder. Wir erziehen die Menschen dazu, sich mit friedlichen Regenerationsmethoden selbst von vielen degenerativen Krankheiten und anderen physischen und psychischen Störungen zu heilen. Alles, was wir bis jetzt in dieser Beziehung getan haben, ist jedoch nur ein Präludium. Im Grunde handelt es sich darum, die Möglichkeit eines Weltkrieges für immer auszuschalten. Um dies zu erreichen, müssen wir anfangen, für unsere soziale Gesundheit und Sicherheit wie auch für unser persönliches Wohlbefinden die Verantwortung zu übernehmen.

Bis jetzt haben sich die meisten Ansätze zur Herbeiführung des Weltfriedens nur auf Teilaspekte bezogen. Sie setzten sich nicht mit dem Frieden als einem Problem des *ganzen* Menschen auseinander. Sie behandelten den Frieden als eine moralische, politische, organisatorische oder militärische Frage. Vergangene und gegenwärtige Ansätze haben Krankheit, Appetit, Verbrechen und Verlangen nach materiellem Wohlstand und Sicherheit nicht miteinbezogen. Was ist die Menschheit als Ganze? Was sind Gesundheit, Verbrechen und geistige Krankheiten? Wir können den Weltfrieden nicht von der Landwirtschaft, dem Essen und den Alltagsbeziehungen zwischen Mann und Frau trennen, auch nicht vom psychischen und geistigen Bewußtsein, nicht von der Autofahrt zur Arbeit oder zum Supermarkt, vom Steuernzahlen und vielen anderen Dingen des täglichen Lebens.

In der heutigen Zeit sind alle Aspekte des modernen Lebens voneinander getrennt. Auf dem Gebiet der Medizin beschäftigen wir uns nur mit den Symptomen einer Krankheit und fragen nicht nach der zugrundeliegenden Ursache dafür. Diese Trennung ist eines der größten Probleme der modernen Gesellschaft. Für die verschiedenen Krankheiten haben wir verschiedene Ärzte. Bei Krebs gehen wir zu einem Onkologen, nicht zu einem Psychiater, Zahnarzt oder Gynäkologen. Das gleiche gilt für die Erziehung. Wir müssen einen Literaturkurs belegen, wenn uns die Poesie interessiert, und kein Geologie-, Mathematik- oder Physikseminar. All das bewirkt Teilung und Trennung. Doch eigentlich leben wir *ein* Leben. Wir essen in einer bestimmten Weise. Wir atmen auf eine bestimmte Weise. Wir leben an einem bestimmten Ort. Die Jahreszeiten wechseln. All dies und andere Faktoren sind Teil unseres Lebens und untrennbar von unserer Kondition, unserer psychophysischen Verfassung und unserem Schicksal.

Dasselbe gilt für die Frage des Friedens. Wir können den Frieden nicht von unserem Alltagsleben trennen. Die Trennung, das seit Descartes vorherrschende dualistische Denken ist das Problem. Künftige Friedensmacher sind keine Spezialisten, sondern verfügen über ein allgemeines und umfassendes Verständnis des Lebens. Man könnte einen solchen Menschen Friedenslehrer nennen – nicht Friedens*kämpfer*, wie heute oft üblich – jemand, der anderen den Weg zu Gesundheit und Glück zeigen kann.

Wie wir gesehen haben, ist es eine Täuschung zu glauben, daß das Leben Kampf oder Krieg ist. Wir denken, daß wir uns ständig verteidigen müssen. Wir tragen ein Bund voller Schlüssel mit uns herum, lernen elektronische Kennwörter auswendig und treffen Sicherheitsvorkehrungen, wo immer wir hingehen. Wir bauen eine Polizeimacht auf und einen Militärapparat. Wir schaffen ein riesiges Verteidigungssystem um uns herum, angefangen bei Tabletten, Medikamenten, künstlichen Vitamingaben und Ernährungszusätzen. Das Wohlfahrtssystem, Rentensystem, Versicherungssystem und die medizinische Versorgung sind alles Teile dieses Verteidigungsmechanismus. Überall und immer sind wir auf der Hut. Angst und Mißtrauen regieren, alle denken: Die könnten zuerst angreifen. Ich muß mich verteidigen, mich wehren.

In Wirklichkeit gibt es keine Feinde. Alles ist mit der natürlichen Umwelt in Harmonie. Wir haben jedoch die Beziehung zu unserem Geist und Körper so verloren, daß wir die wohltätige Natur von Krankheit und Schwierigkeiten nicht mehr erkennen. Die Schöpfer und Vordenker der modernen Welt – etwa Darwin, Marx und Freud – sahen überall Schreckgespenster und erfuhren das Leben als Kampf. Doch was sie eigentlich sahen, war nicht die Welt, wie sie ist, sondern ihren inneren (Krankheits-)Zustand. Wobei keiner von ihnen begriff, daß Krankheit – des Körpers, des Verstandes, des Geistes oder der Gesellschaft – ein großartiger Anpassungsmechanismus ist, der uns dabei hilft, trotz unserer Vergewaltigung der natürlichen Ordnung am Leben zu bleiben. Sie verstanden nicht, daß es in diesem Universum keine Opfer gibt und wir uns unser Glück oder Elend selbst machen.

Krieg ist eine Kollektivkrankheit der Menschen. Wir müssen mit ihr nach denselben Prinzipien umgehen, die sich bei der Behandlung von Krebs, Herzkrankheiten, Geisteskrankheiten und anderen modernen Gesundheitsstörungen als wirksam erwiesen haben. Wir brauchen eine umfassende Sichtweise, eine geeinte

Sichtweise, eine friedliche Sichtweise. Wir müssen die Menschen so verstehen, wie sie sind. Wir müssen ihre Freuden und Leiden, ihre Erfolge und Mißerfolge, ihre Träume und Sehnsüchte verstehen. Das ist der erste Schritt. Um dies zu erreichen, ist es notwendig, daß wir die Menschen beobachten und verstehen, was der Mensch eigentlich ist. Verfassungsentwürfe für Weltfrieden und -ordnung gehen niemals darauf ein, wie wir essen sollten, und beschäftigen sich nicht mit Moral, Familienleben und anderen praktischen Problemen.

Menschen beim Arbeiten, Gehen, Sprechen, Essen und Spielen zu beobachten wird uns helfen, das Leben als eine Ganzheit zu begreifen. Mit der Zeit erkennen wir dann die Muster, die Verhalten und Denken zugrunde liegen, und verstehen die Vergangenheit und Gegenwart wie auch die Zukunft. Durch genaues Beobachten, einen friedlichen Geist und eine einfache, harmonische Lebensweise kommen diese Erkenntnisse und dieses Verständnis ganz von selbst. Auf dieser Basis formt sich dann unsere Sicht der Welt. Wir beginnen mit dem Verständnis der Ordnung des Universums und der Umgebung, in der wir leben und handeln, nicht mit politischen Verlautbarungen, Wirtschaftstheorien oder religiösen Gesetzgebungen. Wir müssen anfangen, die geheime Melodie des Lebens zu hören. Jesus sagte: »Es ist nichts verborgen, das nicht offenbar werde.« Es gibt keine Geheimnisse, die Antwort liegt immer offen vor uns. Nur können viele Leute sie nicht sehen. Jahrhundertelang merkten wir nicht, daß das, was wir jeden Tag essen, unsere Gesundheit und unser Bewußtsein beeinflußt. Ein paar Menschen wie Samuel Butler, Edward Carpenter, George Bernard Shaw und andere englische Naturalisten erkannten dies, aßen ganzbelassene, hauptsächlich pflanzliche Nahrungsmittel und erreichten ein hohes Alter und Verständnis. Doch die Mehrheit, einschließlich der meisten bedeutenden Wissenschaftler, Philosophen, Künstler und sozialen Führer der modernen Welt, sah die Zusammenhänge nicht. Diese Menschen wurden schwer krank und starben früh und unglücklich. Sie verstanden nicht, daß sie durch ihre falsche Ernährung und Lebensweise an ihrer Krankheit selbst schuld waren. Statt dessen machten sie äußere Einflüsse für ihre Krankheit und ihr Unglück verantwortlich, für die sie ihrer Meinung nach nichts konnten. Sie waren Opfer eines Krieges gegen die Natur – eines Krieges gegen sich selbst.

Unsere kosmologische Konstitution

Gegenwärtig betrachten wir alles auf der Welt als verschieden und ohne Verbindung untereinander. Wir haben viele verschiedene Wissenschaften, verschiedene Künste und verschiedene Berufe. Die moderne Erziehung ist in viele Abteilungen, Fächer und Stufen gegliedert, und so wachsen wir natürlich mit der Vorstellung auf, daß das Leben aus Bruchstücken und Teilen besteht und nicht ein Ganzes ist. Heute glauben wir, daß die Sowjetunion (UdSSR) sich von den Vereinigten Staaten (USA) unterscheidet. Wir glauben, daß die Schwarzen von den Weißen verschieden sind. Wir glauben, daß die Araber von den Juden verschieden sind. Wir sehen nicht die Ähnlichkeiten oder unsere Gleichheit als menschliche Wesen.

Das Betonen von Verschiedenheiten führt zu Vergleich und Wettbewerb, gefolgt von Angst, Mißtrauen und Konfrontation. Heute gibt es überall auf der Welt Konflikte. Einzelne Personen bekämpfen sich, Familien sind zerstritten, Unternehmen führen erbitterte Handelskriege, Nationen schließen sich in Blocks oder als Verbündete gegen andere Nationen zusammen. Schließlich bricht ein Krieg aus, und alles wird zerstört.

Da die moderne Denkweise die Unterschiede betont und nicht die Ähnlichkeiten, gibt es Kriege und Auseinandersetzungen. Als Chinesen, Araber, Juden, Romanen, Angelsachsen, Indianer, Katholiken und Buddhisten müssen wir die Gemeinsamkeiten sehen, die uns verbinden, nicht die Verschiedenheiten, die uns trennen. Alles ist in Bewegung. Alles verändert sich – ohne Ausnahme. Wenn wir die Gesetze der Harmonie und des Wechsels begreifen, sind wir imstande zu verstehen, warum Dinge erscheinen und verschwinden, wie sich Geschichte entwickelt und was die Zukunft bringt. So wie sich die Erde, das Sonnensystem und die Galaxis ständig ändern, macht auch unser Geist ständig

Veränderungen und Entwicklungen durch. Wenn wir diesen Prozeß verstehen, verstehen wir alles – Tag und Nacht, Geburt und Tod, Gesundheit und Krankheit, Frieden und Krieg.

Alle Phänomene setzen sich aus gegensätzlichen, sich ergänzenden Strukturen zusammen. So entstehen Vorder- und Rückseite, oben und unten, rechts und links, Äußeres und Inneres, Wurzeln und über der Erde wachsende Teile, Mittelpunkt und Umkreis, weich und hart, schnell und langsam, hohe und niedrige Temperaturen und vieles andere mehr. Die Spirale ist der Schlüssel, um die Unterschiede zu vereinen. Obwohl diese Phänomene völlig verschieden zu sein scheinen, haben sie in Wirklichkeit einen gemeinsamen Ursprung und ein gemeinsames Schicksal. Sie sind ihrer Natur nach alle spiralförmig und machen die gleichen Phasen energetischer Veränderungen durch.

Außerdem ist die Spirale die einzige Figur, das einzige Symbol, das verschiedene Denkweisen und verschiedenes menschliches Verhalten eint. Anfänglich mag es so scheinen, als bewegten sich alle Leute in verschiedenen Richtungen, doch wenn wir unseren Blickwinkel erweitern, erkennen wir, daß jeder Teil derselben Spirale ist und es in Wirklichkeit keinen Konflikt gibt.

Die logarithmische Spirale ist die gemeinsame, universelle Konstitution der ganzen Welt, selbst wenn wir auf einen anderen Planeten auswandern würden. Die Welt der Zukunft muß auf dieser kosmologischen Konstitution aufgebaut werden statt auf konzeptionellen Unterschieden. Für die Ordnung des unendlichen Universums oder die Ordnung Gottes ist alles Teil eines Einen. Als Friedenshelfer müssen wir die vereinenden Prinzipien von Yin und Yang einsetzen, um unsere Unterschiede auszugleichen.

Unsere geistige Konstitution

Unser Körper erscheint uns als feste Materie, doch in Wirklichkeit ist er Energie. Unser Körper setzt sich aus Trillionen von Atomen zusammen, die für Veränderungen des atmosphärischen

Drucks, Licht, Wärme, Geräusche und andere Reize aus der Umgebung empfänglich sind. Wenn wir gesund sind, fließt die Energie zwischen innerer und äußerer Umwelt ungehindert. Doch wenn wir krank sind, treten Energieblockaden auf. Energie sammelt sich an und stagniert. Krebs zum Beispiel ist ein verdichteterer Zustand, bei dem sich Energie in Form von Hindernissen sammelt. Dort setzen sich Gifte, Eiweißrückstände, überschüssiges Fett, Cholesterin und andere unbekömmliche Nahrungsmittelrückstände fest und verteilen sich im ganzen Körper. Alle Krankheiten werden mit dem Begriff der Energie verständlich. Pflanzen werden ebenfalls durch Energie beherrscht. Manche wachsen mehr nach oben und außen, andere wieder mehr nach unten und innen. Winde und Gezeiten sind auch Energie. Alles auf der Welt ist Energie.

Wenn wir verstehen, wie sich die Energie verändert, verstehen wir das Leben in seiner Ganzheit. Alles ist sowohl sichtbar wie unsichtbar. Beim Tod teilt sich unsere Energie auf, vor allem die des Bewußtseins trennt sich ab, und wir betreten die Welt der Schwingungen. Der physische Körper, der sich aus langsamerer, dichterer Energie zusammensetzt, kehrt zur Erde zurück, während das Bewußtsein, das aus schnellerer, feinerer Energie besteht, in der Welt der elektromagnetischen Schwingungen weiterwächst und sich weiterentwickelt. Die Welt von Geist und Tod ist immer noch Energie. Jeder Mensch ist eine spirituelle, energetische Manifestation. Die künftige Weltkonstitution muß sich auf einem Verständnis von Schwingung, Energie und Geist aufbauen.

Unsere biologische Konstitution

Wie wir in Kapitel 9 gesehen haben, sind Nomadenvölker kriegerischer als Ackerbaukulturen. Bei landwirtschaftlichen Gemeinschaften sind Kriege viel seltener und die Kriegsmethoden viel weniger brutal. Der Zusammenhang zwischen einer einfachen, ganzheitlichen Ernährung und einem friedlichen Geist und einer friedlichen Gesellschaft wurde bei allen traditionellen Kulturen erkannt und in allen alten Lehren überliefert. Biologisch betrachtet, ist der beste Weg, sich einen friedlichen Geist und friedliche Energie zu bewahren, eine Ernährung, die sich auf Ganzkorngetreide und Gemüse stützt. Die moderne Ernährung, reich an tierischen Produkten, Zucker und verarbeiteten, in Massen produzierten Lebensmitteln, ist die Ursache für die meiste Gewalt, für Furcht, Angst, Mißtrauen und Aggression, die es heute auf der Welt gibt.

Die psychische Konstitution

In allen Fällen von Krankheit oder Disharmonie – einschließlich Aids, Krebs, Herzinfarkt, familiärem Unbehagen und sozialen Störungen – sind wir für unser Leiden selbst verantwortlich. Wenn wir die Krankheit gemacht haben, können wir sie auch wieder heilen. Stets sind jedenfalls wir selbst die Quelle unseres Unglücklichseins. Manchmal ist vielleicht das Abwehrsystem zu schwach, oder die Leber ist geschädigt, der Blutdruck zu hoch. Und alle diese Dinge und noch viele mehr können Ärger oder andere unausgeglichene Emotionen hervorrufen. Die Menschen, über die wir uns dann ärgern, sind nicht die Ursache unserer Schwierigkeiten.

Leute, die andere anklagen, sind schlimmer als die, die von ihnen angeklagt werden. Sie sind bereits krank – sie leiden an einer dualistischen Denkweise.

Das gleiche trifft auch auf den Krieg zu. Das Weiße Haus oder der Kreml sind nicht die eigentlichen Kriegsursachen, obwohl dort die Außenpolitik gemacht wird. Solange wir uns ärgern, voller Haß sind und andere – Viren, Getreideschädlinge, Demonstranten, Angehörige von Minderheiten, Revolutionäre, Kapitalisten oder Kommunisten – als unsere Feinde betrachten, ist unser tägliches Leben ein Schlachtfeld. Washington und Moskau stellen einfach unsere harte Leber, unseren schwachen Darm, unsere überaktive Niere dar. Regierungen werden ihre Einstellung nicht ändern, bevor wir unsere Einstellung nicht ändern. In Wirklichkeit gibt es in diesem Leben keine Feinde. Die Erde ist eine glückliche, friedliche Welt. Wenn Schwierigkeiten oder Konflikte auftreten, müssen wir die Schuld dafür bei uns suchen, und Viren und Terroristen tauchen auf, weil unsere Lebensweise so unausgeglichen ist. Gewalttätigkeit und Blutvergießen können vermieden werden, wenn wir einfach essen, einen klaren, ruhigen Verstand bewahren, einen dankbaren, bescheidenen und demütigen Geist haben und ernsthaft bereit sind, unsere eigene Orientierung und unser eigenes Verhalten zu ändern. Die moderne Gesellschaft lebt in einer Hölle. Wenn wir uns immer mehr auf die Fehler der anderen konzentrieren, befinden wir uns bereits im Kriegszustand.

Wir müssen unsere Denkweise ändern. Um die Eigenschaften unseres Gehirns zu ändern, brauchen wir einen guten Blutkreislauf, und dafür sind ganz belassene Nahrungsmittel, vor allem Vollwertgetreide, wesentlich. Das ist das psychische Fundament, von dem die Welt der Zukunft abhängt.

Unsere soziale Konstitution

In den nächsten Jahrhunderten werden sich die sozialen Einrichtungen grundlegend ändern, falls sich das menschliche Leben auf unserem Planeten noch weiter entfaltet und entwickelt. Das heutige Gefängnissystem zum Beispiel ist barbarisch. Wir isolieren Gesetzesbrecher und bestrafen sie. Wir unterdrücken die Symptome und begreifen die zugrundeliegenden Ursachen nicht. Die moderne Gesellschaft kümmert sich nicht um die Frage, warum Verbrechen überhaupt existieren. Nehmen wir einmal einen typischen Bankräuber. Warum ist er zum Verbrecher geworden? In was für einer biologischen und psychischen Verfassung befindet er sich? Was für Umwelt- und Ernährungsfaktoren haben ihn veranlaßt, so aggressiv zu werden? Wenn wir seine geistige und körperliche Verfassung verstehen, können wir ihm sehr leicht helfen, seine Denkweise und sein Verhalten zu ändern. Durch eine richtige Ernährungsberatung können wir den Bankräuber in einen Heiligen verwandeln, oder zumindest in einen gesunden Menschen mit klarem Verstand, der für sein Leben die Verantwortung übernimmt. In Zukunft werden Gefängnisse mehr Kurzentren gleichen, wo man den Menschen hilft, ihr körperliches und psychisches Gleichgewicht wiederzuerlangen.

Ebenso wird in der kommenden Zeit die Erziehung weniger zergliedert und analytisch sein. Aus den Schulen wird man Schulen des Lebens machen. Nicht nur, daß man neben den üblichen Lehrfächern Kochkurse abhalten wird, alle Unterrichtsthemen werden einander mehr ergänzen, und der Akzent wird auf Originalität und Zusammenarbeit liegen, nicht auf Auswendiglernen und Wettbewerb. Auch in der Medizin wird es große Veränderungen geben. Man wird die Betonung auf das Vorbeugen, nicht aufs Heilen legen. Ärzte und Ärztinnen werden zu Lebensberatern, und ihre Männer oder Frauen geben Kochunterricht und zeigen, wie man Getreide im Drucktopf zubereitet, Zwiebeln schält und Kräutertees kocht. Die Chirurgie und andere fortschrittliche medizinische Technologien gibt es zwar noch, doch sie werden nur in Notfällen oder in lebensbedrohenden Situationen eingesetzt.

Unsere materielle Konstitution

Ohne Nahrung, Kleidung, Obdach und andere fundamentale Notwendigkeiten des materiellen Lebens würden die menschliche Kultur und Zivilisation nicht existieren. Heute haben wir verschiedene Wirtschaftssysteme, verschiedene staatliche Organisationsformen, die sich um unsere Wünsche und Bedürfnisse kümmern. Bis nicht ein neues planetarisches System entwickelt worden ist, das auf den Prinzipien von Ausgeglichenheit und Harmonie mit Umwelt und Ernährung beruht, müssen die alten Wirtschaftsformen nebeneinander weiterbestehen. Wenn wir eine friedliche Welt schaffen wollen, ist jedoch eine neue Weltwirtschaft notwendig. Wer soll die Initiative ergreifen – Familien, Konsumenten, Produzenten, Regierungen, eine Weltregierung? In den kommenden Jahren müssen wir diese Frage prüfen und den richtigen Weg finden, um die materiellen Bedürfnisse der Menschheit befriedigen zu können.

Wie man ein Friedenshelfer wird

Während der nächsten Jahrhunderte wird die eine friedliche Welt entsprechend den sechs konstitutionellen Prinzipien, die eben beschrieben wurden, errichtet werden. Menschen, die gemäß diesen Prinzipien leben, sind die wahren Friedenshelfer. Ihre Qualifikationen können wie folgt zusammengefaßt werden:

1. *Sie wissen, daß Leben unsterblich ist.* Wir alle kommen aus der einen Unendlichkeit. Unser Leben entstand, ehe das Universum geboren wurde. Jeder von uns ist durch sieben Stadien der Lebensspirale gewandert. Zuerst manifestierten wir uns als Urenergie – Yin und Yang –, dann als Licht und Schwingung, und dann als Materie und Elemente. Als Mineralien wurden wir von den Pflanzen absorbiert, und als Pflanzen wurden wir wieder umgewandelt und gelangten ins Tierreich. Schließlich manifestierten wir uns als menschliche Wesen. Nach unserem Leben hier in der Luftwelt werden wir alle sterben, zur nächsten Ebene weitergehen und zur Welt des Geistes zurückkehren. Unser Leben ist unsterblich, endlos. Ein Mensch, der unseren Platz im Kosmos versteht, betrachtet die Erde als vorübergehende Heimat. Er weiß, daß es keinen Grund gibt, sich zu bekämpfen und zu töten. Wir sind alle Brüder und Schwestern und teilen denselben Ursprung und dasselbe Schicksal. Nur Menschen, die glauben, daß dieser Planet oder dieses Leben alles ist, sind bereit, für Land, Geld oder Macht zu töten oder getötet zu werden.

2. *Sie wissen, daß sich alle Gegensätze ergänzen.* Als der Kapitalismus im neunzehnten Jahrhundert entstand, entwickelte sich der Kommunismus als natürliches Gegengewicht. Ihre Beziehung ist die von Yin und Yang, von Vorder- und Rückseite. Der Kapitalismus ist mehr auf die individuellen und materiellen Bedürfnisse der Menschen ausgerichtet, der Kommunismus ist mehr auf Gruppen und soziale Bedürfnisse hin orientiert. Wenn hohe Ideale in einer Gesellschaft zutage treten, tauchen auch niedrige auf, um das Gleichgewicht wiederherzustellen. Entwickeln sich spirituelle Lehren, entwickeln sich materielle Lehren

ebenfalls. Das ist die Ordnung des Universums. Ein Extrem bewirkt sein Gegenteil. Und die Gegensätze ändern sich ständig und wandeln sich ineinander um. Nacht und Tag, Winter und Sommer, Mann und Frau und zahllose weitere Gegensätze der natürlichen Welt stützen sich gegenseitig. Auch Kapitalismus und Kommunismus tragen sich gegenseitig. Der moderne Verstand betrachtet Gegensätze als Feinde, die vernichtet werden müssen, und nicht als Ergänzungen, die in Einklang gebracht werden wollen. Friedensförderer haben keine antagonistischen Gefühle. Sie verstehen, daß alle diese unterschiedlichen sozialen, ideologischen und kulturellen Ausdrucksformen entstehen, um Harmonie zu schaffen. Sie sehen alles unter dem Aspekt von Yin und Yang, von Vorder- und Rückseite, und sind in der Lage, Konflikte friedlich zu lösen, indem sie alle Seiten als Teile eines größeren Ganzen auffassen.

3. *Sie können Feinde in Freunde verwandeln.* Wenn wir andere Leute kritisieren oder angreifen, stärken wir sie in Wirklichkeit und fördern ihre Widerstandskraft und Entwicklung. Wir müssen daher unsere Haltung, Ausdrucksformen und Einstellung so ändern, daß die anderen uns verstehen. Deshalb ist es notwendig, daß wir gut essen und unsere körperliche, intellektuelle und geistige Verfassung weiter verfeinern. Jesus zum Beispiel klagte nicht, als er gekreuzigt wurde. Er betete sogar für seine Ankläger. Sein Geist bewegte nach seinem Tod die Welt, und seine Friedenslehre verbreitete sich in allen Ländern. Er liebte alle Menschen, auch jene, die ihn töteten, und wollte ihnen helfen. Das ist der Geist, den wir brauchen.

4. *Sie essen makrobiotisch.* Wie bei Jesus, Maria, Buddha, Laotse, Konfuzius, Abraham, Sarah, Mohammed und anderen Männern und Frauen des Friedens ist eine einfache, natürliche Ernährungsweise wichtig, um Ruhe und Gelassenheit zu verbreiten. Wie wir gesehen haben, sind Fleisch, Zucker, verfeinerte und chemisch denaturierte Lebensmittel und Produkte, die nicht der Jahreszeit entsprechend angebaut oder aus unterschiedlichen Klimazonen eingeführt werden, die Ursache vieler Konflikte in

der modernen Welt. Wenn wir Vollkorngetreide, gekochtes Gemüse und andere ganz belassene, unbehandelte Nahrungsmittel essen, wird uns das jene Vitalität, Willenskraft und Ausdauer geben, die wir täglich brauchen, um uns dem Aufbau des Weltfriedens widmen zu können.

5. *Sie übernehmen die Verantwortung für ihre Familie und ihr Leben.* Scheidungen, Gewalttätigkeit innerhalb der Familie, Streit um die Kinder, Zank zwischen Ehegatten und andere Störungen des Familienfriedens haben sich verbreitet wie eine Epidemie. Der Verfall der Familie ist eine schwere Krankheit. Eltern müssen lernen, ihre Kinder bedingungslos zu lieben und zu versorgen, und Kinder müssen als Erwachsene lernen, ihre Eltern ohne Vorbehalte zu lieben und für sie zu sorgen, selbst wenn sie gezwungen wären, dafür ihr eigenes Glück zu opfern. Solange wir unsere Eltern und Vorfahren nicht respektieren, können wir unseren Usprung – die Nahrung, die Erde, das Universum, Gott – nicht respektieren. Menschen, deren Familienleben nicht in Ordnung ist – die sich mit Mann oder Frau, Eltern und Kindern zanken und streiten –, können nicht vom Frieden sprechen. Ihr Geist ist nicht gesund. Der Weg zum Frieden führt über die Harmonie in der Familie und ist nicht davon zu trennen.

6. *Sie fördern, helfen und entwickeln die anderen* – während wir versuchen, die anderen zu übervorteilen. Auf allen Gebieten des Lebens betrügen sich die Menschen gegenseitig und werden betrogen. Die Naturkostbewegung bildet da keine Ausnahme. Als wir in kleinem Maßstab anfingen, ganz belassene, unverarbeitete Nahrungsmittel einzuführen, war deren Qualität sehr gut. Wir verkauften die Produkte in größeren Mengen abgepackt, zu erschwinglichen Preisen, und berieten die Verbraucher über die richtige Ernährung. Heute ist die Naturkost eine riesige Industrie. Viele Dinge haben in der Qualität nachgelassen, die Verpackung spielt eine große Rolle, und das Gewinndenken hat die Erziehungsbemühungen als Antriebskraft abgelöst. Unser oberstes Ziel sollte es immer sein, den Menschen zu helfen und überall auf der Welt Gerechtigkeit walten zu lassen.

7. *Sie respektieren andere Ideen, Traditionen, Kulturen und Gebräuche.* Wenn wir Christen sind, sollten wir manchmal eine jüdische Synagoge oder eine islamische Moschee besuchen und dort beten. Wenn wir Hindus sind, sollten wir die buddhistischen Lehren respektieren. Wenn wir Anhänger von Laotse sind, sollten wir die Prinzipien von Konfuzius zu verstehen versuchen. Wenn wir glauben, daß unsere Religion die einzig wahre ist, sind wir voller Vorurteile und grenzen uns ab. Wir müssen alle Menschen respektieren und gemeinsam voranschreiten.

In meiner Jugend studierte ich den Shintoismus und besuchte den Schrein. Meine Angehörigen waren seit mehreren Jahrhunderten Zen-Buddhisten, und meine Vorfahren hatten andere buddhistische Lehren befolgt. Mit ungefähr dreizehn Jahren las ich die Bibel und begann dann, zusammen mit Nonnen an der römisch-katholischen Mädchenoberschule zu unterrichten, wo auch meine Mutter arbeitete. Später gehörte ich zur japanischen evangelisch-christlichen Vereinigung. In den Vereinigten Staaten schloß ich mich mit dreiundzwanzig Jahren der Baptistenkirche und den Quäkern an. Ich studierte auch die jüdischen Propheten, die großartigen Lehren der Mormonen, vor allem ihre Ernährungsvorschriften, und den Koran, der mir in vieler Hinsicht Anregungen gab. Als Friedenshelfer müssen wir die Einheit des Glaubens und der Kulturen der Welt sehen. Wir sollten uns überall auf diesem schönen Planeten zu Hause fühlen, niederknien und beten können – in einer Kirche, Synagoge oder Moschee oder auch im Wald, am Meer oder in einem Feld mit reifendem Getreide.

8. *Sie übernehmen die Verantwortung für die Taten anderer.* Als Eltern haben wir die Verantwortung für unsere Kinder. Doch allzuoft denken wir, daß dies oder jenes *deren* Problem ist, und wollen nicht darin verwickelt werden. Jesus übernahm die Verantwortung für andere, und viele große Lehrer und geistige Führer taten dies ebenfalls. Es bedeutet, die Menschen wirklich zu lieben und die Verantwortung für das zu übernehmen, was sie taten oder tun. Wenn etwas Schlechtes dabei herauskommt, sollten wir immer denken: Es ist meine Schuld. Ich werde versuchen, mich

zu ändern. Wenn das Resultat gut ist, können wir denken: Sie haben es geschafft. Wer übernahm zum Beispiel nach dem Zweiten Weltkrieg die Verantwortung? Prozesse gegen Kriegsverbrecher fanden statt, und ein paar hohe Militärs und führende Zivilisten wurden schuldig gesprochen. Alle anderen wuschen ihre Hände in Unschuld, und jetzt sind wir dabei, die Fehler jenes Krieges in sogar noch größerem Maßstab zu wiederholen. Wir sollten statt dessen als Mitmenschen gemeinsam die Verantwortung für all das übernehmen, was während unseres Lebens auf diesem Planeten passiert.

9. *Sie sind die ersten, die trauern, und die letzten, die sich freuen.* Diese Eigenschaften sind auch ein Ausdruck unserer Liebe zu anderen Menschen und dafür, daß wir für ihr Glück und Unglück die Verantwortung übernehmen. Wir sind immer die ersten, die mit den anderen fühlen, wenn sie Probleme haben, und die letzten, die sich in Zeiten großen Glücks freuen.

10. *Sie staunen über die Natur, das Universum und daß sie hier und jetzt leben.* Wenn wir Pflanzen sehen, staunen wir unwillkürlich angesichts von so viel Schönheit. Die Sterne, die Meere, Wolken, Wasser, Blumen und Myriaden anderer Formen lassen uns immer wieder staunen. Der helle Mond über uns, die Insekten und Vögel, die summen und singen, die Knospen, die im Frühling sprießen, der Schnee, der im Winter fällt – sie alle sind unsere Lehrer und Begleiter und führen uns zu größerer Harmonie und Bewußtheit. Die ganze Spirale des Lebens zu erkennen ist Glück. Jeder sollte denken: »Ich bin hier auf diesem wunderschönen Planeten, umgeben von schönen Dingen. Trotz all unserer Fehler – ist das Leben nicht wundervoll?« Das ist der Geist des Friedenshelfers.

Wenn wir diese zehn Qualitäten nicht besitzen, sollten wir sie entwickeln. Wir haben von Geburt an ein Recht auf sie, und sie ergeben sich ganz natürlich aus einem Leben in Harmonie mit unserer Umwelt und einer Ernährung, die aus einfachen, ganz belassenen Mahlzeiten besteht, die wir im Geist der Dankbarkeit essen.

17

Schwerter zu Pflugscharen machen

Überall auf der Welt arbeiten Tausende von Einzelpersonen und Familien für den Frieden, indem sie sich makrobiotisch betätigen. Dazu gehören organische Landwirtschaft und Naturkostvertrieb, Heim- und Familienfürsorge, Gemeindedienst, Lehren und Beraten, Schreiben und Publizieren, medizinische und wissenschaftliche Forschung und Technik und schöne Künste. In diesem Kapitel wollen wir ein paar Menschen und Gemeinschaften in verschiedenen Ländern vorstellen und sehen, auf welche Weise sie sich durch Vollwerternährung und ein tieferes Verständnis für die Ordnung des Universums verändert haben.

Japan

Im August 1945 erlebte Nagasaki eine Hitzewelle, dazu kam der ständige Fliegeralarm. Seit April war die Stadt mehrmals bombardiert und im Tiefflug angegriffen worden, doch alles in allem war sie nicht so zerstört worden wie andere Städte in Japan.

Nagasaki, das in einer hügligen Bucht von Kyushu, Japans südlichster Insel, liegt, war ein berühmter Seehafen und der Sitz der größten christlichen Gemeinde von Japan. Im sechzehnten Jahrhundert betraten europäische Händler, Missionare und Ärzte in Nagasaki zum erstenmal japanischen Boden. Vom Labyrinth der Kaianlagen und Werften im Hafen zogen sich die Industrie- und Wohnviertel der Stadt zwei fruchtbare Täler hinauf. Der Mitsubishi Konzern war der wirtschaftliche Mittelpunkt.

Schiffswerften, Stahlwerke und Munitionsfabriken produzierten für den Krieg, und einige Zulieferfirmen waren ausgelagert und auf Schulen, städtische Gebäude und unterirdische Tunnel verteilt worden.

Im September 1944 wurde der neunundzwanzigjährige Arzt Tatsuichiro Akizuki, in Nagasaki geboren, zum Leiter der Ersten Klinik von Urakami ernannt, einem kleinen Krankenhaus, das man in einem Franziskanerkloster am nördlichen Stadtrand eingerichtet hatte. Gegen Kriegsende befanden sich nur noch sehr wenige Priester, Mönche oder Seminaristen in dem großen dreistöckigen Gebäude. Das Krankenhaus beherbergte vor allem Tuberkulosekranke.

Am Morgen des 7. August schlug Dr. Akizuki wie gewöhnlich die Zeitung auf, um festzustellen, welche Teile Japans am vorangegangenen Tag bombardiert worden waren. Die Schlagzeile auf der ersten Seite fiel ihm sofort in die Augen: ›Neuer Bombentyp fällt auf Hiroshima – große Zerstörungen‹. Dr. Akizuki war beunruhigt. Üblicherweise bezeichneten die Zeitungen alle Bomben als ›Brandbomben‹ und schilderten die Schäden, wie schwer sie auch waren, als unbedeutend. Der Artikel war ein böses Omen.

Am Morgen des 9. August war der Himmel über Nagasaki klar. Die Zikaden sangen, und es sah aus, als würde es wieder ein heißer und drückender Tag werden. Um 8 Uhr 30 begann Dr. Akizuki, ambulante Patienten zu behandeln. Irgendwann während des Morgens unterbrach er seine Arbeit und unterhielt sich mit Herrn Yokota, dessen Tochter in seinem Krankenhaus lag. Yokota, der als Techniker in der Mitsubishi Geschützfabrik arbeitete, wo auch die Torpedos für den Überfall auf Pearl Harbor hergestellt worden waren, sagte: »Ich habe gehört, daß Hiroshima am 6. sehr schwer zerstört worden sein soll.« Und er erklärte, er glaube nicht, daß die Explosion durch eine übliche Form von Energie verursacht worden sei, sondern vermutlich sei es eine ›*Atom*bombe, die auf Kernspaltung beruht‹.

In diesem Augenblick gaben die Sirenen Fliegeralarm. Herr Yokota beeilte sich, in seine Fabrik zurückzukehren. Es war 10 Uhr 30. Einige Krankenhausangestellte gaben ein verspätetes

Frühstück aus, füllten große Schalen mit braunem Reis und Misosuppe und verteilten sie an Patienten in den Krankensälen. Die Einwohner von Nagasaki waren an den Alarm so gewöhnt, daß sie häufig gar nicht darauf achteten. Außerdem waren am klaren Himmel keine vertrauten Formationen der B-29-Bomber zu sehen. Eine halbe Stunde danach kam die Entwarnung, und das Krankenhaus nahm seinen normalen Arbeitsgang wieder auf.

Ein paar Minuten später, kurz nach 11 Uhr, als Dr. Akizuki wieder einen Patienten behandelte, hörte er das leise Brummen eines fernen Flugzeugs. Das Geräusch wurde lauter und schien dann fast direkt über ihnen zu sein. »Ein feindliches Flugzeug!« rief er. »Vorsicht! Deckung!« Er warf sich neben dem Bett auf den Boden.

Ein greller Blitz von weißem Licht erhellte den Raum, gefolgt von einem gigantischen ›Peng‹ und ›Krach‹. Eine heftige Druckwelle erfaßte alle. Seit dem seltsamen Dröhnen des Flugzeugs bis zur Explosion waren nur etwa ein oder zwei Sekunden verstrichen. Dr. Akizuki lag flach auf dem Boden. Ein paar kleine Schuttbrocken rieselten ihm auf den Rücken.

»Unser Krankenhaus ist getroffen worden!« dachte er. Er hatte Schwindelanfälle, und seine Ohren dröhnten. Ungefähr zehn Minuten später erhob er sich taumelnd und blickte sich um. Es war nichts zu sehen als gelber Rauch und weißer Staub, der in der Luft hing. Es herrschte ein seltsames Dämmerlicht.

»Gott sei Dank, ich bin nicht verletzt«, dachte Dr. Akizuki. Als er sich von seinem Schock erholt hatte, dachte er sofort an seine Mitarbeiter und Patienten. Oberschwester Murai, die ihm assistiert hatte, schien unverletzt zu sein, allerdings war sie völlig mit Staub bedeckt. Benommen ging er in eines der Sprechzimmer und betrachtete die Verwüstung dort. »Draußen im Hof hob sich der schwärzlichbraune Qualm und Staub nach und nach«, berichtete er später. »Ich sah Gestalten herumlaufen. Dann sah ich nach Südwesten und war vor Schreck wie erstarrt. Der Himmel war pechschwarz, bedeckt mit dicken Rauchwolken. Unter der Schwärze, über der Erde, hing ein gelbbrauner Nebel. Allmählich wurde der Nebel durchlässiger, der Boden war zu erkennen, und dann stand ich vor Entsetzen wie an den Boden genagelt da.

Alle Gebäude, die ich sehen konnte, brannten: große, kleine und auch welche mit Strohdächern. Weiter hinten im Tal stand die Urakami Kirche, die größte katholische Kirche des Ostens, in Flammen. Die Technische Hochschule, ein großes zweistöckiges Holzhaus, brannte und noch viele andere Häuser, auch die ferne Geschützfabrik. Elektrizitätsmaste waren in Flammen gehüllt wie Kienfackeln. Bäume auf den nahen Hängen rauchten und die Blätter der Süßkartoffeln auf den Feldern. Zu sagen, daß alles brannte, ist zuwenig. Es schien, als stoße die Erde selbst Feuer und Rauch aus, Flammen, die aus ihrem Innern hervorzubrechen und hochzuzüngeln schienen. Der Himmel war dunkel, der Boden scharlachrot, und dazwischen hingen gelbliche Rauchwolken. Drei Farben – schwarz, gelb und scharlachrot – erhoben sich drohend und schicksalsträchtig über die Menschen, die wie Ameisen umherrannten und Schutz suchten. Was war geschehen? Das Krankenhaus selbst war nicht getroffen worden, soviel begriff ich. Aber dieses Feuermeer, dieser Himmel voll Rauch! Das Ende der Welt schien gekommen zu sein.«

Nach einer Weile fiel ihm ein, um was für eine Bombe es sich handeln könnte. Es mußte der neue Typ sein, der auch über Hiroshima abgeworfen worden war. Das Feuer im Krankenhaus breitete sich allmählich aus. Seltsam war, daß das Dach zuerst gebrannt hatte. Die Temperatur der Atmosphäre hatte zur Zeit der Explosion im Epizentrum mehrere tausend Grad betragen und in der Nähe des Krankenhauses mehrere hundert. Die hölzernen Gebäude, die weniger als tausend Meter vom Epizentrum entfernt standen, brannten sofort, und ein riesiges Feuermeer breitete sich aus. In diesem Umkreis brannte sogar Stahl! Das Krankenhaus war etwa eineinhalb Kilometer entfernt. Das Feuer hatte mit ein paar Flammen am Dach begonnen.

Glücklicherweise waren alle siebzig Patienten des Krankenhauses am Leben und unverletzt. Zwei schwere Tuberkulosefälle waren unter heruntergefallenen Balken eingeklemmt gewesen und von Bruder Iwanaga und Herrn Noguchi befreit worden. Doch die meisten medizinischen Geräte, einschließlich der modernen Röntgenanlage, Medikamente, Drogen und zehntausend religiöse und medizinische Bücher waren durch den Luftdruck zerstört worden. Dr. Akizuki besaß praktisch keine Mittel mehr – nur noch ein paar Schmerztabletten, etwas Verbandszeug und Mercurochrom –, um seinen Patienten helfen zu können. Inzwischen wurde das Krankenhaus von Überlebenden aus allen Teilen der Stadt belagert. Viele hatten breitflächige schwere Brandwunden. Bei anderen waren Glassplitter tief in den Körper gedrungen. Draußen zog eine Prozession stöhnender, halbnackter Menschen vorbei, die im Fluß Erleichterung von ihren Schmerzen suchten. Niemand wußte, wodurch ihre schrecklichen Verletzungen entstanden waren. Jeder dachte, die Bombe sei nur auf ihn gefallen. Dr. Akizuki tat sein Bestes und strich mit einem Tuschpinsel Zinkoxydöl auf die großen Brandwunden.

Er hatte nicht die geringste Ahnung von Atomstrahlen. Viele Patienten, die keine Brandwunden hatten, klagten über Magenschmerzen und einen entzündeten Mund. Er nahm an, die Enge der überfüllten Luftschutzkeller zur Zeit der Explosion sei die Ursache. Doch nach ein paar Tagen traten Durchfall und blutiger Stuhlgang auf. Die Mundhöhlenentzündung verursachte Zahnfleischbluten, und unter der Haut traten Blutungen auf. Dann wurde das Mundinnere purpurrot.

Zuerst hielt Dr. Akizuki es für Ruhr, doch es war viel schlimmer. Zu dem Zeitpunkt ahnte noch niemand, wie schrecklich es werden würde. Ein Jahr lang war Dr. Akizuki Assistent in der Radiotherapie-Abteilung des Krankenhauses der medizinischen Fakultät von Nagasaki gewesen. Bei dieser Gelegenheit hatte er entdeckt, daß eine fortgesetzte Bestrahlung von Patientinnen, die an Gebärmutter- oder Brustkrebs litten, Katarrh hervorrief. Er selbst hatte täglich Röntgenuntersuchungen durchgeführt und auch Katarrh bekommen. Diese Erfahrung erwies sich jetzt als sehr nützlich. Etwa am 15. August wurde ihm schließlich bewußt, daß die Symptome, die er seit der Bombardierung hatte, genau dieser Art von Katarrh entsprachen.

Vom Standpunkt der klassischen Physik aus betrachtet sind Röntgenstrahlen sehr kurze elektromagnetische Wellen, die durch die Zellen des menschlichen Körpers hindurchgehen und sie bei intensiver Bestrahlung, zum Beispiel mit Radium, sogar zerstören können. Die Zellen, die von dieser Art Strahlung zerstört werden, teilen sich häufig. Die empfindlichsten Zellen (Sexualzellen, Markzellen und alle Zellen, die lebenswichtige Funktionen haben) werden durch Radioaktivität vernichtet. Dies waren die einzigen Überlegungen, die er über die ›Atomkrankheit‹ anstellen konnte.

Wenn Dr. Akizuki Krebspatienten behandelte, die an Röntgenkatarrh litten, oder wenn er selbst ihn hatte, pflegte er eine Salzlösung zu trinken oder verabreichen zu lassen, die etwas stärker war als üblich. Das hatte sich als sehr wirkungsvoll erwiesen. Er entschied, daß Salz auch den Menschen guttun würde, die die Explosion miterlebt hatten. Obwohl er von Kernphysik oder Zellbiologie nichts wußte, war er überzeugt, daß eine bestimmte Ernährungsmethode bei Strahlenschäden die einzig wirksame Behandlung sein konnte. Ihm war auch bekannt, daß das Blut durch Salz- oder Natriumionen seine Vitalität zurückerhält, Zukker dagegen toxisch wirkt und den Zustand verschlimmert.

Dieses Prinzip des Ausgleichs von Alkali und Säure entsprach den Behandlungsweisen der Ärzte und ihrer Mitarbeiter an der medizinischen Fakultät von Nagasaki. Dieselben Methoden erwiesen sich bei den Überlebenden der Atombombenexplosion als sehr wirksam. »Ich spürte eine Art Zuversicht in meiner Brust aufsteigen«, sagte Dr. Akizuki später. »Ich gab der Küche strikte Anweisung, die Reisbälle aus unpoliertem Reis zu salzen und bei jeder Mahlzeit kräftige, salzige Misosuppe zu servieren. Zucker sollte auf keinen Fall verwendet werden. Als die Leute meine Anweisungen nicht befolgten, ermahnte ich sie eindringlich und wiederholte, daß sie keinen Zucker benützen dürften, überhaupt nichts Süßes.«

Schon einige Zeit vor dem Atombombenabwurf hatte Dr. Akizuki, angeregt von den makrobiotischen Ernährungsprinzipien, seinen Mitarbeitern braunen Reis und Misosuppe vorgesetzt und ihnen verboten, Zucker zu essen, der meistens ohnehin nicht zu bekommen war. Nach der Atombombenexplosion wurden Reisbälle, Algen, Salz und andere gute Yang-Nahrungsmittel an alle Patienten und Mitarbeiter verteilt, und auch an alle Nachbarn und andere Leute, die das Krankenhaus erreichen konnten, ehe sie zusammenbrachen.

»Warum ist Zucker so schlimm? Warum nützt Salz bei der Atomkrankheit?« fragten ihn die Leute. Ihnen die Zusammenhänge von Yin und Yang genau zu erklären, wäre zu zeitraubend gewesen, und so antwortete Dr. Akizuki nur: »Zucker ist schlecht für Sie – ich gebe Ihnen mein Wort darauf! Zucker zerstört Ihr Blut.«

Dank dieser makrobiotischen Ernährungsweise blieb Dr. Akizuki am Leben und konnte sich als Arzt voll einsetzen, während anderes medizinisches Personal, auch Dr. Tsunoo, Präsident des Medical College Hospital, der Atomkrankheit zum Opfer fiel. Bruder Iwanaga, Reverend Noguchi, Oberschwester Murai, weitere Mitarbeiter und Patienten überlebten dadurch in der tödlichen Asche der Bombenruinen ebenfalls.

Die Leute in Nagasaki – wo kaum mehr jemand makrobiotisch oder traditionsbewußt aß – sagten, es sei ein Wunder, daß im Krankenhaus alle überlebt hätten. Dieses Wunder ist tatsächlich vor allem Dr. Akizukis Ernährungsempfehlungen und ihrer rigiden Ausführung nach der Katastrophe zu verdanken. Zwei andere Faktoren trugen außerdem zum Überleben der Menschen bei. Erstens war das Krankenhaus aus Ziegeln gebaut und stellte für einige Patienten und Ärzte einen relativ wirksamen Schutz gegen die Atomstrahlung dar. Zweitens regnete es in Nagasaki nach dem Bombenabwurf zweimal wolkenbruchartig, am 2. und am 16. September. Beim zweiten Mal, am 16. September, fegte der Regensturm auch über Hiroshima. Diese Regenfälle, die jedesmal mit einem schweren Taifun aufhörten, waren für die Überlebenden eine große Strapaze. »Es ist die Hölle auf Erden«, dachte Dr. Akizuki beim ersten Regen, »man quält uns erst mit Feuer und dann mit Wasser.« Es kamen solche Wasserfluten vom Himmel herab, daß die Wetterstation eine Regenmenge von dreißig Zentimetern maß.

Doch die heftigen Stürme stellten sich als Gottesgeschenk heraus, wie auch der Taifun Mazurazaki zwei Wochen später. Das viele Wasser löste den radioaktiven Niederschlag auf und schwemmte ihn in den Boden oder das Meer. Nach dem Taifun verringerte sich die Zahl der Toten im Krankenhaus. Die Mitarbeiter des Krankenhauses und Dr. Akizuki hatten keine

Schwindelanfälle und auch keinen blutigen Stuhlgang mehr. Das Haar hörte auf, ihnen auszufallen. Das war vierzig Tage nach der Bombenexplosion. »Es schien, als würde die Zahl der Opfer geringer«, sagte der Arzt später. »Die Menschen, die hatten sterben müssen, waren vermutlich schon tot. Nach dem Taifun wendete sich das langsame Nahen des unvermeidlichen Todes in eine Rückkehr ins Leben.«

Medizinische Hilfe von außerhalb der Stadt kam erst sehr spät und war außerdem nicht imstande, gegen diese neue Krankheit etwas auszurichten. Vielleicht war das ganz gut so, denn, wie Dr. Akizuki später schrieb, »schließlich konnten wir nichts anderes tun, als braunen Reis und Misosuppe zu essen... Dieser Nahrung haben wir es zu verdanken, daß wir Tag für Tag für die anderen arbeiten konnten, Müdigkeit und Symptome der Atomkrankheit überwanden und die Katastrophe ohne gravierende Symptome von Radioaktivität überstanden. Obwohl dies, wie ich glaube, vom medizinischen Standpunkt aus schwer nachzuweisen ist.«

Einige Jahre nach dem Krieg heirateten Dr. Akizuki und Oberschwester Murai. Das St. Francis Hospital ist wiederaufgebaut worden, und Dr. Akizuki ist immer noch Chefarzt dort. Außerdem ist er aktiv in der Friedensbewegung tätig und Leiter der Vereinigung zur Forschung der Probleme der ›Hibakushas‹ (der Überlebenden der Atombombenexplosion) von Nagasaki. Auch heute glaubt er noch, daß die damalige Ernährung der Hauptgrund war, daß alle seine Mitarbeiter und Patienten auf so wunderbare Weise überlebten. »Es ist unsere Pflicht, von dem zu berichten, was hier passierte«, schreibt er in einem Nachtrag zu seiner Autobiographie, *Nagasaki 1945* (1981). »Wir glauben, daß uns Gott das Leben schenkte, damit wir Zeugnis ablegen können von dem, was geschehen ist.«

Libanon und Israel

Die moderne Makrobiotik kam 1975 in den Mittleren Osten. Rema Cheblis, ein junges libanesisches Mädchen, litt an einem

Gehirntumor. Der Krebs breitete sich aus, sie wurde blind, taub und sah entsetzlich entstellt aus. Die Ärzte hatten sie aufgegeben und verschrieben ihr Heroin, um ihre Schmerzen zu betäuben. Aber Susana Sarué, eine meiner Studentinnen, die an der Sorbonne in Paris ihren Doktor machte, hörte durch gemeinsame Freunde von Remas Schicksal und flog in den Libanon, um ihr zu helfen.

Susana verbannte alle Bonbons, Schokolade und Medikamente aus Remas Nähe. Sie massierte Rema, schlief bei ihr und ging mit ihr jeden Tag wilde Pflanzen sammeln, um eine besonders nahrhafte Suppe zu machen. Zusammen mit braunem Reis und gekochtem Gemüse kräftigte die Suppe das Mädchen allmählich wieder, das durch die Strahlenbehandlung sehr geschwächt gewesen war. Das erste Mal seit fünf Jahren schlief Rema eine Nacht durch, und langsam begann sie wieder zu hören und auf einem Auge zu sehen. Eines Tages sah sie sich jedoch im Spiegel und entdeckte, daß sie keine Haare mehr hatte und die andere Augenhöhle, gegen die der Tumor gedrückt hatte, leer war. Überzeugt, daß sie nicht mehr schön sei, verlor sie den Willen weiterzuleben und hörte auf zu essen. Ihr Tod war ganz friedlich.

Nachdem Rema gestorben war, baten ihre Eltern, Brahim und Brigitte Cheblis, Susana, im Libanon zu bleiben und etwas zu unternehmen, damit Remas Tod nicht umsonst gewesen wäre. Seit dem Kriegsausbruch 1975 hatten die Cheblis daran gearbeitet, den Frieden zwischen Christen und Moslems wiederherzustellen, und palästinensischen Flüchtlingen geholfen, die auch von den Kämpfen betroffen waren. Sie standen mit vielen internationalen Hilfsorganisationen in Verbindung, mußten aber schließlich feststellen, daß sie nichts erreichen konnten, was von Dauer gewesen wäre. Vielleicht konnte die Makrobiotik dabei helfen, dem Mittleren Osten den Frieden zu bringen.

Inzwischen fand im März 1978 die erste israelische Besetzung des südlichen Libanons statt. Eines Tages wachten die Cheblis auf und stellten fest, daß Leute, die vor den Kämpfen geflohen waren, in ihr Haus eindrangen. Brahim, Brigitte und Susana fanden, daß sie etwas unternehmen müßten, und beschlossen, Brot zu backen, weil viele nichts zu essen hatten. Im Libanon hatte es früher ein Vollkornbrot gegeben, das ›kluges Brot‹ genannt wurde, weil es weise machte und den Hunger stillte, doch seit vielen Jahren wurde auch dafür nur noch weißes Mehl verwendet. Im Libanon macht dieses Brot bis zu 60 oder 70 Prozent der täglichen Nahrung aus.

Mit ein wenig Geld, das ihnen Freunde schenkten, erwarben sie fünf Öfen, etwas frisches Mehl und noch ein paar andere Dinge, um einen Teig auf natürliche Weise, ohne künstliche Treibmittel herstellen zu können. Als die Kämpfe nachließen, wurden die Öfen zu Familien gebracht, die viele Kinder und keine Arbeit hatten.

»Möchten Sie gern Brot backen?« hatte man die Mütter gefragt.

»Aber natürlich«, war die Antwort gewesen. »Die Kinder können doch nicht ohne Essen bleiben.«

Nachdem die Öfen installiert worden waren, buken die Leute noch am selben Tag Brot, und es stellte sich heraus, daß es für eine ganze Woche reichen würde. Die meisten dieser Leute kamen aus den Bergen, sie aßen dieses gesunde Brot und suchten wilde Pflanzen. Susana, Brigitte und Brahim halfen ihnen beim Sammeln von Linsen, Bohnen und anderen Dingen, damit die Familien überleben konnten. Sie nahmen einfach, was übriggeblieben war, von den Feldern mit. Viele Familien konnten so dank dem ›klugen Brot‹ überleben. Die überzähligen Brote wurden an Flüchtlinge aus dem Süden verteilt oder an Leute verkauft.

Als der Krieg weiterging, wurde deutlich, daß im Libanon durch die Ausbreitung der modernen Kultur alles zerstört worden war. Die Nachfrage nach makrobiotischen Lebensmitteln, um Gesundheit und Vitalität und auch das Überleben zu sichern, nahm zu. Damit die Leute ihre eigenen, kulturellen Wurzeln wiederentdeckten, gründeten Brigitte und Brahim in ihrer Küche eine Nahrungsmittelgenossenschaft, die bald in ein verlassenes Nachbarhaus umzog und sich zu einem Laden auswuchs. Dort gab es organischen Dünger und Bücher über traditionelle Anbaumethoden und Lebensmittelverarbeitung, selbstgemachten Seitan (Weizengluten), Brot und Marmelade, dazu Miso, Tamarisojasauce und Vollkornspaghetti aus Italien. Außerdem bot man Süßigkeiten ohne Zucker an, Sesamöl zum Kochen und ein Weizenprotein aus Grießmehl. Rezepte der traditionellen libanesischen Küche, wie zum Beispiel für Kabis, einen sauren Kohl, die keine exotischen modernen Nahrungsmittel oder Kochmethoden vorschrieben, wurden gesammelt. »Wenn die Mutter sich nicht erinnert, erinnert sich bestimmt die Großmutter, wie man mit eingelegten Sachen und natürlichen Konservierungsmitteln mit wenig oder gar keinem Fleisch ein gutes Essen macht«, notierte Susana. »Verfeinerte Produkte gibt es hier erst seit fünfzig Jahren.« Im Sommer 1978 wurde ein zweiter Laden in Kaslik eröffnet, an der Küste nördlich von Beirut, 1979 kamen zwei weitere im Westen der Stadt hinzu.

Der makrobiotische Ansatz zur Wiederherstellung von Gesundheit und Frieden erregte allmählich das Interesse der Fachleute und erhielt auch örtliche Unterstützung. Stephen Malkonian, ein Landwirt, der seit acht Jahren für eine Schädlingsbekämpfungsfirma arbeitete, hörte von Remas Schicksal. Obwohl er anfangs der Makrobiotik sehr skeptisch gegenüberstand, beschloß er, sie an sich selbst auszuprobieren. »Seit Jahren litt ich unter Migräne«, erinnerte er sich später, »nach zehn Tagen war sie verschwunden. Ich blieb bei dieser Ernährungsweise und fing an, mich näher mit der Sache zu beschäftigen.« Nach ein oder zwei Jahren wußte Stephen, daß er nicht mehr länger Schädlingsbekämpfungsmittel verkaufen konnte. Er kündigte, organisierte den Verkauf organischen Weizens aus abgelegenen Ortschaften und hielt in Beirut Makrobiotikkurse ab.

In Kaa half Stephen beim Aufbau eines organischen Landwirtschaftsprojekts auf einem Gebiet von fünfundzwanzig Hektar nahe der nördlichen Grenze zu Syrien. Das Land war durch Bodenerosion praktisch zu einer Wüste geworden. Vor dem Ersten Weltkrieg hatte es in der Gegend von Kaa und auch in den benachbarten Regionen noch Wald gegeben.

Es wurden Weizen und Gerste angebaut und geerntet. Eine Obstbaumplantage mit siebzig verschiedenen Sorten entstand, weil man feststellen wollte, welche Bäume in dieser Erde am besten gediehen. Darunter waren Aprikosen-, Birnen-, Granatäpfel-, Kirsch-, Mandel- und Pfirsichbäume. Auch Artischocken, Knoblauch, Zwiebeln und anderes Gemüse wurden gezogen. Für die Familie, die bei der Arbeit half, baute man mit traditionellen Methoden der Gegend ein kleines Haus, das auch als Ausbildungs- und Informationszentrum für natürlichen Anbau diente. »Unser Landwirtschaftsprojekt ist ein grüner Fleck mitten in einer riesigen Wüste«, meinte Stephen dazu.

Einige katholische Priester hatten in Beirut von der Brotverteilung an Bedürftige gehört und schlossen sich der makrobiotischen Bewegung an. Pater Maroun, der in einem Kloster zehn Minuten vom Stadtzentrum entfernt lebte, begann, braunen Reis aufzukaufen und ihn an die Einwohner zum halben Preis abzugeben. Schulen und viele andere Einrichtungen erhielten ihn umsonst. Er sagte, er hoffe, daß wenn die Leute ihre Eßgewohnheiten änderten, sie auch ihre Gesundheit und ihr Verhalten gegenüber ihren Mitmenschen anders sehen würden. Er predigte auch über die Ernährung und sagte zu seiner Gemeinde: »Die Kirche ist nicht nur zum Beten da. Jesus sagte: ›Gehe hin und heile dich selbst!‹ Und so müssen auch wir uns selbst heilen und unsere Brüder und Schwestern.«

Im Ostteil von Beirut hörte eine bekannte Funk- und Fernsehjournalistin von der Makrobiotik und den Unternehmungen des Priesters. Damals hatte Mary Naccour eine eigene zweistündige Radiosendung, in der sie Unterhaltung, Gesellschaftsnachrichten, Kunst und aktuelle Ereignisse brachte. Die Sendung war sehr beliebt und konnte in der ganzen arabischen Welt empfangen werden. Als Mary die Zusammenhänge zwischen Gesundheit und Ernährung erkannte, fing sie an, in ihren Shows und in ihren Artikeln über die makrobiotische Einstellung zum Frieden zu berichten. Ihre Arbeitgeber mißbilligten ihre neuen Ansichten. »Wenn Sie beim Fernsehen und beim Radio bleiben und weiter Geschichten schreiben wollen – was wir sehr begrüßen würden –, dann reden Sie nicht über natürliche Nahrung und Liebe«, erklärten sie ihr, wie sie sich später erinnerte. »Raten Sie den Leuten nicht davon ab, in den Krieg zu ziehen. Entweder Sie sagen das, was wir wollen, und wir zahlen Ihnen eine Menge Geld, oder Sie gehen.« Sie ging.

In Pater Marouns Kloster erhielt Mary Räume, um ein Zentrum zu eröffnen und Kochkurse abzuhalten. Jeden Tag kamen Leute, um zu beten, und viele besuchten ihre Kurse und fingen an, ihre Eßweise zu ändern. Meistens erschienen die Leute aus bestimmten gesundheitlichen Gründen – sie hatten Krebs, Diabetes, Fettsucht, Epilepsie, Migräne – und sie beriet sie und arbeitete mit ihnen. Ein Arzt, der den Priester kannte, war einverstanden, das Zentrum medizinisch zu betreuen. Andere Ärzte waren erstaunt, wieviel besser es den Patienten im Makrobiotikzentrum ging, und boten ebenfalls ihre Unterstützung an.

Mary und die anderen zogen im Kloster Gemüse ohne Kunstdünger, importierten natürliche Nahrungsmittel aus Japan und Holland und boten traditionelle Nahrungsmittel des Mittleren Ostens wie Linsen und Weizen an. Da das Kloster im Christenviertel lag und die Leute nicht so einfach von der moslemischen Seite herüberkommen konnten, waren ungefähr 90 Prozent der Besucher Christen. Als Journalistin konnte Mary jedoch im ganzen Land reisen, und so begann sie, braunen Reis, Miso und entsprechende Literatur ins Moslemviertel zu bringen und Kochkurse auf arabisch abzuhalten. Sie sprach mit Müttern und Großmüttern, sammelte Rezepte und Menüvorschläge. »Die alten Leute freuten sich sehr, daß ich sie fragte«, sagte sie später. »Sie glaubten an die althergebrachten Gerichte und Kochmethoden und hielten nichts von Hamburgern und Eis. Sie verstanden sehr genau, was Makrobiotik bedeutet.«

Das Makrobiotikzentrum in dem katholischen Kloster erhielt den Namen ›Unser Zuhause‹. Es blieb vierundzwanzig Stunden am Tag geöffnet, einen Schlüssel gab es nicht. Immer war ein leerer Stuhl, ein freies Bett da, und jeder, der wollte, erhielt etwas zu essen. Wer Geld hatte, tat etwas in die bereitstehende Spendenschachtel; wenn jemand Geld brauchte, konnte er sich etwas daraus nehmen. Das Zentrum war sehr arm, aber sauber und ordentlich.

An einem regnerischen Abend, als nichts zu essen da war, erschien ein Mann mit gekochtem Reis und Linsen. »Ich dachte, Sie könnten's brauchen«, sagte er. Ein andermal kam ein sehr reicher Mann mit Säcken voll Bohnen und erklärte: »Ich weiß, daß Sie dafür Verwendung haben.« Einmal öffnete Mary die Spendenschachtel, um etwas Geld herauszunehmen, fand aber nur einen Diamantring. Auf dem Papier, in den er eingewickelt war, stand: »Das ist alles, was ich besitze«, ohne Unterschrift.

Als ›Unser Zuhause‹ gegründet wurde, war das Kloster ein reizvoller, friedlicher Ort. Die Beschießung Beiruts ging weiter, doch es traf andere Viertel. Wenn Mary nicht im Kloster wohnte, mußte sie häufig ihre Wohnung verlassen, in einem Schutzraum leben und abwarten, bis ein Gefecht vorüber war. Die Einwohner zogen auch von einem Stadtviertel ins andere, je nachdem, wie die Ziele des Raketen- und Artilleriebeschusses wechselten. Eine Zeitlang arbeitete Mary in einem Ort, in dem mehrere tausend Menschen gestorben waren. Immer wieder war sie erstaunt, wie viele Moslems und Christen sich während der sinnlosen Angriffe gegenseitig halfen, einander Obdach, Kleidung und Essen gaben.

Als sie davon sprach, was sie aus der Anwendung der makrobiotischen Prinzipien auf die Lage im Libanon gelernt hatte, meinte sie: »Andere Länder – Amerika, Frankreich – schicken Spenden: Konserven, Zucker, weißes Mehl, Margarine. Und sie schicken kostenlos Medikamente. Es ist ein Teufelskreis – die Leute essen diese Nahrungsmittel, werden krank, gehen ins Krankenhaus und bekommen Medikamente. Und diese Nahrungsmittel machen die Leute aggressiver, ärgerlicher, streitbarer. Die Menschen, die die wertlosen Nahrungsmittel, die Medikamente und die Kleidung aus Kunststoff schicken, schicken auch die Waffen. Sie erklären zwar, daß sie Frieden wollen, aber der Krieg hat sich verselbständigt, weil in unseren Herzen und Hirnen Krieg ist. Das ist die Lektion, die man aus den Kriegserlebnissen lernt – daß der Krieg in jedem von uns steckt.«

Als sich die Makrobiotik in Beirut verbreitete, kam Sherman Goldman, ein ehemaliger Chefredakteur des *East West Journal* und Lehrer am Kushi Institute in Boston und London nach Beirut. In den frühen sechziger Jahren hatte er in einem Kibbuz gelebt und gearbeitet und, nachdem er die Makrobiotik in Paris entdeckte, davon geträumt, eines Tages zurückzukehren und sich in Israel niederzulassen. Bei einem Besuch seines Kibbuz frischte

Sherman alte Freundschaften auf und lernte auch Malka Friedman kennen, die Tochter eines alten Freundes. Malka litt an Brustkrebs, und Sherman schlug ihr vor, erst mal eine andere Ernährungsweise auszuprobieren, ehe sie sich operieren ließ. Im Laufe des nächsten Jahres verschwand Malkas Krebs, während ihre praktischen Kenntnisse der Makrobiotik zunahmen; sie zog nach Tel Aviv, wo Sherman nun lebte, und gab Kochkurse und hielt Beratungen ab. 1985 kamen Sherman und Malka ins Kushi Institute von Boston und Becket, um weiterzustudieren, und heirateten, ehe sie nach Israel zurückkehrten. Sie organisierten den ersten makrobiotischen Kongreß des Mittleren Ostens. Malka übersetzte *Das Buch der Makrobiotik* ins Hebräische, und Sherman schreibt an einem Buch über Judaismus, Makrobiotik und die Friedensaussichten im Mittleren Osten.

Kolumbien

In den frühen siebziger Jahren kehrte Susana Sarué nach Kolumbien zurück, um Feldforschung für ihre Doktorarbeit über die Unterernährung in der Dritten Welt zu betreiben. Halb kolumbianischer, halb chilenischer Abstammung, hatte sie in Paris Makrobiotik studiert und an der Sorbonne ihr Examen gemacht. Sie zog in einen kleinen Ort namens Virareka, der ungefähr zehntausend Einwohner hatte. Fast alle, auch kleine Kinder, arbeiteten dort in einer großen Zuckerrohrfabrik.

Mit den Jahren hatten die Zuckerrohrpflanzungen alle anderen Farmen und Felder verdrängt. Mengen von Chemikalien wurden für das Zuckerrohr verwendet. Wo früher grüne Gemüse- und Getreidefelder gewesen waren, erstreckte sich jetzt Wüste. Fast alle Nahrungsmittel kamen von auswärts.

Susana lebte und aß mit den Leuten und suchte nach einer Möglichkeit, ihre Ernährung zu verbessern. Sie studierte die Zutaten, mit denen sie kochten, das Material des Kochgeschirrs, die Art, wie sie ihr Kochfeuer machten, die Gerüche, die ihnen gefielen, und die ungeheuer große Bedeutung, die verschiedene Nahrungsmittel als Prestige- und Statussymbole hatten.

Beim Besuch der Küchen entdeckte Susana, daß die reichen Leute Gasöfen besaßen und Steak, Milchprodukte und Salat aßen. Die Mittelklasse kochte mit Heizöl und aß ebenfalls viele verarbeitete moderne Nahrungsmittel. Die Unterschicht – die Mehrzahl der Einwohner – kochte mit Holz und ahmte die anderen Klassen in ihren Eßgewohnheiten soweit wie möglich nach. »Die Leute aßen weißen Reis und Bohnen und ließen auf ihrem Teller Platz für das Fleisch, das sie gar nicht hatten«, erinnerte sich Susana später. »Sie hätten gern welches gegessen, und deshalb blieb ein Stück des Tellers leer. Es fehlte ihnen Eiweiß. Sie waren sehr hungrig.« Aber alle aßen riesige Mengen von Zucker.

Susana beobachtete auch die Hühner. Eines Tages stellte sie fest, daß die instinktiv wußten, was sie fressen sollten. Sie waren die gesündesten und vitalsten Bewohner des Ortes und fraßen, wie Susana entdeckte, Sojaschrot und Sorghum, ein tropisches Getreide, das der Hirse ähnelt. Gutes Getreide und Bohnen waren also zu haben, aber sie würde Gerichte erfinden müssen, die den Vorstellungen der Leute entsprachen, damit sie sie auch aßen. Also kreierte sie eine ganze Reihe von Speisen, die zwar aus natürlichen Zutaten bestanden, aber aussahen und schmeckten wie die feinen Gerichte, die die kolumbianische Oberschicht verzehrte.

Sie machte verschiedene Koteletts, Buletten und andere ›Fleischspeisen‹ auf Sojabasis. Sie stellte Sojamilch her und süßte sie statt mit weißem Zucker mit ein wenig Zuckerrübensirup und würzte sie mit etwas Zimt. Statt Joghurt, den die Leute haben wollten, bot sie Sojabohnenkäse an. Sie erfand sogar ein Eis aus Sorghum und Soja mit Melasse, das durch eine besondere Kochmethode cremig blieb. Es mußte nicht lange kühl gelagert werden, damit es fest wurde, und ließ sich in einer Plastiktüte aufbewahren. Die Kinder konnten die Tüte dann einfach aus dem Kühlschrank holen, sie mit den Zähnen aufreißen und den Inhalt mit den Händen herausdrücken und essen.

Der Zustand der Kinder begann sich rasch zu verändern. Sie wurden wacher und intelligenter, und sie hatten keine aufgedunsenen Bäuche mehr. Sie wurden auch aktiver, worüber sich ihre

Mütter Sorgen machten. »Die Mütter sagten zu mir: ›Die Kinder sind unerträglich, sie spielen den ganzen Tag‹«, erzählte Susana später. »Und ich antwortete: ›Aber das sind normale Kinder. Normale Kinder benehmen sich so.‹«

Zusammen mit einem Mädchen aus dem Ort eröffnete Susana schließlich eine Naturkostbar. Sie liehen sich etwa hundert Dollar und mieteten ein Haus. Sie stellten einen Kühlschrank hinein, richteten eine Küche ein und strichen alles an. Nachdem sie eine Köchin gefunden hatten, begannen sie Sojaburgers zu machen und Fertiggerichte zu verkaufen. Sie stellten Joghurt mit Früchten aus Sojamilch her und schlugen ihn, bis er schaumig war. Sie servierten sogar ganze Menüs mit Sorghum, Sojafleisch und Gemüse aus der Gegend.

Die Gesundheitsbar öffnete um 10 Uhr und schloß um 14 Uhr. Vier Monate später mußten noch vier Leute eingestellt werden, und es war von 7 Uhr bis Mitternacht geöffnet. »Die Leute waren stolz auf unser Projekt und sprachen auf dem Markt darüber«, berichtete Susana. »Sie fingen an zu überlegen, wie hoch die Gehälter sein sollten, was Gas, Elektrizität und so weiter kosten durften. Sie lernten, das Geschäft selbst zu verwalten. Sie veranstalteten auch einen Wettbewerb für das beste Rezept. Jeder Teilnehmer brachte das gekochte Gericht auf einem Teller mit, und wer wollte, durfte probieren.«

Seit Jahren hatten die Ortsbewohner die Zuckerplantage immer wieder bestreikt, aber nie gesiegt. In ihren Kursen erzählte Susana den Frauen auch von Yin und Yang und der Notwendigkeit, freie Menschen zu werden. Eines Tages wurde Susana zu einer Versammlung von Ehepaaren eingeladen. Sie brachte Schüsseln mit fertigem Essen mit. Die Männer fragten, ob sie Kommunistin sei, und wollten wissen, was sie den Frauen erzählt habe.

»Señores«, erwiderte Susana. »Sie verdienen am Tag dreiunddreißig Pesos, also einen Dollar. Sie geben fünfundzwanzig Pesos für Ihre Familie aus und sind trotzdem noch hungrig. Ihr Kind hat einen aufgeblähten Bauch und weint ständig, und Sie müssen mit ihm zum Arzt gehen und Geld ausgeben, das Sie nicht haben, und Sie sind immer niedergeschlagen, weil Sie sich dem

Leben nicht gewachsen fühlen, und wollen lieber nicht nachdenken. Auf diese Weise geben Sie fünfundzwanzig Pesos aus. Ich werde Ihnen zeigen, wie Sie unglaublich viel besser essen können, so daß Sie nicht mehr länger hungrig sind. Sehen Sie, diese Schüssel Soja kostet Sie so und so viel. Sie können Gerichte wie diese hier und diese und diese zubereiten, für die ich Ihnen die Zutaten bringe – das Ganze kostet dann für die Familie acht Pesos.«

Die Männer sagten: »Morgen fangt ihr an, Frauen. Morgen fangt ihr an.« Als die Frauen des Ortes meinten: »Aber es wird euch nicht schmecken«, antworteten die Männer: »Doch es wird uns schmecken!« Auf diese Weise gelang es den Familien in Virareka, Geld zu sparen.

Eines Tages beschlossen sie zu streiken, um höhere Löhne zu erhalten. Die Bosse auf der Zuckerrohrplantage sagten: »Na ja, am ersten Tag werden sie nicht zur Arbeit kommen, aber am dritten werden sie so hungrig sein, daß sie zu Kreuze kriechen.« Doch der Streik dauerte zwei Wochen, und am Ende wurden die Löhne der Arbeiter erhöht.

Portugal

José Joaquim litt an Asthma und hatte im Linho Gefängnis von Lissabon durch einen Mithäftling erfahren, daß man mit der makrobiotischen Ernährungsweise Krankheiten heilen konnte. Er beschloß, die Sache auszuprobieren. Die Gefängnisverwaltung erlaubte, daß er in seiner Zelle auf einem kleinen Campingherd für sich kochte. Da er kein Messer haben durfte, mußte er das Gemüse mit der Hand zerkleinern. Am Anfang bezahlte das Gefängnis auch seine Lebensmittel nicht. Nachdem er ein Jahr lang Erfahrungen gesammelt hatte, wandte er sich an Unimave, das Makrobiotikzentrum von Lissabon, und erhielt sofort ein paar dort zubereitete Gerichte, Nahrungsmittel und Bücher. Inzwischen hatten noch ein paar weitere Häftlinge beschlossen, makrobiotisch zu essen, und das Gefängnis willigte ein, die Kosten für ihre Nahrungsmittel zu übernehmen. Das war im Frühjahr 1979.

Kurz darauf begann Chico Varatojo, der Leiter von Unimave, regelmäßig im Linho Vorträge zu halten. Jede Woche sprach er über orientalische Philosophie und Medizin wie auch über traditionelle portugiesische Ernährung und Kochweisen. Er führte auch Shiatsu-Massage vor, erklärte die visuelle Diagnose und andere praktische Methoden, die er am Kushi Institute in Boston und im Ost West Center von Middletown, Connecticut, gelernt hatte. Die Gefangenen von Linho waren von Chicos Begeisterung, Energie und seinen positiven Ansichten über die Menschen und das Leben beeindruckt. Bald waren dreißig Häftlinge Makrobioten geworden. Die Gefängnisverwaltung gestattete ihnen, eine große Küche zu benutzen, und die Männer kochten und aßen ein- oder zweimal in der Woche zusammen. Ein paar Wärter interessierten sich auch für die Vorträge, doch als ihre Kollegen sie verspotteten, besuchten sie sie nicht mehr.

Linho ist eines der schwerstbewachten der sechsundfünfzig Gefängnisse Portugals. Fast alle vierhundert Häftlinge saßen wegen Raub oder Überfall. Der fünfunddreißigjährige José Joaquim galt als einer der übelsten Burschen von Portugal und trug den Spitznamen Al Capone. Er hatte ein mageres, hübsches Gesicht mit hohen Wangenknochen und dunkle Augen. Vom Autodieb hatte sich José hochgearbeitet zum Safeknacker. Für seinen letzten Überfall war er zu zwanzig Jahren verurteilt worden, von denen man ihm später zehn erließ. Wenn er über seine Vergangenheit nachdachte, sagte José immer, daß an seinem kriminellen Verhalten vor allem seine unausgeglichene Ernährung schuld gewesen sei, er habe vor allem tierische Produkte gegessen, besonders Fleisch. Im nachhinein habe er erkannt, daß ihn diese Ernährung übermäßig aggressiv, gewalttätig und hyperaktiv gemacht habe. Bei den jüngeren Häftlingen stellte er »meist schon nach einer Woche makrobiotischer Eßweise eine große Veränderung fest. Sie wurden ruhiger und fingen an nachzudenken.« José leidet nicht mehr an Asthma, außer er weicht von der makrobiotischen Ernährungsweise ab.

Auch Antonio José (Tó Zé) Aréal wurde, wie José, als einer der gefährlichsten Verbrecher Portugals betrachtet. Tó Zé erlangte für seinen Überfall auf das Lohngeldbüro in Cascais, einem Ort zwischen Lissabon und der Burgenstadt Sintra, Berühmtheit. Mit Maschinenpistolen und Strümpfen über dem Kopf stürmten Tó Zé und vier Mitglieder seiner Bande durch ein Loch in der Wand das Lohnbüro. Um ihre Flucht zu sichern, zerschoß Tó Zé sämtliche Leitungen und legte so im Umkreis von Kilometern den Telefonverkehr und die Elektrizitätsversorgung lahm. Die Bande verschwand mit dem Gegenwert von einhundertzwanzigtausend Dollar und drei Geiseln. Später organisierten sie sich einen Fluchtwagen, und Polizei, Hunde und Hubschrauber machten in den Bergen von Sintra in einem Großeinsatz Jagd auf sie. Sie entkamen ihren Verfolgern zunächst und wurden schließlich in Lissabon gefaßt, als sie versuchten, an falsche Papiere zu kommen, um das Land zu verlassen. Tó Zé wurde zu mehr als zehn Jahren Haft verurteilt.

Im Gefängnis lebte Tó Zé in einer Atmosphäre der Spannung, Erniedrigung und ständigen Lebensbedrohung. Er stiftete zu Revolten an, trat mehrmals in Hungerstreik und wurde wiederholt in ein anderes Hochsicherheitsgefängnis verlegt.

Im Linho lernte Tó Zé José kennen, der sein Interesse für die Makrobiotik weckte. Bei Reis und Sojabohnen dachte Tó Zé nun über sein Leben nach. Er beschloß, keine Drogen mehr zu nehmen und wegen seiner Ernährung Hilfe außerhalb des Gefängnisses zu suchen. Als Chico ins Gefängnis kam, Vorträge hielt und Gesundheitsberatungen machte, ging es Tó Zé schon viel besser. »Nachdem ich begonnen hatte, Michio Kushis *Buch der Makrobiotik* zu lesen, verstand ich die makrobiotische Lebensweise immer mehr«, erinnerte sich Tó Zé später. »Meine Kochkünste besserten sich zusehends. Ich begann, Ballast abzuwerfen – körperlich. Ich nahm von einhundertsechsundvierzig auf einhundertvier Pfund ab. Früher hatte ich auch oft Durchfall, Kopfweh, Nierenschmerzen und war häufig wütend, verwirrt und deprimiert gewesen. Die geistige Verwandlung ist schwieriger zu beschreiben, aber es war großartig. Nachdem ich ein Jahr so gegessen hatte, ging es mir sehr viel besser. Ich konnte die Menschen besser verstehen und auch viele Dinge aus meiner Vergangenheit, wie Ernährung, Familie und Umgebung ineinander verwoben waren und mich beeinflußt hatten. Diese neue

Lebensweise motivierte mich wieder, ich bekam eine weitere, kosmische Sicht der Dinge und änderte mich körperlich. Die Nahrung veränderte mich.«

Als er zurückblickte, erinnerte sich Tó Zé, daß seine Kindheit auf dem Land in Portugal sehr friedlich und glücklich gewesen war. Die Ernährung der Familie bestand vor allem aus Maisbrot, Geflügel, Fisch, Gemüse und Obst. Doch als er acht Jahre alt war, trennten sich seine Eltern, und er kam in die Stadt, wo er mehr Milchprodukte, Zucker und Fleisch aß. Mit sechzehn fing er an, Haschisch und Marihuana zu rauchen, er nahm Amphetamine, LSD, Kokain und dann Heroin, das er mit achtzehn schließlich regelmäßig gebrauchte. Er erklärte, Drogen seien »eine einfache Möglichkeit zu verhindern, daß man über die Probleme zu Hause nachdenkt, und eine Möglichkeit, in einer Welt der Illusionen zu leben«. Mit achtzehn ging er zur Armee. Er wurde Sergeant und gab Unterricht in Nahkampfmethoden, im Schießen mit Handfeuerwaffen und im Einsatz von Bomben. Gegen Ende der zweieinhalb Jahre, die er sich verpflichten mußte, fing er wieder an, Drogen zu nehmen, die dann auch in seiner Verbrecherlaufbahn eine große Rolle spielten.

Nach viereinhalb Jahren Haft wurde Tó Zé ein Teil seiner Strafe früher als üblich erlassen, nicht zuletzt wegen seines veränderten Verhaltens. Assis Teixeira, der Direktor des Linho, sagte: »Ich bleibe mit Tó Zé in Verbindung – ich glaube, daß seine Veränderung von Dauer ist.« Was den Einfluß der Makrobiotik allgemein betrifft, erklärte Senhor Afonso, ein Gefängnisangestellter: »Ja, man merkt einen großen Unterschied, vor allem bei den Gefangenen, die wieder draußen sind. Es ist nicht so einfach zu erklären – eins kann ich jedenfalls sagen: Sie haben mehr Initiative. Hier im Gefängnis haben wir mit Leuten, die makrobiotisch essen, keine Probleme. Die Makrobiotik genießt einen guten Ruf. Ich glaube, die Nahrung und der Kontakt mit draußen haben geholfen. Nahrung kann Menschen verändern.«

Im Frühling 1982 besuchten Aveline, meine Frau, und ich Portugal und hielten in Lissabon einige Seminare ab. Wir fuhren auch ins Linho Gefängnis, um die makrobiotischen Gefangenen zu begrüßen, beabsichtigten jedoch wegen unseres gedrängten

Zeitplans, nur zehn Minuten zu bleiben. Aber alle waren so begeistert, wollten mit uns reden und stellten Fragen, daß wir über drei Stunden blieben. Wir waren beeindruckt und gerührt von der Begeisterung, der Energie und dem Geist der Männer. Wir waren gewöhnt, daß man uns Fragen über die Gesundheit stellte, und es tat uns gut, daß die Gefangenen auch viel über spirituelle und philosophische Dinge wissen wollten.

Viele makrobiotische Häftlinge des Linho wurden über das Wochenende entlassen. Nach Ende der Ausgangszeit kehrten stets alle wieder zurück. Fast alle Mitglieder der ursprünglichen makrobiotischen Gruppe wurden trotz langer Haftstrafen nach zweieinhalb bis drei Jahren entlassen. Als Tó Zé wieder in Freiheit war, arbeitete er bei Unimave in Lissabon. Er kochte in einem makrobiotischen Restaurant, machte fünf Tage in der Woche Seitan und Tofu und besuchte Vorträge und Kurse. 1983 kam Tó Zé in die Vereinigten Staaten, um am Kushi Institute zu studieren. Er wohnte bei uns zu Hause in Brookline und kochte oft traditionelle portugiesische Menüs für den ganzen Haushalt. Alle waren von seiner Bescheidenheit und seinem Arbeitseifer tief beeindruckt. Daß er eine so gewalttätige Vergangenheit besaß, konnte niemand so recht glauben. In New Bedford, einer großen, Portugiesisch sprechenden Gemeinde, half er, ein makrobiotisches Zentrum zu errichten, hielt viele Vorträge und führte Beratungen durch. Seit seiner Rückkehr nach Portugal arbeitet er bei einer makrobiotischen Firma und hat zahllosen Menschen, auch vielen Häftlingen, geholfen, ein gesünderes, friedlicheres Leben zu leben. José Joaquim arbeitet ebenfalls bei einer Naturkostgesellschaft, stellt Reiskuchen her und besucht das Kushi Institute, das kürzlich unter der Leitung von Chico Varatojo eröffnet wurde.

Die Ereignisse im Linho Gefängnis sind eines von vielen Beispielen dafür, was mit einer makrobiotischen Ernährung erreicht werden kann. Sie bestärken uns in der Vorstellung, daß es möglich ist, das ganze System der Rechtsprechung umzugestalten und mit Liebe und Verständnis zu arbeiten, statt mit Freiheitsbeschränkung und Bestrafung. Das wäre ein riesiger Schritt in Richtung einer geeinten, friedlichen Welt.

Die buddhistische Friedensbewegung, die in den sechziger Jahren für ein neutrales, sowohl vom kommunistischen wie vom westlichen Block unabhängiges Südostasien eintrat, wurde von der Bevölkerung weitgehend unterstützt und brachte mehrere Militärregierungen in Saigon zu Fall. 1966 sprengte die südvietnamesische Armee in Hue, der alten Kaiserstadt, mit Hilfe von US-Hubschraubern friedliche Demonstrationen, und Thich Tri Quang, der charismatische Zen-Priester, der die Friedensbewegung anführte, suchte in der An Quang Pagode bei Saigon Zuflucht.

Schwerbewaffnete Polizei- und Militäreinheiten umstellten die Pagode, doch wegen Tri Quangs unbestreitbarer moralischer Autorität wagten sie nicht, einzudringen und ihn zu verhaften. Im Frühjahr 1967 gelang es Alex Jack, der damals als junger Journalist für mehrere amerikanische Zeitungen aus Vietnam berichtete, Tri Quang zu interviewen. »Er war schmächtig und sprach leise, doch er strahlte eine imponierende geistige Präsenz aus«, erinnerte sich Alex später. »Seine Augen leuchteten richtig vor Mitgefühl und Verständnis, und man konnte gut verstehen, warum er der Gandhi seines Landes genannt wurde.«

Alex stellte ihm viele Fragen über Krieg und Frieden, und der buddhistische Führer erklärte ihm geduldig die Ziele der Bewegung der Dritten Kraft und brachte viele Themen aus der fernöstlichen Geschichte und Philosophie zur Sprache. Tri Quang erklärte, er sei vom Leid Vietnams tief bewegt, doch er mache sich wegen der Auswirkungen des Krieges auf sein Land und der Bedrohung durch Atomwaffen nicht die geringsten Sorgen.

»Vietnam hat seit zweitausend Jahren gekämpft«, bemerkte Tri Quang. »Der religiöse Glaube und der gesunde Menschenverstand des Volkes werden überleben, welche Seite auch siegt. Was mich am meisten beunruhigt, ist die Reisqualität.«

»Die Reisqualität?« fragte Alex. »Was hat Reis mit Frieden und Krieg in Südostasien zu tun?«

»Reis ist im Fernen Osten das Fundament der Zivilisation«, erklärte der Zen-Meister. »Er erhält Gesundheit und Familienleben, Kultur und Kunst, Philosophie und Religion. Im Krieg sind die meisten Reisfelder durch Bomben und Chemikalien zerstört worden. Der Reis in unserem Land kommt nun vor allem aus Texas. Es ist polierter weißer Reis, völlig ohne Leben und Energie. Wenn man in Vietnam weiter auf diese Weise ißt, wird es das wahre Ende unserer Zivilisation und Kultur bedeuten.«

Damals verstand Alex Tri Quangs Sorge nicht ganz. Ein Jahr früher, als er in Indien Philosophie und Religion studierte, war er zum Vegetarier geworden. Hinduistische und buddhistische Texte und auch die Gandhi-Anhänger, mit denen er im Rahmen eines Feldstudienprojekts über ihre Einstellung zu Krieg und Frieden sprach, betonten die Wichtigkeit der Nahrung für Gesundheit und geistige Entwicklung, aber nun analysierte zum erstenmal jemand die Auswirkungen der Ernährung auf die Gesellschaft und das menschliche Schicksal.

Das Interview mit Tri Quang hatte für Alex' weitere Entwicklung große Bedeutung. Sein Interesse für den Fernen Osten war 1957 geweckt worden, als er kurz vor seinem zwölften Geburtstag seinen Vater zu einer Friedenskonferenz in Japan begleitete. In Hiroshima und Nagasaki besuchte er Jungen und Mädchen seines Alters, die bei den Atombombenexplosionen verletzt worden waren und noch immer unter Strahlenschäden litten. Mehrere Jahre später wurde sein Vater, Reverend Homer A. Jack, ein unitarischer Geistlicher, Leiter des nationalen Komitees für eine vernünftige Nuklearpolitik in New York. In den frühen sechziger Jahren war Alex' ganze Familie aktiv für den Frieden tätig, wozu auch die Aufklärung der Öffentlichkeit über die Auswirkungen des nuklearen Niederschlags auf Milch und andere Nahrungsmittel gehörte.

Wieder in Boston, wo er Theologie studierte, begann Alex, in der Friedensbewegung mitzuarbeiten, und sprach und schrieb über seine Erfahrungen in Vietnam und Kambodscha. Im Herbst 1967 organisierte er mit mehreren Freunden einen Friedensmarsch zum Boston Common und der Arlington Street Church, bei dem Tausende von Menschen mitmachten und der zum Prozeß wegen staatsfeindlicher Umtriebe gegen Reverend William Sloane Coffin, Dr. Spock und viele andere führte.

Es kam regelmäßig zu Auseinandersetzungen zwischen den Friedensgruppen und der Polizei, Einberufungsstellen und Verwaltungen der Universitäten und der Kirchen. Mit der Zeit fiel Alex auf, daß es Leuten, die Fleisch, Weißbrot und andere moderne Nahrungsprodukte aßen, sehr schwerfiel, ruhig und gelassen zu bleiben. »Die Friedensbewegung war viel heftiger und gewalttätiger als die frühere Menschenrechtsbewegung. Vor ein paar Jahren arbeitete ich als Zivildiensthelfer in Mississippi und Alabama, und dort gab es ein echtes Gefühl der Zusammengehörigkeit. Wir waren überzeugte Anhänger der Gewaltlosigkeit. Die Mahlzeiten waren immer ein soziales Ereignis, denn wir aßen alle zusammen in einer Atmosphäre der Dankbarkeit. Die traditionelle Ernährung des Südens mit Maisbrot, Erbsen, Hafergrütze, Mangold und verschiedenem Getreide und Gemüse war viel gesünder als das, was wir im Norden meistens aßen.«

In Boston begann Alex im ›Erewhon‹ einzukaufen und im ›Seventh Inn‹ und im ›Sanae‹ zu essen, zwei makrobiotischen Restaurants, die meine Studenten in der Back Bay eröffnet hatten. Das Essen war sehr gesund, und er fühlte sich in dieser Umgebung wie zu Hause, obwohl er sagt, daß »der makrobiotische Mensch von damals – kurzes Haar, Anzug mit Weste und eine dogmatische Geisteshaltung« – ihm nicht gefiel.

An der theologischen Fakultät der Universität von Boston organisierten Alex und seine Freunde Hilfe für die Soldaten, die nicht in Vietnam kämpfen wollten, und machten die Universitätskapelle zu einer Zufluchtsstätte für sie. Dieses Unternehmen legte die ganze Fakultät lahm, und Alex wurde von der Universität gewiesen. Der Krieg ging weiter, die Friedensbewegung verwandelte sich in eine Antikriegsbewegung, und Alex fühlte sich angesichts der immer gewalttätigeren Tendenzen immer unbehaglicher. Schließlich hörte er auf, Proteste zu organisieren, arbeitete als Redakteur bei einer Untergrundzeitung und zog nach Cambridge in eine Kommune. In den frühen siebziger Jahren reiste er mehrere Jahre lang – auch per Anhalter – durch die Vereinigten Staaten und Europa. Es war eine spirituelle Odyssee. »Ich stellte fest, daß Gurus das Bewußtsein erweitern, aber es nicht ernähren«, erinnerte er sich später. »Während meiner jahrelangen Suche kochte ich mir weiter vollwertiges Essen und entdeckte, daß mich die makrobiotische Atmosphäre immer wieder anzog. Schließlich erkannte ich, daß die Erleuchtung zu Hause beginnt und wir alle für unsere eigene Gesundheit und unser Glück verantwortlich sind.«

Nach Boston zurückgekehrt, eröffnete Alex eine kleine Druckkerei und begann, seine eigenen Arbeiten zu verlegen, auch ein Theaterstück über seine Erfahrungen in Südostasien.

Nachdem er an makrobiotischen Kursen in Shiatsu-Massage und Handauflegen teilgenommen hatte, begann er 1975 beim *East West Journal* zu arbeiten und besuchte regelmäßig meine Vorträge und Seminare. Beim *Journal* arbeitete er sich vom Setzer zum Redakteur hoch und wurde schließlich Chefredakteur.

In den späten siebziger und frühen achtziger Jahren bemühte sich Alex, der Makrobiotik eine sozialere Richtung zu geben, und brachte Sondernummern des *East West Journal* heraus – über den Einfluß von Krebs und Herzinfarkt auf die Gesellschaft, über das Dilemma von Atomkrieg und Energie sowie die Beziehung zwischen moderner Ernährung und weltweitem Hunger. »Diese Veröffentlichungen waren sehr wichtig, denn sie machten den Leuten die Zusammenhänge klar, die zwischen Ernährung, Bewußtsein und Verhalten bestehen«, sagt er. »Doch sie waren im allgemeinen mehr negativ als positiv. Wir mußten unbedingt von der Analyse zur Synthese übergehen, vom Pessimismus zum Optimismus, besonders was die Friedensfrage betraf.«

Nach John Lennons tragischem Tod 1980 schlug ein Leser vor, die Zeitschrift solle den ermordeten Sänger auf eine besondere Weise ehren. John und Yoko Lennon hatten begonnen, sich makrobiotisch zu ernähren, und meine Frau und ich hatten sie bei verschiedenen Gelegenheiten getroffen. Ihre Musik, vor allem Lieder wie ›Imagine‹ hatten eine starke Aussagekraft und halfen den Menschen, sich eine friedlichere Zukunft vorzustellen. Im *Journal* organisierte Alex dann einen John-Lennon-Gedächtnis-Friedenswettbewerb, bei dem die Leser in einem kurzen Essay vom Standpunkt einer fernen Zukunft aus beschreiben sollten, wie alle Bomben verschrottet und der Frieden auf Erden verwirklicht wurde. Es trafen Unmengen von Beiträgen ein, von Müttern, Vätern, Kindern, Großeltern, Lehrern, Schriftstellern, Wissenschaftlern und vielen anderen. »Es war eine großartige Sache. Es schaffte viel positive Energie«, erinnerte sich Alex. »Von der Zukunft aus zurückblickend, wurde allen klar, daß Kritik und Protest nicht genügen, um die Welt zu verändern. Wir müssen eine gesunde, friedliche Gemeinschaft werden, mit klaren, hoffnungsvollen Alternativlösungen. Und unsere Leser machten auch Dutzende von praktischen Vorschlägen, was der Durchschnittsmensch oder die Familie tun könnten.«

1980 hatte Alex Gelegenheit, einen seiner eigenen Träume zu verwirklichen: Er konnte die Makrobiotik nach China bringen, wo weißer Reis, Zucker, chemisch behandelte Nahrungsmittel und andere Produkte moderner Ernährung die traditionellen Eßweisen fast völlig verdrängt hatten. Sein Vater, der jetzt Generalsekretär der Weltkonferenz für Religion und Frieden war und die Vereinigung der regierungsunabhängigen Organisationen für Frieden und Abrüstung bei den Vereinten Nationen leitete, lud Alex ein, ihn auf seiner Reise nach Peking zu begleiten. In der chinesischen Hauptstadt veranstaltete Alex dann im Fa-Yuan-Tempel, einem Zen-Tempel westlich der Verbotenen Stadt aus dem siebten Jahrhundert, für religiöse und andere führende Persönlichkeiten ein makrobiotisches Essen. Das einzige noch existierende buddhistische vegetarische Restaurant von Peking übernahm die Zubereitung der Gerichte, und Alex überwachte das Kochen des organischen braunen Reises, den er aus Amerika mitgebracht hatte. Er machte auch eine Suppe mit einem Miso, das aus der ersten in den Vereinigten Staaten kommerziell hergestellten fermentierten Sojabohnenpaste stammte.

»Die Winde des Schicksals bliesen mich an das östliche Ende der Seidenstraße, wo Reiskultur und Misoproduktion vor Tausenden von Jahren ihren Anfang nahmen«, schrieb Alex hinterher im *East West Journal.* »Die für das Bankett festgesetzte Stunde kam heran, und wir machten bei kristallklarem Licht noch eine kurze Besichtigungsrunde durch den Tempel des Himmels. Jedes Jahr verbrachte der Kaiser hier in der Halle des Gebets für gute Ernte eine Nacht mit Fasten und Meditieren. Gegenüber diesem berühmten Gebäude mit seinen drei konisch zulaufenden Dächern aus blauglasierten Dachziegeln steht ein kleinerer Tempel der Götter. Nur ein einziges Dach schmückt diesen Schrein, eine kreisförmige Mauer umschließt seinen Hof. Wenn man dicht an der Mauer steht und etwas sagt, wandern die Worte im Kreis und kommen aus der anderen Richtung zu einem zurück. Dies erinnerte mich plötzlich an die lange Reise von Ost nach West, die die Vorfahren der Reiskörner in meinem Rucksack während vieler Jahrhunderte unternommen hatten.«

Während des Banketts hielt Alex eine kurze Rede über die makrobiotische Tätigkeit im Westen und drückte im Namen aller makrobiotisch lebenden Familien auf der Welt seinen Dank für das reiche Erbe aus, das die chinesische Philosophie und Kultur allen Menschen hinterlassen habe. Mehrere chinesische Gäste sagten, daß sie zum erstenmal unpolierten Reis essen würden, und fanden ihn sehr schmackhaft. Ein Regierungsvertreter gestand, er esse nicht einmal weißen Reis, sondern fast nur Fleisch und andere tierische Nahrungsmittel, und habe noch nie zuvor daran gedacht, was für einen dialektischen Wert die Nahrung für die persönliche und gesellschaftliche Gesundheit habe. Der katholische Bischof erinnerte daran, daß die Vaterunser-Bitte um das tägliche Brot im Chinesischen ›Gib uns unseren täglichen Reis‹ heiße. Der Leiter der taoistischen Vereinigung lächelte breit und schenkte Alex eine Ausgabe des *Tao Te Ching* nach einer Schrift der Sung-Dynastie. Der Führer der chinesischen buddhistischen Vereinigung sagte, das Bankett kennzeichne die Wiedergeburt der ›Großes Leben‹-Bewegung in China. Seit damals haben andere makrobiotische Freunde China besucht und dort gelehrt, und mehrere Bücher, die meine Frau und ich zusammen mit Alex schrieben, werden ins Chinesische übersetzt.

Auf der Rückreise besuchte Alex Flüchtlingssiedlungen an der thailändisch-kambodschanischen Grenze und sprach mit Vertretern internationaler Hilfsorganisationen darüber, wie wichtig es sei, die Menschen mit Vollreis und anderen vollwertigen Nahrungsmitteln zu versorgen statt mit poliertem Reis, Babynahrung und sonstigen ungesunden Nahrungsmitteln. Wieder in den Vereinigten Staaten, gründeten Alex, Karin Stephan, eine makrobiotische Yogalehrerin, und ihre Freunde Staff of Life, eine kleine makrobiotische Hilfsorganisation, die Tausende von Dollar für Vollwertnahrungsprojekte in der Dritten Welt sammelte. »Durch erzieherische Tätigkeiten und Dienstleistungen dieser Art«, folgerte Alex, »sind wir imstande, selbst friedlich zu bleiben, weltweite Harmonie zu fördern und den Traum zahlloser Generationen von Vorfahren überall auf der Welt lebendig zu halten.«

Massachusetts

Die öffentliche Gesundheitsfürsorge in den Vereinigten Staaten begann im frühen neunzehnten Jahrhundert am Lemuel Shattuck Hospital. In den letzten Jahren ist das Shattuck zu einer der größten staatlichen Einrichtungen für die Armen und Heimatlosen, die Geisteskranken und emotional Gestörten geworden. Das Krankenhaus ist auch für die Häftlinge des Staatsgefängnisses zuständig. 1980 beschlossen Eric Zutrau und Tom Iglehart, zwei meiner Studenten in Boston, an diesem historischen Ort ein makrobiotisches Essensprogramm einzuführen, da man dort, wie in den meisten staatlichen Gesundheitszentren, viel gesättigte Fette, Cholesterin, tierisches Eiweiß und Zucker aß.

Die Krankenhausverwaltung, einschließlich Direktor Paul Schulman, stand neuen Gesundheitsideen aufgeschlossen gegenüber. Doch bei den Ärzten, Schwestern und anderen Mitarbeitern herrschte über die neue Ernährungsmethode viel Unklarheit, und deshalb wurde beschlossen, Vollwertkost nur in der Angestellten-Cafeteria einzuführen und erst später bei den Patienten. Eric und Tom wurden zu Mitarbeitern der Versorgungsabteilung des Krankenhauses gemacht und stellten für ein Versuchsprogramm von zwei Monaten ein fünfköpfiges Kochteam an, das ganztags arbeitete. Sie kochten in einer kleinen Nebenküche und versorgten eine kleine makrobiotische Selbstbedienungstheke, die neben der regulären Selbstbedienungstheke der Cafeteria aufgebaut wurde. »Viele Krankenhausangestellte waren sehr konservativ«, erinnerte sich Tom. »Sie wären auch nie in ein chinesisches Restaurant gegangen. Gebratener Reis war für sie schon fast kommunistisch.« Schließlich beschlossen viele Ärzte, Schwestern, Pfleger und Hausangestellte, die Getreidegerichte, das Gemüse und die anderen frischen Nahrungsmittel der makrobiotischen Theke mal auszuprobieren, und was sie aßen, schmeckte ihnen. Die allgemeine Reaktion des Krankenhauspersonals war positiv und besserte sich noch, als die beiden Bedienungstheken zusammengelegt wurden und man sein Menü kombinieren konnte.

Nach der Probezeit wurde das Programm erweitert, und im zweiten Jahr war bereits die Hälfte aller in der Cafeteria täglich servierten Gerichte makrobiotisch. Anfangs besuchten die Cafeteria jeden Tag etwa sechzig Personen, dann waren es zweihundert. Auf Wunsch der Gäste enthielten 70 bis 90 Prozent der mittags angebotenen Menüs zumindest ein alternatives Gericht.

Der Erfolg der makrobiotischen Selbstbedienungstheke in der Cafeteria öffnete schließlich das Tor zur Forschung mit Patienten. Ärzte an der ernährungswissenschaftlichen Schule der Tufts Universität und Dr. Jonathan Lieff, Chef der psychiatrischen und geriatrischen Abteilung des Shattuck Krankenhauses, interessierten sich wegen ihres Erfolgs bei der Verhinderung von Herzinfarkten und anderen Krankheiten für die Makrobiotik und stellten im Frühjahr 1982 ein Testprogramm auf, mit dem die Auswirkungen dieser Ernährungsweise auf Langzeitpatienten der psychiatrischen und geriatrischen Abteilung geprüft werden sollten. Manche Patienten waren schon seit dreißig und mehr Jahren im Krankenhaus. Bei einem Doppel-Blindversuch, bei dem weder die einfachen Krankenhausmitarbeiter noch die Patienten Bescheid wußten, erhielten die neunzehn Patienten einer Abteilung über einen Zeitraum von acht Wochen makrobiotisches Essen, das man ihnen gegenüber als ›konventionelle‹ Gerichte ausgab. Alles in allem wurden für die makrobiotischen Gerichte einhundertsiebenundachtzig Nahrungsmittel verwendet, auch Huhn, Kaffee und Butter, die man nicht gut nachmachen konnte. Die Forschungsstudie wurde vom Gesundheitsministerium von Massachusetts finanziert, und die örtliche makrobiotische Gemeinschaft lieferte das ›Material‹. In ihrem Bericht stellten die Ernährungsfachleute von Tufts und Shattuck fest, daß sich Psychosen und Erregungszustände bei den psychiatrischen und geriatrischen Patienten während der zweimonatigen anderen Ernährung medizinisch gesehen deutlich verringert hatten. Die Patienten waren mit dem neuen Essen sehr zufrieden, nur ein einziger – ein Blinder – merkte, daß es vor allem pflanzliche Nahrung gab statt tierische. Das Projekt war auch preiswert, denn jede Mahlzeit kostete im Durchschnitt nur einundsechzig Cent, dreißig Prozent weniger als die für die Ernährung sonst üblichen Ausgaben.

Das Makrobiotik-Experiment im Shattuck lief nach vier Jahren aus, weil es ab 1984 keine Zuschüsse mehr gab, aber es war von Verwaltung, Mitarbeitern und Patienten begeistert aufgenommen worden. Es diente als Vorbild für die Entwicklung alternativer Gerichte und wirkungsvoller Ernährungstherapien in anderen Einrichtungen. Eric, Tom und ihre Mitarbeiter stellten ein Manual zusammen, das Krankenhäusern und anderen Dienstleistungsbetrieben in der Übergangsphase zu einer ausgeglicheneren Eßweise nützlich sein konnte. Es enthielt auch Menüvorschläge, Rezepte und Tips für den Großeinkauf. Als Folge des Shattuck-Experiments und anderer Projekte der makrobiotischen Gemeinschaft unterzeichnete der Gouverneur von Massachusetts, Michael Dukakis, einen Aufruf, der einen Monat im Herbst zum Monat der holistischen Gesundheit und Ernährungsbewußtheit erklärte und die Bevölkerung ermuntern sollte, mehr ganz belassene, unbehandelte Lebensmittel zu essen.

Dr. William P. Castelli, der Leiter des Framingham-Projekts, der größten Forschungsstudie über Herz und Kreislauf in den USA, drückte die Hoffnung aus, daß das Shattuck-Programm auch auf andere Einrichtungen ausgedehnt werden könnte. In einem Brief schrieb er:

»Ich begrüße und unterstütze Ihre Bemühungen, Angestellte und Patienten des Lemuel Shattuck Hospitals mit einer ausgewogenen, gesunden, alternativen Nahrung zu versorgen.

Wie Sie wissen, hat unsere Arbeit in Framingham viele Einzelheiten über die erschreckende epidemische Verbreitung von Herzkranzgefäßkrankheiten in diesem Land erbracht, vor allem auch die Tatsache, daß jeder fünfte Mann und jede siebzehnte

Frau einen Herzanfall haben werden, ehe sie das sechzigste Lebensjahr erreichen. Und doch wird dreiviertel der Menschen niemals einen Herzanfall bekommen. Sie leben in Asien, Afrika und Südamerika außerhalb der großen Städte und essen eine Nahrung, wie Sie sie jetzt Ihren Kollegen und den Patienten des Lemuel Shattuck Hospitals anbieten.

Dr. Robert Wissler, Professor und Leiter der pathologischen Fakultät der Universität von Chicago, fütterte seine Paviane mit dem Essen, das gewöhnlich im Billings Hospital (dem größten Universitätskrankenhaus der fachmedizinischen Schule der Universität von Chicago) serviert wird. Sie verloren alle durch Arteriosklerose ihre Beine. Wie die Patienten da gesund werden sollen, übersteigt mein Vorstellungsvermögen.

Wie wir in Framingham feststellten, tragen vor allem die Blutfette zum Risiko einer Herzkranzgefäßerweiterung bei, und diese Blutfette wiederum stehen in direktem Zusammenhang mit dem, was wir essen. Eine Ernährung, die wenig Fett enthält, würde in dieser Beziehung sehr viel helfen und ist in den meisten medizinischen Versorgungseinrichtungen unseres Landes nicht erhältlich.

Auch viele Krebsarten werden durch fettreiche Ernährung gefördert. Ihre Bemühungen in dieser Hinsicht wissen wir zu würdigen, und wir hoffen, daß Ihr Programm schließlich doch zu Forschungsprojekten auf diesem Gebiet führen wird.«

Dr. Vincent T. DeVita jr., Leiter des nationalen Krebsinstituts, begrüßte das Shattuck-Ernährungsprogramm, denn »es stimmt mit den vorläufigen Ernährungsempfehlungen der nationalen Akademie der Wissenschaften überein«. Er drückte auch die Hoffnung aus, daß andere Krankenhäuser und öffentliche Einrichtungen in dieser Richtung weiterforschen würden.

Virginia

Die Gefängnisse in Virginia wurden ursprünglich von den Quäkern eingerichtet und erhielten sich im neunzehnten Jahrhundert selbst. Die Insassen zogen das meiste, was sie aßen, in ihren Gärten oder bauten es auf Feldern an und konnten die Fähigkeiten, die sie sich erwarben, nach ihrer Entlassung häufig für die Gesellschaft nutzbringend verwenden. Im Zuge der modernen Eßgewohnheiten haben Industrieprodukte frische Nahrungsmittel weitgehend ersetzt, und die Gefängnisse bekamen den Ruf, das schlechteste Essen im ganzen Land zu haben.

1979 beschloß Frank Kern, stellvertretender Direktor des Tidewater Detention Center in Chesapeake, einer Besserungsanstalt für jugendliche Straftäter, ein paar Veränderungen in der Ernährung durchzuführen. Er wollte ein Experiment machen und bei den Mahlzeiten für vierundzwanzig Häftlinge den Zukker weglassen. Die Jungen, die zwischen zwölf und achtzehn Jahren alt waren, saßen wegen Delikten, die von Ruhestörung, Diebstahl und Einbruch bis Alkohol- und Drogenmißbrauch reichten. Die Coca-Cola-Automaten wurden aus den Räumen entfernt und in den Getränkeautomaten die Limonaden durch Fruchtsäfte ersetzt. Beim Frühstück, Mittagessen und Abendessen gab es statt weißem Zucker Honig und andere mildere Süßmittel. Das dreimonatige Forschungsprogramm war als Doppel-Blindversuch angelegt, so daß weder das Gefängnispersonal noch die Insassen Bescheid wußten.

Am Ende des Versuchs wurden die Berichte, die das Gefängnispersonal routinemäßig über das Verhalten der Häftlinge abfaßte, mit denen einer Kontrollgruppe von vierunddreißig Jugendlichen verglichen, die schon vorher im Tidewater in Haft gewesen war. Dr. Stephen J. Schoenthaler, ein Universitätsstatistiker, der die Berichte auswertete und im *International Journal of Biosocial Research* einen Artikel darüber schrieb, stellte fest, daß bei den Jugendlichen mit der veränderten Ernährung im Vergleich zur Kontrollgruppe Vorfälle, die zu disziplinarischen Strafmaßnahmen führten, und unsoziales Verhalten um 45 Prozent abgenommen hatten. Weitere Beobachtungen während des folgenden Jahres ergaben, daß nach der Einschränkung des Zuckerverbrauchs »tätliche Angriffe um 82 Prozent, Diebstähle um 77 Prozent, grober Unfug um 65 Prozent und Gehorsamsverweigerungen um 55 Prozent zurückgingen«. Man fand auch heraus, daß »bei den Jungen, die draußen gewalttätig geworden waren, eine Besserung am wahrscheinlichsten war«.

»In den Vereinigten Staaten kostet heute jeder Häftling jährlich zwischen 17 000 und 50 000 Dollar«, sagte Frank Kern. »Da wäre es billiger, Zimmer in Ferienhotels zu mieten und Gefangenen 200 Dollar in der Woche zu zahlen, damit sie keine Verbrechen mehr begehen!

Völlig übersehen werden bei allen Rehabilitationsmaßnahmen die Auswirkungen, die das Essen auf uns hat. Abgesehen von dem vielen Fleisch und den verheerenden Mengen Zucker gibt es in der Nahrung über viertausend Chemikalien, deren Einfluß auf das Zentralnervensystem noch nie untersucht wurde. Die Menschen begehen Verbrechen, wenn sie sich in ihrer Haut nicht wohl fühlen. Mir ist noch nie jemand begegnet, der sich gut fühlte und ein Verbrechen verübte. In den Gefängnissen ist die Ernährung mit am schlechtesten. Zum Beispiel sind sie Großabnehmer für Hershey Sirup. Viele Häftlinge essen jährlich drei- bis vierhundert Pfund Zucker. Allein schon das Essen zu verändern hatte dramatische Folgen. Wir müssen unsere Einstellung überdenken und in den Gefängnissen eine makrobiotische Ernährung einführen. Die Nahrung ist Teil der Rehabilitation. Es funktioniert tatsächlich.«

Die Reaktion auf das Tidewater-Experiment war unmittelbar und positiv. Nachdem die Medien bundesweit darüber berichtet hatten, erhielt Kern bis zu fünfzig Briefe wöchentlich, die meisten von Gefängnisangestellten anderer Staaten, in denen man sich näher nach seinem Projekt erkundigte. Besserungsanstalten baten Dr. Schoenthaler, mit größeren Häftlingsgruppen Untersuchungen durchzuführen, und die Ergebnisse waren ebenso beeindruckend. Jugendgefängnisse im ganzen Land begannen, ihren Speiseplan zu ändern.

1985 gaben die offiziellen Stellen von Virginia das Startzeichen für ein viel größeres makrobiotisches Ernährungs- und Erziehungsprogramm im Powhatan Staatsgefängnis, das in den Blauen Bergen westlich von Richmond liegt. Unter der Anleitung von Roy Steevensz, dem früheren Direktor des East West Center in Hollywood, begann eine kleine Zahl von Gefangenen, Kurse zu besuchen. Der Hilfswärter Tom Parlett war beeindruckt. »Wir haben viele andere Rehabilitationsmöglichkeiten ausprobiert, und nichts hat genützt. Warum sollten wir's nicht auch mal damit versuchen? Die zehn oder zwölf Leute, mit denen ich gearbeitet habe, sind ganz begeistert. Ihr Verhalten hat sich völlig verändert.« Parlett selbst war so überzeugt von der Sache, daß er seine Ernährung ebenfalls umstellte. »Die Makrobiotik«, sagt er, »ist was sehr Vernünftiges.«

Im Juli 1986 nahmen vierhundert Gäste an einem makrobiotischen Festessen des Gefängnisses teil. Die Veranstalter hoffen, daß das Powhatan-Projekt der staatlichen Gefängnisverwaltung als Vorbild dienen und sie prüfen wird, ob eine neue landesweite Ernährungs- und Erziehungspolitik in Richtung Kostenersparnis, gesundheitlichem Kurzzeit- und Langzeitnutzen und Rehabilitationsmöglichkeiten realisierbar ist. Staatliche Stellen haben außerdem festgestellt, daß makrobiotische Gerichte mit allen religiösen Ernährungsvorschriften übereinstimmen. Black Muslims, orthodoxe Juden, Zeugen Jehovas und Mormonen können alle problemlos makrobiotisch essen. Im ganzen Land gibt es Gefangene, die sich das Recht auf eine Sonderernährung erstritten haben.

In Zukunft wird das Powhatan-Programm die Zubereitung von alternativen makrobiotischen Gerichten und die Erziehung und Ausbildung von Insassen, Küchenpersonal und Verwaltungsbeamten umfassen. Misosuppe, Meeresgemüse und Gomasio sind in der Gefängniskantine bereits erhältlich. Verschiedene Tofu- und Misohersteller haben Interesse an einer landwirtschaftlich ausgerichteten Gefängnisindustrie gezeigt, die den Häftlingen eine Ausbildung ermöglicht, die sie später außerhalb des Gefängnisses einsetzen können, um gesunde Nahrungsmittel zu erzeugen. Das US-Landwirtschaftsministerium, die American Farm Federation und das Zentrum für Neuerungen im Strafvollzug haben diesen Vorschlag unterstützt.

Deutschland

1979 suchte Hildegard Lilienthal ein Krankenhaus in Hanau auf, einem Ort in der Nähe von Frankfurt. Seit Jahren litt sie an

Rheumatismus, Arthritis und war herzkrank. Sie konnte nicht mehr richtig gehen, arbeiten oder für ihre Familie sorgen. Die Ärzte rieten zur Operation, verschrieben Medikamente, auch Spritzen, die Goldplättchen enthielten. Frau Lilienthal hatte viele Jahre im selben Krankenhaus als Schwester gearbeitet und wußte, daß ihr Zustand ernst war, doch lehnte sie jede weitergehende medizinische Behandlung ab und beschloß, eine andere Lösung zu finden.

Gegenüber dem Krankenhaus lag ein kleiner Naturkostladen. Die Frau, die dort arbeitete, erzählte ihr, daß ihre eigenen, schwächeren Symptome von Arthritis durch die makrobiotische Ernährung verschwunden seien. Hildegard entschied, die Sache auszuprobieren, und kochte von nun an ganz belassenes, natürliches Essen, vor allem braunen Reis. Sie tat das mehrere Monate lang. Sie machte auch für Nieren, Darm, Arme und Hände, Beine und Füße Ingwerkompressen. Ingwerkompressen sind ein traditionelles makrobiotisches Hausmittel, regen den Kreislauf an und verringern die Schmerzen. Hildegards Zustand besserte sich rasch. Sie konnte wieder gehen und war nicht mehr länger ans Haus gefesselt.

Als sie an ihre eigene Kindheit dachte, erinnerte sie sich, daß ihre Familie sehr einfach gegessen hatte, vor allem dunkles Brot, Getreideporridge aus täglich frisch gemahlenem Weizen oder Gerste, Gartengemüse, Sauerkraut, Getreidekaffee und Apfelwein. Tierische Nahrung kam sehr selten auf den Tisch, meistens nur in Form von ein wenig Speck, der aus Geschmacksgründen daruntergemischt wurde. In den Bergen aßen die Leute von alters her Hirse, Linsen, Suppe aus getrockneten Erbsen und Sauerkraut. Hildegard erinnerte sich an eine alte Frau, die einhundertvier Jahre alt gewesen war und ihr hohes Alter dem Umstand zuschrieb, daß sie Zucker, Milchprodukte und üppiges Essen gemieden hatte.

Nach dem Zweiten Weltkrieg veränderten sich die Eßgewohnheiten in Deutschland drastisch. »Ich arbeitete in einem amerikanischen Krankenhaus und staunte über die Unmengen von Milch, Weißbrot, Huhn und Kartoffeln«, erinnerte sich Hildegard. »Zum Frühstück aß jeder der Offiziere bis zu zehn Eier.

Und sie gingen mit dem Essen sehr verschwenderisch um. Sie aßen zum Beispiel nur das Weiche vom Brot oder ein Stück vom Huhn und warfen den Rest weg.

Nach dem Krieg, als es wieder alles gab, wurde Deutschland dick. Wir fingen an, jeden Tag Fleisch zu essen, vor allem Rindssauerbraten, auch Wurst und Hackbraten. Regelmäßig gab es Käse, Weißbrot, Butter und Marmelade, Zucker und Mengen von Kuchen, vor allem Torten. Ich arbeitete wieder und hatte keine Zeit, für meine Familie groß zu kochen. Wenn ich nach Hause kam, machte ich rasch etwas warm, meistens Fertiggerichte, oder stellte Orangen und Bananen auf den Tisch. Jedes Jahr nahmen Krankheiten und Mangel an Verständnis zu, und die einzelnen Familienmitglieder entfremdeten sich immer mehr.«

Zuerst interessierte sich Hildegards Familie kaum für ihre neue Ernährungsweise. Doch eines Tages nahm ihr jüngerer Sohn Uli ein Buch von George Ohsawa zur Hand, in dem seine Mutter gelesen hatte. Seit seiner Kindheit fühlte sich Uli vom Fernen Osten angezogen, und so war er nun von Ohsawas wachem Geist und seiner lebendigen Philosophie der Gesundheit und des langen Lebens fasziniert. Am nächsten Tag beschloß er, kein Fleisch und keinen Zucker mehr zu essen. Ein paar Monate später begann auch Jörg, sein älterer Bruder, makrobiotisch zu essen.

Das einfachere Essen gefiel ihrem Vater Hans allerdings weniger, und deshalb kaufte Hildegard für ihren Mann weiter Wurst, Eier und Käse und kochte die gewohnten Gerichte. Während der nächsten Jahre fing sie dann an, zusammen mit den üblichen Gerichten Ganzkorngetreide, Gemüse und andere bessere Nahrungsmittel auf den Tisch zu stellen. 1981 wurde Hans' chronisches Beinleiden wieder akut, und er mußte ins Krankenhaus. Die Ärzte erklärten, daß die Arterie in seinem Bein durch zu vieles Rauchen verstopft sei und das Bein unterhalb der Hüfte abgenommen werden müsse.

Hildegard, Uli und Jörg brachten Hans braunen Reis und anderes Essen ins Krankenhaus und machten ihm Ingwerkompressen. Mutter und Söhne waren überzeugt, daß das jahrelange

Essen von Würsten und sonstigen zusammenziehenden (Yang) Nahrungsmitteln die Hauptursache für den Zustand ihres Vaters war und das Rauchen (auch Yang) diesen dann noch verschlimmert hatte. Wenn Hans' Ernährung weniger gesättigte Fettsäuren und Cholesterin enthielte, überlegten sie, würde die zugrundeliegende Ursache für die Zirkulationsstörung wegfallen. Die Ingwerkompressen würden helfen, den Blutkreislauf anzuregen und die Schmerzen zu mildern. Dank ihrer Bemühungen besserte sich die Thrombose in Hans' Bein, und eine Operation war nicht mehr notwendig.

Dankbar, daß sein Bein gerettet war, aß Hans zu Hause nun mit der übrigen Familie makrobiotisch. Bald war er wieder auf dem Damm. Doch in seiner Firma gab es das übliche deutsche Essen. Als Direktor eines großen Steinbruchs hatte er eine wichtige Stellung, und man erwartete von ihm, daß er sich von seinen Mitarbeitern nicht absonderte. Eines Tages verkündete Hans jedoch, daß er sein Essen ins Büro mitbringen würde. Trotz des Spotts der Mitarbeiter blieb er bei seiner Entscheidung.

Inzwischen war Hildegard Mittelpunkt einer ganzen Reihe von makrobiotischen Aktivitäten in Frankfurt geworden. Ihr Rheuma und ihre Arthritis waren völlig verschwunden, nur ein Finger war noch steif. Die Werte von Eisen, Kalzium und anderen Mineralstoffen im Blut und die Blutzusammensetzung waren wieder normal. Zusätzlich zu Kochkursen und Ernährungsberatungen organisierte sie Seminare für Makrobiotiklehrer, die aus anderen Teilen Europas oder aus Amerika kamen.

Sowohl Uli wie auch Jörg besuchten das Kushi Institute in Amsterdam. Uli arbeitete auch bei Manna Foods, einer großen makrobiotischen Lebensmittelfirma. Im Keller des dreistöckigen Hauses der Familie richtete Uli mit Hilfe seines Brudes eine kleine Tofu- und Tempehproduktion ein. Mit den besten organischen und natürlichen Zutaten stellten sie an einem typischen Arbeitstag durchschnittlich etwa dreihundert Tofustücke und hundert Päckchen Tempeh her.

Später in jenem Jahr gab Hans seine Arbeit als Leiter des Steinbruchs auf und beschloß, die Aktivitäten seiner Frau und seiner Söhne zu managen. Die neue Firma wurde ›Atlantis‹

getauft und verkaufte auch Reis, Miso, Tamarisojasauce und andere makrobiotische Lebensmittel (ihre Adresse: Insterburger Straße 7, D-6454 Bruchkobel). »Wir beliefern nicht nur Lebensmittelläden und Restaurants, auch eine große Bank in Frankfurt ist unser Abnehmer für Tempeh und Tofu«, erzählte Hans, der für Finanzen und Auslieferung zuständig ist.

Jetzt, da sie das gleiche Essen und denselben Traum teilen, ist das Zusammengehörigkeitsgefühl der Familie größer als je zuvor. »Als Junge war ich sehr schwächlich und introvertiert«, erzählte Uli. »Früher habe ich mit meinem Vater nur alle drei Monate mal geredet, obwohl wir im selben Haus lebten. Jetzt arbeiten wir zusammen und sprechen täglich miteinander. Unser Verhältnis ist viel besser geworden.«

1985 heiratete Uli seine Jugendfreundin Ute, deren Großeltern Würste herstellten. Es besteht immer noch eine gewisse Spannung zwischen der Familie und den angeheirateten Verwandten, die die Lebensweise der Lilienthals mißbilligen. Doch Uli und Ute bekamen vor kurzem ein Kind und hoffen, daß das Vorbild eines gesunden und friedlichen makrobiotischen Kindes dabei helfen wird, die beiden Familien zusammenzubringen. 1986 eröffnete Jörg ›Balance‹, einen kleinen makrobiotischen Laden im Zentrum von Frankfurt, in der Nähe des Doms, wo früher die Kaiserkrönungen stattfanden. »Eines Tages kommt es so weit, daß Tempeh und Tofu die Wurst in der Ernährung ersetzen«, sagt Hans. »Wenn die Gesundheit der Menschen besser wird, ändert sich auch ihre Mentalität. Und dann wird Frieden in das geteilte Deutschland einziehen. Das ist unser Traum.«

Einer der Makrobiotiklehrer, der regelmäßig nach Frankfurt kommt, Vorträge hält und Kurse gibt, ist Adelbert Nelissen. Adelbert wurde in den späten sechziger Jahren in der makrobiotischen Bewegung aktiv, als er in seinem Heimatland Holland Demonstrationen gegen den Krieg in Vietnam organisierte. Seit damals arbeiten er und seine Frau Wieke zusammen mit ihren fünf Kindern mit ganzer Kraft daran, die Makrobiotik in Mitteleuropa zu verbreiten. Sie gründeten ›Manna Foods‹, eine Firma, die heute der größte Naturkosthersteller und -lieferant Europas ist. Etwa fünfzig Leute arbeiten in Amsterdam im Lager und in der Bäckerei. Außerdem brachten die Nelissens Übersetzungen makrobiotischer Bücher heraus und haben das Ost-West-Zentrum von Amsterdam gegründet, das ein Restaurant, Verwaltungsbüros, Beratungs- und Kursräume beherbergt. Seit 1980 leitet Adelbert auch das dortige Kushi Institute und bietet makrobiotische Vorträge und Kochkurse an.

Bei einem Friedenssymposium, das kürzlich von den Lilienthals in Frankfurt organisiert wurde, schilderte Adelbert seine Verwandlung von einem Anführer bei Protestmärschen in einen Makrobiotiklehrer. »Seit ich aufgehört habe, Fleisch und Zucker zu essen, bin ich sehr viel friedlicher. Wenn wir auf die gleiche Weise essen, arbeiten wir zusammen und nicht gegeneinander. Getreide und Gemüse zu essen bedeutet auch, daß wir uns gegenseitig ergänzen und aufbauen. Ich stellte fest, daß ich bei Gesprächen mit anderen Leuten mehr ›und‹ als ›aber‹ sagte. Fleisch und Zucker, Kaffee und andere moderne Nahrungsmittel schaffen das starke Bedürfnis, mit seinen Mitmenschen konkurrieren zu wollen und zu siegen. Ich erkannte, daß mein Kampf für den Frieden auch nur ein Kampf um Macht und Herrschaft war.

Alle diese Bewegungen haben etwas gemeinsam: Sie verändern einen persönlich nicht. Sie glauben alle ›Ich habe recht, und du hast unrecht‹. Aber unser Denken, unsere Gefühle und unsere Überzeugungen ändern sich ständig. Unser Verstand, unser Geist, ändert sich ungefähr so wie die Temperatur. Wir sind warm oder kalt, je nach unserer Verfassung und der Ebene, auf der wir handeln. Das ist alles sehr relativ.

Andrerseits stecken wir häufig auch fest. Wenn unser Blutstrom voll Fett und Schleim ist, verstopft sich unser Denken wie auch unser Darm. Wir können uns nicht konzentrieren, können nicht zuhören, können uns nicht erinnern, können uns nicht ausdrücken und können uns nichts vorstellen. Wir werden besorgt und reagieren nicht natürlich. Wir fühlen uns angegriffen. Unsere Stagnation schafft Frustration, und wir projizieren unsere Ängste auf die anderen. Geist und Körper können sich nicht mehr verstehen. Mann und Frau können sich nicht mehr verstehen. Ost und West können sich nicht mehr verstehen. Das ist die eigentliche Ursache der Kriege.

Ein trauriges Beispiel dafür erlebte man hier in Deutschland. Hitler war Vegetarier, doch er aß vor allem Zucker, Obst und nahm Medikamente. Er verstand nicht, was Gleichgewicht ist. Er war süchtig auf Zucker und erhielt regelmäßig Spritzen mit Amphetaminen.«

In den frühen achtziger Jahren nahmen Makrobiotiklehrer aus Westeuropa mit interessierten Personen und kleinen Gruppen in Polen, Ostdeutschland und der Tschechoslowakei Verbindung auf, und in Rumänien und Jugoslawien hat man begonnen, Vorträge zu halten und Kochkurse zu geben. In Osteuropa ist es schwierig, Informationen über eine fremde Ideologie oder Bewegung zu erhalten, und die verstaatlichte Wirtschaft ist auf Fleisch und Milchprodukte ausgerichtet. Getreide, Bohnen und Gemüse sind häufig knapp. Makrobiotische Literatur wurde ins Russische übersetzt und wird angeblich in Moskau und Leningrad unter der Hand weitergereicht.

Es ist nur eine Frage der Zeit, bis die makrobiotischen Lehren auch in der Sowjetunion und Osteuropa Wurzeln schlagen. Die Lilienthals, die Nelissens und viele andere makrobiotische Familien in Europa (z. B. auch in der Schweiz, wo das Kushi Institute unter folgender Adresse zu erreichen ist: Kientalerhof, 3711 Kiental) verbreiten eine Lebensweise, die helfen wird, den geteilten Kontinent zu vereinen und eine helle, neue Zeit des Friedens und der Harmonie zwischen dem östlichen und westlichen Block einzuleiten.

New York

Arroganz, Gier, Exklusivität, Haß, Ärger, Vorurteil und Diskriminierung – die üblichen Fehler der Menschen – hängen direkt mit Krieg zusammen. Was verursacht einen solchen Geist? Seit ich in die Vereinigten Staaten kam, habe ich durch eine natürlichere Lebensweise und eine Ernährung mit ganz belassenen, unbehandelten Nahrungsmitteln gelernt, meine Gedanken und Gefühle zu konzentrieren. Während der letzten fünfunddreißig oder vierzig Jahre habe ich mich selten geärgert. Aber vor ein paar Jahren wurde ich zum erstenmal wieder innerlich richtig wütend. Ich konnte meine Gefühle über einige Gesundheitsfachleute und Gemeindevertreter nicht beherrschen, die die jungen Männer mit Aids – erworbene zellulare Immundefizienz – wie Unberührbare behandelten. Obwohl von diesen Leuten erwartet wurde, daß sie anderen Menschen halfen, hatten sie Angst, sie könnten sich durch den Kontakt mit Aids-Kranken anstecken. Die heutige Gesellschaft glaubt, daß Aids äußerst ansteckend ist und unheilbar. Viele Krankenhausangestellte tragen im Umgang mit Aids-Kranken Schutzmasken und Handschuhe. Arbeitgeber entlassen sie, Wohnungsinhaber setzen sie auf die Straße, und sogar die eigene Familie und Freunde behandeln sie wie Aussätzige. Nur hie und da gibt es ein paar Leute – auch Ärzte und Schwestern, manche Verwandte und Freunde –, die Aids-Kranke mitfühlend behandeln, auch wenn sie nichts mehr tun können, um den Verlauf der Krankheit zu ändern.

Die Situation der Aids-Kranken machte mich sehr traurig, und ich beschloß, etwas zu unternehmen. Seit dem Sommer 1983 fuhr ich jeden Monat oder jeden zweiten Monat nach New York, um an Aids erkrankte Freunde zu treffen und über die Makrobiotik und die natürliche Ordnung zu sprechen. Ich erklärte ihnen, daß Aids vor allem eine degenerative Blut- und Lymphstörung ist, die durch chaotisches Essen und Leben über lange Zeit hervorgerufen wird. In der Hauptsache ist es keine durch einen Virus oder Bakterien verursachte Krankheit, obwohl gewisse Arten von Mikroorganismen die Ausbreitung aktivieren können, wenn das Blut- und Lymphsystem durch jahrelange falsche Ernährung geschwächt ist. Aus meinen Beobachtungen wurde deutlich, daß unsre Aids-Freunde gern Käse, Zucker, Schokolade und fette, ölige Gerichte aller Art aßen. In den meisten Fällen waren sie früher nicht gestillt worden, und deshalb fehlten ihnen die natürlichen Immunfaktoren, die man in der Muttermilch findet. Häufig hatten sie auch über Jahre Drogen und Medikamente genommen, und viele hatten Hepatitis. Ich sagte ihnen, daß sie sich keine Sorgen zu machen brauchten, wenn sie ihre Eßweise änderten und wieder ein geordnetes Leben führten. Brauner Reis und anderes Ganzkorngetreide, Misosuppe, frisches Gemüse,

Bohnen, Fisch und andere unbehandelte Nahrungsmittel – im richtigen Verhältnis gegessen und sorgfältig zubereitet – würden ihre Blutqualität stärken und ihr Zustand würde sich auf natürliche Weise stabilisieren und möglicherweise sogar in Ordnung kommen. Ich machte ihnen begreiflich, daß sie wie andere kranke Menschen keine Opfer seien. Sie seien für das Entstehen ihrer Krankheit verantwortlich, und jetzt seien sie dafür verantwortlich, daß sie verschwände – auf friedlichem Wege.

Wir veranstalteten in Greenwich Village Kochkurse, und etwa zwei- bis dreihundert Männer kamen. Gewöhnlich trafen wir uns an einem ziemlich dunklen Ort, weil uns niemand ordentliche Räume zur Verfügung stellen wollte, doch trotzdem erzählten wir ihnen von den Möglichkeiten einer ausgeglichenen Eßweise. Wir sangen zusammen und sprachen über die Kräftigung von Verstand und Geist durch Schwierigkeiten und Not. Am Anfang waren die Aids-Kranken erstaunt, daß ich ihnen die Hand gab, sie umarmte, ihren blutigen Hautausschlag berührte und mir nie gleich danach die Hände wusch. Einige an Aids erkrankte Freunde begleiteten mich nach Boston, und bald standen sie in der Küche und halfen meiner Frau Aveline, für den ganzen Haushalt das Abendessen zu machen. Allmählich begann sich die Blutqualität der kranken Männer in New York und Boston zu verändern, und ihr Immunsystem fing an, sich zu stabilisieren oder zu stärken. Einige Monate später waren ein paar Ärzte in Boston und New York bereit, ihren Zustand zu überwachen. Diese Kontrollen dauern noch an, doch erste Ergebnisse – einschließlich des Verhältnisses der normalen und anormalen T-Zellen und anderer Blutwerte – zeigen, daß sich bei einigen Aids-Kranken der Zustand langsam, aber sicher stabilisiert. Im Mai 1986 berichteten medizinische Forscher der Universität von Boston, daß die durchschnittliche Lebenszeit der Erkrankten, die makrobiotisch aßen, über der irgendeiner bekannten Kontrollgruppe (einunddreißig gegenüber neunundzwanzig Monaten) lag. Viele Gruppen arbeiten gemeinsam daran, die Öffentlichkeit über die Zusammenhänge zwischen Ernährung und Aids aufzuklären. Eine dauerhafte Lösung für diese Krankheit könnte am Horizont auftauchen.

Vereinte Nationen

1983 erklärten die Ärzte in New York Katsuhide Kitatani, er habe Magenkrebs. Nach einer Operation bekam er eine Chemotherapie, doch der Krebs breitete sich nun im Lymphsystem aus, und man sagte ihm, daß er nur noch sechs bis zwölf Monate zu leben habe. Mr. Kitatani, langjähriger Verwaltungsbeamter bei den Vereinten Nationen, begann, seinen Nachlaß zu ordnen. Eines Tages traf er auf einer Party eine Bekannte, die Lymphdrüsenkrebs gehabt hatte. Er stellte fest, daß ihr Haar, das während der medizinischen Behandlung ausgefallen war, wieder nachgewachsen war. Er fragte, wie sie das gemacht habe. »Ich praktiziere Makrobiotik«, antwortete sie. »Und was macht man da?« fragte er.

Die Bekannte nannte ihm den Titel eines Buches, das er lesen sollte, und im fünften oder sechsten Buchladen, in dem er nachfragte, fand er es schließlich. Es schilderte, wie sich ein Arzt – Leiter eines großen amerikanischen Krankenhauses –, dessen Körper von Tumoren durchsetzt war, durch makrobiotische Ernährung von seiner tödlichen Krankheit heilte. »Die Ernährungsmethode sah sehr einfach aus, sehr japanisch«, sagte Mr. Kitatani, der in Japan geboren war, später. »Es gehörte viel Reis, Wakame und Misosuppe dazu.« Nachdem er zu mir nach Boston gekommen war, um sich beraten zu lassen, fing er an, makrobiotisch zu essen. »Ich kaufte drei makrobiotische Kochbücher«, erzählte er einmal, »und bat meine Frau, danach zu kochen. Ich paßte genau auf, ob sie alles richtig machte.« Seine Frau schloß sich ihm sofort an, doch seine Söhne waren skeptisch. Mr. Kitatanis Freunde bestärkten ihn zwar in seinem Vorhaben, doch auch sie dachten, daß er bald sterben werde.

Während sich sein Zustand besserte, überdachte Mr. Kitatani seine eigene frühere Eßweise und überlegte, welche Umstände zu seiner Erkrankung geführt haben könnten. »Ich war fünfzehn, als der Zweite Weltkrieg endete. Wir waren am Verhungern und hatten jeden Lebenswillen verloren. Von den amerikanischen Soldaten erhielten wir Zucker. Bald kroch ich auf Händen und Füßen herum und bekam eine Hautkrankheit, die ich aber nicht mit dem in Verbindung brachte, was ich aß.« Heiße Quellen halfen seiner Haut etwas. In dem Camp der amerikanischen Besatzungsmacht, in dem Mr. Kitatani dann angestellt wurde, entwickelte er eine Vorliebe für Ketchup, Eis und andere stark verarbeitete Lebensmittel. Später kam er zu den Vereinten Nationen und wurde während der letzten Jahrzehnte an den verschiedensten Orten der Welt eingesetzt.

»Wo immer man mich hinschickte, lautete meine erste Frage: ›Wo ist das beste Restaurant?‹«

Nach neun Monaten Makrobiotik war Mr. Kitatanis Krebs völlig verschwunden, und er erlebte das unerwartete Vergnügen, sein Leben neu planen zu können. Er fand, daß die Gründung eines makrobiotischen Klubs bei den Vereinten Nationen die beste Möglichkeit sei, anderen zu helfen. »Der Lebensrhythmus wird schneller und schneller. Überall auf der Welt haben die Menschen heute die Möglichkeit, in einen modernen Supermarkt zu gehen und industriell hergestellte Lebensmittel zu kaufen. In den UN sorgen wir dafür, daß Düngemittel verschifft, Insektenbekämpfungsmittel versprüht und Krankheitssymptome beseitigt werden, ohne uns um die zugrundeliegenden Ursachen zu kümmern. Die Leute reden, bis sie blau im Gesicht sind, aber sie unternehmen nichts.

Überall auf der Welt sind die Menschen unfähig und unproduktiv. UN-Debatten werden völlig selbstsüchtig geführt und sind von egozentrischem Denken bestimmt. In einer begrenzten Zahl von Fällen gelang es den UN, Weltbrände zu verhindern. Mir scheint, daß in Zukunft der Frieden durch Leute kommen wird, die frei von physischen und geistigen Krankheiten sind. Jeder von uns ist ein Friedenshelfer oder könnte es sein.«

Jetzt, im zweiten Jahr, hat die Makrobiotische Gesellschaft der Vereinten Nationen einhundertachtzig Mitglieder und organisiert die verschiedensten Vorträge, Essen und Kurse. Für den Antrag, in der Cafeteria der Vereinten Nationen makrobiotische Gerichte zu servieren, wurden fast tausend Unterschriften gesammelt. Beim Sitz der Vereinten Nationen in Genf besteht inzwischen eine Zweigstelle der Gesellschaft, bei der UNESCO in Paris und der FAO in Rom sind weitere geplant.

Mr. Kitatanis Geschichte ist ein großartiges Beispiel für den Geist von ›ein Korn, zehntausend Körner‹. Nach der Wiederherstellung seiner Gesundheit begann er, sein Wissen unermüdlich an andere weiterzugeben. Seine ganze Familie, einschließlich zweier Söhne im College-Alter, ißt jetzt makrobiotisch. Mit der Zeit werden die ganzen Vereinten Nationen in ein wahrhaft gesundes und friedliches Forum zur Verbreitung eines planetarischen Familienbewußtseins und zur Verwirklichung einer geeinten, friedlichen Welt umgewandelt werden.

Afrika

Seit mehr als vierzig Jahren hat sich Masanobu Fukuoka der natürlichen Landwirtschaft verschrieben. Seine Anbaumethoden ohne Kunstdünger und Unkrautvertilgungsmittel, ja sogar ohne organischen Kompost, zeitigen erstaunlich hohe Erträge, ergiebige Samenarten und eine verbesserte Bodenqualität. Der Weg, den er geht, könnte jenem ähnlich sein, den menschliche Gemeinschaften überall auf der Welt in der alten geistigen, wissenschaftlichen Weltgemeinschaft gingen.

Herr Fukuoka wurde in einem kleinen Dorf in Südjapan geboren und erhielt eine Ausbildung als Pflanzenpathologe. Doch als junger Mann begann er an den wissenschaftlichen Aspekten seines Berufs zu zweifeln und machte sich daran, traditionelle Arten der Landbestellung wiederzuentdecken, die keine menschliche Mühe und Arbeit erforderten. Er glaubte, daß die Rückkehr zu einem Leben in Einklang mit der Natur der Schlüssel zu den Problemen der modernen Zivilisation sei.

Nach dem Zweiten Weltkrieg wandte Herr Fukuoka seine Aufmerksamkeit Fragen der japanischen Landwirtschaftsreform zu. Seit dem Erscheinen seines Buches *Der große Weg hat kein Tor* beschäftigte er sich immer mehr mit weltweiten Problemen. 1985 besuchte er Somalia, Äthiopien und andere von der Dürrekatastrophe betroffene Gebiete Afrikas. Umweltsachverständige haben die Hungersnöte in weiten Teilen des afrikanischen Kontinents der Monokultur und anderen modernen Agrartechniken zugeschrieben, der Versteppung durch Überweidung, den globalen Wetterveränderungen durch Industrialisierung und politischen Unruhen in den betroffenen Ländern.

In Somalia besuchte Herr Fukuoka vierzig Tage lang ländliche Gemeinden und entdeckte, daß die Einwohner den Boden auf eine traditionelle, natürliche Weise bestellten und verschiedene Pflanzen zusammen anbauten, nicht nur eine Sorte allein. »Die Leute lebten in den dort typischen runden Dorfanlagen. Sie zogen Bananen und Papayas. Im Schatten der Bäume wuchs Gemüse. Sie säten verschiedene Samen zugleich aus. Ich brachte etwa hundert Samensorten mit, die ich den Kindern gab. Sie steckten sie gemischt in die Erde. Manche Arten keimten schon nach ein paar Tagen.«

Herrn Fukuokas Erfahrung nach wachsen die Pflanzen aus den ausgestreuten Samen ohne Pflege, Jäten, Düngen oder Pikieren. Da unterschiedliche Pflanzensorten zusammengemischt sind, locken sie keine Vögel, Insekten oder Schädlinge an, die Gärten und Äcker gewöhnlich befallen, wenn nur eine bestimmte Art angebaut wird. Er sagt auch, daß Traktoren und andere schwere Maschinen, die die Erde zusammendrücken und verhärten, eine der Hauptursachen für Erosion und Unfruchtbarkeit sind. Sie zerstören Mikroorganismen und anderes Kleinleben, die die Ackerkrume aufbauen.

Bei einem Besuch der Vereinigten Staaten ein paar Jahre früher hatte Herr Fukuoka begonnen zu überlegen, daß natürliche Landbestellung auch eingesetzt werden könnte, um eine Versteppung zu verhindern. In seinem Buch *Rückkehr zur Natur* erinnert er sich: »Wir standen in einer amerikanischen Wüste. Und plötzlich erkannte ich, daß der Regen nicht vom Himmel kommt. Er kommt vom Boden. Wüsten entstehen nicht, weil es keinen Regen gibt. Es ist vielmehr so, daß der Regen aufhört, weil die Vegetation verschwunden ist. In der Wüste Dämme zu bauen ist ein Versuch, die Symptome der Krankheit zu mildern, doch keine Strategie für mehr Regen. Erst müssen wir lernen, wie man die alten Wälder wiedererstehen läßt.«

Auf einer makrobiotischen Versammlung stellte er weiter fest: »Wüsten haben tatsächlich Wasser. Es steigt nur im Boden nicht auf, weil es keine Vegetation gibt. Das Wasser kommt durch die Pflanzen hoch. Aber keine Pflanzen, keine Wolken. Die Wüsten sind wolkenlos. Berieselungsanlagen zu installieren ist noch so eine armselige Methode zur Bewässerung der Wüste. Das Wasser holt das Salz aus dem Boden, das dann die Erde bedeckt. Außerdem wird Grundwasser, das sich seit Jahrhunderten aus den Bergen angesammelt hat, verschwendet. Die beste Methode, Wasser zu erhalten und Erosion zu verhindern, ist, die Wüste wieder zu begrünen.«

Um dies zu erreichen, schlägt Herr Fukuoka vor, daß Samen bestimmter Pflanzen in Lehmkügelchen auf den Wüsten ausgesät werden. Man mischt Samen von grünen Düngebäumen – wie Akazien, die in Gebieten mit einem jährlichen Niederschlag von weniger als fünf Zentimeter gedeihen –, Klee- und Luzernesamen mit Getreide- und Gemüsesamen. Diese Mischung wird erst mit Erde zu kleinen Kugeln geformt und dann mit einer Schicht Lehm bedeckt, wodurch auch die Mikroben erhalten bleiben. Diese Kügelchen könnten dann auf Wüsten und Savannen ausgestreut werden.

»Die ausgestreuten Samen in den harten Lehmkügelchen werden erst sprießen, wenn Regen fällt und die richtigen Keimbedingungen gegeben sind«, erklärt Herr Fukuoka. »Und sie werden auch nicht von Mäusen oder Vögeln gefressen. Im nächsten Jahr werden einige Pflanzen überlebt haben und uns verraten, welche Sorten zu Klima und Land passen. In bestimmten südlichen Ländern soll es Pflanzen geben, die auf Steinen und Bäumen wachsen und Wasser speichern. Jedes Mittel ist uns recht, wenn wir die Wüsten nur so schnell wie möglich mit einer grünen Grasschicht bedecken können. Das wird den Regen zurückbringen.«

Um den Grüngürtel in Afrika wiederherzustellen, schlägt Herr Fukuoka vor, daß Samenmischungen durch Flugzeuge ausgestreut werden. Sollte seine Methode Erfolg haben, würde er sich wünschen, daß die Luftstreitkräfte der Welt in großem Maßstab Samen über den vertrockneten Gebieten des Planeten verteilten. In den Entwicklungsländern sollte der Samen von Hand, durch Flugzeuge oder von Autos aus verstreut werden, um Rasen, Weiden, Golfplätze und andere leere Gebiete, die die Erde erschöpfen und die Wolkenbildung verringern, in Obst- und Gemüsegärten zu verwandeln. »Schießen wir Samen in die Luft, und nicht Raketen. Freiheit und Frieden im Land beginnen mit natürlichen Anbaumethoden. Getreide und Bäume kennen keine künstlich geschaffenen Grenzen.«

Herr Fukuoka schätzt, daß ein Gramm Erde seines kleinen Bauernhofes in Japan etwa hundert Millionen stickstoffbindende Bakterien und andere Mikroben enthält, die den Boden anreichern. Er glaubt, daß diese in Lehm gehüllten Mikroorganismen und Samen der Funke sein könnten, der dem Land das Leben zurückgibt.

»Wenn eine einzige Mütze voll Reis übers Meer in Länder geschickt würde, wo Nahrungsmittel knapp sind, und auf einem Fleck von zehn Quadratmetern ausgesät würde, brächte sie innerhalb eines Jahres fünftausend Körner. Dann wären genug Körner vorhanden, um im folgenden Jahr einen halben Morgen zu bestellen, nach zwei Jahren fünfzig Morgen und in vier Jahren siebentausend Morgen. Das wäre dann das Samengetreide für eine ganze Nation. Diese Handvoll Körner könnte für ein hungerndes Volk der Weg in die Unabhängigkeit sein.

Aber diese Reissamen müssen so schnell wie möglich geschickt werden. Jeder einzelne kann anfangen. Nichts würde mich glücklicher machen, als wenn man meine bescheidenen Erfahrungen mit natürlichen Anbaumethoden in diesem Sinn einsetzte.«

Während Herr Fukuoka durch den Gemüsegarten des Kushi Institutes in Becket, Massachusetts, ging, der nach seinen Methoden angelegt worden war, meinte er: »Alles beginnt im eigenen Familiengarten. Durch natürliche Anbaumethoden kann der verheerende Verlauf der Zivilisation geändert werden. Die Erde könnte wieder zu einem Paradies des Friedens und des Glücks werden mit genug Nahrung für alle.«

18

Eine Weltsicht fördern

Unser Essen erschafft uns. Wenn die Nahrung, die wir bekommen, zweckmäßig ist, erhalten wir auf natürliche Weise körperlich mehr Energie, sind unsere Gefühle angenehmer und wir empfinden geistig eine größere Gehobenheit als nach dem Verzehr von nicht zusammenpassendem und unausgeglichenem Essen.

Taugt dagegen das tägliche Essen nichts, läßt unsere Gesundheit nach, unsere Gefühle geraten durcheinander, und unser Geist wird chaotisch. Persönliche Gefühle, Beziehungen zu anderen Menschen und unsere Einstellung zu Problemen werden durch das, was wir essen, beeinflußt.

Wenn wir frustriert und beunruhigt sind, wenn wir irgendwelche Schwierigkeiten und Nöte haben, wenn wir Gewalttätigkeit und Widerstand erleben, sollten wir uns zuerst überlegen, was wir gegessen haben. Unsere physischen und geistigen Gewohnheiten, wie auch die Tendenzen unseres Denkens und die Fähigkeiten unseres Bewußtseins, sie alle hängen von dem ab, was wir gegessen haben, seit wir ein Embryo im Mutterleib waren, ein Kind waren, erwachsen und alt wurden.

Babys und Kinder erleben gewöhnlich keine physischen und psychischen Störungen, auch keine Gefühle des Getrenntseins wie die Erwachsenen. Ihre körperliche Kondition ist im allgemeinen noch weich, sauber und biegsam. Meistens sind sie für ihre Umgebung empfänglich und geistig und physisch aktiv. Ein beweglicher Geist und Körper werden mit positiven Eigenschaften assoziiert, zum Beispiel mit Phantasie, Kreativität, Fröhlichkeit, Optimismus, Neugier und Ehrlichkeit. Kinder sind normalerweise von ihrer Umgebung nicht isoliert, sondern fühlen sich völlig als Teil dessen, was um sie her geschieht.

Im Älterwerden wird unsere körperliche Kondition dank der modernen Ernährung jedoch starrer, und Denken und Ansichten verändern sich. Nachahmung ersetzt Kreativität, und statt offen und neugierig zu sein, werden wir engstirnig und verschließen uns neuen Ideen. Pessimismus ersetzt den Optimismus, wir beginnen zu zweifeln, werden mißtrauisch und trauen intuitiv weder uns selbst noch anderen Leuten. Die natürliche Liebe und Wärme, die wir als Kinder erfahren haben, macht in der Jugend und in der Zeit als junger Erwachsener Kälte und Getrenntheit Platz.

Unsere körperliche und geistige Kondition wird härter und unbeweglicher, und so wird auch unsere Ausdrucksweise zunehmend härter und kritischer. Selbst wenn wir Liebe oder Zuneigung zeigen wollen, tun wir das in Form von Kritik, Vorwurf oder auf andere negative Art. Während wir die Fähigkeit, uns durch Worte, Handlungen, Bewegungen, kreative Arbeit oder Spiel auszudrücken, verlieren, entsteht Frustration. Frustrationen kann man nur eine gewisse Zeit im Zaum halten, dann brechen sie gewaltsam hervor, vor allem wenn sie von einer unausgeglichenen Eßweise genährt werden.

Erstes Gebot für eine Küche, die eine positive Weltsicht fördern soll, ist, daß unbehandeltes Ganzkorngetreide den Hauptteil jeder Mahlzeit bildet. Dazu gehören brauner Reis, Gerste, Hirse, Weizen, Roggen, Hafer, Mais und Buchweizen. Das idealste Getreide für eine intuitive, ganzheitliche Sichtweise ist brauner Reis, biologisch betrachtet das jüngste Getreide. Er besitzt die ausgeglichenste Energie und die ausgeglichensten Nährstoffe. Geschrotetes Getreide, verfeinertes Getreide und Mehlprodukte wie Brei und Nudeln fördern mehr das trennende, analytische Denken. Hin und wieder können sie gegessen werden. Zur Ergänzung des Vollkorngetreides kann eine große Vielfalt anderer Nahrungsmittel verwendet werden, zum Beispiel viele Arten von Gemüse, Bohnen und Bohnenprodukte, Meeresgemüse, Saaten und Nüsse, Obst aus der Gegend und eher kleine Mengen tierischer Nahrung, besonders weißer Fisch und Meerestiere.

Die Verwendung des Feuers zum Kochen schuf den Homo sapiens: Die Umwandlung von rohem Reis, Weizen oder Gerste durch Wärme, Druck, Wasser und Meersalz erhöhte den Gehalt an Ki oder elektromagnetischer Energie in unserer Nahrung und verlieh dem friedlichen holistischen Bewußtsein der Menschheit eine zusätzliche Dimension der Universalität. Diese Entwicklung stand hinter unserer ersten klaren Vision einer geeinten, friedlichen Weltkultur.

Als zweites Gebot für die Küche des Weltfriedens gilt, daß der größere Teil der Nahrung gekocht werden sollte. Bei Reis ist das Druckkochen mit einer Prise Salz die am weitesten verbreitete Methode. Es macht die Nahrung verdaulicher und trägt zu einer reibungslosen, gleichmäßigen Aufnahme der Nährstoffe im Blut bei.

Und drittens schließlich sollte der Koch ruhig, friedlich, glücklich und gesund sein. Das gilt vor allem für das Zubereiten und Servieren des Essens. Die Mahlzeit, die er oder sie kocht, ist buchstäblich ein Bild der künftigen Welt. Die Energie des Kochs und auch der Nahrung formt die Gedanken, Worte und Handlungen der ganzen Familie mit, wie darüber hinaus auch der anderen Menschen, die am Tisch mitessen. Nach dem Bild des Kochs werden wir schließlich unser universales Bild des Weltfriedens verwirklichen.

Empfehlungen für die makrobiotische Standardernährung

Um grundsätzlich Gesundheit und Vitalität von Einzelpersonen, Familien und Gemeinschaften zu erhalten, wurden nachfolgende Richtlinien aufgestellt, die für gemäßigte Klimazonen der Welt gelten (siehe Abb. 15). Berücksichtigt wurden dabei auch die Ordnung der Evolution, die allgemeinen Ernährungstraditionen in Ost und West, die Jahreszeiten und Verfassung und Bedürfnisse des einzelnen. Weiter wurden sie so abgeändert, daß in bescheidenem Ausmaß auch die Wohltaten und Annehmlichkeiten der modernen Zivilisation genossen werden können.

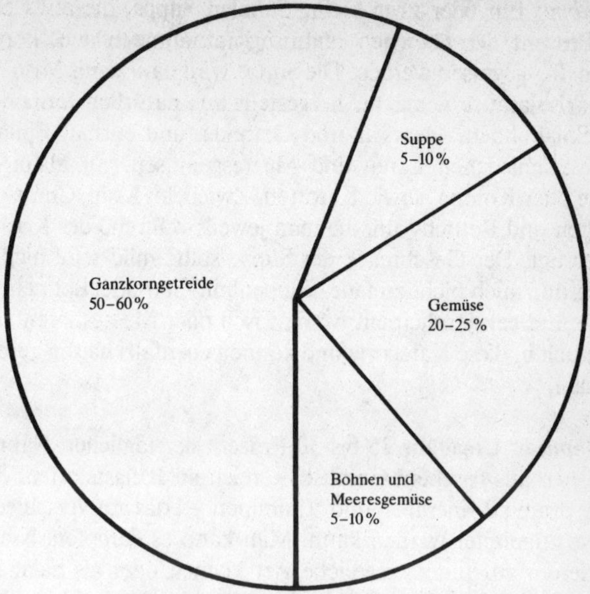

Gelegentlich können zusätzlich verzehrt werden:

Fisch und Meerestiere
Saaten und Nüsse

Obst
Nachspeisen

Abb. 15
Die makrobiotische Standardernährung

1. *Ganzkorngetreide:* Der Hauptbestandteil jeder Mahlzeit ist Ganzkorngetreide, er umfaßt 50 bis 60 Prozent. Zum Ganzkorngetreide, das reich an komplexen Kohlehydraten, Ballaststoffen, Mineralien und bestimmten Vitaminen und Enzymen ist, gehören brauner Reis, Vollweizen, Gerste, Hirse und Roggen, wie auch Mais und Buchweizen und andere botanisch ähnliche Pflanzen. Hin und wieder können Ganzkorngetreideprodukte wie geschroteter Weizen, Haferflocken, Spaghetti und Teigwaren, Brot, Backwaren und andere Mehlprodukte als Teil dieser Menge serviert werden.

2. *Suppe:* Ein oder zwei kleine Schalen Suppe, die etwa 5 bis 10 Prozent der täglichen Nahrungsaufnahme bilden, können jeden Tag gegessen werden. Die Suppe wird häufig mit Miso oder Tamarisojasauce gemacht, hergestellt aus natürlich fermentierten Sojabohnen, Meersalz und Getreide, und enthält Einlagen aus verschiedenen Land- und Meeresgemüsen, vor allem Wakame oder Kombu, sowie Karotten, Zwiebeln, Kohl, Chinakohl, Rettich und Rettichgrün, die man jeweils während des Kochens hinzufügt. Der Geschmack der Suppe sollte mild sein, nicht zu salzig und auch nicht zu fade. Suppen mit Getreide, Bohnen, Gemüse und gelegentlich ein wenig Fisch oder Meerestieren gehören auch in diese Kategorie und können ebenfalls häufig gereicht werden.

3. *Gemüse:* Ungefähr 25 bis 30 Prozent der täglichen Nahrung bestehen aus frischem Gemüse – reich an Ballaststoffen, Kohlenhydraten, Mineralien und Vitaminen –, das auf verschiedene Weise zubereitet werden kann. Man kann es dämpfen, backen, sautieren, auf unterschiedliche Art kochen oder als Salat oder Pickles servieren. Zum Gemüse gehören eine Vielzahl von Wurzelgemüsen (wie Karotten, Klettenwurzel, Rettich), Bodengemüsen (wie Kohl, Zwiebeln, Herbst- und Winterkürbis, Gurken) und grünen Blattgemüsen (wie Grünkohl, Mangold, Brokkoli, Rettich-, Steckrüben- und Senfblätter, Brunnenkresse). Die Auswahl hängt von der Gegend, der Jahreszeit, der Verfügbarkeit, der persönlichen Gesundheit und anderen Faktoren ab. Gewöhnlich werden zwei Drittel des Gemüses gekocht, bis zu einem Drittel kann in Form von frischem Salat oder Pickles zubereitet werden. Gemüse, das ursprünglich aus den Tropen stammt, wie Tomaten oder Kartoffeln, ist zu vermeiden.

4. *Bohnen und Bohnenprodukte:* Ein kleiner Teil der täglichen Nahrung, etwa 10 Prozent, besteht aus gekochten Bohnen oder Bohnenprodukten wie Tofu, Tempeh und Natto. Diese Nahrungsmittel, die reich an Eiweiß, Fett und bestimmten Mineralien sind, können getrennt oder mit Getreide, Gemüse oder Meeresgemüse zusammen gekocht werden, auch in Form von Suppe.

Obwohl sich alle getrockneten und frischen Bohnen zum Verzehr eignen, werden die kleineren wie Azukibohnen, Linsen und Kichererbsen mehr verwendet, da sie weniger Fett und Öl enthalten.

5. *Meeresalgen:* Meeresgemüse, das reich an Mineralien und Vitaminen ist, wird täglich in kleinen Mengen gegessen, etwa fünf Prozent oder weniger der Gesamtessensmenge. Die üblichen sind Kombu, Wakame, Nori, Dulse, Hiziki und Arame. Man kann sie in Suppen verwenden, mit Gemüse oder Bohnen kochen oder als Beilage zubereiten. Gewöhnlich würzt man sie mit ein wenig Tamarisojasauce, Meersalz oder Reisessig.

6. *Tierische Nahrung:* Eine kleine Menge Fisch oder Meerestiere kann mehrmals in der Woche von Leuten gegessen werden, die bei guter Gesundheit sind. Fische mit weißem Fleisch enthalten im allgemeinen weniger Fett als solche mit rotem Fleisch oder mit blauer Haut. Heute sind Seefische gewöhnlich auch weniger verseucht als Süßwasserfische. Um dem Körper zu helfen, die Auswirkungen von Fisch und Meerestieren abzubauen, ißt man meistens ein wenig geriebenen weißen Rettich, Meerrettich, Ingwer oder Senf dazu. Andere tierische Nahrungsmittel, einschließlich Fleisch, Geflügel, Eiern und Milchprodukten werden gemieden, außer in den seltenen Fällen, wo sie aus medizinischen Gründen vorübergehend zu empfehlen sind.

7. *Saaten und Nüsse:* Sie können leicht geröstet und mit Meersalz gesalzen oder mit Tamarisojasauce gewürzt gelegentlich als Snack genossen werden. Es ist ratsam, nicht zu viele Nüsse und zu viel Nußbutter zu essen, da sie schwer verdaulich sind und viel Fett enthalten.

8. *Früchte:* Früchte können von gesunden Menschen mehrmals wöchentlich gegessen werden, vor allem gekocht oder natürlich getrocknet, als Snack oder Nachtisch, vorausgesetzt, daß sie in der örtlichen Klimazone wachsen. Rohes Obst sollte in bescheidenen Mengen verzehrt werden, am besten frisch geerntet.

Fruchtsäfte sind zu konzentriert, um sie regelmäßig zu trinken, doch bei sehr heißem Wetter kann man es gelegentlich tun, dazu gehört zum Beispiel im Herbst auch der Apfelwein. Das meiste Obst aus gemäßigten Klimazonen ist für den gelegentlichen Verzehr geeignet. Dazu gehören Äpfel, Birnen, Pfirsiche, Aprikosen, Trauben, Beeren und Melonen. Tropische Früchte wie Grapefruit, Ananas, Mango und so weiter sollte man, wenn man in einer gemäßigten Klimazone lebt, besser nicht essen.

9. *Nachspeisen:* Nachspeisen werden zwei- oder dreimal in der Woche in bescheidenen Mengen von Leuten, die bei guter Gesundheit sind, gegessen und können aus Plätzchen, Pudding, Kuchen oder anderen süßen Gerichten bestehen. Nahrungsmittel, die von Natur aus süß sind, wie Äpfel, Herbst- und Winterkürbis, Azukibohnen oder getrocknete Früchte können häufig ohne zusätzliches Süßen in Nachtischrezepten verwendet werden. Um einen süßeren Geschmack zu erhalten, benützt man Süßmittel auf Naturgetreidebasis wie Reissirup, Gerstenmalz oder Amasake, die alle sehr viel Mehrfachzucker enthalten. Einfachzucker wie Zucker, Honig, Melasse und andere stark raffinierte, extrem kräftige oder tropische Süßmittel sind zu meiden. Kanten, eine köstliche Meeresalgen-Gelatine, die man aus Agar-Agar macht, mit Obst, Nüssen oder Bohnen, ist eine sehr beliebte Nachspeise.

10. *Würz- und Bindemittel und Garnierungen:* Natürlich hergestelltes Meersalz, das reich an Mineralien ist, und traditionelles chemiefreies Miso und Tamarisojasauce werden als Würzmittel benützt, um einen salzigen Geschmack zu erzeugen. Das Essen sollte nicht zu salzig sein, im allgemeinen würzt man während des Kochens und nicht am Tisch, obwohl manchmal aus persönlichen Geschmacksgründen etwas nachgewürzt werden kann. Andere übliche Würzmittel sind Essig aus Naturreis oder süßem Reis, Umeboshiessig, Umeboshi und geriebener Ingwer. Gewürze, Kräuter und andere stimulierende oder aromatisierende Substanzen sollten im allgemeinen gemieden werden. Für Saucen und zum Binden sind Kuzuwurzelpulver oder Pfeilwurzelmehl anderer pflanzlicher Stärke vorzuziehen. Schalottenringe, Peter-

silie, Nori, in kleine Quadrate oder Streifen geschnitten, frischer geriebener Ingwer und andere Zutaten werden in der Regel zur Garnierung verwendet, um die Gerichte bunter zu machen, den Geschmack zu harmonisieren, den Appetit anzuregen und die Verdauung zu fördern.

11. *Öl:* Zum täglichen Kochen wird natürlich hergestelltes, unraffiniertes Pflanzenöl empfohlen. Dunkles Sesamöl findet sehr viel Verwendung, aber auch helles Sesamöl, Maisöl und Senfsamenöl sind gut. Im allgemeinen macht man mehrere Male in der Woche gebratenen Reis, gebratene Nudeln oder sautiertes Gemüse, wozu man eine bescheidene Menge Öl benützt. Gelegentlich kann Öl auch für Tempura, zum Fritieren von Getreidegerichten, Gemüse, Fisch und Meerestieren wie auch für Salatdressings und Saucen verwendet werden.

12. *Zutaten:* Eine kleine Menge Zutaten kann zu Getreide, Bohnen oder Gemüse gegessen werden, um für Abwechslung zu sorgen, den Appetit anzuregen und die verschiedenen Geschmacksrichtungen der Mahlzeit auszugleichen. Zu den Zutaten, die regelmäßig auf den Tisch kommen, gehören Gomasio (geröstetes Sesamsalz), geröstetes Meeresalgenpulver, Umeboshi, Tekka und viele andere.

13. *Pickles:* Eine kleine Menge selbstgemachter Pickles wird täglich gegessen, um die Verdauung von Getreide und Gemüse zu unterstützen. Traditionell werden Pickles mit den verschiedensten Wurzel- und runden Gemüsen gemacht, wie zum Beispiel Rettich, Rüben, Kohl, Karotten und Blumenkohl, und zum Reifen in Meersalz, Reis- oder Weizenkleie, Tamarisojasauce, Umeboshi oder Shisoblätter oder Miso gelegt.

14. *Getränke:* Zum Trinken, zur Zubereitung von Tee und anderen Getränken und zum Kochen wird Quell- oder Brunnenwasser verwendet. Am meisten verbreitet ist Bancha-Zweigtee (auch als Kukicha bekannt), aber es wird häufig auch Tee aus gerösteter Gerste oder geröstetem Reis getrunken und andere Tees auf

Getreidebasis oder traditionelle Kräutertees, die nicht anregen. Getreidekaffee, Umeboshitee, Mu-Tee und Löwenzahntee sollte es nur gelegentlich geben, grünen Tee, Obstsaft, Gemüsesaft, Sojamilch, Bier, Wein, Sake und andere Getreide-, Bohnen-, Gemüse- und Kräutergetränke auch nicht zu häufig. Das Trinken von chemisch behandeltem schwarzem Tee, Kaffee, Kräutertees, die aromatisiert sind und eine stimulierende Wirkung haben, chemisch gereinigtem Wasser, Erfrischungsgetränken, Milch, Milchgetränken und Schnäpsen sollte im allgemeinen vermieden werden.

Die makrobiotische Standardernährung beschränkt sich nicht allein auf die oben angeführten Beispiele. Eine fast unbegrenzte Zahl von Gerichten kann mit diesen Standardvorschlägen zubereitet werden. Menge und Verhältnis der Nahrungsmittel jeder Kategorie können für jede Person, jedes Familienmitglied leicht variiert werden, das hängt von den Umweltbedingungen wie Klima und Wetter ab, wie auch von Alter, Geschlecht, Abstammung, gesundheitlicher Konstitution und Kondition sowie sozialen und persönlichen Bedürfnissen.

Die oben aufgestellten Richtlinien gelten für Personen, die wirklich gesund sind. Menschen mit einer ernsthafteren Erkrankung brauchen vielleicht vorübergehend eine besondere Form der makrobiotischen Ernährung und lassen sich am besten von einem fachlich kompetenten Makrobiotikberater oder einem entsprechend ausgebildeten Arzt anleiten. Der makrobiotische Ernährungsansatz ist sehr flexibel und zieht stets die Bedürfnisse des einzelnen oder der Familie als Ganzer in Betracht. Die Entwicklung der Intuition ist für eine harmonische Zubereitung der Nahrungsmittel wesentlich.

Wenn wir diese Nahrung zubereiten, sollten wir geistig wirklich geläutert und friedlich und alle Energien sehr gut ausgewogen sein. Unsere Gesundheit und unser Glück hängen von unserem praktischen Verständnis und der Anwendung der Prinzipien der Ausgewogenheit und Harmonie ab, nämlich von Yin und Yang. Abgesehen von modernen ernährungswissenschaftlichen Überlegungen ist es wichtig, die Schwingungsqualität der verschiedenen Nahrungsmittel zu begreifen. Dazu müssen wir Farbe und Form, Schnitt- und Rührtechniken studieren, den richtigen Gebrauch von Feuer und Wasser, Druck und Zeit, und auf die Art des Kochgeschirrs achten. Makrobiotische Kochbücher, von denen schon eine ganze Reihe auf dem Markt sind, können da für den Anfänger sehr hilfreich sein. Wir möchten auch alle Familienmitglieder darin bestärken, zur Einführung in die Materie einen makrobiotischen Kochkurs zu besuchen, da man dort die zubereiteten Gerichte kosten kann und so einen Maßstab erhält, an dem man seine eigenen Kochkünste auszurichten vermag.

19

Menü und Rezepte für den Weltfriedenstag

Im Gedenken an den Jahrestag des Atombombenabwurfs auf Hiroshima und Nagasaki wird am 6. und 9. August der Weltfriedenstag gefeiert, an dem wir uns wieder daran erinnern sollen, daß wir den gemeinsamen Traum der Menschheit von einer gesunden, friedlichen Welt verwirklichen wollen.

Die Menschen begehen diese Gedächtnistage überall auf der Welt, auf die verschiedenste Weise, mit öffentlichen Seminaren und Vorträgen, Meditationen und Gottesdiensten, Umzügen und Festivals.

Bei den meisten Veranstaltungen bekommt man etwas zu essen, obwohl es auch Leute gibt, die diesen Tag lieber mit Beten und Fasten verbringen. Das folgende Menü und die Rezepte für den Weltfriedenstag, die nach *Aveline Kushi's großem Buch der makrobiotischen Küche – Kochen für Gesundheit, Harmonie und Frieden* zusammengestellt wurden, sind eine in sich ausgewogene Auswahl ganz belassener natürlicher Nahrungsmittel, die auf den makrobiotischen Ernährungsprinzipien für den Hochsommer basiert.

Einfach und doch elegant, umfassen sie eine Vielfalt alltäglicher Gerichte aus Ost und West, Nord und Süd, die leicht zuzubereiten sind und köstlich schmecken. Man kann sie für ein gemeinsames Essen am Tisch oder für ein Büfett kochen, fürs Lunchpaket oder den Picknickkorb.

Alle Rezepte gelten für vier bis sechs Personen. Bei einigen muß vorher die eine oder andere Zutat eingeweicht oder bereits vorbereitet parat gestellt werden.

Die Nahrungsmittel versorgen uns mit einer sehr ruhigen und friedlichen Energie. Gegessen mit Herz und Verstand voller Dankbarkeit, werden sie uns dabei helfen, Frieden in uns selbst und innerhalb unserer Familie und Gemeinschaft zu erfahren, was schließlich zu größerem Glück und größerer Harmonie auf der ganzen Welt führen wird.

Menü für den Weltfriedenstag

Misosuppe

Nori-Maki und Nigiri Sushi
mit braunem Reis

Maiskolben
mit Umeboshipflaumenpaste

Hirsesalat mit Kichererbsen
und schwarzen Oliven

Chinakohlrollen
mit Karotten und Brunnenkresse

Arame mit Tempeh, Zwiebeln und Sesamsaaten

Fruchtkanten mit Kirschen, Erdbeeren,
Wassermelone und Kantalupe

Reis Kayu Brot

Quellwasser, Banchatee oder Tee
aus gerösteter Gerste

Misosuppe

Miso ist eine geschmeidige dunkle Paste aus Sojabohnen, fermentierter Gerste oder Reis (diese beiden Getreidesorten werden am meisten verwendet) und Meersalz, die über einen Zeitraum von einigen Monaten bis zu mehreren Jahren reifen muß. Es ist sehr intensiv, schmackhaft und köstlich und kann zur Zubereitung von Suppen, Pickles, Saucen und Aufstrichen verwendet werden, manchmal auch beim Kochen das Salz als Gewürz ersetzen.

Seit Kulturbeginn spielte Miso im Fernen Osten eine bedeutende Rolle und wird jetzt auch im Westen bekannt. Mit dem folgenden Grundrezept können Dutzende herrlicher Misosuppen zubereitet werden, je nachdem, welche Gemüse-, Getreide- oder Bohnenprodukte man hinzufügt.

1 getrocknete Wakame-Alge, etwa 7 cm lang
1 Tasse feingeschnittene Zwiebeln
1 Liter Quellwasser
1¼ – 1½ Eßlöffel Gerstenmiso
Gehackte Schalotten,
Petersilie,
frischer Ingwer oder Brunnenkresse

Spülen Sie die Wakame 3 – 5 Minuten in kaltem Wasser, und schneiden Sie sie in etwa 1 cm große Stücke. Dann geben Sie Wakame und Zwiebeln in einen Topf und fügen das Wasser hinzu. Wenn das Wasser kocht, verringern Sie die Hitze und lassen es 10 – 20 Minuten simmern, bis die Wakame weich ist. Nun wird die Hitze so reduziert, daß das Wasser nicht mehr wallt. Jetzt geben Sie das Miso in eine Schüssel oder einen japanischen Mörser, Suribachi genannt. Fügen Sie eine halbe Tasse Brühe aus dem Topf hinzu, und rühren Sie, bis sich das Miso in der Flüssigkeit völlig aufgelöst hat. Schütten Sie anschließend das Miso in die Suppe, lassen Sie sie noch für 3 – 5 Minuten köcheln, und servieren Sie sie, garniert mit Schalotten, Petersilie, Ingwer oder Brunnenkresse.

Brauner Reis, im Drucktopf gekocht

Druckkochen ist für die Zubereitung der meisten Ganzkorngetreide die beste und schnellste Methode, auch für braunen Reis. Nach dem Kochen sollte jedes Korn einzeln für sich und deutlich zu erkennen sein und der Reis süß schmecken. Durch den Druck kommt seine natürliche Süße zum Vorschein. Auf diese Art gekochter Reis ist die für den täglichen Verzehr verdaulichste Form von Getreide. Langsames, vorsichtiges Kochen ist der Schlüssel zur Herstellung von vollkommenem Reis wie auch vieler anderer Gerichte. Dann hat der Reis einen köstlichen, nußartigen, natürlich süßen Geschmack und schafft ein sehr friedliches, starkes Gefühl. Das nachstehende Rezept kann auch für die Sushirollen und das Reis Kayu Brot verwendet werden.

2 oder 3 Tassen organischer brauner Reis
1¼ – 1½ Tassen Quellwasser pro Tasse Reis
1 Prise Salz pro Tasse Reis

Waschen Sie den Reis (rundes oder halblanges Korn) liebevoll, geben Sie ihn rasch in den Drucktopf, und streichen Sie ihn glatt, so daß er keine Haufen bildet, sondern eine ebene Fläche. Dann gießen Sie langsam das Quellwasser an der Topfwand entlang hinein, damit der Reis nicht gestört oder bewegt wird. Wenn die Zeit es erlaubt, kann er 2 – 3 Stunden oder länger eingeweicht werden. Das macht ihn weicher und verdaulicher. Stellen Sie den Drucktopf entweder ohne Deckel oder noch nicht zugeschraubt bei kleiner Hitze auf den Herd. Beginnt das Wasser zu brodeln (nach etwa 10 – 15 Minuten), fügen Sie das Salz hinzu. Nun verschließen Sie den Deckel fest und warten, bis der volle Druck erreicht ist, was durch Zischen, Wackeln und/oder Drehen des Ventils angekündigt wird. Das hängt vom jeweils verwendeten Topfmodell ab. Ist der Druck da, legen Sie eine Hitzestreuplatte unter den Topf und stellen die Hitze klein. Der Reis muß 50 Minuten so kochen.

Danach nehmen Sie den Drucktopf vom Herd und lassen ihn noch wenigstens 5 Minuten stehen, ehe Sie den Druck verringern und den Deckel abnehmen. Wenn Sie 10 – 15 Minuten warten, bis der Druck von allein gesunken ist, ist der Reis noch besser, denn in dieser Zeit können sich angebackene Körner vom Boden lösen.

Mit einem Reisspachtel aus Bambus oder einem Holzlöffel heben Sie den Reis löffelweise heraus und streichen ihn in einer großen Holzschüssel ab. Verteilen Sie den schwereren, stärker gekochten Reis vom Boden und den leichteren, lockeren Reis weiter oben gleichmäßig, indem sie abwechselnd einen Löffel davon in die Schüssel geben. Das macht das Gericht noch ausgeglichener.

Nori-Maki Sushi

Sushi wird heute überall auf der Welt gegessen. Es gibt verschiedene Arten. Die bekannteste besteht aus einer in Nori-Algen gewickelten Reisrolle mit Gemüsen, Fisch oder Pickles, die man in Scheiben schneidet.

Mehrere Nori-Algenblätter
2 Tassen gekochten braunen Reis
1 Karotte, in lange Stifte geschnitten
1 Gurke, in lange Stifte geschnitten
Petersilie oder Brunnenkresse
1 mittelgroßer Deikon (Rettich), gepickelt, in lange Stifte geschnitten
1 Prise Meersalz
Das ganz gelassene Grün von 2 – 3 Schalotten
¼ Teelöffel Umeboshipflaumenpaste

Rösten Sie ein Nori-Blatt über schwacher Hitze, bis es grün wird. Legen Sie das Blatt auf eine flach ausgebreitete Sushi-Matte aus Bambus. Befeuchten Sie die Hände etwas mit Wasser, damit der Reis nicht anklebt, und verteilen Sie den Reis gleichmäßig auf dem Nori-Blatt. Lassen Sie am oberen Ende einen Rand von 1 – 2 cm und am unteren von etwa ½ cm frei. (Wenn man etwa

10 – 30 Prozent süßen Reis daruntermischt, hält das Sushi besser zusammen.)

Für die erste Rolle schneiden Sie nun die Karotte in etwa ½ cm dicke Streifen, kochen sie mit einer Prise Salz für 2 – 3 Minuten in Wasser, nehmen sie heraus und lassen sie abkühlen. Auch das Schalottengrün wird in 20 – 22 cm lange Stücke geschnitten und anschließend in kochendem Wasser blanchiert, aber nur für ein paar Sekunden. Beides legen Sie nun ungefähr 1 cm vom unteren Rand entfernt quer über das Nori-Blatt. Sie pürieren die Umeboshi nun etwas und streichen sie dann dünn auf das Gemüse.

Jetzt wird die Sushi-Matte aufgerollt, wobei man fest zudrückt. Achten Sie dabei darauf, daß das Gemüse in die Mitte der Rolle kommt (wenn es zur Seite gleitet, haben Sie es wahrscheinlich zu weit vom Rand entfernt auf den Reis gelegt). Befeuchten Sie den Rand der Nori-Alge etwas, und kleben Sie die Rolle zu.

Mit einem scharfen, angefeuchteten Messer wird die Sushi-Rolle in 1 – 2 cm dicke Scheiben geschnitten, wobei Sie das Messer vorher jeweils wieder in Wasser tauchen sollten, da das Nori-Blatt reißen oder der Reis ankleben könnte, wenn die Schneide nicht feucht und scharf ist.

Verfahren Sie bei der zweiten Rolle genauso, nur verwenden Sie diesmal die Gurke und dazu die Petersilie oder die Brunnenkresse (gekocht oder roh). Die Gurke braucht nicht gekocht zu werden. Der gepickelte Daikon (Rettich) und das restliche Schalottengrün kommen in die dritte Rolle.

Nach dem Aufschneiden arrangieren Sie die Scheiben flach nebeneinander auf einem Teller oder einer Platte.

Nigiri Sushi

Nigiri heißt ›zuschnallen‹, denn bei dieser Art von Sushi legt man verschiedene Zutaten auf eine kleine Kugel aus gekochtem Reis und bindet alles mit Nori-Streifen zusammen. Das Nori wird mit einer Schere in dünne Streifen geschnitten und dann senkrecht um den Reisball mit den Zutaten gebunden.

2 Tassen brauner Reis
½ Tasse Seitan, in Würfel oder Stifte geschnitten
½ Tasse Tofu, gebraten oder fritiert, in Würfel oder Stifte geschnitten
½ Tasse Brokkoli gekocht
Mehrere Nori-Blätter, in lange Streifen geschnitten

Seitan, auch als Weizengluten oder Weizenfleisch bekannt, ist ein in Tamarisojasauce, Kombu-Alge und Wasser gekochtes Vollweizenprodukt. Er wird für Eintöpfe, Kroketten, Getreideburgers und viele andere Gerichte verwendet und gibt einen kräftigen, lebhaften Geschmack. Tofu ist ein Sojabohnenkäse, der aus Sojabohnen und Nigari, einem kristallisierten Salz, gemacht wird und ebenso wie Seitan reich an Proteinen ist. Er ist gewöhnlich in Würfelform erhältlich und kann geschnitten und gekocht sowie zu Suppen, Gemüsegerichten, Salaten, Saucen, Dressings und auf viele andere Arten verwendet werden.

Maiskolben mit Umeboshipflaumenpaste

Die traditionelle indianische und lateinamerikanische Methode, den Maiskolben in seinen Blättern zu backen, macht ihn süßer und schmackhafter, als wenn man ihn kocht oder dämpft.

4 – 6 Maiskolben
1 – 2 Umeboshipflaumen

Legen Sie die Kolben mit ihren Blättern auf ein Backblech, und backen Sie sie in einem vorgeheizten Ofen bei etwa 180° eine halbe Stunde oder länger. Durch Hüllblätter und Seide bewahrt der Mais während des Backens seinen natürlichen Saft. Wenn er fertig ist, entfernen Sie Blätter und Seide und servieren ihn heiß.

Statt Butter oder Margarine und Salz oder Pfeffer wird Umeboshi zum Würzen verwendet. Pürieren Sie 1 – 2 Pflaumen in einem Suribachi oder einem Mörser mit etwas Wasser oder, falls gewünscht, Maisöl, oder nehmen Sie fertige Umeboshipaste und bestreichen Sie die Maiskolben dünn damit. Die Umeboshi gibt einen salzigen Geschmack. Sie ist köstlich, aber sehr kräftig, also nehmen Sie nicht zuviel.

Kichererbsen

Kichererbsen, die ursprünglich nur in Südeuropa, Nordafrika und dem Mittleren Osten ein wichtiges Nahrungsmittel waren, werden heute auf der ganzen Welt in vielen Gerichten gegessen und sind auch in dem nachstehenden Rezept für Hirsesalat enthalten. Die dort angegebene Kochmethode ist im ganzen Orient und bei vielen traditionellen Gesellschaften verbreitet. Sie heißt die Schockmethode, weil mehrmals mit kaltem Wasser abgeschreckt wird. Wenn man Bohnen auf diese Weise langsam und lange bei niedriger Hitze kocht, entfaltet sich ihr natürlicher Geschmack am besten. Am Ende sollten die Bohnen vollkommen sein – weich, delikat und leicht verdaulich. Kichererbsen müssen lange eingeweicht werden, und das Kochen dauert alles in allem 4 Stunden, planen Sie das also mit ein.

1 Tasse Kichererbsen
1 Stück Kombu-Alge, 5 – 7 cm lang, eingeweicht und kleingeschnitten
2½ Tassen Quellwasser pro Tasse Bohnen
¼ – ½ Teelöffel Meersalz

Weichen Sie die Kichererbsen für 6 – 8 Stunden oder über Nacht ein. Gießen Sie dann das Einweichwasser ab, das Sie aber aufbewahren. Legen Sie die Kombu-Alge – sie liefert Mineralstoffe und macht die Bohnen verdaulicher – auf den Boden eines Eisentopfes, bedecken Sie sie mit den eingeweichten Kichererbsen, und geben Sie mit dem weggestellten Einweichwasser und frischem Wasser insgesamt 2½ Tassen Flüssigkeit dazu. Lassen Sie den Topf anfangs noch offen, und bringen Sie das Wasser langsam zum Kochen. Es sollte ein paar Minuten sprudeln, aber nicht stark kochen.

Dann bedecken Sie die Bohnen mit einem Deckel, der in den Topf hineinpaßt. Im Fernen Osten werden für diesen Zweck Holzdeckel benutzt, doch ein eiserner geht auch. Wichtig ist, daß der Deckel locker auf den Kichererbsen liegt und sie daran hindert, herumzuhüpfen. Außerdem verkürzt man so die Kochzeit. Wenn die Kichererbsen dann bei niedriger Hitze kochen, dehnen sie sich aus, und der Deckel fängt an zu wackeln. Sie nehmen ihn heraus, gießen vorsichtig soviel Wasser an der Innenseite des Topfes hinein, daß sie nicht mehr kochen, und legen den Deckel wieder auf, bis sie erneut kochen. Das wiederholen Sie so lange, bis die Bohnen zu 80 Prozent fertig sind (nach 3¼–3½ Stunden). Nun fügen Sie ¼ Teelöffel Meersalz pro Tasse rohe Bohnen oder andere Gewürze hinzu und kochen das Gericht ohne Deckel fertig, wobei Sie gegebenenfalls noch Wasser hinzufügen. Sind die Bohnen weich, stellen Sie die Hitze groß, bis die überschüssige Flüssigkeit verdampft ist.

Hirse

Hirse wird in Zentral- und Südafrika, Teilen Europas und Nordamerikas und in den nördlichen Gebieten von China, Korea und Japan gegessen. Es gibt viele Sorten. Die Art, die in den Vereinigten Staaten und Kanada wächst, hat eine hellgelbe Farbe. Die Körner sind rund und klein, gehen beim Kochen auf und ergeben ein leichtes, schmackhaftes Gericht, das man ohne Beilagen, mit einer Sauce oder als Salat wie im nächsten Rezept genießen kann.

2 Tassen Hirse
2½ Tassen Quellwasser pro Tasse Hirse
Eine Prise Salz pro Tasse Hirse

Waschen Sie die Hirse, rösten Sie sie trocken, und rühren Sie sie dabei rasch und vorsichtig, damit sie nicht anbrennt (inzwischen können Sie schon das Wasser aufsetzen). Wenn Ihnen ein nußartiger Duft in die Nase steigt, gießen Sie das kochende Wasser zu der Hirse in den Eisentopf und salzen, lassen alles noch einmal aufkochen, decken den Deckel darauf und stellen die Hitze klein. Jetzt soll die Hirse noch für 30 – 35 Minuten simmern.

Hirsesalat mit Kichererbsen und schwarzen Oliven in einem Dressing aus Tamari und Ingwer

Getreide, Bohnen und Nudeln geben Salaten einen kräftigen, vollen Geschmack und sind für grünes Blattgemüse oder anderes weiches Gemüse eine farbige Ergänzung. Die gekochten Kichererbsen und die locker gekochte Hirse aus den beiden vorangegangenen Rezepten können für das nachfolgend beschriebene Gericht verwendet werden.

2 Tassen Hirse, gekocht
1 Tasse Kichererbsen, gekocht
1 Tasse kleingeschnittene Karotten
½ Tasse Gurke, in kleine Würfel geschnitten
½ Tasse Sellerie, kleingeschnitten
10 – 12 Oliven, kleingeschnitten
Kleingeschnittene Schalotten oder Petersilie

Dressing
2 Eßlöffel Tamarisojasauce
2 – 3 Eßlöffel Quellwasser
½ Teelöffel frisch geriebener Ingwer
2 Teelöffel geröstete Sesamsaaten, etwas zerstoßen

Kochen Sie die Karotten in einem Saucenpfännchen in ein wenig Wasser, bis sie weich sind. Lassen Sie das Wasser verdampfen und die Karotten abkühlen. Dann fügen Sie Karotten und Kichererbsen zusammen mit Gurke und Sellerie zur Hirse und vermischen alles gut. Garnieren Sie den Salat mit den kleingeschnittenen Oliven und Schalotten oder Petersilie. Verrühren Sie die Dressingzutaten gut, und servieren Sie.

Chinakohlrollen mit Karotten und Brunnenkresse

Chinakohl hat eine hübsche, weiche, kompakte Form, einen sehr einfachen Geschmack und kann auf viele Arten und in vielen Kombinationen zubereitet werden. Auf die nachstehende Weise gekocht, schmeckt er besonders süß und saftig.

Quellwasser
6 – 8 Chinakohlblätter
1 Karotte, in 1 cm dicke Längsstreifen geschnitten
½ Bund Brunnenkresse, gekocht
Umeboshipflaume

Geben Sie 1 cm Wasser in den Topf, und bringen Sie es zum Kochen. Legen Sie die Kohlblätter hinein, und lassen Sie sie zugedeckt für 2 – 3 Minuten kochen. Dann herausnehmen, abtropfen und abkühlen lassen. Verfahren Sie mit den Karottenstreifen genauso, doch sollten sie nur 1 – 2 Minuten kochen.

Schneiden Sie das dicke Ende der Blätter, dort, wo sie angewachsen waren, ½ cm ab, und verteilen Sie Karottenstreifen oder Brunnenkresse (vorher 30 – 40 Sekunden in kochendes Wasser tauchen) auf den Blättern, rollen Sie sie fest ein, wobei Sie am unteren Ende beginnen, und schneiden Sie die Rollen in gleich große Stücke. Arrangieren Sie sie flach nebeneinander auf einem Teller oder einer Platte, und dekorieren Sie sie mit kleinen Stückchen Umeboshi oder einem Tupfer Umeboshipaste.

Arame mit Tempeh, Zwiebeln und Sesamsamen

Arame hat einen natürlichen, angenehmen Geschmack, ist leicht und wird deshalb gern als Beilage gegessen, vor allem von makrobiotischen Neulingen. Im nachfolgenden Rezept wird diese Alge mit Tempeh zubereitet – einem kräftigen fermentierten Sojabohnenprodukt, reich an Proteinen, das in vielen makrobiotischen Haushalten täglich verwendet wird und in Naturkostläden erhältlich ist.

30 g getrockene Arame
1 Eßlöffel dunkles Sesamöl
1 mittelgroße Zwiebel, dünn geschnitten
1 Tasse Tempeh, in kleine Würfel geschnitten
Quellwasser
2 – 3 Eßlöffel Tamarisojasauce
Geröstete Sesamsaaten

Waschen Sie die Arame-Alge, und lassen Sie sie abtropfen. Pinseln Sie eine Bratpfanne mit dem Öl aus, und erhitzen Sie sie. Geben Sie Zwiebel und Tempeh hinein, und sautieren Sie sie für 2 – 3 Minuten. Dann legen Sie die Arame darauf und gießen soviel Wasser auf, daß die Zutaten halb bedeckt sind. Wenn alles wieder kocht, schalten Sie die Hitze klein, fügen etwas Tamari hinzu und lassen das Ganze zugedeckt 40 – 50 Minuten köcheln. Falls notwendig, können Sie noch mehr Tamari hinzufügen. Das Gemisch sollte schwach salzig schmecken, nicht stärker. Lassen Sie es noch 15 – 20 Minuten weiterköcheln, und rühren Sie dann so lange, bis alle Flüssigkeit verdampft ist. Garnieren Sie mit Sesamsamen, und richten Sie an.

Fruchtkanten

Kanten ist eine köstliche, völlig natürliche Geleenachspeise mit Früchten, Bohnen, Nüssen oder Samen, die man aus Agar-Agar macht, einer Seealge. Das farblose Agar-Agar ist in Stangen, Flocken oder Pulver erhältlich.

2 Tassen Quellwasser
2 Tassen Apfelsaft
1 Prise Meersalz
1 Stange oder 6 Eßlöffel Agar-Agar
(Hinweise auf der Packung beachten)
½ Tasse geschnittene Erdbeeren
½ Tasse entsteinte Kirschen
½ Tasse Wassermelonenwürfel
½ Tasse Kantalupe, in Würfel geschnitten

Bringen Sie Wasser und Saft mit dem Salz in einem Topf zum Kochen, und rühren Sie langsam das Agar-Agar hinein, bis es sich aufgelöst hat. Verringern Sie die Hitze, und lassen Sie alles etwa 15 Minuten köcheln. Stellen Sie dann die Hälfte der Mischung für die Melonen zur Seite. In die andere geben Sie in den letzten 5 Minuten der Kochzeit die Erdbeeren und die Kirschen und rühren gelegentlich um. Gießen Sie nun die Masse in eine große Schüssel oder in mehrere kleinere, und stellen Sie sie kalt, bis sie fest ist.

Die Melonenstücke sollen nicht kochen. Wenn die beiseite gestellte Hälfte der Mischung halb ausgekühlt ist, geben Sie die Melonenstücke hinein und stellen sie ebenfalls kalt. Kanten ist gewöhnlich nach 45–60 Minuten fest.

Reis Kayu Brot

Kayu ist das japanische Wort für Getreide, das lange gekocht hat und weich und cremig geworden ist. George Ohsawa erfand dieses wundervolle Brot, das in makrobiotischen Haushalten und Restaurants überall auf der Welt sehr beliebt ist. Die Verbindung von Reis und Weizen ist eine wahre Vereinigung von Ost und West.

2 Tassen organisches Vollweizenmehl
⅛–¼ Teelöffel Meersalz
2 Tassen weich gekochten braunen Reis

Vermischen Sie Mehl und Meersalz mit dem Reis, und formen Sie den Teig zu einem Ball, den Sie ungefähr 350–400mal kneten. Dabei bestäuben Sie ihn, falls notwendig, mit etwas Mehl, damit er nicht anklebt. (Ist der Reis weich genug, brauchen Sie nicht noch zusätzlich Wasser. 1 Tasse Reis auf 5 Tassen Wasser ergibt den besten Reis für das Brot. Bei druckgekochtem Reis müssen Sie vielleicht etwas Wasser hinzufügen.)

Ölen Sie eine etwa 20 cm große rechteckige Form leicht ein, und bestäuben Sie sie mit Mehl, damit das Brot nicht am Blech ankleben kann. Formen Sie den Teig zu einem Laib, und legen Sie ihn in die Form. Drücken Sie den Laib an den Rändern leicht herunter, damit er eine schöne Wölbung bekommt. Mit einem scharfen Messer machen Sie einen flachen Schnitt in die Mitte. Nun stellen Sie den Teig, mit einem feuchten Tuch bedeckt, das den Staub abhält, an einen warmen Ort, zum Beispiel in einen Ofen, in dem nur die Vorwärmflamme brennt, oder an eine warme Heizung. Der Teig muß 8 – 10 Stunden ruhen. Gelegentlich können Sie das trocken gewordene Tuch wieder anfeuchten.

Dann backen Sie das Brot, das nun aufgegangen ist, in einem vorgeheizten Ofen bei 100 – 120° etwa 30 Minuten, erhöhen die Temperatur auf 180° und backen es weitere 1 – 1¼ Stunden. Wenn das Brot fertig ist, nehmen Sie es aus der Form und stellen es zum Kühlen auf einen Rost.

Quellwasser

Gutes Wasser ist für die tägliche Nahrungszubereitung und als Getränk wesentlich. Natürliches Quellwasser oder Wasser aus einem tiefen Brunnen ist am besten. Leitungswasser mit chemischen Zusätzen oder destilliertes Wasser sind weniger günstig. Mineralwasser sollte nicht regelmäßig getrunken werden, höchstens gelegentlich auf Partys statt Alkohol oder Erfrischungsgetränken. Die Sorten, die weniger sprudeln und kein doppeltkohlensaures Natrium oder andere Zusätze enthalten, sind eher zu empfehlen. Das Wasser sollte Zimmertemperatur haben und nicht kalt oder mit Eis getrunken werden.

Banchatee

Der Tee aus den Zweigen und Stengeln des Teebuschs wird in Japan Bancha- oder Kukichatee genannt. Er wird am Ende des Sommers oder im Herbst gepflückt, wenn die Pflanze kein Koffein mehr hat. Der Tee besitzt eine sehr beruhigende, friedliche Energie und ist heute das meistverbreitete tägliche Getränk der Makrobioten in aller Welt.

Zur Zubereitung geben Sie 1½ – 2 Eßlöffel gerösteter Zweige in 1½ Liter Quellwasser und bringen es zum Kochen. Bewahren Sie noch nicht verwendete Zweige in einem luftdichten Behälter auf. Wenn das Wasser kocht, reduzieren Sie die Hitze und lassen es für ein paar Minuten simmern. 2 – 3 Minuten ergeben einen leichten Tee, 10 – 15 Minuten machen ihn stärker und dunkler. Halten Sie beim Einschenken ein kleines Bambus- oder Metallsieb über die Tasse. Die Zweige im Sieb können Sie in den Teetopf zurücktun und mehrmals verwenden. Banchatee wird das ganze Jahr über warm serviert, im Sommer kann man ihn auch kühl trinken, gewöhnlich ohne Zusätze.

Tee aus gerösteter Gerste

Gerstentee hat eine stark kühlende Wirkung und kann kalt oder warm getrunken werden. In den Naturkostläden wird er häufig unter seinem japanischen Namen als *mugi cha* verkauft. Man kann ihn auch selbst machen, indem man ungeschälte Gerste bei mittlerer Hitze 10 Minuten lang röstet oder bis sie duftet. Dabei schüttelt man ab und zu die Pfanne und rührt um, damit das Getreide nicht anbrennt. Man nimmt 2 – 3 Eßlöffel geröstete Gerste auf 1½ Liter Quellwasser, bringt es zum Kochen, schaltet die Hitze herunter und läßt es noch 5 – 15 Minuten köcheln, je nachdem, wie stark man den Tee haben möchte.

20

Vorstellungen von einer neuen Zeit

Es mag so scheinen, als wäre der biologische Prozeß, die Menschheit durch die richtige Ernährung zu sensibilisieren, zu langsam und allmählich, als daß er auf die kritische Weltsituation einen Einfluß haben könnte. Doch wir müssen uns bewußt werden, daß es bis jetzt allen anderen Lösungen, und seien sie noch so gut gemeint, nicht gelungen ist, das nukleare Wettrüsten zu verlangsamen oder umzukehren oder freundschaftliche Gefühle zwischen den Völkern dieser Erde zu wecken.

Nur die physische und geistige Gesundheit verleiht uns die Kraft, die Vitalität und den Willen, unser Ziel – den Weltfrieden – zu erreichen. Und dafür ist eine richtige Ernährung unbedingt notwendig.

Die meisten führenden Persönlichkeiten von heute und die meisten Völker der Welt sind körperlich so krank, daß sie sich eine friedliche Beilegung unserer gegenwärtigen Konflikte nicht vorstellen können. Ohne eine klare Vorstellung von einer friedlichen Welt jedoch bleibt nur der Krieg. Intuitiv erkennen wir, daß, wenn wir noch mehr Atomwaffen herstellen, diese auch zwangsläufig in einem Krieg eingesetzt werden müssen.

Jeden Tag realisieren wir unsere Vorstellung von der Zukunft. Jeden Morgen wacht jeder von uns zu einer bestimmten Stunde auf und hält bestimmte Verabredungen ein, die für ihn wichtig sind. Wir haben eine Vorstellung, wie wir gewisse Dinge tun wollen, und realisieren sie zum Teil. Auf diese Weise erschaffen wir immer wieder unsere tägliche Welt und verwirklichen unsere Vorstellung vom Leben.

Warum erwarten manche Leute für die Zukunft Krieg und andere Frieden? Warum gelingt es dem einen, seine Pläne erfolgreich auszuführen, und warum ist der andere zu schwach, um zu verwirklichen, was er sich für die Zukunft wünscht? Wie wir gesehen haben, ist unsere Vorstellung vom Leben weitgehend das Ergebnis unserer physischen und geistigen Verfassung. Die Nahrung, die unsere Mütter während der Schwangerschaft zu sich nahmen, und die Nahrung, die wir täglich verzehren, spielen eine äußerst wichtige Rolle. Sie weckt eine bestimmte Art von Vorstellung – gewalttätig bei den einen, friedlich bei den anderen –, macht uns entweder so stark, daß wir unseren Traum verfolgen können, oder schwächt uns so, daß wir nichts im Leben zustande bringen.

Wer krank ist, kann nur eine ungesunde Vorstellung von der Zukunft haben. Die Vorstellung der Verfechter des atomaren Wettrüstens ist zerstörerisch. Wegen ihrer eigenen zerrütteten Gesundheit können sich viele führende Persönlichkeiten und auch viele gewöhnliche Menschen nur noch vorstellen, daß die ganze Welt im Chaos endet.

Wenn einzelne Familien überall auf der Welt durch eine richtige Lebensweise, also auch durch die richtige, das heißt makrobiotische Ernährung, körperlich und geistig gesünder werden, wird eine friedliche Vorstellung von der Zukunft überwiegen. Familien werden sich auf Versammlungen und Kongressen ohne Ansehen des Glaubens, der Rasse, des Alters, des Geschlechts oder der sozialen Schicht treffen und sich gegenseitig unterstützen und Mut machen. Gleichgültig, wie viele solche ersten Familien es sind, sie werden den Setzling eines riesigen Baumes bilden, der Jahrhunderte später blüht, wenn eine wirklich friedliche Welt verwirklicht ist.

Die Verwandlung der Gesellschaft

Unsere kleine makrobiotische Bewegung hat noch einen weiten Weg vor sich, ehe wir den Beginn einer neuen Zeit herbeiführen können. Nehmen wir einmal an, daß in den restlichen Jahren des zwanzigsten Jahrhunderts kein Weltkrieg ausbricht und wir imstande sind, eine natürliche Alternative für die Bionisierung – den künstlichen Ersatz von Körperteilen und -funktionen – zu finden, dann lassen Sie uns die Herausforderungen, die vor uns liegen, genauer ansehen. Wenn wir die einhundertzwanzig Jahre von 1980–2100 in sechs Abschnitte von zwanzig Jahren einteilen, können wir die Übergangszeit besser aufschlüsseln (siehe Abb. 16). Betrachten wir jedoch vorher noch die letzten zwanzig Jahre, die zur Gegenwart führten.

Abb. 16
Die Zeit des Übergangs

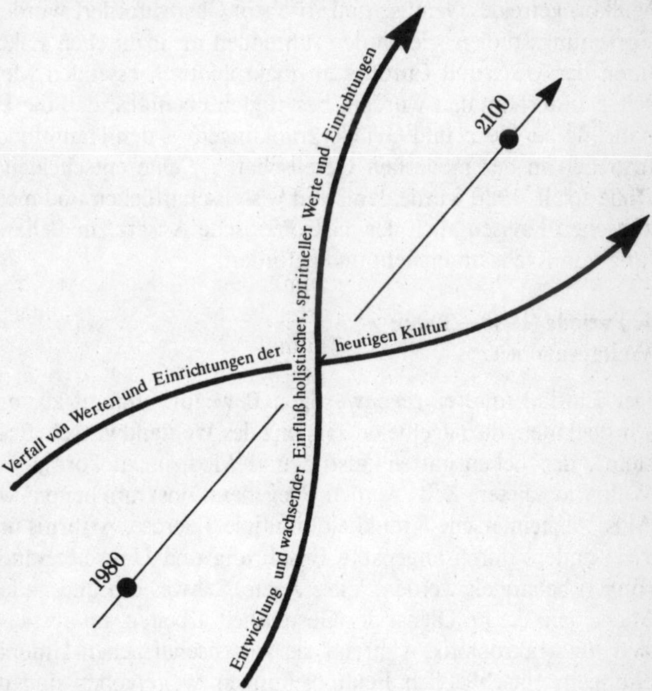

Gründung (1960–1980): Das Fundament wird gelegt

Mit Lima, Muso, Chico-San, Erewhon, Mitoku und anderen makrobiotischen Lebensmittelfirmen an der Spitze – sie entstanden in den späten fünfziger und frühen sechziger Jahren – änderten Millionen von Familien auf der Welt ihre Ernährung und begannen, ganz belassene, natürliche Nahrungsmittel zu essen, die aus natürlichem, organischem Anbau stammten. In Schulen, Krankenhäusern, Restaurants, Firmen, Gefängnissen und anderen Institutionen fing man an, gesünderes Essen anzubieten. Mitte der siebziger Jahre gaben die US-Regierung und medizinische Verbände nationale Ernährungsrichtlinien heraus, in denen eine drastische Verringerung des Konsums von Fetten, Zucker und raffinierten Lebensmitteln und ein wesentlich höherer Verzehr von Vollkorngetreide, Gemüse und frischem Obst gefordert wurden. Forschungsstudien, die an den führenden medizinischen Fakultäten der USA und Europas an makrobiotisch essenden Menschen unternommen wurden, bestätigten ebenfalls, daß die Ernährung bei Herz- und Gefäßerkrankungen – den Haupttodesursachen in der modernen Gesellschaft – eine entscheidende Rolle spielt. 1980 wurde dann von wissenschaftlichen und medizinischen Kreisen auch der makrobiotische Ansatz zur Behandlung von Krebs untersucht und gefördert.

1. Periode (1980–2000): Weltgesundheit

Der Einfluß unserer gegenwärtigen Bewegung nimmt zu, und wir beginnen, die allgemeine Tendenz des Weltlandwirtschaftssystems, der Lebensmittelindustrie und Medizin zu korrigieren. Während dieser Zeit werden Degenerationskrankheiten wie Aids, Alzheimersche Krankheit, multiple Sklerose, Arthritis und viele andere durch angepaßte Ernährung und Umweltveränderungen behandelt werden. Viele Ärzte, Schwestern und andere Menschen, die im Dienst der Gesundheit arbeiten, interessieren sich für Makrobiotik, während die wissenschaftlichen Untersuchungen, einschließlich Feldforschungen, weitergehen und die

Wirksamkeit dieses diätetischen, umweltbezogenen Denkansatzes aufzeigen. Inzwischen konzentriert sich die makrobiotische Erziehung mehr auf soziale Fragen und richtet ihre Aufmerksamkeit auf Gesellschaftsprobleme und die Entwicklung des Bewußtseins, vor allem im Hinblick auf Frieden und Weltordnung. Unser jährlicher Weltkongreß findet statt, um unsere Vorstellung von einer Weltregierung zu skizzieren und zu verdeutlichen.

2. Periode (2000 – 2020):
Weltwirtschaft und soziale Strukturen

Während sich Landwirtschaft und Medizin in einer holistischeren Richtung entwickeln, bekommt die Makrobiotik auf sozialem Gebiet mehr Einfluß, verändert die Familie und andere soziale Strukturen sowie die Weltwirtschaft als Ganze. In dieser Epoche verstärkt sich auch durch häufige Reisen in den Weltraum die gegenwärtige Tendenz, die frühen Kulturen zu erforschen, und die Beschäftigung mit Astronomie und Kosmologie nimmt weiter zu.

3. Periode (2020 – 2040):
Weltwissenschaft und -industrie

Unbegrenzte Energie und natürliche Hilfsquellen stehen durch die Beherrschung der biologischen Umwandlung zur Verfügung – die Synthese notwendiger, aber nicht erhältlicher Elemente aus einfacheren, von denen es genügend gibt. Zum Beispiel kann man Eisen aus Mangan gewinnen und Kieselerde in Kalzium umwandeln. Erste Experimente des Makrobiotiklehrers George Ohsawa und des französischen Wissenschaftlers Louis Kervran, bei denen sie ein Element auf friedliche Weise in ein anderes umwandelten, ohne das Atom zu spalten, sind kürzlich vom US-Verteidigungsministerium wiederholt worden. Im frühen einundzwanzigsten Jahrhundert entwickeln sich diesbezügliche praktische Anwendungsmethoden, die in weltweitem Maßstab eingesetzt werden. Zum Beispiel sind dann Kalium, Eisen und andere Elemente, die die Industrie benötigt – ein Hauptgrund für die heutige Wettbewerbssituation der Weltmächte – jederzeit erhältlich. Auf gleiche Weise ist es möglich, diese neue Wissenschaft dazu zu verwenden, nuklearen Abfall, giftige Rückstände und andere ständige Umweltrisiken unschädlich zu machen. Die dritte industrielle Revolution gestaltet die Naturwissenschaften völlig um und verändert bestehende Wirtschaftsformen noch weiter.

4. Periode (2040–2060):
Weltphilosophie und -religion

Die Entwicklungen in Astronomie, Geschichte und Kosmologie, die in der 2. Periode stattfanden, leiten zusammen mit sozialen und wirtschaftlichen Veränderungen ein neues Verständnis von Geist und Ursprung des Universums ein. Auf sozialer Ebene kultiviert, wird dieser universale metaphysische Sinn die Barrieren traditioneller kultureller und religiöser Trennung einreißen und eine Weltsprache und ein allgemeines Gefühl universaler Spiritualität schaffen. Religionen, wie wir sie heute kennen, beginnen zu verschwinden.

5. Periode (2060–2080):
Weltreisen und -politik

Mit dem Voranschreiten der natürlichen Umwandlung und der Entwicklung natürlicher Energie sowie durch weitere Fortschritte auf wissenschaftlichem Gebiet, zusammen mit dem Aufkommen der neuen Kosmologie und neuer spiritueller Erkenntnisse, entstehen weltweite Transportmittel, und Raumreisen sind möglich. Gemeinsam mit der neuen Weltsprache verschwinden schließlich alle nationalen Hoheitsgrenzen, wodurch eine völlig neue politische Konzeption eingeleitet wird. Pässe und Visa, Armeen und Waffen gehören der Vergangenheit an.

6. Periode (2080–2100):
Weltregierung

Wie wir erkennen können, folgen in den ersten fünf Perioden auf Zeiten physischer und struktureller Veränderungen, die mehr

Yang sind, solche metaphysischer oder spiritueller Veränderungen, die mehr Yin sind. Während dieser letzten Periode fließen alle diese Entwicklungen zusammen und verfeinern und vereinen all unsere neuen Entdeckungen noch weiter. Die Menschheit beginnt, die Realität ihrer neuen Kultur zu erfahren, und lernt schließlich in einem letzten Entwicklungsprozeß, diese Zivilisation durch eine neue Weltregierung zu bewahren und zu verwalten.

Die neue Welt

Wenn wir schießlich zu Beginn des zweiundzwanzigsten Jahrhunderts an der Schwelle einer neuen Zeit stehen, was mit dem Aufsteigen des Nordsterns direkt über uns zusammenfällt, werden alle Menschen dieses frohe Ereignis mit der Einführung des neuen Weltkalenders feiern. Dieser Kalender beginnt wieder mit dem Jahr eins, dem ersten Jahr der Ära einer geeinten Welt. Er spiegelt alle großen Traditionen kosmischen Wissens wider, basiert auf unserer neuen Weltkosmologie und ist in der neuen Weltsprache geschrieben.

Wie Stonehenge, das *I Ching* oder der Azteken- und Mayakalender wird er uns mit astronomischen und meteorologischen Daten für das Säen und Ernten versorgen. Er wird Zeiten des Wechsels und der Ruhe, des physischen Wachsens und der inneren Reflexion bemessen. Das Kreisen des Kosmos und die Bewegungen der Erde aufzeichnend, wird er uns dabei helfen, die Angelegenheiten der Menschheit zu gestalten, zu verändern und neu zu gestalten, Tag und Nacht, als eine friedliche Weltfamilie in diesem unendlichen Universum.

Selbstverständlich wird es nicht einfach sein, eine solche Welt zu schaffen. Daß es geschieht, ist der natürliche Lauf der Dinge, gemäß der Ordnung des Universums oder, wenn Sie wollen, nach dem Willen Gottes – doch es geschieht nicht automatisch. Ganz sicherlich geschieht es nicht, wenn wir natürliches milchfreies Eis und organischen Apfelkuchen essen und dabei auf der Couch liegen und träumen oder fernsehen.

Schon sind Millionen Menschenleben auf unserem weiten, gewundenen Weg zu einer friedlichen Welt geopfert worden. Und um diese schließlich zu realisieren, jetzt, da die Zeit historisch reif ist, wird es noch unendlicher Aufopferung und Mühe vieler, vieler Menschen bedürfen.

Und auch in der neuen Welt ohne Gier und Feindseligkeit wird es große Abenteuer geben. Unsere friedliche Zivilisation wird riesengroß werden, wahrscheinlich auf andere Planeten übergreifen und das ganze Sonnensystem umfassen. Und wir werden viele technische, intellektuelle und soziale Wunder vollbringen.

Geistige und physische Aktivität

Zusätzlich zu unserer Ernährung gibt es eine Vielzahl von Aktivitäten, die uns dabei helfen können, einen friedlicheren Geist, ein friedlicheres Zuhause und eine friedlichere Weltgemeinschaft zu erschaffen. Dazu gehören Selbstprüfung, Meditation, Gebet, Visualisieren, Chanten und Singen. Als Ergänzung zu unserer täglichen Nahrung werden uns diese Dinge helfen, unsere körperliche, mentale und spirituelle Gesundheit wiederzuerlangen und zu entwickeln und ein gemeinschaftliches Gefühl des Friedens und der Harmonie zwischen den Menschen aufzubauen.

Selbstprüfung

Um Intuition und Verständnis zu entwickeln, sollten wir einen Teil des Tages – wenigstens fünf bis zehn Minuten – allein verbringen und uns selbst prüfen. Wir denken über die Ereignisse des Tages nach, unsere Gedanken, Gefühle, Taten und Beziehungen zu anderen Menschen, was wir im Leben für eine Aufgabe haben und in welcher Richtung es verläuft. Während dieser Zeit der Ruhe, der Meditation oder des Gebets können wir Betrachtungen über unsere Lebensweise anstellen, um sie auf höhere Ziele auszurichten:

Denken wir nur an unser sinnliches Vergnügen, unseren Gefühlskomfort? Vergessen wir, daß wir von Natur aus Möglichkeiten haben, ein größeres Glück, eine höhere Freiheit zu verwirklichen?

Sind unsere Mahlzeiten wirklich ausgewogen, damit sie für die beste Qualität unseres Bluts und unserer Zellen wie auch für unseren besten mentalen und spirituellen Zustand sorgen können?

Kommen unser Respekt und unsere Liebe für Eltern, Familie, Freunde und andere Leute wirklich von Herzen und ist unser Verhalten ihnen gegenüber ihrer Gesundheit und ihrem Glück tatsächlich förderlich?

Bauen wir wirklich eine Gesellschaft, Kultur und Zivilisation im Einklang mit der Ordnung der Natur auf, oder beachten wir die größere natürliche Umwelt nicht, von der wir ein kleiner Teil sind?

Und als letztes – wissen wir wirklich, woher wir kommen und wohin wir in diesem unendlichen Universum gehen?

Visualisieren

Die Welt der Zukunft wird durch unsere Gedanken, Gefühle, Vorstellungen und Träume geschaffen. Jeder von uns kann die ideale Gesellschaft visualisieren, die er gern aufbauen würde. Durch das Ausstrahlen positiver und friedlicher Gedanken können wir direkt zur Erschaffung einer positiven und friedlichen Welt beitragen.

Wenn wir uns die Welt so vorstellen, wie wir sie haben möchten, und uns dieses Bild täglich ausmalen, verleihen wir dieser Vorstellung Leben und Kraft. Sich jeden Tag ein paar Augenblicke lang – am frühen Morgen etwa oder am späten Abend, oder vor dem Essen – eine geeinte, friedliche Welt vorzustellen, wird unseren Willen und unser Beharrungsvermögen unermeßlich stärken.

Wir sollten uns auch häufig unsere lange Reise aus dem unendlichen Einen oder Gott durch die Stadien der biologischen Entwicklung bis zu unserem gegenwärtigen Leben als Menschen vorstellen und die Rückreise zu unserer Quelle und der Verwirklichung von Freiheit und Frieden.

Wenn unsere körperliche, seelische und geistige Gesundheit tadellos ist, fließt unsere Energie über, ergießt sich in die Welt um uns und stärkt Vitalität und Zuversicht von Familie, Gesellschaft und letzten Endes der ganzen Welt. Diese kreative Energie kann dann auf jeder von uns gewählten Ebene eingesetzt werden, um Harmonie und Frieden zu fördern.

Zu visualisieren wird vor allem Kindern, Eltern, Regierungsvertretern und Friedensführern empfohlen, die wegen eines Atomkrieges Alpträume haben oder sich hilflos fühlen, weil sie nicht imstande sind, die Dinge zu ändern.

Gebet und Meditation

Gebet und Meditation helfen uns ebenfalls dabei, einen friedlichen Geist, ein dankbares Herz und einen gesunden Körper zu bewahren. Die nachstehenden Beispiele sind nur eine kleine Auswahl der vielen Gebete und Meditationen, die bei makrobiotischen Familien auf der ganzen Welt gebräuchlich sind. Selbstverständlich können Sie auch überlieferte Gebete oder Meditationen verwenden oder eigene ausdenken und mit anderen teilen.

Meditation über Nahrung und Schicksal

Das Fundament der Welt ist die Nation.
Das Fundament der Nation ist das Zuhause.
Das Fundament des Zuhauses ist der Körper.
Das Fundament des Körpers ist der Geist.
Das Fundament des Geistes ist die Nahrung.

Sagen Ishizuka

Proklamation einer geeinten, friedlichen Welt

1. Ich vertraue auf die unendliche Ordnung des Universums, die sich in den Sternen, Planeten, Bäumen, Blumen und anderen Phänomenen der natürlichen Welt manifestiert, und auch im Leben der Menschheit und der Entwicklung der Gesellschaft auf diesem Planeten.

2. Ich sehe alle Menschen als Brüder und Schwestern einer einzigen planetarischen Familie an, die denselben Ursprung, das gleiche Zuhause und das gleiche Schicksal haben – die Rückkehr zu Gott oder dem unendlichen Universum.
3. Ich glaube, daß die richtige Art, zu essen, zu atmen und zu denken und ein Leben in einer gesunden, natürlichen Umgebung – die makrobiotische Lebensweise – das biologische, psychische und geistige Fundament für die Gesundheit der Menschen und der Gesellschaft und für den Weltfrieden sind.
4. Ich weiß, daß die Wertschätzung unserer Eltern, Vorfahren und Alten wie auch die Liebe und Sorge für Kinder und Nachkommen für das Wohlergehen der menschlichen Gesellschaft auf diesem Planeten unbedingt notwendig sind.
5. Ich bin überzeugt, daß unser Respekt für die verschiedenen Geisteshaltungen, Glaubensrichtungen, Traditionen, Sitten, Lebensweisen sowie andere Traditionen und Ausdrucksmöglichkeiten der menschlichen Gesellschaft für eine geeinte, friedliche Welt unbedingt notwendig sind.
6. Mir ist klar, daß universelle Liebe, das tägliche Handeln danach, Geduld und Ausdauer und selbstlose Hilfsbereitschaft für seinen Nächsten für eine gesunde, friedliche Welt unbedingt notwendig sind.
7. Ich erkenne, daß alles menschliche Leben und Handeln vorübergehende, vergängliche und unendlich kleine Manifestationen eines unendlichen, universalen, unsterblichen, ewigen Wesens sind, das für immer in Frieden und Harmonie ist.

Gebet für eine geeinte, friedliche Welt

Wir kommen aus der Unendlichkeit, sind in ihr und kehren in sie zurück. Möge sich unser endloser Traum auf dieser Erde in alle Ewigkeit verwirklichen.

Möge unsere bedingungslose Hingabe ewig der Schaffung von Liebe und Frieden dienen.

Möge sich unsere tiefempfundene Dankbarkeit über jedem Menschen, jedem Ding und jedem Wesen allumfassend ausbreiten.

Tägliche Hinwendung zu einer geeinten, friedlichen Welt

Wenn wir essen, laßt uns daran denken, daß wir aus Nahrung entstanden, die nach der Ordnung des unendlichen Universums in der Natur gewachsen ist, und laßt uns dankbar sein für alles, das uns gegeben wurde.

Wenn wir Menschen begegnen, laßt uns sie als Brüder und Schwestern betrachten, und erinnern wir uns daran, daß wir alle durch unsere Eltern und Vorfahren aus dem unendlichen Universum kamen. Beten wir, eins mit der ganzen Menschheit, für allumfassende Liebe und Frieden auf Erden.

Wenn wir die Sonne und den Mond sehen, den Himmel und die Sterne, Berge und Flüsse, Meere und Wälder, Felder und Täler, Vögel und Tiere und all die Wunder der Natur, laßt uns daran denken, daß wir mit ihnen allen aus dem unendlichen Universum kommen. Seien wir dankbar für unsere Umgebung auf Erden, und leben wir in Harmonie mit allem, was uns umgibt.

Wenn wir Bauernhöfe und Dörfer sehen, kleine Orte und große Städte, Kunstwerke und Kulturen, Gesellschaften und Zivilisationen und all die anderen Werke der Menschheit, erinnern wir uns daran, daß unsere schöpferische Kraft aus dem unendlichen Universum kam, von Generation zu Generation weitergegeben wurde und sich über die ganze Erde verbreitete. Seien wir mit Intelligenz und Weisheit dankbar dafür, daß wir auf diesem Planeten geboren wurden, und geloben wir aus ganzem Herzen, durch Gesundheit, Freiheit, Liebe und Gerechtigkeit unseren ewigen Traum von einer geeinten, friedlichen Welt in alle Ewigkeit zu verwirklichen.

Meditation für inneren und äußeren Frieden

Diese Übung kann zu jeder Zeit gemacht werden, um harmonische Gefühle zu erzeugen, internationale Spannungen abzubauen und zum Aufbau einer Welt des Friedens beizutragen.

Sie sitzen auf der Erde, auf dem Fußboden oder in einem Stuhl und halten die Hände in Meditationsstellung im Schoß (Stellung 1). Nun beginnen Sie tief durch den leicht geöffneten Mund zu atmen, wobei die Augen entweder ganz oder halb geschlossen

Abb. 17
Meditation für inneren und äußeren Frieden

sind. Im letzteren Fall geht der Blick in die Ferne, ohne sich auf einen bestimmten Gegenstand zu konzentrieren. Das Ausatmen sollte vier- bis siebenmal so lange dauern wie das Einatmen.

Beim Ausatmen sprechen Sie ganz natürlich den Laut *Su* (›Su-u-u‹), den Laut des Friedens und der Harmonie, und halten ihn so lange wie möglich aus. Es ist nicht notwendig, das Su sehr laut zu sagen, wir sollten es nur in friedlicher Stimmung sprechen. Lassen Sie den Laut nachklingen, so daß sich seine Schwingung im Innern von Brust und Kehle und hinter dem Gesicht ausbreitet. (Statt Su können wir auch Worte wie *Aum, Amen, eins, Frieden, Shalom* oder andere harmonische Silben benützen, wenn wir das lieber möchten.)

Beim Einatmen konzentrieren Sie sich auf die Vorstellung, daß Sie das ganze Universum tief in sich einsaugen und es sich in allen Milliarden Zellen, in allen Winkeln Ihres Körpers ausbreitet. Während des Ausatmens stellen Sie sich vor, daß Sie das innere Universum im grenzenlosen Raum des äußeren Universums verteilen.

Wiederholen Sie diese Atmung mit dem Laut des Friedens und der Harmonie (Su) vier- bis achtmal, um sich mit allen Umweltbedingungen, auch allen Menschen und menschlichen Angelegenheiten, mit denen Sie zu tun haben, zu harmonisieren.

Während Sie entspannt und friedlich in dieser Meditationshaltung bleiben, heben Sie langsam die Hände wie zum Gebet bis in Höhe des Herzens (Stellung 2) und dann langsam weiter bis zur Höhe des Mundes (Stellung 3). Nun strecken Sie beide Arme mit den Handflächen nach vorn vorsichtig gerade aus, damit Sie durch die Handflächen, vor allem ihre Mitte, friedliche Wellen von Energie aussenden können (Stellung 4).

Sie intonieren ein langes Su, den Laut des Friedens und der Harmonie, konzentrieren sich dabei auf die Vorstellung, daß Sie allen Wesen und der Welt Frieden schicken, und öffnen allmählich die Arme horizontal, bis sie mit den Schultern eine gerade Linie bilden (Stellung 5).

Mit dem nächsten langen Laut des Friedens und der Harmonie bewegen Sie die Arme wieder zur Mitte und zur Position wie in Stellung 4, während Sie sich weiter auf die Vorstellung konzentrieren, daß Sie Wellen von Frieden und Harmonie in alle Richtungen ausstrahlen (Stellung 6).

Danach winkeln Sie die Arme an und ziehen die Hände in Gebetshaltung vor den Mund (Stellung 7) und lassen sie dann in dieser Haltung bis Herzhöhe sinken (Stellung 8). Wenn die Hände wieder in Meditationshaltung im Schoß liegen (Stellung 1), kehren Sie zur normalen und natürlichen Atmung zurück. Diese Übung sollte langsam mehrere Male wiederholt werden.

Lebensregeln

Für ein geordneteres und friedlicheres Leben sollten die nachstehenden Lebensregeln beachtet werden:

- Leben Sie unbeschwert, ohne an Ihre Gesundheit zu denken. Bemühen Sie sich, geistig und körperlich aktiv zu sein.

- Betrachten Sie alles und jeden mit Dankbarkeit, bringen Sie vor allem vor und nach jeder Mahlzeit Ihren Dank dar.
- Kauen Sie das Essen sehr gut, jeden Bissen mindestens fünfzigmal oder bis er flüssig ist.
- Gehen Sie vor Mitternacht schlafen, und stehen Sie jeden Morgen früh auf.
- Vermeiden Sie es, Kunststoff oder Wolle direkt auf der Haut zu tragen. Tragen Sie soviel wie möglich Baumwolle, vor allem als Unterwäsche. Vermeiden Sie zuviel Metallschmuck an Fingern, Handgelenken und Hals.
- Wenn Ihre Gesundheit es zuläßt, gehen Sie leichtbekleidet hinaus.
- Laufen Sie täglich eine halbe Stunde auf Gras, Sand oder Erde.
- Halten Sie Ihre Wohnung oder Ihr Haus in Ordnung, von Küche, Bad, Schlafzimmer und Wohnzimmer bis in die dunkelsten Ecken.
- Beginnen Sie einen regen Briefverkehr, pflegen Sie ihn, und senden Sie Eltern, Kindern, Brüdern und Schwestern, Lehrern und Freunden Ihre besten Wünsche.
- Meiden Sie langes, heißes Baden oder Duschen, falls Sie nicht zuviel Salz oder tierische Nahrung gegessen haben. Sie rauben dem Körper sonst wichtige Mineralstoffe.
- Reiben Sie Ihren ganzen Körper morgens oder abends vor dem Schlafgehen mit einem heißen, feuchten Waschlappen ab, bis die Haut rot wird. Wenn das nicht möglich ist, reiben Sie wenigstens Hände, Finger, Füße und Zehen ab.
- Benützen Sie keine chemisch parfümierten Kosmetika. Pflegen Sie die Zähne mit natürlichen Produkten oder Meersalz.
- Wenn es die Gesundheit erlaubt, machen Sie regelmäßig körperliche Übungen, zu denen auch Aktivitäten wie Bodenschrubben, Fensterputzen und Wäschewaschen gehören. Sie können auch an Übungsprogrammen für Yoga, Tanz oder Sport teilnehmen.
- Benützen Sie keinen elektrischen Kochherd oder Mikrowellenherd. Sobald wie möglich sollten Sie auf Gas oder Holz umstellen.

- Die Benützung von Farbfernseher und Computer sollten Sie auf ein Minimum beschränken.
- Stellen Sie große Grünpflanzen auf, um den Sauerstoffgehalt der Luft in Ihrer Wohnung oder in Ihrem Haus zu erhöhen und sie frisch zu erhalten.
- Singen Sie jeden Tag ein fröhliches Lied.

Epilog

Verwirklichung unseres endlosen Traums

1965, ein Jahr, bevor er starb, kam George Ohsawa nach Amerika und besuchte uns in unserem Haus in Cambridge. An einem der Tage machte er gegen Mittag einen Spaziergang. Als er zurückkehrte, verkündete er, daß er die Definition von Glück gefunden habe.

»Glück ist die endlose Verwirklichung unseres endlosen Traums.«

Dann sah er mich an und fragte: »Was hältst du davon, Michio?«

Aveline und Lima hatten auch zugehört. »Sehr poetisch«, stellten sie fest.

»Sie ist sehr gut«, meinte ich.

»Bitte, versuch eine bessere zu finden«, sagte Ohsawa.

In den letzten zwanzig Jahren habe ich viele Erfahrungen gemacht und viel dazugelernt, doch mir ist keine bessere Definition eingefallen.

Die Verwirklichung unseres endlosen Traums bedeutet, daß wir unsere endlose Erinnerung wiedererlangen müssen. Außer der Zukunft müssen wir auch die Vergangenheit ändern. Auch die Vergangenheit leitet uns. Sie liegt immer vor uns. Es ist notwendig, daß wir das, was früher war, mit Dankbarkeit betrachten und seine helle Seite sehen. Unsere Erinnerung wiederzugewinnen wird uns in eine friedliche Zukunft führen.

Lange ehe unsere heutige Geschichtsschreibung begann, gab es eine Kultur, in der alle Menschen friedlich vereint unter einer Weltregierung lebten, natürlichen Ackerbau betrieben und ihr ganzes Leben gesund und glücklich waren. Diese eine Weltgemeinschaft ging durch verschiedene Katastrophen unter und taucht in unseren Geschichtsbüchern oder in unserem bewußten Wissen nicht auf. Doch tief im Innern hat die Menschheit jenen Traum nicht vergessen und hegte ihn durch Tausende von Jahren mit Krieg, Konflikten und Kampf, die wir überlieferte Geschichte nennen.

Die Erinnerung an das verlorene Paradies hat viele prophetische Visionen, utopische Pläne und Gemeinschaften, religiöse Gesellschaften, weltliche Bewegungen und viele Vorstellungen von Künstlern, Dichtern und Denkern inspiriert. In der alten sumerischen Legende macht Gilgamesch sich auf die Suche nach Dilmun, dem Land ohne Krankheit, Alter und Krieg. In der *Ilias* wird das letzte Weltzeitalter auf Achilles' Schild durch den Kreis der Tanzenden symbolisiert, zu dem sich die Menschheit mit einem frohen Lied vereinigt hat. Im Alten Testament schaut der Prophet Jesaia eine künftige Welt ohne Krankheit oder Feindseligkeit. Im Neuen Testament hat Johannes eine Vision der Stadt Jersualem, in der alle Nationen durch die Blätter vom Baum des Lebens geheilt werden und kein Licht brauchen, um ihren Weg zu finden. Kolumbus sah seine Fahrten in die Neue Welt als Erfüllung der Prophezeiungen Jesaias an, und die Puritaner gründeten mit ihrer Kolonie in Neuengland ein Neues Jerusalem. Platons *Staat,* Thomas Mores *Utopia,* Campanellas *Sonnenstaat* und Samuel Butlers *Erewhon* sind alles Versuche, dieses Bild wieder heraufzubeschwören. In seinen Schriften spricht Karl Marx davon, daß die klassenlose Gesellschaft ohne Krieg, Armut und Konflikte zwangsläufig das Schicksal der Menschheit sei. Im Osten entspringen die Legenden von Shambhala, Horai-San (Berginseln der Seligen) und dem gelobten Land dieser gemeinsamen Quelle.

Alle diese Bilder einer hellen, glücklichen, friedvollen Zukunft werden von einer schwachen, universalen Erinnerung an die Vergangenheit gespeist und einem intuitiven Verständnis, daß die Geschichte sich in einer Spirale bewegt. Doch da wir unseren gemeinsamen Ursprung vergessen haben, ist die Menschheit heute in Hunderte von konkurrierenden Ländern, Religionen und Gruppen gespalten. Die gefährlichste Kluft besteht zwischen Chiliasten und apokalyptischen Schwärmern des westlichen Blocks und Verfechtern der Weltrevolution des kommunistischen Blocks, die jeweils die Konfrontation zwischen Ost und West als die letzte Schlacht (Armageddon) oder den letzten Klassenkampf ansehen, ehe das neue Zeitalter anbricht. Dabei wollen beide Seiten genau das gleiche – Gesundheit, Glück, Frieden und ein besseres Leben für sich selbst und ihre Kinder.

Unser gemeinsamer Traum von einer geeinten, friedlichen Welt hat Zeiten von Hunger und Not, Feuer und Eis, Krieg und Seuchen überdauert. Heute, da wir die technischen Mittel vervollkommnen, um uns selbst innerlich und äußerlich zu zerstören, sieht er sich seiner größten Herausforderung gegenüber. Wir leben in einer künstlichen Scheinwelt und bilden uns ein, Bürger der Vereinigten Staaten, der Sowjetunion, Japans oder anderer Länder zu sein. Wir akzeptieren die moderne Medizin, Landwirtschaft, Erziehung und Naturwissenschaft, obwohl sie uns in unser Verderben führen. Unsere Vorstellung vom Paradies beschränkt sich auf ein von Erde und Himmel isoliertes Leben in Müßiggang, und unter Utopia verstehen wir ein großes Einkaufszentrum mit endlosen Auslagen voll herrlichster Konsumgüter. Glück, Ruhm, Ansehen, Komfort, Bequemlichkeiten und anderen ephemeren Zielen nachjagend, verschwenden die meisten von uns auf diesem Planeten nur ihr kostbares Leben. Oder, wenn wir in sozialeren oder ideologischeren Kategorien denken, versuchen wir unser verzerrtes Wirklichkeitsbild – unsere begrenzte Vorstellung von Paradies oder Utopie – anderen aufzuzwingen. Wir müssen aufwachen und uns ändern. Wir müssen unseren universalen Traum und unsere Erinnerung wiederfinden, die ein und dasselbe sind.

Die alte Welt stirbt, eine neue zieht herauf. Wir sind in den letzten Tagen des Präzessionswinters, vor der Ankunft des Präzessionsfrühlings. Kurz ehe Wärme und Licht mit dem Erscheinen von Polaris, dem Nordstern, direkt über uns zurückkehren, sind Kälte und Dunkelheit am größten. Die heraufdämmernde neue Welt wird aus unseren Träumen und Hoffnungen, unseren Erinnerungen und Vorstellungen erbaut. Wenn wir in der Lage sind, mit Natur und Umwelt in Einklang zu bleiben, überstehen wir mit Bestimmtheit das Ende des Winters und gelangen gefahrlos in den Frühling. Um uns an dieser glücklichen, friedlichen Welt zu erfreuen, sollten wir 1. täglich vor allem menschliche Nahrung – Ganzkorngetreide und Gemüse – zu uns nehmen, 2. die Ordnung des Universums verstehen, 3. andere Menschen immer hochschätzen und ihnen dankbar sein, auch wenn sie unsere Feinde sind oder uns schaden, 4. uns immer verausgaben im Geist von ›ein Korn, zehntausend Körner‹, und 5. sollten wir nicht nur die Vorderseite sehen – die sichtbare Welt und ihre Ordnung –, sondern auch die Rückseite – die unsichtbare, geistige Welt und ihre Ordnung.

Am Anfang mag es schwierig sein, die Welt jenseits von Raum und Zeit zu verstehen. Als ich jung war, erging es mir ebenso, doch nun weiß ich, daß, wenn ich etwas tue, es schon vor langer Zeit gedacht wurde und mein jetziger Gedanke in Tausenden von Jahren von heute an gerechnet verwirklicht wird. Wenn man so denkt, erreicht man den unendlichen Raum sofort; reine Gedanken, keine unbedeutenden, oberflächlichen, werden in der Welt der Schwingung bereits verwirklicht. Denn damit Ereignisse ihren materiellen Ausdruck finden und vor unserem Auge erscheinen, braucht es Zeit. Alles hängt von unserem Traum, von unserer Wirklichkeitsvorstellung ab, von dem Bild, das uns im Leben leitet. Wenn wir einen Traum haben, ist er in der Welt des Geistes bereits verwirklicht. Es dauert nur eine gewisse Zeit, bis er sich in der relativen Welt manifestiert. Wenn wir richtig essen und einen wirklichen Traum haben, spielt es nicht einmal eine Rolle, ob wir noch leben. Eines Tages wird er wahr werden.

Vor Tausenden von Jahren träumten die Menschen wirkliche Träume. Unsere gegenwärtige Welt wurde in ihrem Geist und Bewußtsein ersonnen, und so wurden wir geboren. Und unser Traum wird in Tausenden von kommenden Generationen von unseren Nachkommen verwirklicht. Diese unsichtbare Kette muß man verstehen. Sie ist die eigentliche Quelle aller Erscheinungen. Der ›größte Traum‹ bedeutet der reinste Traum von Gesundheit, Glück und Frieden, den alle gemeinsam haben. Wir müssen unsere allumfassenden unsterblichen Träume bewahren und verwirklichen. Wir dürfen sie nicht verlieren, sondern müssen sie uns weiter vorstellen und in die Zukunft und Vergangenheit ausstrahlen. Indem wir unser tägliches Leben an diesem endlosen Traum orientieren, wird er niemals verschwinden. Der Traum, eine geeinte, friedliche Welt zu schaffen, wurde in alten Zeiten von vielen Menschen geträumt, die Gott oder die unendliche Ordnung des Universums verstanden. Jetzt verwirklichen wir jenen ewigen Traum.

Wenn wir eine Weile eine harmonischere Eßweise praktiziert und vielen Menschen geholfen haben, werden die wahren Erinnerungen beginnen zurückzukehren. Wir werden unsere wundervolle Vergangenheit entdecken, wie auch unsere wundervolle Zukunft voraussehen. Dazu müssen wir einen demütigen und bescheidenen Geist bewahren und unser Verständnis und Wissen immerwährend an andere weitergeben. Dann sind wir imstande zu entdecken, daß unser Leben ewig ist und wir diese Zeit und diesen Ort, diesen Planeten und diese Ära und alle Abenteuer, die wir jetzt erleben, frei gewählt haben. Das können wir dann verstehen, nicht als begriffliche Theorie, sondern durch tatsächliche Erfahrung.

Dies ist der wahre Zweck und die wahre Praxis der Makrobiotik – wir öffnen uns dem kosmischen Bewußtsein und spielen frei mit allen unseren Freunden auf allen Planeten dieses Universums. Wenn wir die wahre Bedeutung der Nahrung entdecken, daß sie Geist und Energie ist, dann können wir uns mit unseren vielen Brüdern und Schwestern vereinen und zusammen mit ihnen das Verständnis für Leben, Frieden, Glück und Freiheit auf unserer ganzen Welt und im ganzen spiralförmigen Universum verbreiten.

Die friedliche Revolution

Unser ewiger Traum ist immer in uns, als Erinnerung. Der Samen für eine geeinte, friedliche Welt ruht in jedem menschlichen Herzen, und wenn er richtig genährt und gepflegt wird, wächst er und greift allmählich auf Familie, Gemeinschaft und die ganze Welt über. Es spielt keine Rolle, wo wir sind, ob wir gesund sind oder krank, oder von welcher Wissensebene aus wir beginnen. Wichtig ist nur, daß wir überhaupt anfangen.

Heute kann jeder bei einer friedlichen biologischen Revolution mitmachen: der Fromme und der Ungläubige, der Kranke und der Gesunde, Kapitalist und Kommunist, Soldat und Zivilist, Kinder und Alte. Der Friede beginnt mit jedem von uns. Wir müssen nur sagen: »Ja, ich will es tun!« Indem wir die Spirale unseres Lebens umwandeln, wandeln wir die Spirale der Geschichte um. Wir jammern nicht über den traurigen Zustand der Welt. Wir übernehmen Verantwortung. Wir handeln. Wir übernehmen die Verantwortung für unsere Küche. Wir ändern unser Kochen und bringen Gesundheit und Frieden in unser Leben, in unsere Familien und unsere Gemeinschaft. Regierungen, Religionen, Schulen und Massenbewegungen werden das nicht tun. Doch wir können es.

Die gegenwärtigen künstlichen Grenzen zwischen den Ländern werden durch Gewalt aufrechterhalten, sonst würden sie verschwinden. Unsere ›Waffen‹, diese unnatürlichen Grenzen zu eliminieren – und auch die nationalen Erziehungssysteme, Industrien und Armeen, die sie stützen –, sind unsichtbar, sind Ideen. Nahrung ist universell und kann sehr einfach nationale Grenzen überschreiten. Wie der Blutstrom die Zellen im ganzen Körper ernährt, wird gute natürliche und organische Nahrung schließlich alle Länder erreichen. Veränderungen mögen nicht sofort offensichtlich werden, doch im Innern wird es sie geben, dort werden sie beginnen und eines Tages den sicheren Übergang in eine Ära der Menschlichkeit einleiten und zur Verwirklichung einer geeinten, friedlichen Welt führen. Gleichgültig, was im Fluß der historischen Ereignisse geschieht, gleichgültig, was für Revolutionen oder Veränderungen es gibt, wir werden auf unsere friedliche Art still und beharrlich sein, wie Wasser, das leise und stetig eindringt, und den einzelnen, Familien und Gemeinschaften verändern, bis die Gesellschaft als Ganze geändert ist.

Vor zwanzig Jahren kamen meine Eltern aus Japan, um mich in Boston zu besuchen. Ich hatte sie nicht mehr gesehen, seit ich nach Kriegsende Japan verließ. Zwei Wochen wohnten sie bei uns in Cambridge. Tagsüber hielt ich Vorträge, und Aveline gab

Kochunterricht. Abends packten wir für unsere Studenten und Freunde braunen Reis und Miso ab. Ich fragte mich, was meine Eltern wohl von ihrem Sohn hielten, der an der Universität von Tokio einmal Jura und politische Wissenschaften studiert und mit höchster Auszeichnung sein Examen gemacht hatte. Ich wußte, daß sie sich Sorgen machten um mich. Jahrelang hatte ich in New York Teller gewaschen, als Hoteldiener gearbeitet und kleine Geschäfte getätigt, um meine Studien zu finanzieren, während meine früheren Kommilitonen bei Banken, in der Regierung und Industrie Karriere gemacht hatten.

Eines Tages, nachdem sie etwa zwei Wochen alles beobachtet hatten, sagten meine Eltern, sie würden gern am Abend mit mir sprechen. Ich dachte, sie wollten mich bitten, nach Japan zurückzukehren. An jenem Abend kamen mein Vater und meine Mutter in mein Zimmer und schlossen die Tür. Sie knieten nieder, verneigten sich vor mir und erklärten, daß sie beschlossen hätten, meine Schüler zu werden. »Es ist mir gleich, ob du Erfolg hast oder nicht«, meinte meine Mutter. »Bitte, nimm mich als Versuchsobjekt, wenn du ein Experiment machen mußt. Es spielt keine Rolle, ob ich dabei sterbe oder nicht.« Und mein Vater sagte: »Wenn deine Studenten nach Japan kommen, helfen wir ihnen.« Wie war ich glücklich! Innerlich weinte ich. Ich war der glücklichste Mensch auf der Welt. Von dem Tag an wußte ich, daß ich meinen Traum erreichen würde.

Ein paar Jahre später kamen Aveline und ich nach Japan. Es war unser erster Besuch seit mehr als zwanzig Jahren. In Ohtamura, dem Ort der Vorfahren meiner Familie, versammelten sich zwei- oder dreihundert Einwohner und ehrten mich mit einem Bankett. Etwa zwanzig Älteste waren gekommen, und wir besuchten Dai Taiji, den Tempel des Großen Friedens. Am nächsten Morgen erschienen zwei Älteste im Haus meiner Kusine, wo wir wohnten, und tranken Tee. Sie erzählten uns, daß die Einwohner nach meiner Rede vom vergangenen Abend sich zu einer Beratung versammelt und gemeinsam beschlossen hätten, Makrobioten zu werden. Wieder war ich sprachlos vor Rührung. In dieser schönen, natürlichen Umgebung wußte ich, daß die Welt eines Tages wieder geeint sein würde.

Durch unser Verständnis der natürlichen Ordnung wissen wir, daß die Menschheit in den nächsten paar tausend Jahren beginnen wird, die materiellen und spirituellen Errungenschaften vorangegangener Epochen miteinander zu verschmelzen. Gewalt und Krieg klingen ab, und Frieden und Harmonie breiten sich allmählich aus. Die Samen, die wir in dieser Generation pflanzen – in den nächsten zehn, zwanzig, dreißig Jahren –, werden eines Tages einen mächtigen Baum der Erkenntnis und des Verstehens hervorbringen, der den Planeten nährt und eint.

Buddha lehrte, daß die Welt der Erleuchtung und die alltägliche Welt ein- und dasselbe seien. Jesus lehrte, daß das Himmelreich auf Erden sei, es aber niemand sehe. Eine geeinte, friedliche Welt gibt es hier und jetzt bereits, nicht erst in irgendeiner fernen Zukunft. Indem wir die gleiche Nahrungsqualität teilen, fangen wir an, die gleichen Erinnerungen, die gleichen Gefühle und denselben Traum zu teilen. Vereinen wir uns als Brüder und Schwestern einer planetarischen Familie, und betreten wir das neue Paradies gemeinsam.

Anhang

1

Prinzipien und Gesetze des unendlichen Universums

Sieben universelle Prinzipien

1. Alles ist eine Differenzierung des unendlichen Einen.
2. Alles verändert sich.
3. Alle Gegensätze ergänzen sich.
4. Nichts ist dem anderen gleich.
5. Was eine Vorderseite hat (das heißt, eine sichtbare Seite), hat auch eine Rückseite (das heißt, eine unsichtbare Seite).
6. Je größer die Vorderseite, desto größer die Rückseite.
7. Was einen Anfang hat, hat auch ein Ende.

Sieben Richtlinien für den Weltfrieden

1. Wir alle teilen einen Planeten, die Erde, und werden von ihm ernährt.
2. Jede Kriegsdrohung kann in eine Friedenschance verwandelt werden.
3. Alle Faktoren, die in der modernen Welt gegensätzlich zu sein scheinen, ergänzen sich in Wirklichkeit und tragen zu einer allgemeinen künftigen Harmonie bei.
4. Die gegenwärtige Weltkrise ist eine einmalige Gelegenheit, universellen Frieden zu verwirklichen.
5. Je größer die Kriegsdrohung, desto größer die Friedenschance.

6. Krieg beginnt wie Frieden im Herzen, im Zuhause.
7. Krieg als Lösung der Weltprobleme hat seine Grenzen erreicht.

Die zwölf Gesetze des Wandels

1. Das unendliche Eine manifestiert sich in sich ergänzenden gegensätzlichen Tendenzen, in Yin und Yang, in endlosem Wandel.
2. Die ewige Bewegung des einen unendlichen Universums manifestiert sich fortwährend in Yin und Yang.
3. Yin stellt die Zentrifugalkraft dar, Yang die Zentripetalkraft. Yin und Yang zusammen erzeugen Energie und alle Phänomene.
4. Yin zieht Yang an. Yang zieht Yin an.
5. Yin stößt Yin ab. Yang stößt Yang ab.
6. Unterschiedliche Zusammensetzungen von Yin und Yang erzeugen unterschiedliche Phänomene. Anziehung und Abstoßung der Phänomene sind proportional zu ihren unterschiedlichen Yin- und Yang-Energien.
7. Alle Phänomene sind ephemer und ändern ständig ihre Zusammensetzung der Yin- und Yang-Energie. Yin wandelt sich in Yang, Yang wandelt sich in Yin.
8. Nichts ist nur Yin oder nur Yang. Alles setzt sich aus beiden Tendenzen zusammen, in unterschiedlichen Graden.
9. Nichts ist neutral. Bei jedem Phänomen überwiegt entweder Yin oder Yang.
10. Großes Yin zieht kleines Yin an. Großes Yang zieht kleines Yang an.
11. Überstarkes Yin wird zu Yang, und überstarkes Yang wird zu Yin.
12. Alle physischen Manifestationen sind im Kern Yang und Yin an der Oberfläche.

2

Prinzipien und Richtlinien für eine Weltföderation

1. Die Weltföderation soll dem Allgemeinwohl dienen, alle Menschen auf diesem Planeten schützen und ihre Gesundheit, ihr Glück und ihren Frieden wie auch ihre Teilhaberschaft am Wohlstand der Zivilisation als Ganzer sichern.
2. Die Weltföderation soll durch Vertreter aller Länder, Regionen und Völker eine Weltbundesregierung bilden.
3. Die Weltföderation soll sowohl den Reichtum als auch die Verschiedenartigkeit der menschlichen Ausdrucksmöglichkeiten respektieren, wie Religionen, Ideologien, Philosophien, Wirtschaftssysteme, Lebensansichten, Sitten, Kulturen und Traditionen.
4. Die Weltföderation soll die Eliminierung aller nuklearen und konventionellen Waffen beaufsichtigen und jegliche zerstörerischen Maßnahmen verhindern, die ein Land, eine Gruppe oder Partei gegen jemand anders ergreifen könnte. Dazu gehört auch die Androhung oder Ausübung von körperlicher Gewalt, um einen Streit oder Konflikt beizulegen.
5. Die Weltföderation soll die Freiheit des Denkens, der Sprache, des Reisens und des kulturellen Ausdrucks unterstützen und den Austausch von Wissen, Verständnis, Technologie und Informationen unter den verschiedenen Völkern und Ländern fördern.
6. Die Weltföderation soll die Verteilung von Überschüssen in irgendeiner Gegend der Welt an bedürftige Gebiete unterstützen. Dazu gehören Nahrung, Energie, Maschinen, Geräte, Wissen, Technologie und Information.

7. Die Weltföderation soll Transport, Kommunikation und Erziehung fördern, um das Bewußtsein für eine Weltgemeinschaft zu entwickeln. Zu diesem Zweck sollten internationale Feiertage und Feste in Einklang mit dem Kreislauf der Natur gefeiert werden, was schließlich zur Entstehung einer neuen Weltsprache und der Einrichtung eines neuen Weltkalenders führen wird.

Dank

Ich bin George und Lima Ohsawa zu tiefstem Dank verpflichtet, wie auch Reverend Toyohiko Kagawa, Professor Shigeru Nanbara, Professor Toyohiko Hori und meinen anderen Lehrern in Japan; außerdem Pitirim A. Sorokin, Albert Einstein, Thomas Mann, Upton Sinclair, Norman Cousins, Robert M. Hutchins und anderen Persönlichkeiten, weil sie mich angeregt und ermutigt haben, mein Leben dem Frieden, dem Glück und der Gesundheit zahlloser Generationen zu widmen.

Ich danke Alex Jack für seine Hilfe bei diesem Buch. Es ist das dritte einer weiterlaufenden Reihe von Büchern, zu denen *Die Kushi-Diät. Makrobiotik als Vorsorge* und *Diet for a Strong Heart* gehören. Wir haben uns darin mit den größten Herausforderungen für die Weiterentwicklung der modernen Menschheit auseinandergesetzt.

Ich danke auch meiner Frau Aveline für ihre unermüdliche Anteilnahme und Hilfe. Sie stellte das Menü zusammen und schrieb die Rezepte für das Weltfriedenstagsmahl in Kapitel 19. Unsere Lektorin Barbara Anderson straffte und vereinfachte die endgültige Fassung. Wir danken ihr und Victor Guerra, unserem Lektor, der das fertige Manuskript durchsah, Stuart Moore, unserem Lektoratsassistenten, sowie all den anderen von St. Martin's Press. Sie haben viel für uns getan und das Buch sehr gefördert.

Unseren übrigen Familienmitgliedern und Mitarbeitern, zu denen auch Lucy Williams, Gale Beith, Edward und Wendy Esko, Donna Cowan, Sherman Goldman, Ann Fawcett und Julie Coopersmith gehören, danken wir für ihren Zuspruch und Rat. Im Kapitel ›Schwerter zu Pflugscharen machen‹ beschäftigten wir uns kurz mit einigen Männern und Frauen, die überall auf der Welt für die Verbreitung von Gesundheit, Glück und Frieden arbeiten. Sie sind die wahren Pioniere einer künftigen Weltgemeinschaft, und wir danken ihnen, daß sie uns ihre Geschichten erzählten.

Allen meinen Freunden und Verbündeten auf der Welt sowie überhaupt allen Menschen, die wahre Friedensstifter sind, bin ich dankbar für ihre von Herzen kommenden Bemühungen und die Möglichkeit, auf diesem schönen Planeten mit all seinen Schwierigkeiten mit ihnen zusammensein zu können. Ich bete dafür, daß wir immer imstande sein mögen, uns zu lieben und zu helfen und gemeinsam eine geeinte, friedliche Welt zu verwirklichen.

Personen- und Sachregister